# SECRET CITY

## ENTDECKE DIE TRENDVIERTEL DER 50 ANGESAGTESTEN METROPOLEN DER WELT

# INHALT

© peeterv / Getty Images; © Daniel Fung / Shutterstock; © Yu Chun Christopher Wong / Shutterstock; © Elena Lar / Shutterstock

© Michael Abid / 500px; © f11photo / Shutterstock; © marchello74 / Shutterstock; © lazyllama / Shutterstock

# EINLEITUNG

In die Stadt San Francisco kann man sich schnell verlieben, für einen tiefer gehenden Blick musste ich aber ein wenig nachforschen. Bei meinem ersten Besuch habe ich pflichtbewusst alle Wahrzeichen abgeklappert: Golden Gate Bridge, Alcatraz, die großen Galerien ... Das hat zu müden Füßen und leerem Geldbeutel geführt, ich habe jedoch wenig darüber erfahren, warum die Bewohner ihre Stadt an der Bucht so lieben.

Nach Tipps von Einheimischen habe ich mich schließlich etwas abgelegeneren Vierteln zugewandt. Und dort hat San Francisco endlich sein so glitzerndes wie raues Gesicht offenbart. Ein Blick hinab von Potrero Hill zeigte den ganzen Zauber der Stadt, als sie im späten Nachmittagslicht golden dalag. Und in der industriell geprägten Dogpatch-Gegend fühlte ich mich beim rasselnden Geräusch der Cocktailshaker in einer Kneipe nicht mehr fremd, sondern wie eine Einheimische.

Der Besuch faszinierender Stadtviertel bereichert seither meine Reisen. Beim Brunchen in Brunswick und einer Tour durch Windsors versteckte Kneipen habe ich mich Hals über Kopf in Melbourne (S. 284) verliebt. In Bangkok (S. 38) konnte ich mich von meiner Unterkunft in Sukhumvit aus direkt ins flirrende Nachtleben stürzen.

Die Freude am Erkunden von Stadtvierteln hat uns zu Secret City inspiriert, einem Reiseführer für Neugierige mit über 50 Städten. Manche davon sind klassische Ziele wie Paris (S. 110), Rom (S. 122) oder Istanbul (S. 160), die schon lange mit zeitlosen Sehenswürdigkeiten locken. Andere haben sich in letzter Zeit so stark verändert, dass unsere Empfehlungen einen völlig neuen Blick auf sie ermöglichen, wie etwa Havanna (S. 318), Austin (S. 216), Lima (S. 314) oder Moskau (S. 166). Wir haben auch ein paar beliebte Orte dazugenommen, in denen es nur vermeintlich nichts Neues mehr zu entdecken gibt: die Strandschönheit Sydney (S. 292), die Schickimicki-Wüstenmetropole Dubai (S. 24) oder Los Angeles, Oase der Gutbetuchten (S. 202). Überall haben unsere kenntnisreichen Autoren nicht mit Insiderwissen gegeizt.

Wir stellen Stadtviertel in den Mittelpunkt, in denen man ganz nah am Puls des Alltags ist. Manchmal kann man unweit ausgetretener Touristenpfade verborgene Schätze entdecken: vielleicht ein winziges Café an Rios Copacabana, das man leicht übersehen könnte (S. 329), oder eine geschichtsträchtige Jazzkneipe in Stockholms Gamla Stan (S. 151). In anderen Abschnitten stellen wir Gegenden vor, die vielleicht nicht so bekannt, aber genauso empfehlenswert sind: Tokios Grunge-Viertel Kōenji (S. 76), die flussnahen Wapping und Rotherhithe in London (S. 98) oder die Nordküste von Staten Island in New York (S. 266).

Jedes Kapitel enthält ungewöhnliche Tipps für Restaurants, Geschäfte, Nachtleben und Einblicke in die lokale Kultur. All dies wurde sorgfältig von Experten ausgewählt, die die vorgestellten Metropolen wie ihre Westentasche kennen. Die beigefügten Karten helfen bei der Orientierung in diesen spannenden Ecken.

Einheimische mögen vielleicht stöhnen, weil wir hier ihre Geheimtipps ausplaudern. Wir sind jedoch überzeugt von unserem Rüstzeug für Reisende, die mal über den Tellerrand schauen wollen.

Viel Spaß beim Erkunden!
Anita Isalska, Redakteurin

# AFRIKA & DER NAHE OSTEN

© saiko3p / Shutterstock

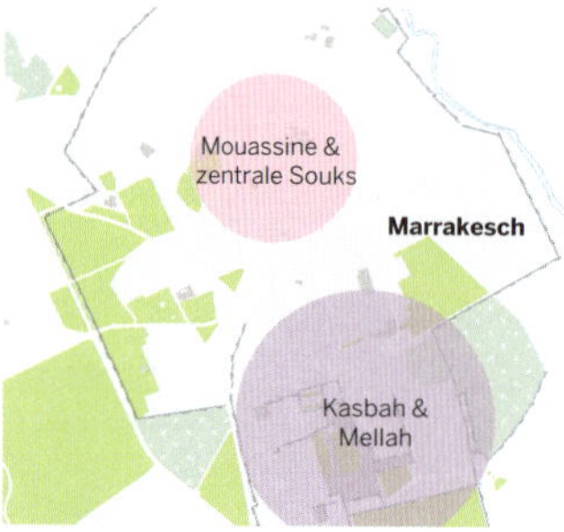


# MARRAKESCH

**Das freche und raue Marrakesch ist eine Metropole mit vielen Gesichtern: eine interessante Mischung aus modernem Afrika, historischen Sehenswürdigkeiten, uraltem Handwerk und Karawanserei-Traditionen.**



Herz und Seele von Marrakesch liegen in seiner Medina, einer weitverzweigten Stadt, die 1070 von den Almoraviden gegründet wurde. Jahrhundertelang war sie das Zentrum der westlichen islamischen Welt, wurde von verschiedenen Sultanen abwechselnd geplündert oder verherrlicht und gehörte zeitweilig zum Protektorat Französisch-Marokko. In den letzten Jahren wurden die Souks, Funduks (alte Herbergen) und Heiligtümer der Medina restauriert, wodurch sie nun hübscher (und sauberer) ist als je zuvor.

Das zentrale Mouassine-Viertel blickt mit einem Auge nach Afrika, mit dem anderen nach Europa: Zwischen rauen Straßenmärkten finden sich Dachterrassen-Cafés und hippe Boutiquen. Wer es ruhiger mag, macht sich auf den Weg nach Kasbah und Mellah zu den berühmten Saadier-Gräbern und den ältesten Festungen der Stadt.

Geh in Marrakesch unbedingt zu Fuß, um dich dem Rausch der Sinne ungefiltert auszusetzen.

# KASBAH & MELLAH

**Südlich der Medina werden die Straßen breiter, und Störche stolzieren über rosige Festungsmauern. Kasbah ist Marrakeschs ältestes Viertel, und die vielen Sehenswürdigkeiten – der el-Badi-Palast, der Bahia-Palast und die Saadier-Gräber – locken Touristengruppen an. Trotzdem sind Kasbah und Mellah, Marrakeschs altes jüdisches Viertel, ruhige Gegenden geblieben.**

### Les Jardins de la Medina

Hinter der schlichten Fassade verbirgt sich einer der größten Swimmingpools der Medina. Wenn die Temperaturen steigen, gibt es keinen erfrischenderen Ort. Mittagessen am Pool und Zugang zur hübschen Bar im Kolonialstil (ja, mit Alkohol) sind im Tagesangebot mit drin. *21 Derb Chtouka, Kasbah; www.lesjardinsdelamedina.com; 400–650 Dh.*

### Café Clock

Dieses aus Fez importierte Lokal hat weitaus mehr zu bieten als seine bekannten Kamel-Hamburger. Sein Kulturprogramm unterstützt lokale Talente: Es gibt Jamsessions, rhythmische Gnawa-Stammesmusik, Kalligrafiekurse, Kochworkshops oder Filmvorführungen. Besonders ergreifend sind die Abende mit marokkanischen Geschichtenerzählern, die die schwindende Tradition mündlicher Überlieferung bewahren. *224 Derb Chtouka, Kasbah; www.cafeclock.com; 9–23 Uhr.*

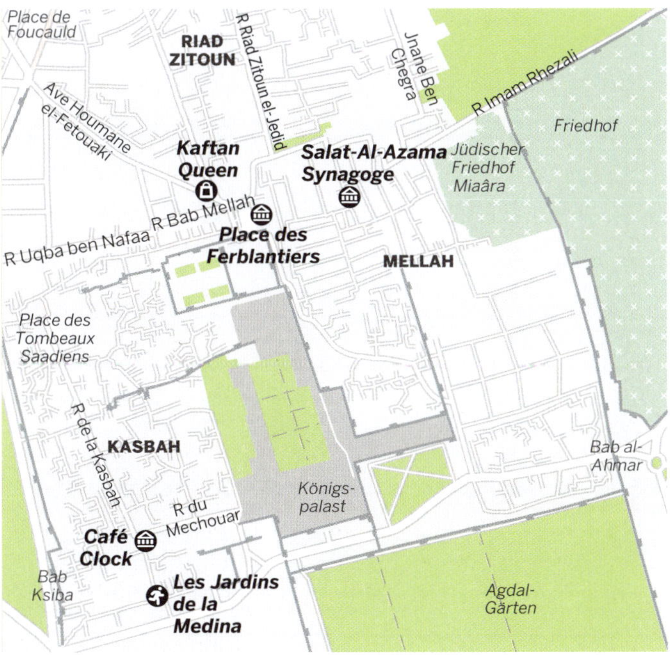




### Salat-Al-Azama-Synagoge

Die Synagoge wurde 1492 von aus Spanien vertriebenen Juden gegründet und ist sowohl Gotteshaus als auch Museum für 2000 Jahre jüdische Kultur in Marokko. Gewinne einen Einblick in Marrakeschs jüdische Diaspora (der nur noch 150 Personen angehören). *Derb Talmud Tora, Mellah; So–Do 9–19 Uhr, Fr bis 18 Uhr, 10 Dh.*

### Kaftan Queen

In diesem versteckt liegenden Modegeschäft dreht sich alles um hochwertige, zeitgemäße Kaftane – ob im Maxi-Stil, mit Glitzersteinchen, uni oder gemustert. Passend dazu gibt es pastellfarbene *babouches* (Pantoffeln). *186 Al Fatouki, (Zugang von der Rue Riad Zitoun el-Kedim); www.kaftan-queen.online; Mo–Sa 10–13 Uhr & 15–19 Uhr.*

### Place des Ferblantiers

Dieser geschäftige Platz war einst den Eisenwarenhändlern vorbehalten und ist die Pforte nach Mellah. Hier findet man den Grand-Bijouterie-Schmuckmarkt, einen überdachten Gewürzmarkt und die Stände des Mellah-Marktes, wo im Blumenduft Metzger routiniert Hähnchen köpfen.

# MOUASSINE & ZENTRALE SOUKS

**Wer von den Trommeln des Djemaa el Fna nach Norden läuft, erreicht eine Gegend mit alter Architektur und innovativen Läden. Hier findet man beliebte Museen, und viele Kostbarkeiten werden hergestellt. Es ist aber auch der Stadtteil, der sich am schnellsten wandelt.**

### Al Nour

Dieses edle Bekleidungsgeschäft bietet handbestickte Baumwoll-Kaftane, Kinderblusen und elegante Halstücher in ungewöhnlichen Beige- und Erdtönen an. Es wird von einer Kooperative für behinderte Frauen geführt. *19 Derb Moulay El Ghali; www.alnour-textiles.com; 9.30–14 Uhr & 15–19.30 Uhr.*

### Ben-Youssef-Marktstände

Wer sich das Gedränge auf dem Djemaa el Fna nicht antun will, findet in diesem Gässchen-Labyrinth mit Holzkohle-Grills dasselbe Lokalkolorit, aber mit weniger Stress. Gegen Mittag weisen die Rauchschwaden rund um den südlichen Teil der Ben-Youssef-Moschee den Weg zu den Essensständen. *11–15 Uhr.*

### Musée Boucharouite

*Boucharouites* sind Marokkos fransige Teppiche der Armen, die aus Streifen aussortierter Kleidung hergestellt werden. Dieses private Museum in einem Riad aus dem 18. Jahrhundert feiert ihren Charme gebührend. Das ruhige Café oben auf dem Dach ist ein echter Geheimtipp. *Derb el Cadi; www.facebook.com/musee.boucharouite; Mo–Sa 9.30–18 Uhr, im Aug geschlossen, 40 Dh.*

### Riad Yima

Dieses Riad ist eine Galerie, ein Teehaus – und eine knallbunte Oase der Ruhe. Es ist der Rückzugsort des marokkanischen Künstlers und Fotografen Hassan Hajjaj und steckt voller Pop-Art, nordafrikanisch inspirierter Gebrauchsgegenstände, kitschiger Pantoffeln und zeitgenössischer Fotos von afrikanischen Frauen mit Hidschab. *52 Derb Aajane, Rahba Lakdima; www.riadyima.com; Sa–Do 10–19 Uhr, Fr 10–13.30 Uhr & 14.30–19 Uhr.*

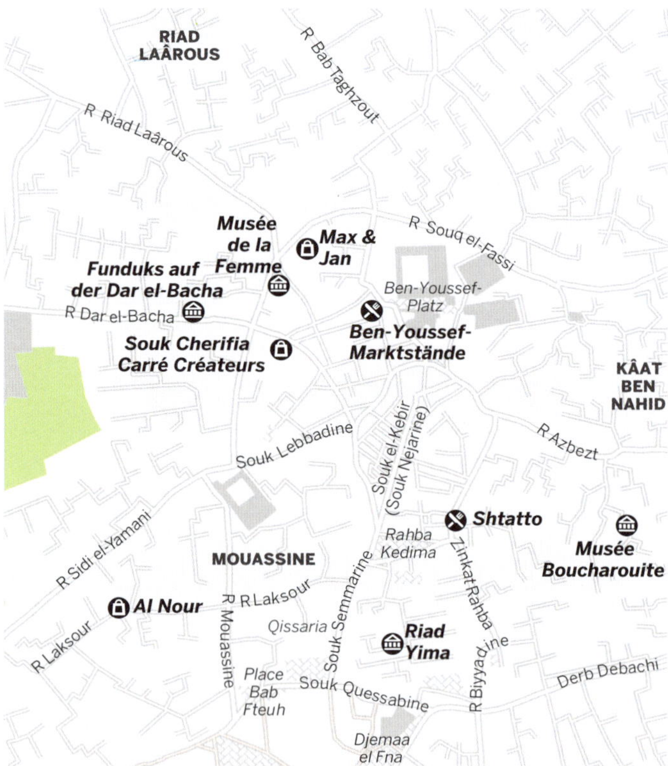

## Shtatto

Glühbirnen beleuchten die Dachterrasse, das Rasseln der Kaffeemühle liegt in der Luft und Fashionistas mit Strohhut scrollen durch Instagram. Darunter befinden sich drei Stockwerke mit schicken Geschäften, zum Beispiel Amine Bendriouich Couture. *81 Derb Nkal, Rahba Lakdima; www.shtattomarrakech.com; 9–22 Uhr.*

© 2020, Riad Yima

© Monica Wells / Alamy Stock Photo

## Souk Cherifia, Carré Créateurs

Im ersten Stock dieses provisorischen Marktes bietet eine aufregende Gruppe von (meist weiblichen) marokkanischen Indie-Designern ihre Waren an. Die Highlights: Tilila mit Glitzerversionen von Berber-Pantoffeln, Sisi Moroccos einzigartige Kissen mit Linolschnitt-Drucken sowie handbestickte Schuhe und Taschen aus Sackleinen von Khmissa. *Nahe R Mouassine; 10–19 Uhr.*

## Funduks auf der Dar el-Bacha

Marrakeschs altes Karawansereien-Netz gibt es noch immer, allerdings wurden viele inzwischen in Werkstätten umgewandelt. In der Durchgangsstraße Dar el-Bacha steht zum Beispiel das Funduk El Mizane mit einer riesigen alten Waage, und das Funduk El Amir besticht mit geometrischer Dekoration in Rot und Ocker.

### SPIRITUELLES PEELING

**Wer den Schleier lüften und einen Blick ins marokkanische Alltagsleben werfen möchte, sollte einen Hammam besuchen. Weil man im Inneren nackt ist, sind die Eingänge, Räumlichkeiten und Nutzungszeiten immer nach Geschlechtern getrennt. Der Hammam in Mouassine ist auf Touristen eingestellt. Man rüstet sich vor dem Besuch am besten wie die Einheimischen aus: Schwarze Olivenseife zum Waschen und einen Peeling-Handschuh bekommt man auf den Souks.**

## Max & Jan

Ein Torbogen wie nach Narnia – dahinter zeitgenössische afrikanische Mode, coole Haushaltsgegenstände und ein Dachterrassen-Restaurant. Eine Hälfte des belgisch-schweizerischen Designer-Duos hinter dem Concept Store, Maximilian Scharl, ist in Casablanca geboren. Ihre Kollektionen werden in Marokko entworfen und produziert. *14 R Amsefah; www.maxandjan.com; 10–19 Uhr.*

## Musée de la Femme

Dieses wenig bekannte Frauenmuseum ist das erste Nordafrikas. Es wurde von Männern aus der Gegend gegründet, um die Kultur der Frauen zu bewahren. *40 R Sidi Abdelaziz; www.museedelafemme.ma; 9.30–18.30 Uhr.*

© Marc Van Vaek / 2020, Max & Jan

**Im Uhrzeigersinn von oben: das Riad Yima; Säcke auf dem Ben-Youssef-Platz; Max & Jans schicke Designs**

# KAPSTADT

**Kapstadt ist wie dieses Kind früher in der Schule, das einfach alles hatte: witzig, trotz kleiner Macken beliebt und unbeschreiblich schön.**



Wo auch immer man sich in Kapstadt befindet, der Tafelberg bildet stets einen eindrücklichen Hintergrund.
Für viele ist Sea Point das ideale Viertel, weil es so energiegeladen ist wie die Innenstadt, der an die Strandpromenade brandende Ozean aber für Ruhe sorgt.
Von hier kann man mit dem Bus raus nach Woodstock fahren – eine Gegend, die eher rau als hübsch ist, die aber einen perfekten Ausblick auf den Devil's Peak bietet. Durch die Gentrifizierung entstehen hier neben Fabriken und Werkstätten Kunstgalerien oder Gin-Brennereien.
Mit dem Zug fährt man etwa 20 Kilometer zum Strandvorort Muizenberg. Auch diese Gegend entwickelt sich, und man surft nicht mehr nur auf tollen Wellen oder spaziert am Meer, sondern findet kreative Läden und coole Kneipen.

# SEA POINT

**Sea Point erstreckt sich dünn und lang zwischen Meer und Berg und bietet vor allem auf zwei Straßen einiges. Auf der Regent Road und der Main Road ist viel los, aber auch dazwischen findet man Stammlokale der Einheimischen und Beinahe-Geheimtipps. Sea Point ist vor allem für seine Restaurants bekannt, in denen man die Küche von allen Kontinenten außer der Antarktis genießen kann.**

### Sea Point Contact

Charles Darwin verbrachte 1836 18 Tage in Kapstadt. Sein Interesse galt weniger den Tieren als vielmehr dem Gestein, vor allem an einem Ort, wo sich beim Abkühlen von heißem Magma Granit gebildet hatte. Diese Formation ist daher als Charles Darwin's Rocks bekannt (eine Gedenkplakette markiert die Stelle). Von hier aus kann man wunderbar den Sonnenuntergang beobachten. *Queen's Beach.*

### Hesheng

Hier muss man mit einem Vortrag darüber rechnen, was „authentische" chinesische Küche ausmacht. Aber am Ende wird man mit einem wahren Festmahl belohnt. Das schlichte Restaurant ist zu Recht beliebt unter den in Kapstadt lebenden Chinesen. *269 Main Rd; hesheng.co.za; Mi–Mo 11–15 Uhr & 17–21 Uhr.*

### Total Garage

Es klingt verrückt, eine Tankstelle wegen ihres Frühstücks zu empfehlen. Die Einwohner von Sea Point schwören aber auf die Backwaren, und wir empfehlen frische Bagels und den Karotten- oder den Käsekuchen. Der Kaffee ist ebenfalls vorzüglich. *345 Main Rd; 021 439 4034; rund um die Uhr.*

### @Seoul

Was koreanische Küche angeht, ist das Angebot in Kapstadt nicht besonders groß, aber dieses kleine Lokal (besser reservieren!) würde auch gut in eine Seitenstraße in Gangnam passen. Es gibt die Klassiker *deok boki* (Reisnudeln mit scharfer Sauce), *bibimbap* und leckere Suppen wie *doenjang jjigae* und deftige *samgyetang*. *72 Regent Rd; 021 439 3373; Mo–Sa 12–14 Uhr & 18–22.30 Uhr.*

### Lion's Head

Der Aufstieg zum Lion's Head ist nun wirklich kein Geheimtipp, aber nur wenige Wanderer starten auf der Sea-Point-Seite des Berges. Auf diese Art umgeht man zumindest auf dem ersten Stück die Massen. Halte unterwegs nach dem Grabmal von Sheikh Mohamed Hassen Ghaibie Ausschau, das bei einem riesigen Buschfeuer 2019 erstaunlich glimpflich davongekommen ist.

# WOODSTOCK

**Woodstock ist eines der hippsten Viertel der Stadt. Hier findet man kleine Craft-Brauereien und -Brennereien, Kaffeeröstereien und Künstlerateliers. Im Herzen ist es aber Industriegebiet geblieben, daher sollte man nach Einbruch der Dunkelheit besser ein Sammeltaxi nehmen. Dank der Gentrifizierung gibt es viele neue Lokale und versteckte Juwelen zu entdecken, manche sogar auf den Hauptstraßen.**

### Altona Fisheries

Hier gibt es nicht nur Fish and Chips, sondern auch Kapstadts typisches Riesensandwich, das Gatsby: ein gut dreißig Zentimeter langes Weißbrot, gefüllt mit Pommes, Salat und einem Fisch nach Wahl, einem Masala-Steak oder Wiener Würstchen. Ein tolles Katerfrühstück! *127 Victoria Rd; 021 447 0735; Mo–Fr 7–19 Uhr, Sa bis 16 Uhr.*

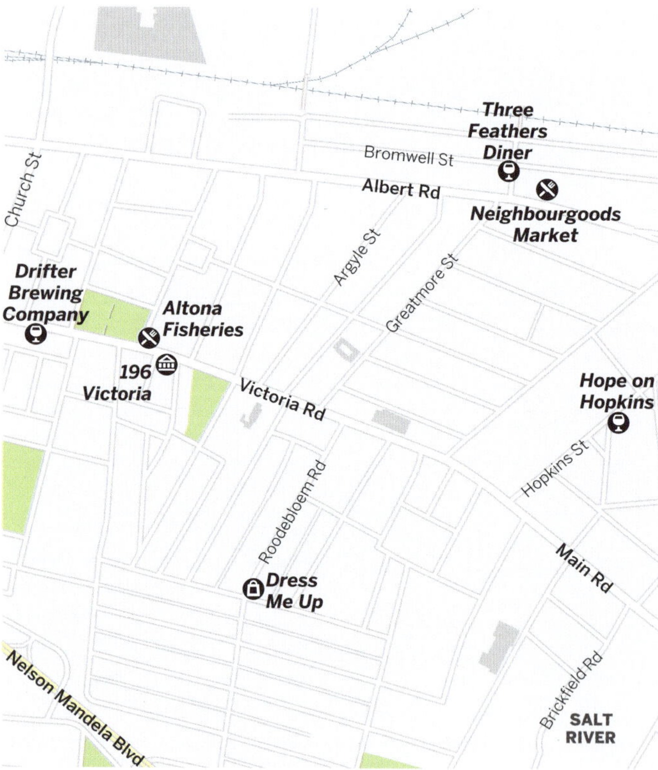


### Dress Me Up

In Woodstock wimmelt es von Galerien und kultigen Geschäften. Dieser nette Laden ist auf Retro- und Vintagekleidung spezialisiert und beliebt bei Teilnehmern des AfrikaBurn, Südafrikas Antwort auf das Burning Man Festival. Man findet hier nicht nur tolle Kleider und verrückte Hüte, sondern auch Kunstobjekte oder Vinylschallplatten. *77 Roodebloem Rd; 072 713 8907; Di–Sa 11–18 Uhr.*

### Drifter Brewing Company

Typisch Craftbier-Bewegung: Eine kreative Truppe hängt zusammen ab und produziert dabei superleckeres Bier. Neben den Standardsorten (frag nach dem Kokosnuss-Ale oder dem Smoked Porter) werden im maritim gestalteten Schankraum auch saisonale Varianten angeboten. Wer nicht aufs Geld achten muss, bestellt eine Flasche vom im Meer gereiften Ocean Aged Tripel und trinkt sie mit Freunden auf dem Balkon mit Blick auf den Devil's Peak. *156 Victoria Rd; www.drifterbrewing.co.za; Di–Do 14–20 Uhr, Fr 15–20 Uhr, Sa 11–16 Uhr.*

### Hope on Hopkins

Lucy Beard und Leigh Lisk gehören zu den Vorreitern von Kapstadts Ginbrenner-Szene. Man kann ihren Gin mit Blick auf die Brennerei verkosten, sollte dafür aber im Voraus buchen. Sie öffnen nämlich nur am Samstagnachmittag, und die entspannten Verkostungen sind bei Einheimischen sehr beliebt. Mach es dir auf der Couch bequem und bestell drei

© Moobatto / Shutterstock

verschiedene Gins, an denen du in deinem eigenen Tempo nippen darfst. *7 Hopkins St; hopeonhopkins.co.za; Sa 12–17 Uhr.*

**196 Victoria**

Die Fassade des Gebäudes ist zwar beeindruckend, trotzdem könnte man leicht daran vorbeilaufen, ohne zu bemerken, dass man es auch betreten kann. Und man würde wohl nie vermuten, was man darin findet: Kunsthandwerker und ganzheitliche Therapeuten, ein Yogastudio und die Töpferwerkstatt Clay Hands, in der Keramikkünstlerin Natasha Viljoen Besucher jeden Alters dazu animiert, mit dem Material zu spielen und etwas daraus zu erschaffen. *196 Victoria Rd; www.196victoria.com.*

**Three Feathers Diner**

Man betritt diese „Männerhöhle" durch Woodstock Co-op, einen Laden, der Kunst und Mode von lokalen Designern verkauft. Der Kontrast zwischen der Entspannung beim Shoppen und der ausgelassenen Kneipenstimmung mit Graffiti an den Wänden, Pinball-Maschinen, einem Billardtisch sowie ein paar amerikanischen Oldtimern zeigt perfekt, was Woodstock so einzigartig macht. *78 Bromwell St; three-feathers-diner.business.site; Mo–Fr 9.30–17 Uhr, Sa 9–17 Uhr.*

### BIER- & GRAFFITI-TOUR

**Anwohnerin Hester Bergh (061 533 6622) verbindet durch diese Touren in ihrer Nachbarschaft ihre Liebe zu Bier und Kunst. In Woodstock gibt es jede Menge Street-Art, über deren Hintergrund man hier etwas erfährt. Unterwegs werden an kleinen lokalen Brauereien Zwischenstopps eingelegt.**

**Neighbourgoods Market**

Am besten besucht man Woodstock am Samstagmorgen, wenn der beliebte Neighbourgoods Market an der Old Biscuit Mill stattfindet. Hier dreht sich alles ums Essen, und ein Geheimtipp ist dieser Markt nun wahrlich nicht. Die Menschenmassen, die er anzieht, ergießen sich allerdings auch in die angrenzenden Straßen, daher herrscht in Woodstock ein ganz anderes Ambiente als an anderen Tagen. *375 Albert Rd; www.neighbourgoodsmarket.co.za; Sa 9–15 Uhr.*

© Michelle Parkin Photography / 2020, Hope on Hopkins

**Oben: Essensstände auf dem Neighbourgoods Market**
**Links: Hope on Hopkins**

# MUIZENBERG

**Einst standen in Muizenberg am Strand nur mit Brettern vernagelte Gebäude, nach einer Generalüberholung gibt es jetzt tolle Kneipen und Restaurants. Am bekanntesten ist die Hauptstraße, wagt man sich aber in die engen Seitengässchen, entdeckt man die von den unkonventionellen Bewohnern 'Bergs so geliebten Cafés und Boutiquen.**

### Sobeit Store & Hong Kong Charlie Sushi Café

Dieser Laden liegt direkt an der Hauptstraße von Tokai und wird dennoch oft übersehen. Sobeit beschreibt sich selbst als „Raum des Chaos". Oben arbeiten Künstler an Bildern, Skulpturen und Kunstobjekten. Unten werden die Werke zusammen mit Antiquitäten, Schmuck, Möbeln und anderem coolem Zeugs verkauft. Man kann toll stöbern, während man auf seinen Sushi-Teller vom Café wartet. *51 Main Rd; www.facebook.com/SobeitStudioCapeTown; Mo–Sa 7–21 Uhr, So 9–17 Uhr.*

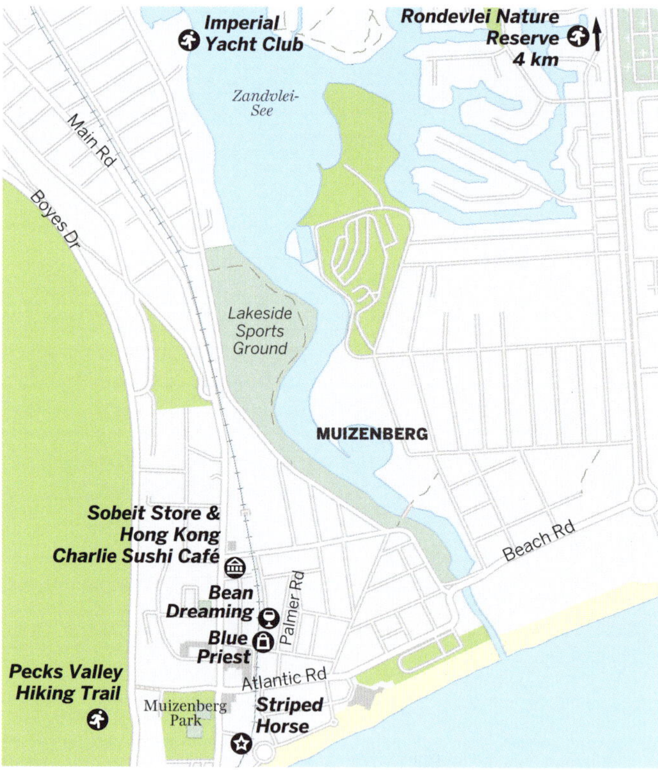


### Striped Horse

Die Kneipe direkt am Strand kennen viele nur als gute Adresse für ein leichtes Mittagessen oder ein Pint Craftbier. Am Wochenende platzt das sonst so entspannte Pub aber aus allen Nähten, wenn die Kapstädter herkommen, um Livebands zu lauschen. *12-14 York Rd; stripedhorsebar.com; Mo–Do 12 Uhr bis spät, Fr 12–1 Uhr, Sa 11–1 Uhr, So 11–20 Uhr.*

### Pecks Valley Hiking Trail

Der Aufstieg durchs Pecks Valley hoch zum Muizenberg Peak ist steil, man wird jedoch mit einem atemberaubenden Blick über den Strand belohnt und kann an klaren Tagen bis zur False Bay sehen. Die Route beginnt am Boyes Drive und kann bis nach Silvermine verlängert werden. In dieser abgelegeneren Gegend sollte man allerdings lieber in der Gruppe wandern. *Boyes Dr.*

### Blue Priest

Obwohl die von den Einheimischen „The Village" genannte Gegend nicht weit weg vom Strand liegt, kommen 'Berg-Besucher selten hierher. Es ist vor allem eine Wohngegend, auf der Palmer Road gibt es aber auch coole Läden und Restaurants. Blue Priest verkauft Streetwear mit afrikanischen Mustern – deck dich mit einem Käppi oder bunten Schwimmshorts ein. *42 Palmer Rd; www.facebook.com/BLUE-*

© SL-Photography / Shutterstock

## MADE IN MUIZENBERG

**Der Flagship-Store hat zwar zugemacht, Made in Muizenberg strebt jedoch weiterhin danach, lokale Unternehmer, Performer und Kunstschaffende zu feiern. Gelegentlich werden Märkte, Festivals, Kurse und Workshops organisiert, um das Kunsthandwerk und die allgemeine Kreativität der Bewohner von 'Berg zu zeigen. Hier kann man das Programm im Blick behalten: www.facebook.com/madeinmuizenberg.**

*PRIEST.CO.ZA; Di–Do 10–18 Uhr, Fr & Sa bis 20 Uhr, So bis 2 Uhr.*

### Imperial Yacht Club

Jeder weiß, dass Muizenberg ein Paradies für Surfen, Stand-up-Paddeln und Kitesurfen ist. Aber nur ein kurzes Stück landeinwärts kann man auf dem Zandvlei-See auch Segeln lernen. Er ist bei den Kapstädtern für Picknicks sehr beliebt, bleibt von Touristen aber meist unentdeckt. *1 Promenade Ave; imperialyachtclub.co.za.*

© Hein van Tonder / 2020, Striped Horse Bar

### Bean Dreaming

Das Ehepaar Kiam und Stef teilt sich die Räumlichkeiten, in denen beide ihre Träume verwirklichen. Stef serviert vorne im Café leckeren Kaffee und sündhafte Pfannkuchen, während Kiam sich im hinteren Teil ein Tattoo-Studio eingerichtet hat. *34 Palmer Rd; www.facebook.com/beandreamingcoffee; 084 232 0537; Mo–Fr 7.30–17 Uhr, Sa & So 9–14 Uhr.*

### Rondevlei Nature Reserve

Es gibt in den Gewässern von Rondevlei, etwa 10 Fahrtminuten vom Strand entfernt, zwar Flusspferde, sie zeigen sich aber nur selten. Einfacher ist es, eine von den gut 200 Vogelarten des Sees zu beobachten. *Fishermans Walk, Zeekovlei; 7.30–17 Uhr.*

**Oben: bunte Strandhütten in Muizenberg**
**Links: das Striped Horse**

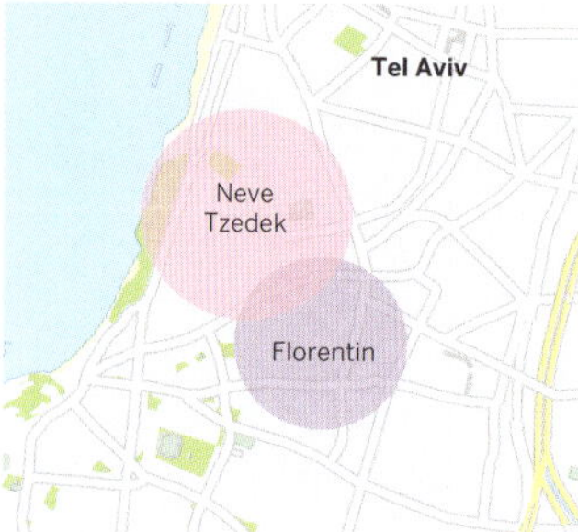


# TEL AVIV

**Tel Aviv ist lebendig, kosmopolitisch und in stetem Wandel begriffen. Hier treffen Hightech und ein schillerndes Nachtleben auf Bauhaus-Architektur und intensive Marktgerüche.**

Tel Aviv umfasst ein riesiges Stadtgebiet, das von ruhigen grünen Parks durchbrochen und von langen Badestränden eingefasst wird. Sehenswürdigkeiten gibt es überall, die meisten liegen jedoch zwischen dem alten Hafen von Jaffa und dem Viertel Old North jenseits der Arlozorov-Straße.

Neve Tzedek steht ganz oben auf der Liste von Reisenden, die gerne charmante Cafés und Indie-Boutiquen in Kopfsteinpflastergässchen entdecken möchten. Nur einen kurzen Fußmarsch weiter südlich liegt Florentin, ein Viertel voller Ecken und Kanten mit jungen und coolen Bewohnern. In seinen graffitigeschmückten Straßen findet man Künstlerstudios, angesagte Kneipen und Fusion-Restaurants. Das geschäftige Gewusel des Levinsky-Markts liegt nur ein paar Schritte entfernt.

Im Zentrum der Stadt kann man gut zu Fuß herumspazieren, wer das meiste aus Tel Aviv herausholen will, sollte jedoch ein Leihfarrad mieten und die vielen Radwege nutzen.

# NEVE TZEDEK

**Tel Avivs ältestes Viertel liegt nördlich von Jaffa, eingerahmt vom trendigen Florentin im Osten und dem historischen jemenitischen Viertel Karem HaTeimanim sowie Lev Ha'ir (Zentrum) im Norden. Es ist ein ruhiger Stadtteil mit verschlungenen Sträßchen, an denen pastellfarbene Häuser stehen, und kann gut zu Fuß erkundet werden. Die Shabazi-Straße führt den Hügel hinunter bis zur Tel-Aviv-Promenade.**

### Rokach-House-Museum

Die rundlichen, nackten Keramikdamen, die die Besucher begrüßen, sind Werke von Lea Majaro-Mintz, der Urenkelin eines Tel Aviver Pioniers: 1887 gehörten Shimon Rokach und die Seinen zu 10 Familien, die ausgewählt wurden, sich in Neve Tzedek niederzulassen. Das Rokach House ist nicht nur ein Museum über die Anfänge der Stadt, sondern auch eine Kunstgalerie. *Shimon Rokach St 36; www.rokach-house.co.il; Do & Sa 10–14 Uhr.*

### Alma Café

Stammkunden halten diesem Café wegen seiner vegetarischen und veganen Gerichte die Treue – von Hummus-Omelette und vegetarischem Döner bis zu verlockenden *schakschuka* (pochierte Eier in scharfer Tomatensauce), originellen Salaten und French Toast. Beliebt zum Brunchen. *Shabazi St 55; 03-516-8793; 8.30–23 Uhr.*

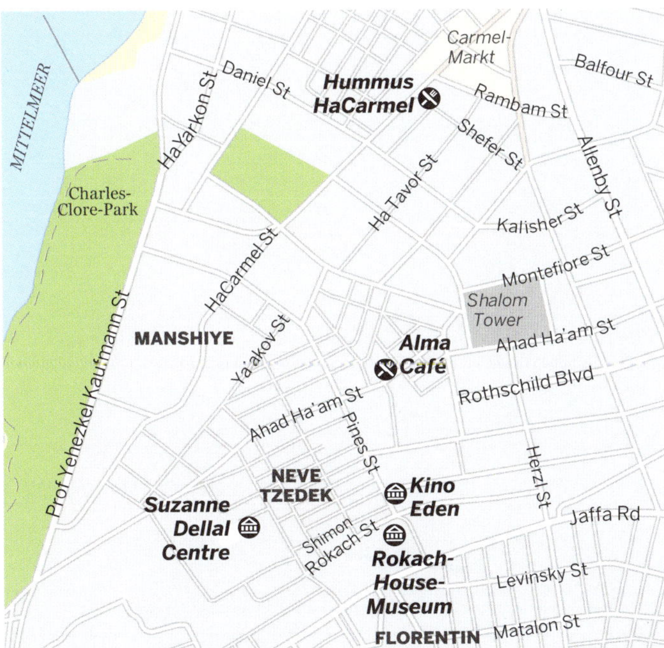


### Hummus HaCarmel

Ein Imbiss mitten auf dem geschäftigen Carmel-Markt, nur fünf Gehminuten nördlich von Neve Tzedek. Der Eingang aus Buntglas und die Schriftrollen an den Wänden zeigen, dass es sich um eine ehemalige Synagoge handelt. Wir empfehlen den normalen oder den Masabach-Hummus, die mit eingelegtem Gemüse serviert werden. *HaCarmel St 11; So–Fr 7.30–16.30 Uhr.*

### Suzanne Dellal Centre

1989 wurde diese Schule aus den 1890er-Jahren in ein Zentrum für Schauspiel und modernen Tanz verwandelt und hauchte dem damals im Verfall begriffenen Viertel neues Leben ein. Ideal für eine Aufführung der Batsheva oder Inbal Dance Company oder zum Entspannen in den ruhigen Innenhöfen. *Yehieli St 5; www.suzanne-dellal.org.il; Kartenschalter So–Do 9–21 Uhr, Fr bis 1 Uhr.*

### Kino Eden

In dem hübschen Jugendstilgebäude war einst Tel Avivs erstes Kino, 1913 gegründet und bis 1975 in Betrieb. Am Anfang wurden dort Stummfilme von einem Orchester musikalisch begleitet. Heute ist es ein beliebtes kulturelles Wahrzeichen. *Lillienblum St 2.*

© SJ Travel Photo and Video / Shutterstock

# FLORENTIN

**Florentin grenzt im Osten an die Multikulti-Viertel Shapira und Neve Sha'anan, im Westen an Jaffa und im Norden an Neve Tzedek. Das ehemalige Industriegebiet ist ein Synonym für Street-Art – und Tel Avivs hippste Gegend. In den 80er-Jahren lockten die niedrigen Mieten Künstler und Musiker hierher, inzwischen zieht Florentin die Besucher tagsüber mit seinen Fusion-Restaurants an, abends mit Kneipen und Clubs.**

### Pachot M'Elef

Für Graffitisprayer ist Florentin quasi ein natürlicher Lebensraum. Manche finden, dass der Charakter ihrer Werke verfälscht wird, wenn man sie salonfähig macht. Künstler und Fotograf Daniel Siboni (Miteigentümer dieser Galerie) ist anderer Meinung. Hier kann man Nachbildungen und Fotos von Murals aus der Gegend kaufen. *Abarbanel St 54; So–Do 12–20 Uhr, Fr 10–16 Uhr.*

### Florentin45

Florentin45 ist unter den vielen Kunstgalerien der Stadt oft Vorreiter. Bei den häufig wechselnden Ausstellungen versucht man ein Gleichgewicht zwischen international bekannten israelischen Künstlern (in der Vergangenheit etwa Maya Smira oder Adi Oz-Ari) und jungen Talenten. *Florentin St 45; Mo–Sa 9–17 Uhr.*

### ChavShush

Seit in den 1930er-Jahren griechische Juden zum ersten Mal ihre Stände hier aufgebaut haben, ist Levinsky der Inbegriff eines nahöstlichen Marktes: intensive Gerüche, Farben und geschwätzige Kunden auf der Suche nach einem Schnäppchen. ChavShush mit seinen dekorativen Säcken voller duftender Gewürze und der freundlichen, unaufdringlichen Bedienung wird von Nachfahren jüdischer jemenitischer Händler geführt, die sich 1931 in Palästina niedergelassen haben. *HaChalutzim 18; So–Fr 7.30–13 Uhr.*

### Mezcal

Hier bekommt man Tel Avivs authentischstes mexikanisches Essen. Wegen der großen Beliebtheit haben die Besitzer nebenan gleich noch einen Laden eröffnet. Seine Tacos kann man sich mit dunkler Mole-Sauce servieren oder mit *salsa de chile ancho* (einer rauchig-scharfen Chili-Salsa) aufpeppen lassen.

Dazu gibt es ein großes Angebot an Tequila und Mezcal. *Chayim Vital St 2; www.facebook.com/MezcalTelAviv; 03-518-7925; 12–1 Uhr.*

**Casbah**

Mit den vielen Hängepflanzen, unterschiedlichsten Möbeln und Werken von lokalen Künstlern verkörpert Casbah die Essenz des Viertels. Ideal zum *Schakschuka*-Frühstück mit Freunden, am Laptop mit einem Kaffee oder bei Burger und Bier, bevor man sich ins Nachtleben stürzt. *Florentin St 3; www.facebook.com/casbah.florentin; 03-518 2144; 8–1 Uhr, Do & Fr bis 2 Uhr.*

**Hanut 31**

Dieser kleine Veranstaltungssaal liegt bescheiden zwischen Lebensmittelgeschäften und ist nur schwer zu beschreiben. Das Vorprogramm – von modernem Tanz bis zu Objekttheater oder Videoinstallationen – wird oft im Schaufenster gezeigt. Der Rest der Vorstellung findet dann im Inneren vor einem kleinen Publikum von bis zu 30 Leuten statt. Man muss für die Show nicht fließend Hebräisch sprechen. *HaAliya St 31; www.hanut31.co.il.*

## TEL AVIV GREETER

**Willst du das Tel Aviv der Einheimischen kennenlernen, solltest du an dieser Gratis-Stadtführung teilnehmen. Die Tel Aviv Greeter zeigen dir die verborgenen Winkel ihrer Stadt. Führer und Teilnehmer werden einander ihrem Alter und ihren Interessen entsprechend zugeordnet, allerdings muss man lange im Voraus buchen. (www.telavivgreeter.com)**

**Ouzeria**

Das zum Levinsky-Markt gehörende Lokal verbindet griechische Gastfreundschaft mit mediterraner Küche. Hier kann man griechische Meze und schwarze Tintenfischnudeln bestellen oder es sich an der Theke mit einem Ouzo gemütlich machen. Man kann nicht reservieren, deshalb sind die Warteschlangen oft lang. *Matalon St 44; www.facebook.com/ouzeria; 03-533-0899; So–Fr 12–24 Uhr*

**Im Uhrzeigersinn von oben: Graffiti in Florentin; Mixen im Mezcal; Frühstück im Café Casbah**

KUNST & KULTUR · MUSIK & FILM · SPORT & FREIZEIT · ESSEN · TRINKEN · SHOPPEN

# DUBAI

**Entdecke ein Emirat voller aufregender Kunst, multikultureller Küche und globaler Geschichten, das durch die große Expat-Gemeinde zum Leben erweckt wird.**



Zwei Tage reichen für Dubais wichtigste Touristenattraktionen: die Dubai Mall, die Wasserspiele und den alle Rekorde brechenden Wolkenkratzer Burj Khalifa. Und danach? Tage am Strand können hier so endlos sein wie die sandige Küste – im Emirat gibt es aber viel mehr als nur Sonne, Meer, Shoppen und Wolkenkratzer. Verlasse die ausgetretenen Touristenpfade und genieße als Belohnung Saffraneis mit gefrorenen Maisnudeln aus dem Iran, den erstaunlich leckeren heißen, süßen Kuchen mit Rosenwasser oder Käse aus Nablus (nördlich von Jerusalem).

Wage dich auf eine verborgene Dachterrassen-Bar in Satwa. Entdecke den besten Schallplattenladen in Al Quoz 1, einem ehemaligen Industriegebiet mit neuem Glanz, und schließe dich in Jumeirah Lakes Towers den Feiernden im Irish Pub an, wo das Guinness in Strömen fließt.

Dieses Dubai hätten die Expats eigentlich lieber für sich allein – und wer sich darauf einlässt, versteht schnell warum.

# AL SATWA

**„Little Asia", wie Satwa manchmal genannt wird, liegt zentral zwischen der Sheikh Zayed Road und Dubais reichen Stadtvierteln am Wasser. Die Gegend unterscheidet sich stark von den glänzenden Wolkenkratzern und horrend teuren Restaurants im DIFC (Dubai International Financial Centre) jenseits der Autobahn: staubige, niedrige Wohnblöcke, kleine Geschäfte und Schneidereien, Graffiti und von den überwiegend asiatischen Einwohnern zubereitete authentische Küche.**

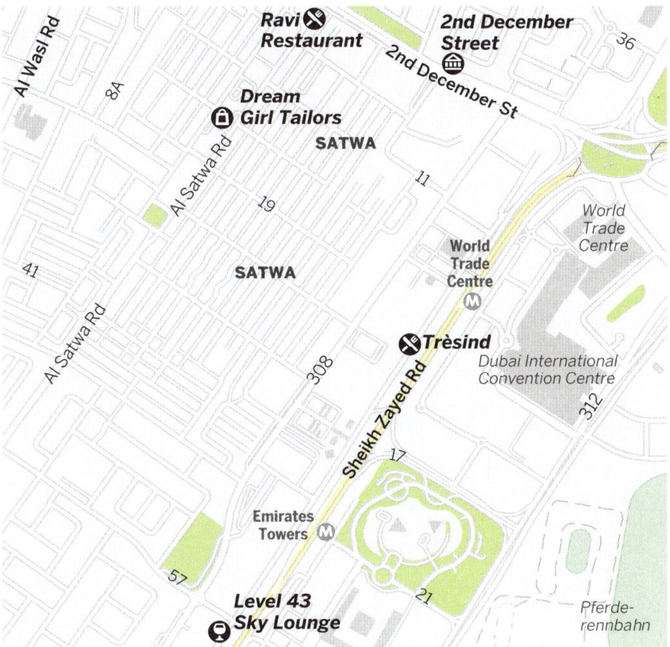


## 2nd December Street

16 große Wandmalereien mit Elementen aus der Beduinen-Kultur zieren die Gebäude rund um Satwas Hauptstraße. Sie sind 2016 auf Anregung der Dubai-Street-Museum-Initiative entstanden. Die Straße hieß bis 2011 Al Dhiyafa Road, wurde aber zu Ehren des Gründungstags der Vereinigten Arabischen Emirate (2. Dezember 1917) umbenannt.

## Dream Girl Tailors

Die Mode hat sich verändert, seit dieses Atelier in den späten 70ern eröffnet hat, aber Kamal Makhijas Schneiderinnen-Team ist immer noch gefragt. Für ein nach Wunsch genähtes Outfit brauchen sie bloß ein Foto oder eine Zeichnung. *Al Satwa Rd, nahe Satwa Medical Fitness; So–Do 10–13 Uhr & 16–21.30 Uhr, Fr 18–20 Uhr.*

## Ravi Restaurant

Der buttrig-leckere *peshawari* ist eine der pakistanischen Spezialitäten, die im Ravi seit mehr als 30 Jahren serviert werden. Dieser würzige Hammel-Tomaten-Eintopf mit dampfend warmem *Naan*-Brot kostet nur 24 Dh – weniger als ein Designer-Latte in manchen schicken Dubaier Cafés. *Shop 245, 2nd December St; 04 331 5353; 5–3 Uhr.*

## Trèsind

Eins von Dubais bezahlbarsten Restaurants in Fünf-Sterne-Hotels. Im blau-goldenen Maharadscha-Dekor wird aus Streetfood-Konzepten gehobene Küche (110 Dh). Den *Chaat*-Wagen nicht verpassen, von dem der knusprige, tamarindengewürzte Snack mit ein wenig Theater direkt am Tisch serviert wird. *Level 2, Voco Hotel, Sheikh Zayed Rd; www.tresind.com; 04 308 0440; 12–15.30 Uhr & 19–24 Uhr.*

## Level 43 Sky Lounge

In der Abenddämmerung wollen Fotografen auf dieser neonerleuchteten Dachterrasse einfangen, was sie lieber geheim halten würden: Dubais stimmungsvollste Aussicht. Dazu gibt es asiatisches Essen und Cocktails. *Four Points by Sheraton, Sheikh Zayed Rd; www.level43lounge.com; 04 316 9888; 14–2 Uhr.*

# DEIRA

**Deira ist wegen seiner Souks, Märkte und Dau-Segler bekannt, meistens kommen Touristen aber nur kurz hierher. Dabei verkörpert nichts die Essenz von Dubai so sehr wie diese Boomtown aus alten Zeiten. Geschäftstüchtige Händler segelten aus arabischen Regionen und Indien herbei und brachten ihre Kultur und Küche mit. Sie sind immer noch präsent, aufgepeppt mit ein wenig philippinischer Schärfe.**

### Frying Pan Adventures

Mehr als nur eine vierstündige Verköstigungstour: Die nahöstliche Essenswallfahrt von FPA will zeigen, dass trotz all der Ausländer immer noch viele hier aufgewachsene Emiratis in Deira zu Hause sind. Man erfährt, wo sie ihre Pizza im arabischen Stil, Baklava und Safraneis mit gefrorenen Nudeln kaufen. Unterwegs trifft man örtliche Originale zu einem Pläuschchen. *U-Bahn-Station Al Rigga; www.fryingpanadventures.com; 056 471 8244; 395 Dh.*

### Frauenmuseum Bait al Banat

Früher beherbergte das „Haus der Frauen" eine emiratische Familie mit vielen Töchtern, daher der Spitzname. Professorin Rafia Obaid Ghubash lebte in ihrer Jugend ganz in der Nähe und machte später aus dem verlassenen Gebäude ein Museum über die Geschichte der Frauen im Emirat. Hier wird sowohl frühen weiblichen Gelehrten als auch heutigen Wegbereiterinnen ein Denkmal gesetzt. *Sika 28, nahe Al Khor St & Al Soor St; www.womenmuseumuae.com; Sa–Do 10–19 Uhr; 20 Dh.*

### VOX Freiluftkino im Aloft

Im neuen Aloft City Centre Deira wartet eine innovative nahöstliche Kinoerfahrung. In Deiras erstem Kino mit Alkohollizenz gibt es nicht nur Drinks und Liegesofas, im Sommer wird sogar das Dach eingefahren, damit die Besucher die Stars der Leinwand unter den Sternen bewundern können. Eintritt ab 21 Jahren. *Oben auf dem Deira City Centre, Port Saeed Road; uae.voxcinemas.com; Sofapackage ab 137 Dh.*

### Deira-Uhrturm

Vor dem Burj Al Arab und dem Burj Khalifa war er das erste Wahrzeichen des Emirats. Er wurde 1965 für eine Uhr gebaut, die dem Scheich geschenkt worden war, und hieß damals Dubai-Uhrturm, weil er mitten im alten Dubai stand. Der Name wurde geändert, und der Turm geriet neben den neuen rekordbrechenden Wunderwerken der Ingenieurskunst ein bisschen in Vergessenheit. Seit geplant ist, ihn unter Denkmalschutz zu stellen, ist er wieder mehr in den Blickpunkt gerückt. *Al Maktoum Rd, Umm Hurrair Rd & Rte D89.*

© bennymarty / Getty Images

### Qwaider Al Nabulsi

*Kunafa* ist ein ungewöhnlicher Nachtisch aus geschmolzenem Käse und einer nudelähnlichen Mehlspeise, die in Zuckersirup getränkt und mit Pistazien und Rosenwasser besprenkelt wird. Es gibt ebenso viele Schreibweisen wie Länder, die behaupten, ihn erfunden zu haben. In diesem palästinensischen Restaurant hat man das heiße, klebrige, knusprige Rezept mit genau der richtigen Menge Salz perfektioniert. *Murraggabat St, nahe Kings Park Hotel; www.facebook.com/qwaidernabulsi; 8–1 Uhr.*

### ABRA-KADABRA!

**Eine Fahrt über den Meeresarm Khor Dubai mit einem der modernisierten motorisierten Abra-Boote kostet im Rahmen des Transportsystems nur ab 1 Dh (www.rta.ae). Nutze die Gelegenheit zu so einer fast schon magischen Fahrt, selbst wenn du nur einmal hin- und zurückfährst. Diese Bootsausflüge gehören zu Dubais einfachsten – und günstigsten – Vergnügen.**

© GagliardiPhotography / Shutterstock

### Geewin Café

An diesem Stand gibt es üppiges Eis aus Kamelmilch. Sie ist reich an Eiweiß und Mineralien und enthält (bevor künstlicher hinzugefügt wird) nur wenig Zucker. Zu den nahöstlich inspirierten Eissorten gehören Safran, Pistazie und Dattel, der klassische Schokoladengeschmack ist aber am beliebtesten. *Baniyas Rd, nahe Deira Old Souq Abra Station; 9–17 Uhr.*

### Boracay

In dieser nach einer philippinischen Partyinsel benannten Bar trifft sich Dubais Filippino-Community. Mit ihrer dramatischen Neondekoration ähnelt sie der Kulisse von *Pinoy Idol* (der philippinischen Version von *DSDS*). Jeden Abend werden auf der Bühne Coverversionen gesungen, während das Publikum von seinen Tischen aus zusieht – hoffentlich weniger abschätzig als Dieter Bohlen. *6. Stock, Asiana Hotel, Salah Al Din St; www.boracayclubdubai.com; 20–3 Uhr; Eintritt frei.*

**Oben: Boote auf dem Khor Dubai**
**Links: Die imposante Silhouette des Deira-Uhrturms**

# JUMEIRAH LAKES TOWERS

**Wer vom Touristenmagneten Dubai Marina aus die Sheikh Zayed Road überquert, erreicht die himmelhohen JLT-Türme, umgeben von innerstädtischen Seen. Die Gegend macht neuerdings durch ihre verborgenen Kneipen mit Alkohollizenz oder authentischen multikulturellen Nachbarschaftsrestaurants von sich reden. Es gibt auch einen Park, in dem ein bunter Flohmarkt stattfindet.**

### McGettigan's JLT

Dubais Expats hätten dieses riesige Irish Pub hinter dem Bonnington Hotel am liebsten für sich allein. Schließlich ist es auch so abends schon proppenvoll. Zu Livebands, Sport auf Bildschirmen und Billardtischen gibt es Pub-Snacks wie Speck-Popcorn. *Bonnington Jumeirah Lakes Towers, Cluster J; www.mcgettigans.com/jlt-dubai; So–Fr 12–3 Uhr, Sa 11–3 Uhr.*

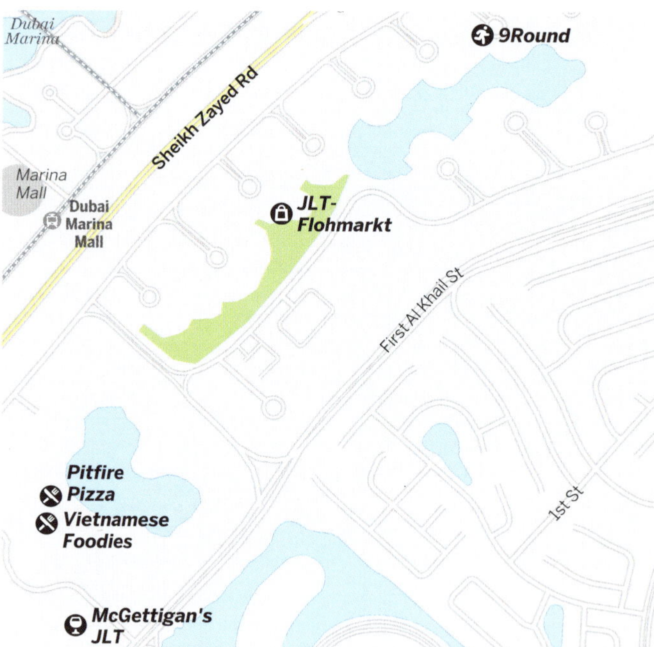


### Vietnamese Foodies

Durch solche Restaurants hat sich JLT seinen Ruf als Gourmet-Paradies erworben. Es lockt mit gesunder südvietnamesischer Küche, etwa *Pho*-Nudelsuppe mit einer Brühe, die 14 Stunden lang verhätschelt wird. Die Bänke in dem kleinen Lokal füllen sich schnell. *PL-04 Lake Terrace Tower, Cluster D; www.vietnamesefoodies.com; 04 565 6088; So–Do 11–22.30 Uhr, Fr–Sa 11–23 Uhr.*

### Pitfire Pizza

Hier gibt es Pizzas mit üppigem Belag wie in New York und knuspriger Kruste wie in Neapel. Ein in Dubai ansässiger italienischer Käsemacher beliefert diese gemütliche Pizzeria am Wasser jeden Tag mit frisch hergestelltem, köstlichem Mozzarella. *Lake Terrace Tower, Cluster D; www.pitfiredubai.ae; 800 748 3473; 11–23 Uhr.*

### 9Round

Ein kleines, aber feines Fitness-Studio. Anders als in den meisten Sportclubs Dubais muss man hier nicht Mitglied sein – praktisch für Touristen. *Unit 1, Al Seef Tower 3, Cluster U; uae.9round.com; So–Do 6–13 Uhr & 15–22 Uhr, Fr 8–12 Uhr, Sa 8–12 Uhr & 17–21 Uhr; 85 Dh.*

### JLT-Flohmarkt

Der belebte Flohmarkt, der im Sommer monatlich draußen abgehalten wird, ist eine wahre Fundgrube für Secondhandkleidung, Schmuck und Bücher. *Jumeirah Lakes Towers Park; www.dubaifleamarket.com.*

# AL QUOZ 1

**Was einst ein staubiges Industriegebiet war, hat sich zu einem schicken Stadtteil mit Großraumgalerien gemausert. Sie bieten einen guten Überblick über die aktuellste Kunst Asiens und des Nahen Ostens. In Cafés plaudert man dann bei einer Tasse Bio-Kaffee über die Ausstellungen. Außerdem kann man einen Kunsthandwerk-Kurs besuchen oder von der Kritik gefeierte internationale Filme anschauen.**

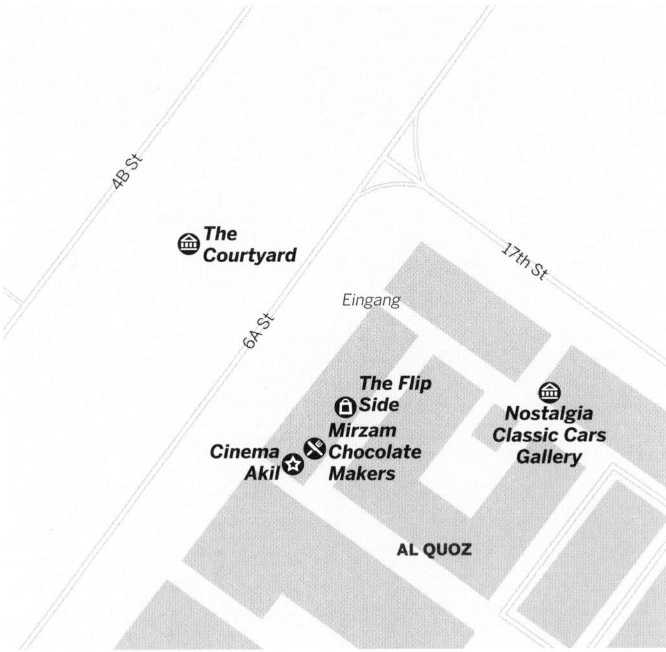


### The Courtyard

Über einen hübschen gepflasterten Innenhof erreicht man die Total-Arts-Galerie, in der zeitgenössische nahöstliche Kunst ausgestellt wird, das Courtyard Playhouse mit Improtheater-Aufführungen und das Tribe mit Kunsthandwerk-Workshops. Schnapp dir einen Kaffee im Bistro Boston Lane und lerne zu malen, zu modellieren oder deinen eigenen Traumfänger zu knüpfen. *St 4b/St 6; www.courtyard-uae.com; 8–19 Uhr.*

### Nostalgia Classic Cars

In diesem Luxus-Autohandel stehen James-Bond-würdige Oldtimer. Die Firma kauft, verkauft und restauriert alte Autos und stellt sie dekorativ aus. Hier darf man schamlos glotzen. *Warehouse 88-89, Alserkal Ave; www.nostalgia-classiccars.ae; Sa–Do 10–19 Uhr.*

### The Flip Side

In Dubais einzigem Indie-Plattenladen stehen alte Vinylscheiben im Mittelpunkt. Hier werden Musikdokus gezeigt und Veranstaltungen organisiert, bei denen DJs in den zu Galerien umfunktionierten Lagerhäusern auflegen. *Warehouse 71, Alserkal Ave; www.facebook.com/theflipsidedxb; So–Sa 12–1 Uhr.*

### Mirzam Chocolate Makers

Diese Chocolatiers haben sich nach dem Stern benannt, der Seeleuten auf der Gewürzroute den Weg gewiesen hat. Im duftenden Fabrikcafé wird Konfekt aus sortenreinem Kakao mit Zutaten von der uralten Ost-West-Handelsroute angeboten. Die Emirati Collection überzeugt durch intensive Aromen von Honig, Datteln und arabischem Kaffee. *Warehouse 70, Alserkal Ave; 04 333 5888; mirzam.com; Sa–Do 10–19 Uhr.*

### Cinema Akil

Dubais einziges Arthouse-Kino bietet ein Kontrastprogramm zu den amerikanischen Kassenschlagern in den Sälen der Einkaufszentren. Stell dich auf alte Tapete, gemütliche Sessel und Masala Chai ein. Mutige Filme aus aller Welt, oft mit Untertiteln, zeigen Themen, die man eigentlich als zensiert eingeschätzt hätte. *Warehouse 68, Alserkal Ave; www.cinemaakil.com.*

# ASIEN

30
20

# MUMBAI

**Beeinflusst von Handel, Menschen und Kulturen war Indiens größtes Wirtschaftszentrum immer schon im Wandel. Zu Mumbai gehören einige von Asiens weitläufigsten Slums genauso wie der größte Tropenwald innerhalb eines Stadtgebiets.**

Im Zentrum Mumbais liegt das muffige, ungeschminkte Byculla, das einst von der Pracht des portugiesischen und britischen Weltreichs geprägt war. Etwas weiter im Norden findet man Dadar, das große, grüne, pulsierende Maharashtri-Herz der Stadt, erbaut zwischen 1899 und 1900, mit dem wichtigsten Bahnhof der Western-Line-Zuglinie. Und im nördlichen Vorort Versova buhlen Scharen von angehenden Bollywood-Stars um einen Platz auf der Leinwand. Man kann die einzelnen Viertel zwar zu Fuß erkunden, der schwindende Platz für Fußgänger macht aber Mumbais exzellenten Nahverkehr zur entspannteren Alternative. Es gibt nicht nur Busse und Züge, sondern überall auch gelb-schwarze Taxis. Leider haben sie keine Klimaanlage, deshalb sind sie aber meistens billiger als die klimatisierten Wagen von Uber und der lokalen Konkurrenz Ola. Nur die Rushhour sollte man wenn möglich meiden.

# DADAR

**Nachdem Bombay 1896 von der Beulenpest heimgesucht worden war, schuf die Regierung Dadar, das erste Planviertel der Stadt. Inzwischen ist es durch den riesigen Shivaji-Park ein Paradies für Cricketspieler. Es hat sich zu einer ruhigen Wohngegend entwickelt, in der auch die Residenz des Bürgermeisters, einfache Restaurants und ein schmaler, schmuddeliger Strand zu finden sind.**

### Dadar Flower Market

Vor dem lauten Bahnhof von Dadar findet man unter einer Brücke ein unerwartetes Blütenmeer: Rosen, Gerbera, Lilien, Ringelblumen, Chrysanthemen, Nelken, Tulpen und Orchideen werden hier zu Großhandelspreisen angeboten. Am besten kommt man um fünf Uhr morgens, bevor die Temperaturen steigen und die Ware knapp wird. *Phool Galli, Senapati Bapat Marg; 4–9 Uhr.*

### Sindhudurg

Ein wunderbarer Einstieg in Mumbais vom Meer geprägte Malvani-Küche. Hier gibt es frittierte Muscheln und Garnelen im würzigen Masala-Mantel, lokalen Fisch mit knuspriger Kruste und kräftige Sauce zum Dippen. Wir empfehlen die Thalis mit Fisch, Hähnchen oder Hammel. *Sita Sadan, Rk Vaidya Road; 2430 1610; 11.30–23.30 Uhr.*

### Shivaji-Park

Vor der Unabhängigkeit fanden hier politische Kundgebungen statt, heute trifft man auf junge Leute beim Cricket oder Mallakhamba (einem alten indischen Kampfsport). Einige der besten Cricketspieler Indiens haben hier trainiert, zum Beispiel Sachin Tendulkar, Sunil Gavaskar oder Ajit Wadekar. *www.shivajipark.com.*

### Chaityabhoomi

Dieser beschauliche buddhistische Schrein wurde für einen Wegbereiter der Dalit, der untersten Kaste, errichtet. Dr. Ambedkar war ein gelehrter Reformer und Vater der indischen Verfassung. An seinem Todestag, dem 6.12., erweisen ihm hier Hunderttausende von Dalit die Ehre. *Dadar Chowpatty, nahe Cadell Road, Sant Dyaneshwar Marg.*

### Dadar Parsi Colony

In einer Stadt, in der alte Bauwerke wenig gelten, ist die Parsi-Kolonie eine Ausnahme. Hier leben Zoroastrier, die einst aus dem Iran eingewandert sind. Mach einen langen Spaziergang durch die labyrinthischen Straßen mit klassizistischen und Jugendstilgebäuden. Die DPC, wie die Bewohner sie nennen, war schon Kulisse für viele Bollywood-Filme und hat einen Instagram-Account: @dadarparsicolony_dpc).

# BYCULLA

**Das geschäftige, leicht ramponierte Byculla war einst Heimat der eleganten Oberschicht der Stadt. Hier findet man jüdische, katholische, hinduistische, muslimische, britische und Parsi-Einflüsse, herrschaftliche Villen, Jugendstil-Kinos und billiges, leckeres arabisches Essen. Durch die gute Verkehrsanbindung an das touristische Südmumbai entwickelt sich die Gegend zu einem Hipster-Paradies.**

### Bhau Daji Lad Museum

Das wohl prächtigste Museum der Stadt! Im Bhau Daji Lad (früher Victoria & Albert Museum) finden oft Kunstausstellungen, Sonderschauen und Vorträge statt. Leider werden im angrenzenden Zoo die Tiere unter katastrophalen Zuständen gehalten. *Rani Baug, Dr Baba Saheb Ambedkar Rd, Byculla; www.bdlmuseum.org; 2373 1234; Do–Di 10–17.30 Uhr.*

### Magen-David-Synagoge

Dieses himmelblaue Schmuckkästchen mit dem hohen Uhrturm und den Buntglasfenstern wurde im Jahr 1861 erbaut und beherbergte bereits eine religiöse Schule, eine Ausgabestelle für kostenlose Medikamente, ein Hostel und eine rituelle Badestube. *340 Sir J Jijibhoy Rd, Police Colony, New Nagpada; 2300 6675; Öffnungszeiten variieren.*

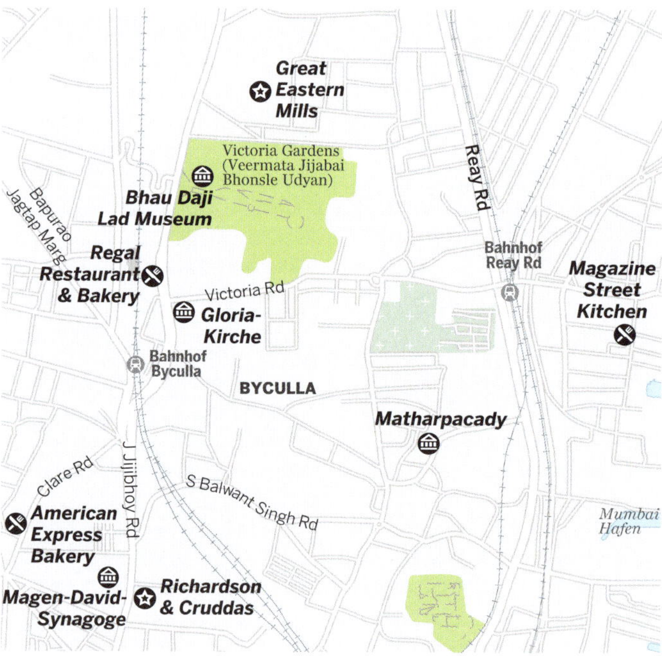


### Gloria-Kirche

Die neogotische Gloria-Kirche entstand im 16. Jahrhundert als private Kapelle einer portugiesischen Franziskaner-Dynastie. Sie wurde mehr als einmal erweitert, zerstört und wiederaufgebaut. Das aktuelle Gebäude stammt aus dem Jahr 1911. *Sant Savata Mali Marg, Byculla East; 2372 6630; nur für Gottesdienste geöffnet.*

### Regal Restaurant & Bakery

Das Regal ist ein typisches zoroastrisch-iranisches Café: antike Schränke voller Zutaten, alte Ventilatoren und ein „Familienbereich" im oberen Stock, der aber für alle zugänglich ist. Unbedingt den *chai*, die *brun maska* (Brötchen mit goldgelber Butter), das *kheema* (Hackfleischgericht) und das Omelette probieren. *Gegenüber vom Bahnhof Byculla; 2372 3270; 6–22 Uhr.*

### American Express Bakery

In dieser Bäckerei aus dem Jahr 1908 werden golden-blättrige Croissants, buttrige Teigtaschen mit Hähnchen- und Hammelfleisch, *pattice* (eine Maharashtra-Spezialität) und Makronen mit Mandelstückchen verkauft. Im hinteren Bereich gibt es ein kleines Café. *66A Mirza Ghalib Marg; www.americanexpress-bakery.com; 2380 4441; Mo–Sa 9–20.30 Uhr.*

**Magazine Street Kitchen**
Sie liegt versteckt in einem riesigen Industriegebiet, aber die Suche nach der Magazine Street Kitchen lohnt sich. Hier wird Essen von Chefköchen aus Indien und aller Welt zu erschwinglichen Preisen serviert. Man speist mit Blick in die offene Küche, und es werden Kochkurse sowie gemeinsame Mahlzeiten in Gruppen angeboten. Das Herzstück des Lokals ist seine Bäckerei, Mag St Bread Co. Über die App Scootsy bestellt man frisches Brot und Gebäck, das dann in der ganzen Stadt ausgeliefert wird (Tipp: Die Croissants sind legendär!). *Gala No 13, Devidayal Compound, Magazine St, Gupta Mills Estate, Darukhana; 2372 6708.*

## MATHARPACADY

**Im nahen Mazgaon steht so etwas wie eine Miniaturausgabe von Goa. In diesem verwitterten, kleinen historischen Dorf sind die Häuser in Korallenrot oder Meerblau gestrichen und die Schrägdächer mit alten Mangalore-Ziegeln gedeckt. Leider hat der Fortschritt schon einiges von Matharpacady zerstört – besuche es also, bevor auch der Rest verschwindet. Der Eingang liegt neben der Village Villa.**

**Richardson & Cruddas**
Von außen unscheinbar, doch einer von Mumbais coolsten Veranstaltungssälen. In der riesigen Industriehalle aus dem Jahr 1972 sind schon Künstler aufgetreten wie Alt-J, Megadeth, The Wailers oder die holländischen Electronic-Dance-DJs von Yellow Claw. *Sir Jamshedji Jeejeebhoy Rd; 2379 4006; 9.30–17.30 Uhr.*

**Great Eastern Mills**
Irgendwie passend, dass die schicke Galerie für Kunst und Antiquitäten Nine Fish auf dem Fabrikgelände der Great Eastern Mills steht. Draußen wechseln sich Aufbau und Zerstörung ab, während im Inneren absolute Stille herrscht. Hier hat mal das Far Out Left Festival für Elektronische Tanzmusik stattgefunden, bekannter ist die Location aber für das Debüt des berühmten indischen Modedesigners Manish Malhotra mit seiner Lakme India Fashion Week collection. *Dr Ambedkar Rd, nahe Rani Baug; www.ninefish.in.*

**Oben: American Express Bakery**
**Links: die himmelblaue Magen-David-Synagoge in Byculla**

# VERSOVA

**In Versova befindet sich die glitzernde Bollywood-Welt, und in letzter Zeit sind Fitness-Studios, Cafés und Einkaufszentren entstanden. Es gibt aber auch noch etwas viel Älteres und Ursprünglicheres: eine zerfallene portugiesische Festung und ein Fischerdorf, die beide lange vor dem restlichen Mumbai entstanden sind.**

### Versova Beach

Der Strand von Versova ist durch das Mammutprojekt eines Mannes namens Afroz Shah in den Mittelpunkt gerückt. Er hat Tausende von Bewohnern dazu bewegt, sich an einer Aufräumaktion zu beteiligen. Jetzt krabbeln hier wieder Jungtiere der Oliv-Bastardschildkröte über den Sand, die nachts von einem Heer von Freiwilligen bewacht werden.

### Yoga 101

Hier versammelt sich die Schickeria von Versova, um unterschiedliche Arten von Yoga zu erlernen. Dabei sind manchmal sogar die Hunde der Besitzerin. Yoga 101 wird auch für Ausstellungen, Aufführungen und gelegentlich Flohmärkte vermietet. *Cottage 101, Aram Nagar part 2, Machhlimar, JP Rd, Versova; 8–21.15 Uhr.*

### Harkat Studios

Dieses Coworking-Büro wird auch als alternativer Veranstaltungsort genutzt. Für sein Geld bekommt man hier jede Menge Kaffee und Tee, WLAN, einen Drucker, Zugang zur Bibliothek und einen Botenservice, der Pakete zustellt oder Sandwiches aus dem Café nebenan holt. *Bungalow No. 75, Aram Nagar 2, Versova; www.harkat.in.*

### Koli-Dorf Versova

Der Bevölkerungszuwachs in Mumbai hat die ersten Einwohner der Stadt, das Fischervolk der Koli, auf ein winziges Stück Land an der Spitze von Versova zurückgedrängt. Bis irgendwann auch dieses Dorf von Neubauten verschluckt wird, gibt es auf den Koli-Märkten den frischesten Fisch der Stadt. Wer einmal bei Einheimischen mit am Tisch sitzen möchte, sollte einen Blick auf die Website Authenticook werfen, die Mahlzeiten in Koli-Familien organisiert. Stell dich auf scharfe Krabben, Muscheln und den Fang des Tages ein. *www.authenticook.com.*

### Jamjar Diner

Versovas liebstes Hipster-Res-

MUMBAI

© 2020, Jamjar Diner

taurant in einem urigen Bungalow am Meer. Bei einem Drink kann man hier wunderbar die Welt vorbeiziehen sehen. Es gibt Brettspiele, eine Jukebox mit Retro-Musik und eine Karte mit Speisen von sättigenden Kohlehydraten bis zu veganen oder Keto-Gerichten. *JP Rd, Aram Nagar, Versova; 9–1 Uhr.*

### Leaping Windows

Dieser Laden ist mit Comics vollgestopft. Im kleinen Café oben werden Salate, Sandwiches, Burger oder Nachos angeboten. Wer Glück hat, trifft einen von Bollywoods Indie-Stars bei einer Tasse Kaffee an. *3 Corner View, nahe Yari Rd; 10–24 Uhr.*

### Nazneen

In einem der wenigen verbleibenden Bungalows von Versova, dem Shanti-Niwas-Gebäude, befindet sich die Bäckerei Nazneen. Hier bekommt man die besten *nankhatai* (Mürbeteigplätzchen) der Stadt. *Shanti Niwas, Rückseite des Nananani-Parks, 7 Bungalows, Versova; Mo–Sa 9–19 Uhr.*

## KOLI SEAFOOD FESTIVAL

**Wenn sich der Januar nähert, bereitet man sich in Versova auf das große Seafood Festival vor, bei dem es nicht nur Leckeres aus dem Meer und kaltes Bier, sondern auch traditionelle Musik und Tanz gibt. Gegrillte Königskrabbe, Muscheln in Masalasauce mit Kokos, frittierter Bombay-Duck-Fisch mit einer hauchdünnen Grießpanade – wer kann zu solchen Köstlichkeiten schon Nein sagen?**

**Im Uhrzeigersinn von oben: Jamjar Diner im Retro-Stil; die hippen Harkat Studios; Meeresküche im Koli-Dorf**

© 2020, Harkat Studio

KUNST & KULTUR · MUSIK & FILM · SPORT & FREIZEIT · ESSEN · TRINKEN · SHOPPEN

# BANGKOK

**Schwül, laut und zügellos – Bangkok erfüllt all diese Klischees. Es ist aber noch viel mehr und hat sich zu einer weltoffenen, kultivierten und coolen Megacity entwickelt.**

Vor wenigen Jahrzehnten graute noch den meisten Reisenden vor Bankgok, das sie nur als unumgänglichen Zwischenstopp vor einem Inseltrip oder einer Südostasienreise in Kauf genommen haben. Inzwischen lieben alle die Stadt, und es ist offensichtlich warum. Wenn man Bangkok zerteilt wie eine Mangostane, gibt es für jeden einen passenden Stadtteil. Und mit den jüngsten Erweiterungen der BTS (Hochbahn) und der MRT (U-Bahn) kann man diese Viertel heute problemlos erreichen.
Ein guter Ausgangspunkt ist Ko Ratanakosin, Bangkoks Altstadt. Wer dem Fluss Chao Phraya in Richtung Süden folgt, erreicht von hier aus Chinatown, eine weitere Gegend, die sich im Wandel befindet. Ein ganz modernes Bangkok schließt sich direkt daneben in Silom an, das sowohl Finanzdistrikt als auch Schwulenviertel ist. Ein Stück weiter im Norden liegt die glitzernde Einkaufsmeile Siam, in der sich mehrere gigantische Shoppingcenter befinden. Sukhumvit schließlich, weiter östlich, ist der vermutlich vielfältigste Teil der Stadt.

# KO RATANAKOSIN

**Die meisten Touristen besichtigen nur die berühmten Tempel, um sich dann wieder in ihr klimatisiertes Hotelzimmer zurückzuziehen. Aber mit seiner charmanten Architektur, der lebhaften Atmosphäre am Fluss und ein paar neuen, interessanten Restaurants bietet sich Ko Ratanakosin für weitere Erkundungen an. Früher erreichte man diese Gegend am besten mit dem Flusstaxi, durch die MRT-Erweiterung ist aber alles viel einfacher geworden.**

### Err

Das umgangssprachliche „Err" bedeutet so viel wie „Jap". Und genau das entfährt einem, wenn in diesem verspielten Lokal zu fruchtigen Cocktails leckere Thai-Snacks serviert werden: saure Würstchen, Salat mit glitschigen Wassermelonenkernen oder Thai-Curry aus gebratenem Reis. *Nahe Th Maha Rat; www.errbkk.com; 02 622 2292; Di–So 11–16 Uhr & 17–21 Uhr.*

### Tonkin Annam

Die Nase voll von Thai-Essen, aber Lust auf etwas Ähnliches? Dann probier es doch mal mit Vietnamesisch in diesem winzigen, trendigen Restaurant. Mit Gerichten, die man außerhalb Vietnams nur selten findet, ist es der perfekte Boxenstopp zwischen Tempelbesichtigungen. *69 Soi Tha Tien; www.facebook.com/tonkinannam; 093 469 2969; Mi–Mo 11–21.30 Uhr.*

### Mowaan

Diese versteckte Apotheke wird in vierter Generation geführt. Sie stellt Produkte aus der traditionellen Thai-Medizin her, wie zum Beispiel Öle, Riechsalz oder schmerzlindernde Salben. Der Verkaufsraum scheint in der Zeit stehen geblieben zu sein, und die Produkte werden in wunderschönen Retro-Verpackungen angeboten. *9 Soi Thesa; mowaan.com; 9–17 Uhr.*

### Nightingale-Olympic

Bangkoks ältestes Kaufhaus wurde vor mehr als 90 Jahren gegründet. Heute ist Nightingale-Olympic eher Museum als Shopping-Imperium, man findet hier Kosmetika aus den 50ern, Kisten mit Strumpfhosen aus den 60ern oder Sportausrüstungen aus den 70ern und 80ern. *70 Th Triphet; Mo–Sa 9–7.30 Uhr.*

### Museum Siam

Staubige Schaukästen und Goldrahmen-Porträts sucht man hier vergebens. Dieses fortschrittliche Museum bietet eine anschauliche Einführung in die thailändische Kultur. Viele der Ausstellungsstücke darf man anfassen oder bewegen. *4 Th Sanam Chai; www.museumsiam.org; Di–So 10–18 Uhr; 200 Bt.*

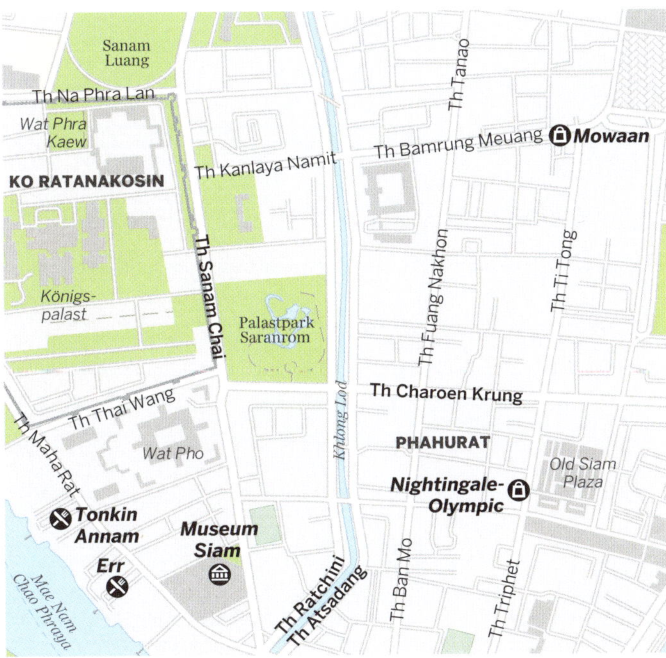

# SUKHUMVIT

**Wer in Bangkok essen gehen und Party machen will, sucht diese lange Straße auf, vor allem die Ausländer. Durch die vielen Menschen aus dem Nahen Osten, Japan, Korea oder auch Farang (Ausländer weißer Hautfarbe) ist die Gegend sehr kosmopolitisch. Die BTS-Bahn verläuft praktischerweise über weite Strecken parallel zur Sukhumvit.**

### WTF

Auf den ersten Blick ist das WTF (Wonderful Thai Friendship) einfach eine Kneipe. Oben gibt es aber eine Galerie mit Ausstellungen, und es werden Veranstaltungen mit Geschichtenerzählern, Poetry Slams und Ähnliches organisiert. Das Ganze ist eine Art Kulturzentrum, in dem es auch köstliche Cocktails gibt. Auf der Website kann man sich über das Programm informieren. *7 Soi 51, Th Sukhumvit; www.wtfbangkok.com; Di–So 6–1 Uhr.*

### The Commons

Hier grenzt man sich eindeutig von den unpersönlichen Food Courts in den Bangkoker Einkaufszentren ab. In dem weitläufigen modernen Gebäude gibt es ein Café und eine Craftbier-Kneipe sowie Ableger einiger guter Restaurants der Stadt mit einem Angebot von neapolitanischen Pizzas bis zu Mexikanisch. *335 Soi 17, Soi 55 (Thong Lo), Th Sukhumvit; thecommonsbkk.com; 8–1 Uhr.*

### Sri Trat

Endlich besinnt man sich in Bangkok wieder auf die kulinarische Vielfalt Thailands. Und Sri Trat ist eines der Lokale, wo man wie in einer der thailändischen Provinzen speisen kann. Hier werden Spezialitäten von Thailands Ostküste serviert, mit würzigen Kräutern, kambodschanischen Einflüssen, angenehm süßen Nuancen sowie viel Fisch und Meeresfrüchten. *90 Soi 33, Th Sukhumvit; www.facebook.com/sritrat; 02 088 0968; Mi–Mo 12–23 Uhr.*

### Tuba

„Abgefahren" ist vermutlich das richtige Wort, um die Einrichtung des Tuba zu beschreiben: exzentrische Möbel und Deko aus den 60ern und 70ern, kitschige Gemälde und lebensgroße Superhelden-Statuen. Am besten verarbeitet man das alles mit ein paar Cocktails, die hier so groß sind wie der eigene Kopf (im Ernst!) und probiert dazu die leckeren Snacks (zum Beispiel den frittierten *laap*, einen „Salat" aus Hackfleisch). *34 Room 11-12 A,*

*Soi 63 (Ekkamai), Th Sukhumvit; www.papaya55.com/tuba-bkk.html; 12–14 Uhr.*

### ✪ Studio Lam

In den meisten Clubs von Bangkok läuft dieselbe unpersönliche Bumbum-Mucke wie in jeder anderen größeren Stadt auch. Im Studio Lam, wo man auf seine Thai-Identität stolz ist, ist das erfrischend anders. Der DJ legt Vintageschallplatten auf, viele aus der Gegend, aber auch Sachen aus aller Welt und aus jeder Zeit, in der Menschen je Musik aufgenommen haben. *3/1 Soi 51, Th Sukhumvit; www.facebook.com/studiolambangkok; Di–So 18 Uhr bis spät.*

### Lam Sing

Hierher kommen Taxifahrer nach ihrer Schicht zum Feiern, einen authentischeren Ort kann man also kaum finden. Das Bier läuft in Strömen, es gibt scharfe Thai-Snacks, und auf der Bühne werden Lieder aus Thailands ländlichem Nordosten zum Besten gegeben. Kitschig, laut und einfach ein Riesenspaß. *57/5 Th Phet Phra Ram; www.facebook.com/isanlamsing; 21.30–4 Uhr.*

© Anansing / Shutterstock

**WELTBÜRGER**

**Die Sukhumvit ist ohne Zweifel Bangkoks internationalste Straße. Die Seitenstraße Soi 3/1 ist eindeutig nahöstlich geprägt, während man an der Abzweigung zur Soi 12 ein Stückchen Korea findet. Zwischen Soi 33 und Soi 55 leben überwiegend Japaner, aber auch viele der Farang der Stadt (also Bewohner mit weißer Hautfarbe).**

### ✪ Waon Piano & Scotch

Sicher hast du schon mal Karaoke gesungen, aber mit Livemusik? Probiere es in dieser von Japanern geführten Karaoke-Bar aus. Der Besitzer sitzt persönlich am Klavier und wartet auf deine Songwünsche. Selbst der Unmusikalischste darf ihn mit Gitarre oder Tamburin begleiten. *10/11 Soi 26, Th Sukhumvit; Mo–Sa 20–1 Uhr.*

**Im Uhrzeigersinn von oben: Streetfood an der Sukhumvit; ein Drink im WTF; das Foodparadies The Commons**

© Wison Tungthunya & W Workspace / 2020. The Commons

© Christopher Wise / 2020, WTF

# SILOM

**Silom ist gewissermaßen Bangkoks Wallstreet, weil sich dort mehrere Banken angesiedelt haben. Gleichzeitig ist der östliche Bereich der Silom-Straße aber auch eine schwule Ausgehzone. Deshalb gibt es hier ein bisschen von allem etwas – Shoppen, Essen, Nachtleben. Wonach auch immer dir der Sinn steht, die Gegend ist über Haltestellen von MRT und BTS problemlos zu erreichen.**

### Bangkok Screening Room

Weil es in Bangkok meist drückend heiß ist, sind die Kinos ein wichtiger Teil des Lebens. Ein Besuch in diesem gemütlichen Indie-Lichtspielhaus lohnt sich. Zu den Filmen aus aller Welt wird lokales Craftbier ausgeschenkt. *2. Stock, Woof Pack building, 3-7 Soi 1, Th Sala Daeng; www.bkksr.com; Di–Fr 15.30–23 Uhr, Sa & So 11–23 Uhr.*

### Smalls

Kein Klischee, das ist wirklich ein Lokal, in dem man Leute aus der Nachbarschaft trifft – Einheimische wie Ausländer. Die Deko ist eine bunte Mischung (der Zinktresen stammt aus Paris, und es hängt ein riesiger Ultraman unter der Decke), und es finden musikalische und kulinarische Veranstaltungen statt. *186/3 Soi Suan Phlu; www.facebook.com/smallsbkk; Mi–Mo 19–2 Uhr.*

### Kad Kokoa

Hier kann man den Fortschritt von Thailands boomender Schokoladenindustrie testen. Es gibt Schoko-Getränke und -Nachtische sowie sortenreine Tafeln aus einheimischen Rohstoffen. Wenn er im Haus ist, zeigt der Chocolatier gerne die einzelnen Schritte von der Kakaobohne bis zur Schokolade. *Soi 17, Th Narathiwat Ratchanakarin; www.kadkokoa.co; 081 265 5611; Di–So 11–19 Uhr.*

### Soi 4

Der untere Bereich der Silom-Straße ist Bangkoks inoffizielles Schwulenviertel, und diese hektische Einbahnstraße ist ihr Epizentrum. Hier kann man von den Terrassentischen des Telephone Pub oder des Balcony aus Passanten beobachten, sich im The Stranger eine wilde Kabarettshow ansehen oder bei Hugs ein paar Karaoke-Songs grölen. Jeder ist willkommen. *Soi 4, Th Silom; etwa 17–1 Uhr.*

### Karmakamet

Du suchst ein Souvenir, aber bloß keinen Straßenmarkt-Kitsch? In Bangkoks wohlriechendstem Laden gibt es Duftkerzen, Aromazerstäuber, Öle und andere Nasenschmeichler. *Yada Building, 56 Th Silom; www.karmakamet.co.th; 10–22 Uhr.*

# SIAM

**Bangkoks Siam-Distrikt ist ein Synonym für Shopping. Leicht per BTS-Zug erreichbar gibt es mehrere Riesen-Einkaufszentren. Wenn dich ein Einkaufsbummel nicht reizt, sind vielleicht die Food Courts interessanter. In der Gegend gibt es auch eine Handvoll kulturelle Einrichtungen, die einen Besuch lohnen.**

### Siam Discovery

Nach der Renovierung ist eins von Bangkoks ältesten Einkaufszentren jetzt auch eins der coolsten. Sowohl die Location als auch die Ware hat einen alternativ-künstlerischen Touch. In Läden wie Objects of Desire oder Ecotopia gibt es Andenken und Mitbringsel von lokalen Designern, die man wohl nirgendwo sonst findet. *Ecke Th Rama I & Th Phayathai; www.siamdiscovery.co.th; 10–22 Uhr.*

### Bangkok Art & Culture Centre

Im riesigen zeitgenössischen Kulturzentrum BACC werden Ausstellungen von lokalen wie internationalen Künstlern gezeigt. Auf der Website steht das aktuelle Programm. Hier gibt es auch ein paar lohnenswerte Cafés (wie Gallery Drip, mit thailändischen Kaffeebohnen) und Geschäfte (wie It's Going Green mit thailändischen Retro-Souvenirs). *Ecke Th Rama I & Th Phayathai; en.bacc.or.th; Di–So 10–21 Uhr, Eintritt frei.*

### After You Dessert Cafe

Vergiss *phat thai* von der Straße. Echte Bangkoker essen in dieser beliebten Dessert-Bäckerei. Zieh eine Wartenummer (ja, wirklich!) und bestell den bibelgroßen Honigtoast oder den *Kakigōri*-Nachtisch aus hauchfein geschabtem Eis mit Sirup. *Erdgeschoss, Siam Paragon, 991 Th Rama I; www.afteryoudessertcafe.com; 10–22 Uhr.*

### Scala Theatre

Dieses Retrokino ist perfekt für einen Trip zurück in Zeiten mit nur einer Leinwand und unzuverlässigem Soundsystem. Falls dich so etwas anspricht, empfehlen wir vor dem Film einen Besuch im chinesischen Restaurant im Keller, das mutig Deko-Elemente des Maya-Imperiums, des kaiserlichen Chinas und der 70er-Jahre miteinander verbindet. *Soi 1, Siam Sq, 218/3-4 Th Rama I; www.apexsiam-square.com; 12–22 Uhr.*

### Eathai

Food Courts in Einkaufszentren gibt es in Bangkok überall. Im Eathai wurde die Messlatte jedoch höher gelegt: Hier findet man nur Thai-Küche und Stände, die Spezialitäten aus allen Regionen des Landes anbieten. *Keller, Central Embassy, 1031 Th Phloen Chit; www.centralembassy.com/store/eathai; 10–22 Uhr.*

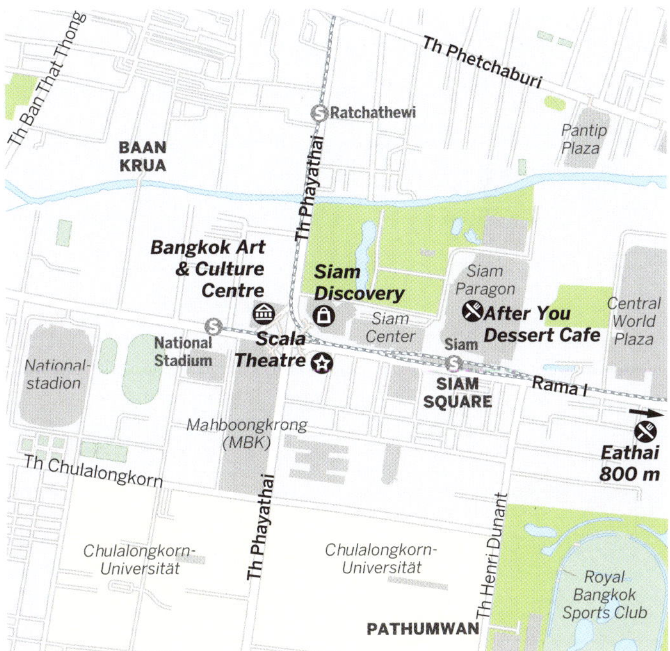

# CHINATOWN

**Noch vor ein paar Jahren wäre niemand nach Chinatown gefahren, um etwas trinken zu gehen. Das Streetfood dort gehört zwar zum besten der Stadt, nach dem Essen bevorzugte man aber Gegenden, in denen es überhaupt Kneipen gab. Seither haben hier einige der ungewöhnlichsten Restaurants in ganz Bangkok eröffnet. Sie sind weitgehend problemlos mit der MRT zu erreichen.**

### 100 Mahaseth

Hier werden typische Aromen und Lebensmittel der traditionellen Thaiküche aufgegriffen und weiterentwickelt. Es ist kein Vegetarier-Lokal, aber wer Zutaten wie Blase, Kutteln oder Knochenmark mag, wird mit köstlichem Essen belohnt. *100 Th Mahaseth; www.facebook.com/100Mahaseth; 02 235 0023; Mo–Fr 17–23 Uhr, Sa & So 11–23 Uhr.*

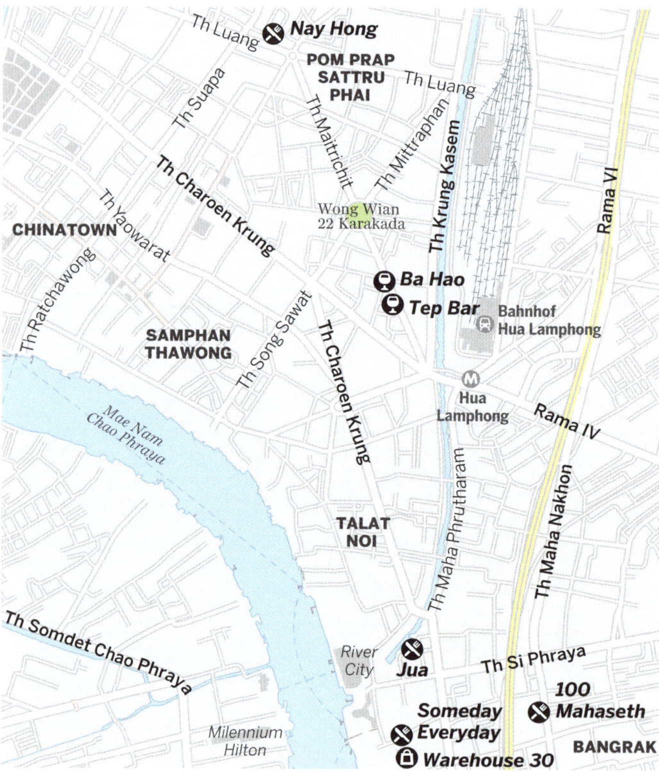


### Ba Hao

In dieser Kneipe herrscht ein Ambiente wie im Shanghai des Jahres 1935. Zum Getränk werden einige der leckersten und ungewöhnlichsten Snacks der Stadt serviert, zum Beispiel frittierte Teigbällchen mit Chili und Knoblauch oder leckerer weicher, kalter Tofu in salziger, herzhafter Sauce. Es gibt auch größere Gerichte, Craftbier und als Spezialität des Hauses typisch chinesische Cocktails. *8 Soi Nana; www.ba-hao.com; Di–Do 18–24 Uhr, Fr & Sa 18–1 Uhr, So 18–24 Uhr.*

### Warehouse 30

Endlich hat jemand etwas aus diesen ehemaligen Lagerhäusern direkt am Fluss Chao Phraya gemacht. Im Inneren befinden sich miteinander verbundene Geschäfte, Cafés und Restaurants. Man kann erst einen Espresso Macchiato trinken und dann Vintage-Arbeiterjacken aus Frankreich anprobieren, sich ein seidenes Halstuch aussuchen und zauberhafte alte Teakbrettchen bewundern. *52-60 Soi 30 (Captain Bush Lane), Th Charoen Krung; www.facebook.com/TheWarehouse30; 11–20 Uhr.*

### Jua

Das Essen bei diesem modernen, zwanglosen Japaner gehört zum besten, was die nicht-thailändische Küche der Stadt zu bieten hat. Empfehlenswert sind der Tomatensalat mit Shiso-Pesto, der Speck mit Maisbutter und alles vom Grill. Viele kommen wegen der geselligen Atmosphäre und

um sich von der Sake-Begeisterung anstecken zu lassen. *672/49 Soi 28, Th Charoen Krung; www.juabkk.com; 02 103 6598; Mo–Sa 18–24 Uhr, So 18–22 Uhr.*

### Someday Everyday

In diesem lichtdurchfluteten, modernen Gebäude kann man aus einer Reihe von vorgefertigten Currys, Suppen, Pfannengerichten und typischen Thai-Dipps auswählen. Alles wird auf ein Tablett gestellt, mit dem man dann nach oben geht. Selbst wer bisher nicht viel für thailändische Süßspeisen übrig hatte, sollte hier nicht auf den Nachtisch verzichten. *78/38 Soi 30, Th Charoen Krung; www.facebook.com/somedayeveryday-restaurant; Mi–So 11–18 Uhr.*

### Nay Hong

In diesem schwer zu findenden Laden gibt es nur ein einziges Gericht: *kuaytiaw khua kai*, in Schmalz gebratene breite, flache Reisnudeln, serviert mit Ei, Schinken und eingelegtem Tintenfisch – eine Bangkoker Spezialität. *Nahe Th Yukol 2; 16–22 Uhr.*

### STREETFOOD

**Bei Chinatown denken die Bangkoker automatisch an gebratene Nudeln und frittierte Snacks, Durianfrüchte und Won-Ton-Suppe. Die meisten Restaurants und Stände gibt es an der Yaowarat-Straße. Aber auch in Seitenstraßen findet man schmackhaftes Essen. Man sollte spätabends kommen, aber nicht am Montag, dann nehmen sich viele Straßenverkäufer frei.**

### Tep Bar

In einer schmalen Seitengasse wird hier von Donnerstag bis Sonntag wild und laut traditionelle Musik gespielt. Den erstaunlich genießbaren thailändischen Kräuterschnaps (dem manche Heilkräfte zusprechen) und gegrillte Snacks bekommt man aber jeden Abend. *69-71 Soi Nana; www.facebook.com/TEPBARBKK; 18–1 Uhr.*

**Oben: Someday Everyday**
**Unten: Japanisches Essen im Jua**

KUNST & KULTUR · MUSIK & FILM · SPORT & FREIZEIT · ESSEN · TRINKEN · SHOPPEN

# SINGAPUR

**Singapurs Zentrum ist glänzend, geleckt und protzig. Wer jedoch das Central Business District hinter sich lässt, kann ganz andere Seiten der „Löwenstadt" entdecken.**

Singapurs ausgetretene Touristenpfade führen zu grandioser Kolonialarchitektur, futuristischen Gärten, erlesenen Museen und einer Vielzahl von Tempeln, Schreinen und Denkmälern. Wer sich über das Stadtzentrum hinaustraut, wird diesen Insel-Stadtstaat aber besser verstehen. Historische Gegenden wie Tiong Bahru mit seinen charmanten Sozialwohnungen im Jugendstil oder das wenig bekannte Jalan Besar, eine Nische der Kreativität, befinden sich nur ein paar MRT-Stationen entfernt. Etwas weiter westlich vom Zentrum liegt South West Singapore, die Südwestküste, die für ihre Wanderwege im wilden Stadt-Urwald bekannt ist. Bei genauerem Hinsehen sind auch hier versteckte kulturelle Erlebnisse und tolle Kneipen zu finden. Wer mal völlig abschalten möchte, sollte ins verschlafene Changi Village im Osten der Insel fahren. Hier kann man an Outdoor-Abenteuern teilnehmen und direkt am Meer leckeres Essen und Craftbier probieren.

# JALAN BESAR

**Eingequetscht zwischen dem hektischen Little India und dem coolen Kampong Glam liegt der entspannte Altstadt-Distrikt Jalan Besar. Seine hübschen Straßen werden gesäumt von trendigen Cafés, Kneipen und einigen der besten Restaurants Singapurs, gut erreichbar von den MRT-Stationen Lavender, Farrer Park und Jalan Besar aus.**

### Apartment Coffee

Dieses Lokal hat sich ganz dem Streben nach der perfekten Tasse Kaffee verschrieben. Die Bank für zehn Personen ist ideal für ein Pläuschchen mit den Baristas. Da Fairtrade-Bohnen verwendet werden, ist der Kaffee nicht billig, aber superlecker! *01-12, 161 Lavender St; www.apartmentcoffee.co; 9–18 Uhr.*

### Petain-Road-Reihenhäuser

Hier kann man zauberhafte Häuser in barockem Chinastil mit bunten Farben und verschnörkelten Simsen bewundern. Sie wurden 1930 vom örtlichen Landbesitzer Mohamad bin Haji Omar erbaut und zeigen typisch malaiische durchbrochene Holztraufen, Gipsreliefs mit chinesischen Figuren und Symbolen sowie Hunderte von lasierten Keramikkacheln mit Blumenmotiven. *Petain Rd.*

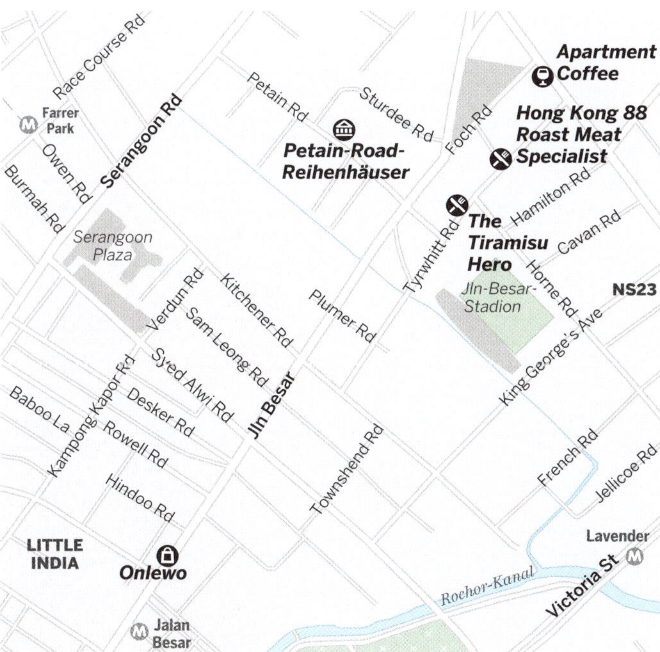




### Onlewo

Ungewöhnliche Andenken gibt es bei Onlewo. Die lokale Firma ist bekannt für gemusterte Stoffe, die von der Singapurer Kultur inspiriert sind. Man findet fröhliche Mode, Haushaltswaren, Geschenkartikel und, besonders hübsch, Halstücher aus Seidentwill. *129 Jln Besar; www.onlewo.com; Di–Sa 11–18 Uhr.*

### The Tiramisu Hero

Dieses kitschige Café mit Katzendeko ist bekannt für ... sein Tiramisu! Wagemutige sollten das mit Durian-Geschmack bestellen, an dem sich die Geister scheiden. Die schaumigen Desserts werden in Einmachgläsern serviert und sind ideal zum Teilen! *121 Tyrwhitt Rd; www.thetiramisuhero.com; 11–22 Uhr.*

### Hong Kong 88 Roast Meat Specialist

Schweinebraten-Fans sollten das *sio bak* (knuspriges Bauchfleisch) an diesem Straßenstand probieren. Martin, der Besitzer und Koch, hat sein Rezept über viele Jahre verfeinert und lässt den Braten mehr als zwei Stunden bei unterschiedlichen Temperaturen schmoren. Das Ergebnis? Zartes Schweinefleisch, das auf der Zunge zergeht, mit herrlich knackiger Kruste. Am besten kommt man schon um elf, damit man die mittäglichen Horden umgeht. *153 Tyrwhitt Rd; Mo–Fr 11–21 Uhr, Sa & So bis 22 Uhr.*

# TIONG BAHRU

**Nur einen kurzen Fußmarsch von der MRT-Haltestelle Tiong Bahru entfernt liegt diese öffentlich zugängliche Wohnanlage, die durch ihre Mischung aus altmodischem Charme und neuer Coolheit als Singapurs hippste Ecke gilt. Besuche als Erstes den Markt und schlendere danach durch die angrenzenden Straßen mit ihren Art-déco-Gebäuden, Indie-Boutiquen, Cafés und Graffitis.**

### Singvögel-Wandgemälde

Der einheimische Künstler Yip Yew Chong eröffnet mit seinen lebensgroßen dreidimensionalen Szenen einen Blick in Singapurs Vergangenheit. Vier Herren plaudern bei einer Tasse *kopi* (Kaffee), während sie wie früher üblich ihren Singvögeln zuhören. In der angrenzenden Gasse findet man das Pasar- und das Wahrsager-Wandgemälde. *61 Seng Poh Ln; www.yipyc.com.*

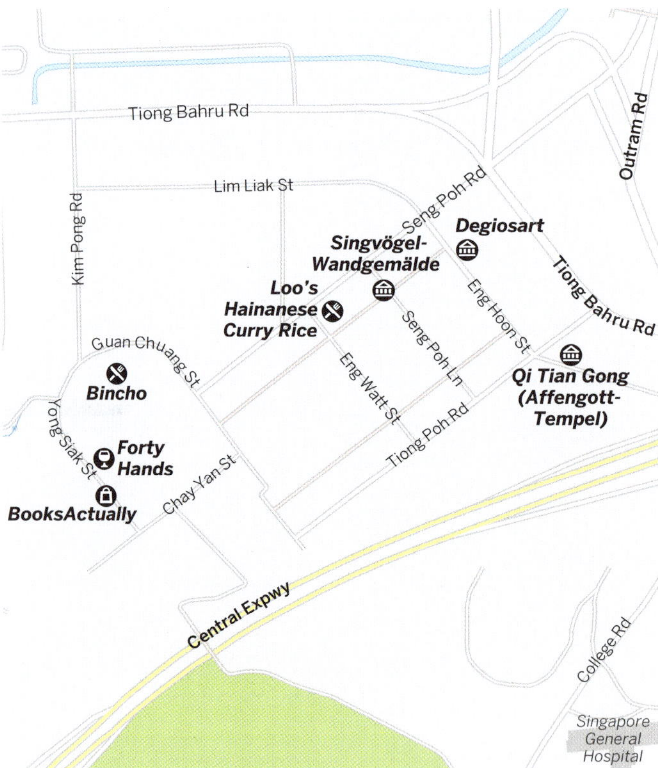


### Qi Tian Gong (Affengott-Tempel)

Dieser Tempel ist Sun Wu Kong gewidmet, dem Affenkönig aus dem literarischen Klassiker *Die Reise nach Westen* aus dem 16. Jahrhundert. Angeblich ist es der älteste zu Ehren des Affengotts in ganz Singapur. Der stets in Weihrauchschwaden gehüllte Tempel befindet sich im Erdgeschoss eines Geschäftshauses. Die Säulen am Eingang sind mit beeindruckenden Drachenmotiven verziert, und im Inneren gibt es nicht weniger als zehn Affengott-Statuen. *44 Eng Hoon St; www.qitiangong.com; 7–17 Uhr.*

### Bincho

Der erste Eindruck kann täuschen ... sonst würde man dieses stylische Yakitori-Bistro wohl niemals betreten, es liegt nämlich versteckt hinter dem Hua Bee, einem 75 Jahre alten Mee-Pok-Restaurant (spezialisiert auf Nudeln mit Fischbällchen). Das Bincho betritt man durch den Dienstboteneingang vom Parkplatz dahinter, um sich dann von Highlights der japanischen Küche bezaubern zu lassen – am besten bestellt man das Fixpreismenü. *01-19, 78 Moh Guan Tce; www.bincho.com.sg; Di–So 12–15 Uhr & 18 Uhr bis spät.*

### BooksActually

Literaturbegeisterte werden sich in dieser charmanten Indie-Buchhandlung wie im siebten Himmel fühlen. Hier findet man alles von Klassikern bis zu Werken von Autoren aus der Gegend, von Gedichten bis zu Essays, Brandneues

sowie Vergriffenes. Sag auf jeden Fall dem berühmten samtpfötigen Mitarbeiter Hallo und lass auch das Hinterzimmer nicht aus – eine Fundgrube für Krimskrams und Kuriositäten. *9 Yong Siak St, www.booksactuallyshop.com; Di–Sa 9–19 Uhr, So & Mo bis 18 Uhr.*

### Forty Hands

Dieses kleine Kaffeelädchen ist ein Vorreiter von Singapurs trendiger Kaffee-Revolution. Durch die frisch gerösteten Bohnen von Common Man Coffee Roasters ist das Gebräu wirklich köstlich. Vor allem läuft einem hier aber wegen des üppigen, den ganzen Tag verfügbaren Frühstücks das Wasser im Mund zusammen. Der Arme Ritter mit Banane und Speck ist die perfekte Mischung aus süß und herzhaft. *01-12, 78 Yong Siak St; www.40handscoffee.com; Mo–Fr 7–18 Uhr, Sa & So 7.30–19 Uhr.*

### Degiosart

Giuseppe de Giosas Leidenschaft für antike und asiatische Kunst zeigt sich in seinem sorgfältig ausgewählten Angebot. Man findet hier Antiquitäten, Gemälde, Möbel und Lampen aus Asien und der ganzen Welt. Der Galeriegründer versucht sich auch als Designer und stellt mit dem hauseigenen Label DGA Unikate aus Vintagestoffen und Accessoires her. *1-82, 57 Eng Hoon St; www.degiosart.com; 10–9 Uhr.*

### Loo's Hainanese Curry Rice

Diesen bescheidenen und bei den Bewohnern von Tiong Bahru äußerst beliebten Curryreis-Imbiss gibt es schon seit 1946. Man kann zwischen verschiedenen bereits fertigen Gerichten wählen, empfehlenswert sind vor allem das Schweinekotelett mit der traditionellen Cracker-Panade und der zarte Curry-Satong (Tintenfisch). Das Curryrezept hat eine Zubereitungszeit von drei Tagen und ist jedes Schlangestehen wert. *01-49, 71 Seng Poh Rd, Fr–Mi 8–14.30 Uhr.*

### KLEINE NAMENSKUNDE

**Tiong Bahru bedeutet „neuer Friedhof" und ist eine Mischung aus zwei Sprachen: Hokkien („tion" heißt „sterben") und Malaiisch („bahru" heißt „neu"). Vor dem Bau von Sozialwohnungen in den 1920er-Jahren befand sich in dieser Gegend seit 1859 ein Friedhof für die Gemeinschaft der Peranakan-Hakka.**

**Oben: Indie-Literatur bei BooksActually**
**Links: Hühnerherzen im Yakitori-Bistro Bincho**

# SOUTH WEST SINGAPORE

**Diese ruhige Gegend ist vor allem bei Naturfreunden und Sportlern bekannt, die vom 10 Kilometer langen Southern-Ridges-Wanderweg schwärmen. Doch man kann noch viel mehr entdecken, etwa die erste Ginbrennerei der Stadt, Kunstgalerien, ein Feinschmeckerparadies auf einer ehemaligen Militärbasis und einen etwas abschreckenden Themenpark. Es gibt zwar MRT-Haltestellen, Taxis sind aber praktischer.**

### Brass Lion Distillery

In Singapurs erster Mikrobrennerei wird der Gin in einer in Deutschland handgefertigten Kupfer-Brennblase hergestellt. Der Singapore Dry Gin enthält einheimische Kräuter und Gewürze, der Butterfly Pea Gin überrascht mit tollen Farbwechseleffekten. Touren sind buchbar. *40 Alexandra Tce; www.brassliondistillery.com; Di–Fr 17–24 Uhr, Sa ab 14 Uhr, So 14–19 Uhr*

### Haw Par Villa

Aw Boon Haw, Gründer der Marke Tiger Balm, hat diesen Themenpark erstellen lassen. Bunte Dioramen zeigen Szenen aus der chinesischen Mythologie. „Zehn Gerichte der Hölle" ist das berühmteste und schaurigste von allen. *262 Pasir Panjang Rd; www.hawparvilla.sg; 9–22 Uhr, letzter Einlass 21.30 Uhr.*

### Propeller

Diese Dachterrassen-Bar bietet eine malerische Aussicht über Keppel Bay und Sentosa, und die Getränke kosten weitaus weniger als in der Innenstadt. *Bay Hotel, 50 Telok Blangah Rd; www.bayhotelsingapore.com; So–Do 17–24 Uhr, Fr & Sa bis 2 Uhr.*

### Gillman Barracks

Für die elf Galerien auf diesem einstigen Militärstützpunkt könnte man einen ganzen Tag einplanen. Man darf ruhig mit leerem Magen kommen, es gibt an diesem grünen Rückzugsort auch leckeres Essen. Empfehlenswert ist das auf Meeresküche spezialisierte The Naked Finn. Wer es rockiger mag, geht ins Handlebar, Singapurs einzige Motorradkneipe. *9 Lock Rd; www.gillmanbarracks.com.*

### Bayswater Kitchen

Besuche dieses Restaurant an der Marina, wenn du Lust auf frische Meeresfrüchte und eine kühle Brise hast. Von 16 bis 20 Uhr ist Happy Hour. *2 Keppel Bay Vista; www.bayswaterkitchen.com.sg; Di–Fr 11.30–23 Uhr, Sa 18–23 Uhr, So 11–22.30 Uhr.*

# CHANGI VILLAGE

**Im Vergleich zum hektischen Stadtzentrum geht das Leben in Changi Village charmant im Schneckentempo voran. Trotzdem warten hier einige interessante Unternehmungen – etwa eine Radtour auf Pulau Ubin (einer 10 Bootsminuten entfernten Insel), ein Besuch in einer Craft-Brauerei am Strand oder viele gastronomische Highlights. Von der Stadt fährt man 20 Minuten mit dem Taxi, aber es lohnt sich.**

### Little Island Brewing Co

Bierkenner stillen in dieser Mikrobrauerei im Lagerhaus-Stil ihren Durst. Man füllt sich an Selbstbedienungszapfhähnen das Glas und lauscht dann (von Freitag bis Sonntag) den Livebands. Dazu gibt es Holzofenpizza und Räucherfleisch. *6 Changi Village Rd; www.libc.co; Mo–Do 12–23 Uhr, Fr bis 24 Uhr, Sa 11–24 Uhr, So 11–23 Uhr.*

### Smith Marine

Wage ein Abenteuer auf einer *kelong* (schwimmende Hütte) vor der Küste von Pulau Ubin. Die Bootsfahrt hin und zurück kostet für bis zu 12 Gäste 100 S$. In einem Becken „mit Fanggarantie" kann man sich das eigene Mittagessen angeln. Aber auch wenn keiner anbeißt, wartet im Restaurant jede Menge leckerer Fisch. *Changi-Point-Fährhafen; www.smithmarine.com.sg; 10–19 Uhr, mindestens 3 Tage vorher reservieren.*

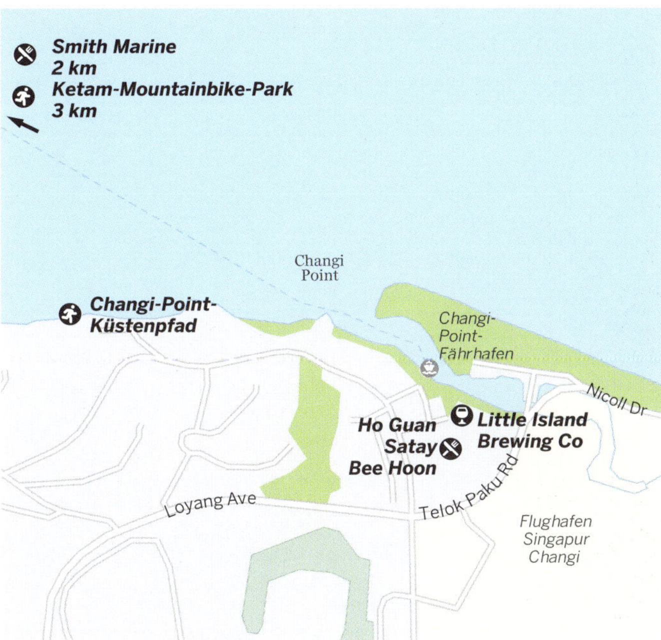


### Changi-Point-Küstenpfad

Ein 2,2 Kilometer langer Bohlenweg, der sich an Singapurs Küste schmiegt und einen erholsamen Blick auf die Straße von Johor bis nach Malaysia bietet. Halte unterwegs nach Südseeschwalben mit blauem Gefieder und nach dem Segel- und dem Strandclub Ausschau. *6 Changi Village Rd; www.nparks.gov.sg.*

### Ho Guan Satay Bee Hoon

Auf dem Markt Changi Village Hawker Centre kämpfen zwei Stände (01-03 und 01-26) um das beste *nasi lemak* (Kokosnussreis mit gebratenen Sardellen, Erdnüssen und einer Currybeilage). Noch köstlicher sind die nussigen *satay bee hoon* (Reisnudeln), deren Sauce auf kleiner Flamme stundenlang vor sich hin blubbert. *01-61 Changi Village Hawker Centre, 2 Changi Village Rd; Do–Mo 11–21 Uhr.*

### Ketam-Mountainbike-Park

Ein Fahrradpark für Adrenalinjunkies. Wer sich an dem anspruchsvollen Parcours durch Steinbrüche und zwischen Mangroven versuchen möchte, erreicht die Insel Pulau Ubin über eine zehnminütige Bootsfahrt. *Pulau Ubin; www.nparks.gov.sg.*

# BEIJING

**Chinas Hauptstadt blickt auf eine uralte bewegte Geschichte zurück und birgt viele Geheimnisse. Wer das Zentrum verlässt, lernt den chinesischen Alltag kennen.**

Seit der Ming-Dynastie war Beijing der Inbegriff einer geheimen Stadt. Der Zugang zur ummauerten Verbotenen Stadt mit ihren goldenen Palästen war Normalsterblichen verwehrt.

Heute erstreckt sich Beijing weit über diese alten Grenzen hinaus, und Vororte wie der Kunstbezirk 798 bieten einen faszinierenden Gegensatz zur historischen Altstadt mit ihrem verblichenen Kaisercharme.

Für Beijings älteste Viertel ist ein Raster aus *hutongs* typisch, kleinen Wohnstraßen, die ihren Ursprung in der Yuan-Dynastie unter Kublai Khan haben. In den Gässchen und Höfen verstecken sich authentische Restaurants, exklusive kleine Hotels und alternative Cocktailbars.

Beijing ist so flach wie ein *bing* (ein Streetfood-Pfannkuchen), deshalb ist das Fahrrad im Zentrum das ideale Fortbewegungsmittel. In weiter draußen liegende Viertel nimmt man die U-Bahn. Ihr Netz gehört zu den größten und billigsten der Welt.

# KUNSTBEZIRK 798

**Am Rande Beijings liegt ein rostendes Fabrikgelände, einst der Stolz der kommunistischen Industrie. Als in den frühen 1990er-Jahren die Fließbänder zum Stehen kamen, sind Künstler eingezogen. Das Gelände ist nach einer der Fabriken benannt, die von der DDR im Bauhausstil entworfen worden waren. Jetzt befinden sich dort Künstlerateliers und postindustrielle Ausstellungsräume mit hohen Decken.**

### BTAP

Die Beijing Tokyo Art Projects, eine Zusammenarbeit zwischen Tokio und Beijing, soll aufstrebende chinesische Künstler unterstützen und war die erste internationale Galerie im 798. Über den Gemälden erkennt man immer noch den verblassten roten Leitspruch, der einst die Arbeiter motivieren sollte: „Mao Zedong ist die rote Sonne in unseren Herzen!" *2 Jiuxianqiao Lu; www.tokyo-gallery.com; Di–Fr 11–19 Uhr, Sa 11–17 Uhr.*

### Fodder Factory

Ein Schrein für die 1980er-Jahre! An den Wänden hängen alte Telefone und Fernseher – in Anspielung auf 798s früheres Leben als Elektronik-Fabrikgelände. Die scharfen Pfannengerichte aus Sichuan und Hunan reißen die Gäste aber schnell wieder aus nostalgischen Träumereien. *Qilingliu Beiyijie; 11–22 Uhr.*

### Mansudae-Kunststudio

Diese nordkoreanische Galerie gehört zu den spannendsten. Es wird offizielle Propagandakunst Pjöngjangs ausgestellt. Die Gemälde zeigen heroische Bergleute und Soldaten in den Farben des sozialistischen Realismus. Hier kann man auch nordkoreanische Briefmarken, Anstecker und staatliche Magazine mit Treckern auf dem Titelblatt kaufen. *2 Jiuxianqiao Lu; Di–So 10–18 Uhr.*

### Voyage Coffee

Ein Café mit Rösterei in einem alten Lagerhaus mit dem am sorgfältigsten zubereiteten Filterkaffee und Espresso von 798. Vor der Tür steht eine kopflose Statue des Großen Vorsitzenden Mao. Sie ist alles, was vom inzwischen geschlossenen Raum für zeitgenössische Kunst Xin Dong Cheng übrig geblieben ist. *7 Qixing Zhongjie; 10–18 Uhr.*

### D-Park-Rundgang

Im D-Park im westlichen Teil von 798 trifft man auf eine überraschende Ansammlung kommunistischer Industriearchitektur: Schornsteine, Heizkessel, Rohre und Metallkonstruktionen so weit das Auge reicht. Ein erhöhter Laufsteg erlaubt einen Blick von oben auf diese retrofuturistischen Relikte. *751 D-Park; 8–20 Uhr.*

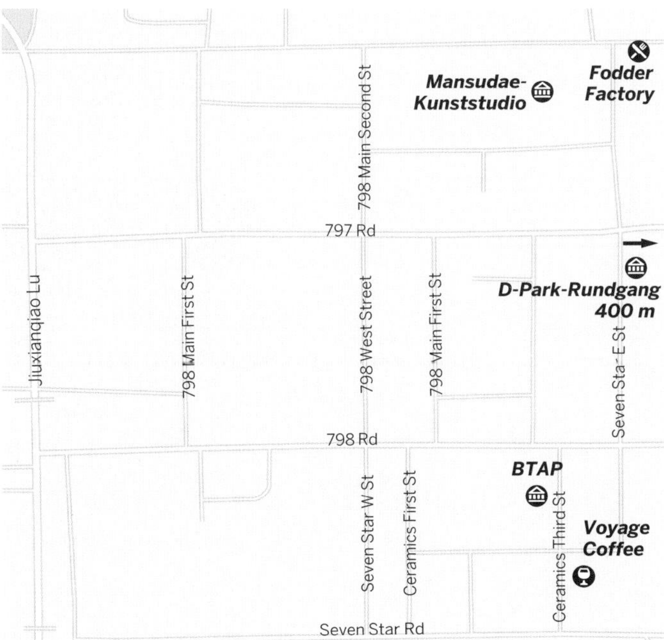

# XISI

**Mit seinen Tempeln und *Hutong*-Gässchen wirkt Xisi wie aus dem alten Beijing. Hier kann man sich in einsamen Straßen verlieren und einen Blick auf das Alltagsleben erhaschen: Da zwei *Xianggi*-Spieler (chinesisches Schach), dort ein Händler mit einem Obstwagen ... Der Name (wörtlich „westliche Vier") bezieht sich auf die vier kunstvollen *paifang* (dekorative Tore), die hier eine geschäftige Kreuzung zierten.**

### Bear Brew

Ein hippes, schwulenfreundliches Juwel in einer *hutong*. Geführt wird der Laden von zwei freundlichen chinesischen „Bären", daher der Name. Von der winzigen Dachterrasse mit nur ein paar Tischen genießt man Beijings unbekannteste Aussicht: Die weiße Pagode des Miaoying-Tempels erhebt sich stolz über ein Meer aus grauen Dächern. *6 Baitasi Dongjiaodao; 10–20 Uhr.*

### Weiße Pagode im Miaoying-Tempel

Diese kalkweiße Pagode ist der Glanzpunkt von Xisi. Sie wurde von einem nepalesischen Architekten für den Mongolenherrscher Kublai Khan entworfen, der 1271 die Yuan-Dynastie begründet hat. Mit ihren 51 Metern ist sie die höchste Pagode Chinas im tibetanischen Stil. Heute gehört sie zur prächtigen Miaoying-Tempelanlage, die während der Ming-Dynastie um sie herumgebaut wurde. *171 Fuchengmennei Dajie; Di–So 9–17 Uhr.*

### Wansong-Laoren-Turm

Es gibt nur noch wenige Pagoden in Beijing, deshalb ist dieser neunstufige Backsteinturm so ein aufregender Fund. Er befindet sich in einem umfriedeten Garten, in dem alte Reliefsteine und hölzerne Überreste von *Hutong*-Gebäuden verteilt sind wie in einem Freilichtmuseum. In der dazugehörigen Buchhandlung bekommt man eine Kanne mit Jasmintee, den man unter Granatapfelbäumen genießen kann.*43 Xisi Nandajie; 9–21 Uhr.*

### Yufunan

Ein überstylishes Restaurant mit weißen Wänden und Gerichten aus Hunan, die einem den Schweiß auf die Stirn treiben. Sie zeichnen sich durch die saure Schärfe von eingelegten Chilis und den rauchig-erdigen Geschmack von gepökeltem Schweinebauch aus. Am besten bestellt man auch das „geheime Rind" *(mizhi niurou)*. Das Fleisch wird zunächst ganz langsam vorgeschmort, bis es zart und saftig ist, und dann bei hoher Temperatur mit getrocknetem Chili und Kreuzkümmel angebraten. Köstlich! *49 Gongmenkou Toutiao; 11–21 Uhr.*

© Luoxi / Shutterstock

guten Buch auf sich wirken zu lassen. Das Haus war einst der Erlöserkirche gestiftet worden und diente bis 1949 als Zentrum der Katholischen Aktion. *101 Xi'anmen Dajie; 9–24 Uhr.*

**Royal Palace Crisp Beef Pies**
Die Pasteten mit Rindfleisch und Lauch gehören zu den leckersten (und am schwierigsten zu findenden) Snacks Beijings. Das Rezept stammt angeblich aus der Tang-Dynastie (7.–10. Jh.). Reih dich in die Schlange ein und beobachte die Pastetenbäcker bei ihrer Arbeit. Das Warten lohnt sich! *341 Fuchengmen Nei Dajie; 9–19 Uhr.*

**Erlöserkirche**
Wer durch Zufall über die stattliche gotische Kathedrale in einer ruhigen Seitenstraße stolpert, wird verblüfft sein. Und im Inneren wartet eine weitere Überraschung: Ein Stein mit der Inschrift „13. Juni – 16. August 1900" ist das einzige Andenken an die blutige Belagerung, die während des Boxeraufstands stattgefunden und 400 Kirchgänger das Leben gekostet hat. Sonntags wird um 14 Uhr ein Gottesdienst auf Englisch und Französisch abgehalten. *33 Xishiku Dajie; 5–18 Uhr.*

**1901 Cafe**
Dieses barocke dreistöckige Gebäude ist eines der wenigen noch bestehenden Stadthäuser aus der Qing-Dynastie. Im Café mit angeschlossener Buchhandlung sucht man sich eine ruhige Ecke, um die geschichtsträchtige Umgebung bei einem Cappuccino und einem

## XISIS LABYRINTH AUS HUTONG-GASSEN

**Die kleinen Straßen, über denen die weiße Zwiebelpagode des Miaoying-Tempels thront, belohnen dich mit selten gewordenen Einblicken in das Alltagsleben: Fassaden vergessener Tempel, Taubenschläge, Bewohner im blauen Mao-Anzug mit Kappe, Lädchen, in denen das Sesambrot *shaobing* geröstet wird, und prächtige alte Sonnenschirmbäume, die so heißen, weil sie einen Baldachin aus grünen Blättern über die Dächer ausbreiten. Am besten beginnst du den Rundgang auf der Ostseite des Miaoying-Tempels.**

© Thomas O'Malley / Lonely Planet

**Oben: chinesisches Schach**
**Rechts: Wansong-Laoren-Turm**

# DASHILAN

**Der Distrikt Dashilan im Zentrum von Beijing war einst ein rauschendes Amüsierviertel mit Theatern, Opiumhöhlen, Läden und Bordellen. In den 1950er-Jahren setzte die neue kommunistische Regierung dem Treiben ein Ende. Nach jahrzehntelangem Dornröschenschlaf blüht Dashilan wieder auf, und die alte Lebensfreude kehrt in den Stadtteil zurück.**

### Beijing Postcards

Die Geschichtsfans hinter diesem stimmungsvollen *Hutong*-Laden sammeln seit Jahren alte Fotografien und Postkarten aus Beijing. Die Motive kann man gerahmt oder gedruckt auf Kissen, Stoffbeuteln, Kalendern oder Puzzles kaufen. Hier beginnen auch die historischen Stadtführungen des dänischen Besitzers Lars, bei denen man tief in die Gassen der Umgebung und sogar in die Verbotene Stadt eintaucht. *97 Yangmeizhu Xiejie; www.bjpostcards.com; Mi–So 12–18 Uhr.*

### Deyuan Roast Duck

Ein bescheidenes Restaurant, das sich auf echte Peking-Ente spezialisiert hat. Sie wird in hängenden Obstbaumholz-Öfen goldbraun gebraten und dann mit viel Trara im Restaurant tranchiert. Mit Hammel und Esel kann man auch zwei andere Beijinger Spezialitäten probieren, die man am besten mit einer eiskalten Flasche des lokalen Yanjing-Biers herunterspült. *57 Dazhalan Xijie; 10–21 Uhr.*

### Porzellanwerkstatt Caicifang

Hier werden Scherben von Vasen, die während der Kulturrevolution zerstört wurden, zu einzigartigen Schmuckstücken, Kästchen, Skulpturen und sogar Kühlschrankmagneten verarbeitet! *5 Yangmeizhu Xiejie; www.caicifang.com; 10–19 Uhr.*

### Soloist Coffee

Einst soll in diesem jahrzehntealten Gebäude ein öffentliches Badehaus gewesen sein. Inzwischen ist ein Rösterei-Café eingezogen, das zu den am besten gehüteten Geheimnissen der Stadt gehört. Die innovativen Kaffee-Cocktails – wie Espresso Old Fashioned oder Cold Brew Gin Tonic – schlürft man auf der Terrasse mit Blick auf die historische *Hutong*-Gasse. *9 Yangmeizhu Xiejie; www.soloist-coffee.com; 12–19 Uhr.*

### Taciturnli

Die in Beijing gegründete Marke für vintage-inspirierte Kleidung hat ein historisches *Hutong*-Haus in eine schicke Boutique verwandelt. Taciturnli hat als Onlineladen auf Chinas größter Verkaufsplattform Taobao angefangen und sich schnell einen Namen gemacht mit

Hosen, Hemden und Kleidern, die sich an Arbeitskleidung anlehnen. *27 Yangmeizhu Xiejie; 12–20 Uhr.*

**Suzuki Kitchen**
In diesem von kunstinteressierten Beijingern eröffneten japanischen Restaurant trifft Zen-Minimalismus auf *Hutong*-Coolness. Das Preis-Leistungs-Verhältnis ist gut. Unter den dekorativ präsentierten Gerichten finden sich Schweineschnitzel-Curry, Reis mit Rindfleisch oder japanischer Feuertopf. Im hübschen Garten versteckt sich eine Boutique, die japanische Designerkleidung und -accessoires verkauft. ***10-14 Yangmeizhu Xiejie; www.suzukikitchen.com; 11.30–15 & 17.30–22 Uhr.***

**Ruifuxiang**
Hier handelt seit 1893 einer von Chinas berühmtesten Seidenverkäufern mit Shantung-Seide, Brokat und Satin. Die Ladenkette wurde zu Anfang der Qing-Dynastie von einem Nachfahren des konfuzianischen Philosophen Mencius gegründet. Die erste Flagge der Volksrepublik, die 1949 triumphierend auf dem Platz des Himmlischen Friedens gehisst wurde, war aus Ruifuxiang-Seide. *5 Dazhalan Jie; 9.30–20 Uhr.*

© zhao jiankang / Shutterstock

© 2020, Caicifang Porcelain Workshop

© maoyunping / Shutterstock

**Im Uhrzeigersinn von oben: buntes Dashilan; Porzellanwerkstatt Caicifang; Straßenbahn in Dashilan**

KUNST & KULTUR · MUSIK & FILM · SPORT & FREIZEIT · ESSEN · TRINKEN · SHOPPEN

# HONGKONG

**Diese glitzernde, internationale Stadt aus Glas, Stahl, Wolkenkratzern und Neon am Südchinesischen Meer ist überwältigend, aber auf aufregende Art und Weise.**

Nach dem Opiumkrieg wurde Hongkong an die Briten abgetreten und hat sich von einem einst verschlafenen Fischerhafen in eine pulsierende Metropole verwandelt. 1997 wurde es an China zurückgegeben, hat sich aber das internationale Flair bewahrt – es wird gut Englisch gesprochen, und man findet Restaurants, Kunst und Musik aus aller Welt. Die meisten Besucher beschränken sich auf die zentrale Hong Kong Island und die Kowloon-Halbinsel, dabei hat die Stadt doch so viel mehr zu bieten. Vom Zentrum aus erreicht man nach kurzer Fahrt mit Straßenbahn, Bus oder MTR (U-Bahn) den Eastern District, ein Wohn- und Industriegebiet, in dem sich aber kleine Restaurants und Künstlerateliers verstecken. Nördlich von Kowloon kann man in Sham Shui Po alles kaufen, was das Herz begehrt. Noch weiter im Norden erreicht man Tai Po, seit Jahrhunderten ein Marktflecken. Sai Kung auf einer großen, ländlich geprägten Halbinsel im Osten ist ein fröhlicher, multikultureller Ort am Meer.

# SHAM SHUI PO

**Nach Sham Shui Po fahren Hongkonger, wenn sie etwas brauchen: eine Bohrerspitze, Satinstoff, Radiergummis in Häschenform ... Auf den Märkten hier tummeln sich Schnäppchenjäger mit scharfem Blick, während altmodische Geschäfte und Cafés zum Verschnaufen einladen. Die Gegend erreicht man problemlos mit der MTR.**

### Jockey Club Creative Arts Centre

Dieses ehemalige Fabrikgebäude wurde in Ateliers und Galerien umgewandelt. Hier kann man Künstlern bei der Arbeit zusehen, Läden und Ausstellungsräume besuchen, sich ein Theaterstück anschauen oder sich mit einer Tasse Kaffee in den belebten Innenhof setzen. *30 Pak Tin St, www.jccac.org.hk.*

### Vinyl Hero

Vinyl-Liebhaber pilgern zu diesem Laden im fünften Stock eines Wohnhauses, um mit Besitzer Paul über seine Sammlung gebrauchter Schallplatten zu fachsimpeln, die sich vom Boden bis zur Decke stapeln. Es dauert Stunden, die Kisten durchzusehen. *239 Cheung Sha Wan Rd, Wai Hong Building, Flat D; 9841 7136.*

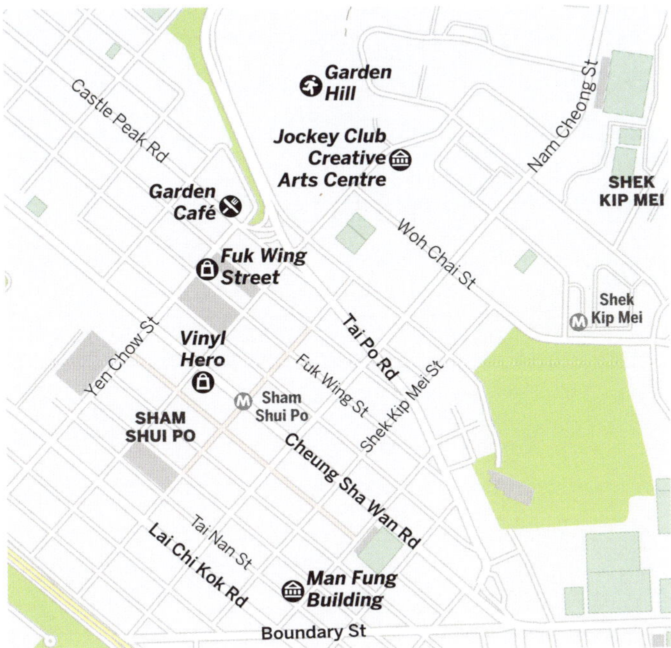


### Fuk Wing Street

Im Zentrum von Sham Shui Po gibt es auf fast jeder Straße einen Markt für bestimmte Waren, auf der Fuk Wing Street dreht sich alles um Spielzeug und Schulsachen. Es macht Spaß, zwischen niedlichen japanischen Aufklebern, Miniaturlebensmitteln und Lego-Imitationen herumzuwühlen. *Ca. 10–18 Uhr.*

### Man Fung Building

Der spanische Künstler Okuda San Miguel hat dieses bescheidene Wohngebäude mit einer Art psychedelischem Fuchs aus bunten Formen bemalt. In Sham Shui Po gibt es mehrere Dutzend farbenfroher Wandgemälde – ideal für eine Street-Art-Schnitzeljagd! *180 Tai Nan St.*

### Garden Café

Die Garden Company beliefert seit fast 100 Jahren Hongkongs Supermärkte mit Brot und abgepacktem Gebäck. Im Erdgeschoss des Firmensitzes mit seiner Retro-Ästethik gibt es einen Souvenirladen und ein Café. Einheimische kommen zur *tea time* her, wenn sie Lust auf günstige Leckereien mit Nostalgiefaktor haben. *58 Castle Peak Rd; 2720 1055; 8.30–18 Uhr.*

### Garden Hill

Dieser kleine Hügel bietet eine postkartenwürdige Aussicht auf die Großstadtschluchten darunter. Deshalb bauen bei Sonnenuntergang hier Fotografen ihre Stative auf. Die Treppe hinter dem Mei Ho House auf der Berwick Street führt bis zum Gipfel.

# EASTERN DISTRICT

**Dieser Distrikt umfasst den hochentwickelten Nordosten von Hong Kong Island einschließlich North Point, Quarry Bay, Sai Wan Ho und Chai Wan. Hier gibt es keine stimmungsvollen alten Gassen wie im Zentrum oder im Westen, Neugierige werden aber mit günstigen Restaurants, Wanderwegen und Künstlerateliers belohnt.**

### Quarry-Bay-Park und -Promenade

In diesem beliebten Park direkt am Wasser taucht man in den lokalen Alltag ein. Spaziergänger beobachten Dschunken und Fischerboote, und Kinder laufen zum Museums-Feuerwehrboot. Ältere Männer treffen sich zum Tai Chi, während Instagrammer auf der Suche nach blühenden Kirschbäumen sind. *Hoi Tai St; 7–23 Uhr.*

### Straßenmarkt Chun Yeung

Straßenbahnschienen führen mitten durch diesen geschäftigen Lebensmittelmarkt. Deshalb springen die Händler regelmäßig zur Seite, wenn die „Ding Ding", wie die Einheimischen sie nennen, vorbeirollt. Hier findet man Waren aus der Provinz Fujian, aus der die Vorfahren vieler Menschen in diesem Viertel stammen. *Chun Yeung St, North Point; 9–19 Uhr.*

### Eslite Spectrum

Im eleganten Cityplaza-Einkaufszentrum hat diese taiwanesische Buchhandlungskette einen riesigen Megastore eröffnet, in dem auch Bekleidung oder Geschenke verkauft werden. Hier erwarten dich taiwanesische Kräuterseife, französische Biobonbons, deutsche Füller, Regalbretter voll japanischem Washi Tape und vieles mehr. *18 Tai Koo Shing Rd, 1. Stock, Tai Koo; 3419 1188; 10–22 Uhr.*

### Sunbeam Theatre

Dieses Theater mit dem 70er-Retro-Charme überlebt dank seiner treuen Fans, die eher fortgeschrittenen Alters sind. Die Aufführungen mit aufwendigen Kostümen und Handlungen, die oft auf chinesischen Legenden beruhen, können mehr als drei Stunden dauern. *423 King's Rd, North Point; meistens ab 19.30 Uhr.*

© Bima Adhitya / Shutterstock

### Qinghai Tibetan Noodles

An diesem stets belagerten Imbiss in einer Gasse bekommt man riesige Schüsseln vor Öl glänzender Nudeln mit Rind, Lammkoteletts mit Kreuzkümmel oder Knoblauch-Gemüse-Spieße. *27 Kam Ping St, North Point; 2151 0506; 12–15 Uhr & 18–22 Uhr.*

### On Lee Noodle Soup

*Cha chaan teng* nennt man bescheidene Imbissbuden. Diese hier ist für ihre klassischen kantonesischen Snacks bekannt: Nudeln mit Fischbällchen, Milchtee oder weißer Toast mit Butter und Kondensmilch. *22 Shau Kei Wan Main St E, Shau Kei Wan; 2513 8398; Fr–Mi 9–19 Uhr.*

### Mount-Parker-Wanderung

Vom Eastern District aus führen mehrere Wege zur Spitze dieses Berges. Der schmale Pfad von Tai Koo ist mit seinem Blätterdach sehr friedlich, während der Aufstieg von Quarry Bay aus am direktesten ist. Bei Nacht ist der Blick auf die glitzernde Stadt besonders beeindruckend.

## VIELFALT IM EASTERN DISTRICT

**Eastern District ist schon lange ein Anziehungspunkt für Einwanderer vom chinesischen Festland. In der Zeit nach dem Zweiten Weltkrieg nannte man die Gegend rund um North Point Little Shanghai. Auch heute noch gibt es die shanghaiischen Friseursalons, sie verschwinden aber nach und nach. Heute spricht man eher von Little Fujian, weil immer mehr Einwanderer aus dieser chinesischen Provinz stammen.**

### Teehaus MingCha

Teekenner kaufen in diesem verborgenen Laden im industriellen Chai Wan duftenden Jasmintee und erdigen Pu-Erh. Trotz der wenig einladenden Lage zählt er zu den besten Teeläden der Welt. Nach einer Teeverkostung in englischer Sprache kann man zu Hause mit seinem neuen Wissen prahlen. *Room 901-902, 9/F Cheung Tat Centre, 18 Cheung Lee St, Chai Wan; www.mingcha.com; Mo–Sa 10–19 Uhr.*

### MOM Livehouse

Hier hat man die in Hongkong seltene Gelegenheit, Indie-Musik live zu lauschen. Das Lokal im Keller eines Shoppingcenters lockt junge Musikliebhaber und ab und zu auch Promis an. Mit etwas Glück kommt man beim gemeinsamen Mitschnippen ins Gespräch mit Einheimischen, die Geheimtipps zur lokalen Musikszene geben können. *B39, Seven Seas Shopping Centre, 117-121 Kings Rd, North Point; 6360 7676.*

**Oben: Chun-Yeung-Markt**
**Links: Kanton-Oper im Sunbeam Theatre**

# TAI PO

**Seit der Ming-Dynastie ist diese Gegend am Fluss als Handelszentrum bekannt. Heute gibt es immer noch einen geschäftigen Markt, außerdem hohe Wohntürme und einen schönen Freizeitbereich am Tolo-Hafen. Am Wochenende fahren Hongkonger aus der Innenstadt gern mit der MTR hier raus, um zu radeln und Snacks zu essen.**

### Straßenmarkt Fu Shin

Das alte Tai Po lebt auf diesem Markt weiter, wo Tintenfisch in Bambuskörben trocknet und Katzen herumstreunen. Hier kann man kandierte Nüsse, winzige Orangen und frisch gepressten Zuckerrohrsaft kaufen. *Fu Shin St; täglich.*

### Man-Mo-Tempel

Der in Weihrauch gehüllte Tempel wurde 1892 gebaut und ehrt die Götter des Krieges und der Literatur. Ihre Statuen befinden sich in einem hölzernen Altar, und Opfergaben wie Pampelmusen, Erdnussöl und Süßigkeiten werden dargebracht. *Fu Shin St; 6–18 Uhr.*

### Tai-Po-Park

An Sonnentagen flattern hier die Drachen. Man kann (in Hongkong selten) ein Picknick machen, einen Aussichtsturm erklimmen oder ein Rad für eine Tour am Wasser mieten. *Östlich der MTR-Station Tai Wo; rund um die Uhr, Aussichtsturm 7–19 Uhr.*

### Plover-Cove-Park

Die unberührte Natur lockt Wanderer, Radler, Kajakfahrer oder Vogelbeobachter an. Es gibt einfache Spaziergänge und längere Routen zu versteckten Wasserfällen. Der Stausee ist ein beliebtes Fotomotiv. Mit dem Taxi braucht man von der MTR-Haltestelle Tai Po 25 Minuten bis hierher. *Bride's Pool Rd, Shuen Wan.*

### Omas Tofu-Pudding

Einheimische stehen hier für frischen Seidentofu mit Palmzucker an. Man verzehrt ihn im Stehen und gibt dann die Schüssel an der Theke zurück. Auch die frische, kalte Sojamilch ist köstlich. *2A Tai Kwong Ln; 8–18 Uhr.*

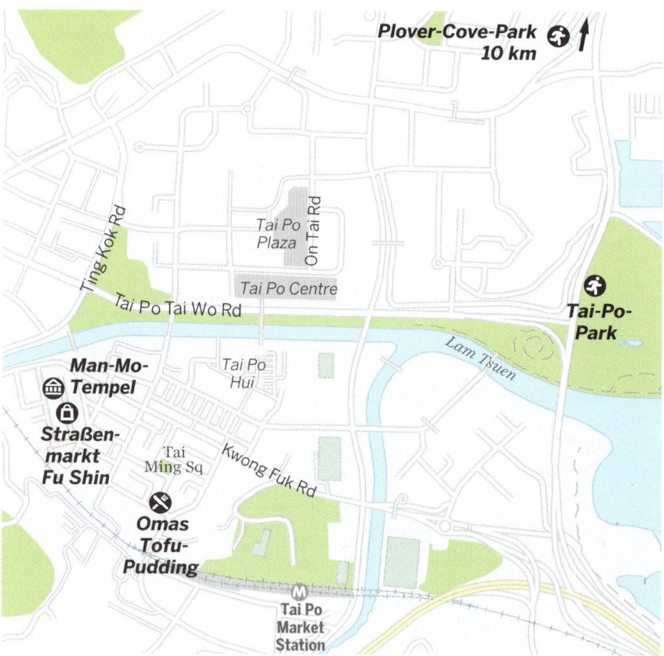


**Oben: Man-Mo-Tempel**

# SAI KUNG

**Die Sai-Kung-Halbinsel ist am Wochenende bei Tagesausflüglern beliebt, die hier wandern gehen, sich an den Strand legen oder in den traditionellen Fischerdörfern Meeresfrüchte essen. Im größten Ort, Sai Kung Town, herrscht ein freundliches, internationales Ambiente. Auch die Küche in den Restaurants und Pubs ist international. Die Gegend ist nur per Bus oder Taxi erreichbar.**

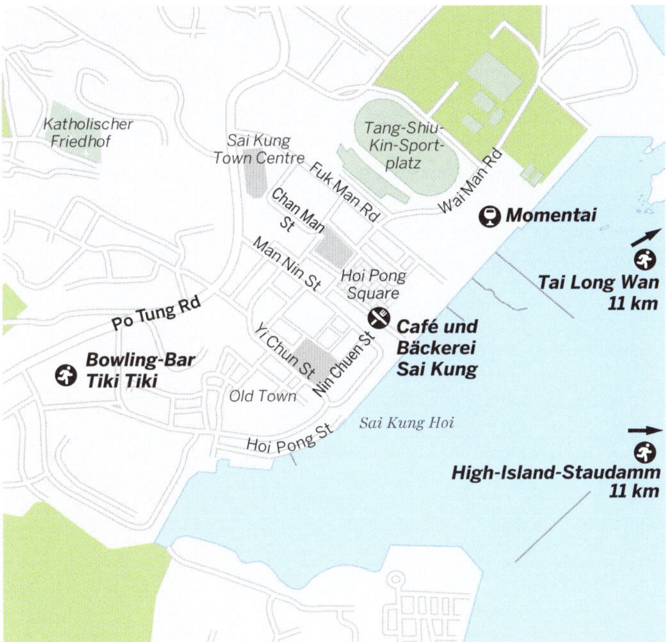


### Tai Long Wan

Türkisfarbenes Wasser und feiner Sand – mit tropischen Stränden wie dem von Tai Long Wan rechnet man in Hongkong nicht. Man kann schwimmen, an der Imbissbude ein Bier schlürfen und sogar über Nacht campen. Ein 1,5-stündiger Fußmarsch über den Naturpark Sai Kung East führt hierher. Wer sich den Rückweg sparen möchte, kann aber auch die *kaito* (Motorbootfähre) nach Sai Kung Town nehmen.

### High-Island-Staudamm

Eine malerisch gelegene Staumauer direkt am Meer im Hongkong-Global-Geopark. Die Stelle ist bekannt für ihre sechskantigen Basaltsäulen. Am besten nimmt man an der geführten Bootstour durch den ganzen Geopark teil. Man kann die Staumauer aber auch per Taxi oder Minibus von Sai Kung Town aus erreichen. *www.geopark.gov.hk.*

### Bowling-Bar Tiki Tiki

Bei schlechtem Wetter gehen Einheimische in diese kauzige Bowlingbahn mit polynesischer Dekoration und eigenem Restaurant. Sorbet-Getränke und jede Menge Bier halten auch Nicht-Bowler bei Laune. *1A Chui Tong Road, 4. Stock; www.tikitiki.hk/en; Mi–Fr 16–22 Uhr, Sa & So ab 10 Uhr.*

### Momentai

Der Name bedeutet „Entspann dich, kein Problem". Was das Lokal direkt am Wasser in der Gegend so beliebt macht? Die lockere Atmosphäre (mit Billardtischen, Brettspielen und Sofas), lokale Biersorten, DJs am Sonntagnachmittag und internationales Seelenfutter wie Burger und Poke Bowls. *Kiosk 1, Sai Kung Waterfront; www.momentai-la.com; Mo 16–23 Uhr, Di–Do 12–23 Uhr, Fr & Sa bis 24 Uhr, So bis 22.00 Uhr.*

### Café und Bäckerei Sai Kung

Stell dich zu den Einheimischen in die Schlange und bestelle ein klassisches Hongkonger „Ananasbrötchen" mit einer dicken Scheibe Butter. Dieses Gebäck enthält gar keine Ananas, sondern heißt nur so, weil seine eingeritzte Oberfläche so aussieht. *6-7 Kam Po Court, 2 Hoi Pong Square; 2792 3861; 7–22 Uhr.*

# SEOUL

**Seoul ist die Stadt von Neonlicht, K-Pop und Spitzentechnologie. Daneben kann man jedoch auch die coolsten Bars und die besten Restaurants entdecken.**

Seoul hat alles zu bieten, was Reisende von einer kosmopolitischen Metropole erwarten. Ja, es gibt hier Museen, Wolkenkratzer oder Einkaufszentren. Am besten schlendert man aber kleine Gässchen entlang, um auf einer leeren Straße die einzige volle Kneipe zu entdecken.

Südlich des Hangang-Flusses gönnt man sich im berühmten Gangnam einen extravaganten Abend in einem schicken Club oder einem französischen Restaurant. Nördlich im Zentrum schlagen sich Abenteuerlustige auf traditionellen Märkten den Bauch mit Streetfood voll und gehen dann auf Schnäppchenjagd. Der Innenstadtbereich zwischen Gwanghwamun und Euljiro lässt sich gut zu Fuß erkunden. Überquert man den künstlich angelegten Cheongyecheon-Fluss, kann man sich von einem kleinen Imbissrestaurant zum nächsten durchfuttern. Die Stadt wartet nur darauf, mit Haut und Haaren verschlungen zu werden.

# GWANGHWAMUN

**Obwohl mit Gwanghwamun eigentlich nur das Tor zum Gyeongbokgung-Palast aus der Joseon-Dynastie gemeint ist, nennt man auch die ganze Gegend so. Touristen fotografieren die berühmten Statuen von General Yi Sun-sin und König Sejong und bewundern die Berge, in deren Schatten der Palast steht. Einheimische hingegen essen und trinken fröhlich in einigen von Seouls besten Lokalen.**

### Gwanghwamun Jip

Einer der berühmtesten Kimchisuppen-Imbisse in Seoul. Es gibt nur zwei Hauptgerichte: Kimchisuppe und scharfes gebratenes Schweinefleisch. Die ganze Oldschool-Ästhetik macht den Besuch zu einem typischen Seoul-Erlebnis. *12 Saemunan-ro 5-gil; 9–22 Uhr.*

### Gwanghwamun Gukbap

Die Spezialität des Hauses ist eine neu interpretierte Version von *gukbap* – sättigendem koreanischem Seelenfutter aus Brühe und Reis. Dafür wurde das Lokal sogar als eines der Bib-Gourmand-Restaurants von Michelin ausgezeichnet. *53 Sejong-daero 21-gil; 11.30–22 Uhr.*

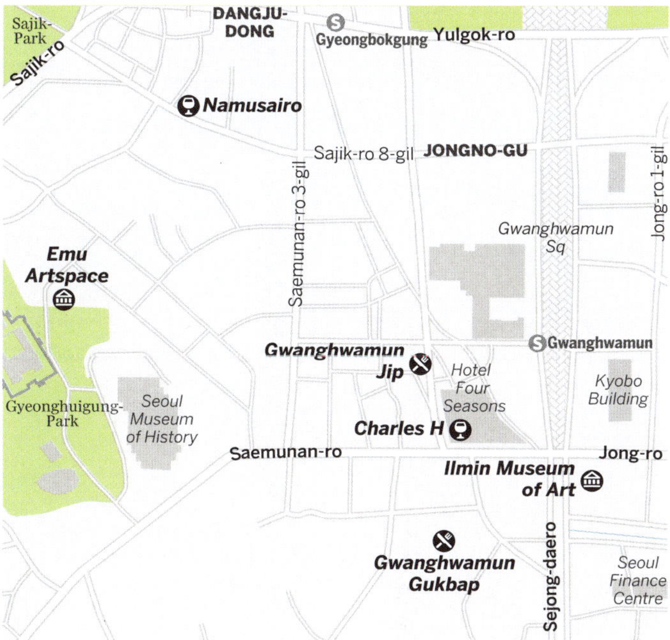


### Charles H

Diese Kneipe im Keller des Four-Seasons-Hotels ist dem Schriftsteller Charles H. Baker gewidmet. Sie wurde 2018 zur besten Bar Koreas gekrönt. In so einem glamourösen Interieur schmecken die Cocktails gleich noch besser. *97 Saemunan-ro B1; www.fourseasons.com/seoul; 18–1 Uhr, Wochenende bis 2.30 Uhr.*

### Namusairo

Namusairo gehört zu den Cafés, denen Geschmack über Ambiente geht. Hier importiert man seltene Bohnenarten und serviert die edle Panama-Geisha-Sorte. Das Café befindet sich in einem malerischen *hanok* (einem traditionellen koreanischen Haus). *21 Sajik-ro 8-gil; www.namusairo.com; 10–22 Uhr.*

### Ilmin Museum of Art

Dieses private Museum wird von der Stiftung Ilmin Cultural Foundation geleitet. Es konzentriert sich auf zeitgenössische visuelle Kunst und beherbergt auch das einzige Dokumentarfilm-Archiv des Landes. *152 Sejong-daero; ilmin.org; 11–19 Uhr.*

### Emu Artspace

Das kleine Kino mit Café liegt in einer überwiegenden Wohngegend und ist vor allem bei in der Stadt lebenden Ausländern beliebt. Es gehört nämlich zu den wenigen Lichtspielhäusern, die gelegentlich koreanische Filme mit englischen Untertiteln zeigen. *7 Gyeonghuigung 1ga; www.emu-artspace.com.*

# EULJIRO

**Euljiro, ein trendiges Viertel mit industriellem Schick, liegt nur Minuten entfernt vom touristischen Myeongdong und ist ein Gewerbegebiet mit Druckereien und Eisenwarenhandlungen. Noch vor fünf Jahren traf man hier vor allem ältere Männer an, die Aufwertung der letzten Zeit hat jedoch versteckte Kneipen und Cafés sowie Millenial-Hipster hierhergebracht.**

### Coffee Hanyakbang

Coffee Hanyakbang ist ein Gourmet-Café mit verschnörkelter koreanischer Dekoration in einem engen Gässchen. Man kann dabei zusehen, wie der Besitzer Kang Yun-seok in der Nähe der Theke die Bohnen röstet, oder das aromatische Gebräu in den oberen Stock mitnehmen, wo etwas mehr Platz ist. *16-6 Samil-daero 12-gil; 8–22.30 Uhr.*

### Seendosi

Seendosi befindet sich im fünften Stock eines dunklen, scheinbar verlassenen Lagerhauses und ist sowohl eine Kneipe und Loungebar als auch eine Kunstgalerie mit einer Deko aus Neonlicht und schrägen Möbeln. Am Wochenende finden manchmal Konzerte mit Indie-Musik statt. *31 Eulji-ro 11-gil; Mo–Fr 18–2 Uhr, Sa ab 15 Uhr.*

### Wooraeoak

Das Wooraeoak gehört zu Seouls berühmten alten Restaurants, und viele Gäste kommen schon seit Jahrzehnten her. Spezialitäten des Hauses sind die *naengmyeon*, Buchweizennudeln in eiskalter Brühe, und das *bulgogi*, mariniertes Rindfleisch aus der Grillpfanne. *62-29 Changgyeonggung-ro; Di–So 11.30–21.30 Uhr.*

### Masun Hof

Rund um die Eulji-ro 13-gil gibt es jede Menge der hier als *hof* bezeichnete Bierhallen, in denen Hähnchen, Trockenfisch und Alkohol serviert wird. Vor jedem dieser Lokale mit Plastikmöbeln drängen sich einheimische Feierwütige. Masun Hof hat sich jedoch auf gebratenes Knoblauchhuhn spezialisiert und setzt sich damit von der Masse ab. Sich diese Köstlichkeit bei einem kühlen Bier mit Freunden zu teilen, ist eine waschechte Euljiro-Erfahrung. *19 Eulji-ro 13-gil; 12.00–24.00 Uhr.*

### 1/10

Das unscheinbare Äußere lässt nicht erahnen, dass man sich drinnen im zweiten Stock wie in

einem Pariser Café fühlen wird. Die Mischung aus Vintage-Einrichtung und einfachen Gerichten macht das 1/10 so einzigartig. Auf der Karte stehen auch ein Dutzend Sorten Rot-, Weiß- und Schaumweine. Für Seouler Verhältnisse sind die Preise unfassbar moderat. *42-9 Supyo-ro; www.instagram.com/sipboon_il; 18–24 Uhr.*

**Pyeongraeoak**
Vor diesem Restaurant aus den 1950ern stehen Hungrige für die kalte Hühnersuppe *chogyetang* an. Leider gibt es sie nur für zwei oder mehr Personen. Einzelreisende brauchen aber nicht zu verzweifeln – das scharfe Hähnchen und die immer mit inbegriffene Gurkenbeilage sind wahre Highlights. *21-1 Mareunnae-ro; Mo–Sa 11–21.30 Uhr.*

**Hotel Soosunhwa**
Drei Designer haben sich zusammengetan, um dieses „Hotel" im vierten Stock eines Lagerhauses zu konzipieren. Es gehört ohne Zweifel zu den fotogensten Orten der Gegend, allerdings kann man im Hotel Soosunhwa gar nicht übernachten. Stattdessen gibt es in den mit Retro-Porzellan und Tiffany-Hängelampen ausgestatteten Räumlichkeiten ein schummriges Café, eine Kneipe und einen Coworking-Bereich. *17 Chungmuro 7-gil; www.facebook.com/hotelsoosunhwa; Mo-Sa 12–24 Uhr.*

**Sewoon Shoppingcenter**
Hierher kommt man eher für einen Blick in Seouls Geschichte als wirklich zum Shoppen. Das 1968 eröffnete Gebäude war Koreas erstes Einkaufszentrum für elektronische Geräte. Sein Umbau 2017 hat eine landesweite Diskussion über bauliche Neugestaltungen angestoßen. Heute findet sich darin eine Mischung aus 80er-Geschäften und von Hipstern geführten Kaffeelädchen. *159 Cheonggyecheon-ro; Mo–Sa 9–19 Uhr.*

## BIKESHARING IN SEOUL

**Die U-Bahn von Seoul ist schnell und günstig. Wer aber lieber auf zwei Rädern unterwegs ist, kann das überall in der Stadt verfügbare öffentliche Leihradsystem nutzen. Dafür muss man zuerst ein Nutzerkonto eröffnen und kann dann nach der nächsten Radstation Ausschau halten.**

**Oben: Leihradservice**
**Unten: tropische Cocktails im Hotel Soosunhwa**

KUNST & KULTUR MUSIK & FILM SPORT & FREIZEIT ESSEN TRINKEN SHOPPEN

# TOKIO

**Tokio kennt man als grelle Metropole mit Wolkenkratzern und Neonlichtern. In den kleinen Wohnvierteln zeigt die Megacity aber noch eine ganz andere Seite.**

Die weitläufige Metropole hat mehrere Zentren, die durch Zugstrecken mit den Wohngegenden an ihrem Rand verbunden sind.

Die trendigsten Stadtteile im südwestlichen Quadranten grenzen an Shinjuku oder Shibuya, zum Beispiel Tomigaya, der aktuelle Hipster-Treffpunkt, oder Naka-Meguro, ein Zentrum der Modewelt. In derselben Ecke liegt auch Shimo-Kitazawa, eher ein Hippieviertel, in dem man abends besonders gut ausgehen kann.

Über Shinjuku erreicht man westlich vom Zentrum Kōenji, das seine rauen Ecken und Kanten bewahrt hat. Hier lockt eine unbeschwerte lokale Kulturszene. Eine ideale Gegend für Reisende mit kleinem Budget.

Tokios Osten wird oft übersehen, da er älter und weniger gut erschlossen ist. Dies gilt auch für Kiyosumi-Shirakawa. Hier haben sich aber interessante neue Locations angesiedelt.

In den einzelnen Stadtteilen kann man alles gut zu Fuß erreichen.

# NAKA-MEGURO

**Naka-Meguro ist eine schicke Wohngegend an einem von viel Grün umgebenen Kanal, dem Meguro-gawa. Er verleiht dem Viertel ein entspanntes Ambiente. Hier leben viele kreative Köpfe, daher auch all die einzigartigen Boutiquen und Restaurants. Naka-Meguro ist die Endstation der U-Bahn-Linie Hibiya und ein Halt der Tōkyū-Tōyoko-Linie (zwei Stationen von Shibuya entfernt).**

### Kōmeisen

Dieses öffentliche *sento* (Badehaus) wird seit drei Generationen von derselben Familie geführt. Vor ein paar Jahren wurde es vom Architekten Imai Kentarō generalüberholt. Der Außenbereich ist eine Woche für Männer zugänglich, die nächste für Frauen, und es gibt eine Sauna. *1-6-1 Kami-Meguro; kohmeisen.com; Öffnungszeiten variieren; 460 ¥.*

### Deli fu cious

Gourmet-Seafood-Burger von einem früheren Sushi-Spitzenkoch. Ein Klassiker ist der Konbu-Fish-Burger mit saisonalem Fisch, der zuerst mit Kombualgen gepresst und dann im Ausbackteig frittiert wird. *1-9-13 Higashiyama; www.delifucious.com; 03-6874-0412; Do–Di 12–21 Uhr.*

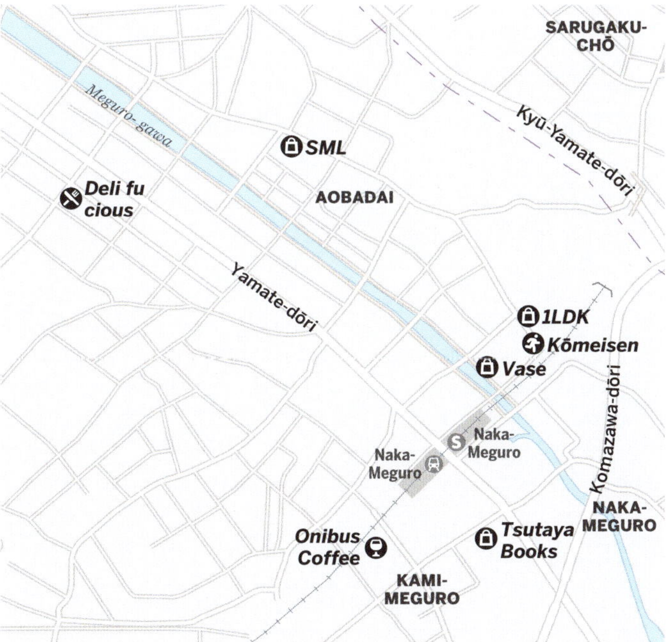


### Onibus Coffee

Eine große Röstmaschine nimmt im Erdgeschoss viel Raum ein. Schlürfe deinen Latte auf der Bank draußen oder am Gemeinschaftstisch oben. *2-14-1 Kami-Meguro; www.onibuscoffee.com; 9–18 Uhr.*

### 1LDK

Hier werden minimalistische Basics von japanischen Kultmarken wie Universal Products verkauft. Lifestyle-Artikel (und ein Café) gibt es bei 1LDK Apartments gegenüber. *1-8-28 Kami-Meguro, 1ldkshop.com; 12–20 Uhr.*

### SML

Dieser Laden für handgemachtes Geschirr und Töpferware präsentiert sich wie eine Galerie und stellt Arbeiten von wechselnden Kunsthandwerkern aus. *1-15-1 Aobadai, sm-l.jp; 12–20 Uhr.*

### Tsutaya Books

Unter den Schienen der Hochbahn liegt diese prächtige Buchhandlung, die auch allerlei schicken Kleinkram verkauft. *1-22-10 Kami-Meguro, store.tsite.jp/nakameguro/; 7–24 Uhr.*

### Vase

Ein winziges Geschäft mit Avantgarde-Objekten von ausgefallenen Designern, etwa androgyne Kleidungsstücke mit unkonventionellen Silhouetten. *1-7-7 Kami-Meguro, www.vasenakameguro.com; 12–20 Uhr.*

# TOMIGAYA

**Tomigaya ist vom kecken Vergnügungs- und Einkaufsviertel Shibuya aus zu Fuß zu erreichen, könnte aber kaum unterschiedlicher sein. Hier gibt es in kleinen Gebäuden Restaurants, in denen der Besitzer selbst am Herd steht, und trendige Cafés, die Tokios Gastronomie-Szene vorantreiben. Die nächste Haltestelle ist Yoyogi-kōen der U-Bahn-Linie Chiyoda.**

### Yoyogi-Hachiman-gū-Schrein

Schon viel länger als die Bistros und Cafés existiert hier der schintoistische Yoyogi-Hachiman-gū-Schrein aus dem 13. Jahrhundert. Ein paar Stufen führen zu dem kleinen Tempel im Grünen hinauf, zu dessen Gottheit vor allem mit der Bitte um gute Geschäfte und problemlose Geburten gebetet wird. Es handelt sich um Tomigayas lokalen Schrein, an dem sich die Nachbarn bei religiösen Anlässen wie Hatsu-mōde, dem ersten Schreinbesuch des neuen Jahres, einfinden. *5-1-1 Yoyogi.*

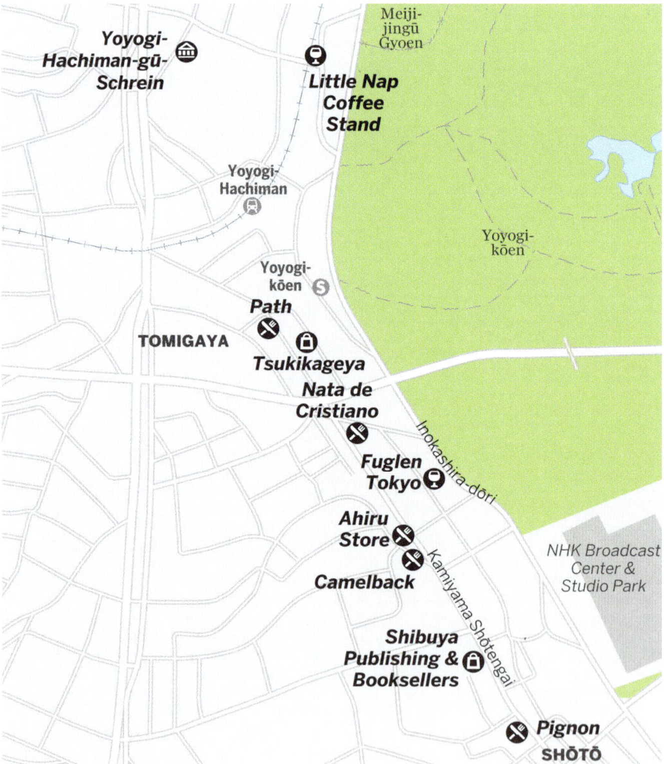


### Ahiru Store

Ein entspanntes kleines Bistro, in dem oft nur noch Platz zum Stehen ist. Hier gibt es unkompliziertes französisches Essen und Naturweine. Das Brot wird frisch gebacken, und die Würstchen sind hausgemacht. Da immer viel los ist, muss man sich aufs Schlangestehen einstellen. *1-19-4 Tomigaya; 03-5454-2146; Mo–Fr 18–24 Uhr, Sa 15–21 Uhr.*

### Camelback

Ein Stand mit ausgezeichneten Sandwiches und Kaffee. Besonders lecker ist das Omelette-Sandwich mit dem typischen Sushi-Restaurant-Eierkuchen (hier auf luftig-weichem Brot serviert). Der perfekte Ort zum Frühstücken. *42-2 Kamiyama-chō; www.camelback.tokyo; 03-6407-0069; Di–So 8–17 Uhr.*

### Fuglen Tokyo

In Tomigaya führen alle Wege zum Fuglen, einem aus Norwegen importierten Café mit skandinavischer Äthestik der 60er- und 70er-Jahre. Tagsüber beugen sich hier Leute über ihren Laptop, abends wird aus dem Lokal eine coole Cocktail-Lounge, manchmal mit Livemusik. Gut an warmen Tagen, wenn man draußen sitzen kann. *1-16-11 Tomigaya; www.fuglen.no; Mo & Di 8–22 Uhr, Mi & Do bis 1 Uhr, Fr bis 2 Uhr, Sa 9–2 Uhr, So 9–24 Uhr.*

© Kanokpol Tokumhnerd / Shutterstock

**Little Nap Coffee Stand**
An diesem Stand kann man sich einen Latte holen, bevor man zusammen mit Joggern in Leggings und Gassigehern den Park betritt. Die Kaffeebohnen werden ganz in der Nähe geröstet. *5-65-4 Yoyogi; www.littlenap.jp; Di–So 9–19 Uhr.*

**Nata de Cristiano**
Noch ein kleiner Stand, dieser verkauft portugiesische *pastéis de nata* (Puddingtörtchen). Hier kann man sich gut mit Proviant (inklusive Wein) eindecken, wenn man im nahen Yoyogi-Park picknicken möchte. *1-14-16 Tomigaya; www.cristianos.jp/nata; 03-6804-9723; 10–19.30 Uhr.*

**Path**
Vormittags bekommt man hier Gebäck, Sandwiches und Kaffee (dessen Bohnen natürlich von Fuglen oder Little Nap stammen), abends gibt es zeitgemäße italienisch-japanische Fusion-Küche (mit Craft-Sake oder Wein). Für das Abendessen reserviert man besser. *1-44-2 Tomigaya; 03-6407-0011; 8–15 Uhr, Di–So 18–24 Uhr.*

## PICKNICK IM PARK

**Yoyogi-kōen ist nicht Tokios schönster Park, aber der beliebteste. Am Wochenende kommen viele zum Picknick her, und auf dem Platz gegenüber finden oft Festivals statt. Unter der Woche nutzen vor allem die Nachbarn das große offene Gelände. Die Bewohner von Tomigaya sind nicht wegen des leckeren Essens und des guten Kaffees hierhergezogen, sondern wegen des Parks.**

**Pignon**
Dieses Nachbarschaftsbistro hat französische und nordafrikanische Einflüsse, eine lockere Atmosphäre und eine künstlerisch angehauchte Kundschaft. Versuch an warmen Abenden den Tisch draußen zu ergattern, der zum Beobachten von Passanten ideal ist. *16-3 Kamiyama-chō; www.pignontokyo.jp; 03-3468-2331; Mo–Sa 18.30–22.30 Uhr.*

**Shibuya Publishing & Booksellers**
Ein kleiner Buchladen mit Büchern über Kunst, Reisen und Essen, in dem es abends voll wird. Außerdem gibt es coole Stoffbeutel und T-Shirts. *17-3 Kamiyama-chō; www.shibuyabooks.co.jp; Mo–Sa 11–23 Uhr, So bis 22 Uhr.*

**Tsukikageya**
In diesem Laden-Atelier werden die *yukata* (Baumwollkimonos) aus den extravaganten Stoffen von Designer Natsuki Shigeta stolz zur Schau gestellt. Es gibt auch schräge Accessoires. *1-9-19 Tomigaya, Shibuya-ku; www.tsukikageya.com; Do–Mo 12–20 Uhr, zu unregelmäßigen Zeiten geschlossen.*

**Oben: Frühling im Yoyogi-Park**
**Links: Nata de Cristiano**

# SHIMO-KITAZAWA

**Shimo-Kitazawa ist geprägt durch niedrige Gebäude und ein Labyrinth aus verschlungenen Gässchen. Weil hier viele Künstler, Musiker und Studenten wohnen, ist auch unter der Woche abends immer etwas los, und es gibt jede Menge Musikschuppen oder Plattenläden. Der Zug verbindet den Stadtteil mit den geschäftigen Gegenden Shinjuku und Shibuya.**

### Never Never Land

Diese Kneipe ist längst ein Klassiker. Sie zeichnet sich durch geselliges Ambiente und tolle Okinawa-Küche aus. *3-19-3 Kitazawa; Mo–Sa 18–2 Uhr, So bis 24 Uhr.*

### Bear Pond Espresso

Einer der berühmtesten Kaffee-Läden Tokios, bekannt für seinen zähflüssigen „Angel Stain"-Espresso. Früh kommen, der Besitzer schenkt nur eine bestimmte Anzahl Tassen am Tag aus. *2-36-12 Kitazawa; www.bear-pond.com; Mi–Mo 11–17.30 Uhr.*

### Shimo-Kitazawa Three

Ein bescheidenes Lokal, in dem man einheimischen Indie-Musikern und DJs lauschen kann. Meistens ein Riesenspaß, und manchmal ist der Eintritt frei. *5-18-1 Daizawa; shimokitazawathree.tumblr.com.*

### Ghetto

Dieses dunkle Loch liegt innerhalb der heruntergekommenen Theateranlage Suzunari. Perfekt, um stundenlang mit Fremden zu plaudern. Die Getränke sind günstig. *1-45-16 Daizawa; 20.30 Uhr bis spät.*

### Hiroki

Hier werden herzhafte *Okonomiyaki*-Pfannkuchen vor den Augen der Gäste zubereitet. Eine besondere Spezialität ist die Hiroshima-Variante (mit Nudeln). *2-14-14 Kitazawa; www.teppan-hiroki.com; 03-3412-3908; 12–21.45 Uhr.*

### Mother

Dieses schräge Lokal – halb Baumhaus, halb Höhle – mit 1970er-Atmosphäre ist ein Wahrzeichen der Gegend. *5-36-14 Daizawa; www.rock-mother.com; So–Do 17–2 Uhr, Fr & Sa bis 5 Uhr.*

### Shirube

Eine fröhlich-laute *Izakaya*-Kneipe mit offener Küche und äußerst dynamischen Köchen. Die Spezialität ist *aburi saba* (flambierte Makrele). Reservieren! *2-18-2 Kitazawa; 03-3413-3785; 17.30–24 Uhr.*

# KIYOSUMI-SHIRAKAWA

**In Tokios „fernem Osten“, also östlich des Sumida-Flusses, liegt Kiyosumi-Shirakawa, einer der ältesten Teile Tokios. Das ehemalige Industriegebiet wird inzwischen als Alternative zu den Gegenden im Westen der Stadt angepriesen. Mit den U-Bahn-Linien Hanzōmon und Toei Ōedo ist der Stadtteil gut ans Zentrum angeschlossen.**

### MOT – Museum für zeitgenössische Kunst

Die Dauerausstellung ist wie ein Crashkurs in japanischer Kunst der Gegenwart, aber auch das monumentale Gebäude des Architekten Yanagisawa Takahiko ist einen Besuch wert – vor allem der Stein-und-Wasser-Garten. Es gibt einen tollen Kunstbuchladen. Sonderausstellungen drehen sich oft um Mode und Design. *4-1-1 Miyoshi; www.mot-art-museum.jp; Di–So 10–18 Uhr; 500 ¥.*

### Kiyosumi-teien

Einer der hübschesten Gärten von Tokio – und trotzdem nur selten voll. Einst stand hier eine Villa aus dem 18. Jahrhundert. Die riesigen Steine wurden aus dem ganzen Land zusammengekauft. *3-3-9 Kiyosumi; teien.tokyo-park.or.jp; 9–17 Uhr; 150 ¥.*

### Onagi-gawa

Dieser Kanal mitten im Viertel lädt mit seinen Wegen auf beiden Seiten zu einem entspannten Spaziergang ein, vor allem im frühen April während der Kirschblüte.

### Arise Coffee Roasters

Hier sollte man sich nicht hinter seinem Laptop verschanzen, sondern ein Schwätzchen mit anderen Gästen halten. Die Wände sind mit Skateboards dekoriert, und es gibt eine große Auswahl an sortenreinem Kaffee. *1-13-8 Hirano; arisecoffee.jp; Di–So 10–18 Uhr.*

### Fukagawa Kamashō

*Fukagawa-meshi* ist ein Gericht mit Reis und Muscheln und eine Spezialität aus diesem Teil Tokios (der einst direkt am Watt lag). In diesem kleinen Lokal mit japanischer Hausmannskost kann man sie probieren. *2-1-13 Shirakawa; 03-3643-4053; Mi & Fr–So 11–20 Uhr, Di & Do bis 3 Uhr.*

### Babaghuri

Der deutsche Designer Jürgen Lehl lebte mehrere Jahrzehnte in Japan. Seine Marke ist für natürliche Materialien und Farben bekannt. *3-1-7 Kiyosumi; www.babaghuri.jp; 11–19 Uhr.*

# KŌENJI

**Kōenji ist stolz auf sein grungiges und punkiges Ambiente. Es gibt hier viel Street-Art und Clubs mit Livemusik. Die konsumkritische Ethik wird durch die vielen Secondhandläden, älteren Gebäude, billigen Restaurants und schlichten Kneipen deutlich. Der gleichnamige Bahnhof liegt auf der Strecke des Pendler-Zuges Chūō-Sōbu, der das quirlige Shinjuku mit den westlichen Vororten verbindet.**

### Kōenji Hikawa-jinja
In dieser unspektakulären Gegend steht Japans einziger Schrein, der ausschließlich dem Wetter gewidmet ist. Für 500 ¥ kann man beispielsweise ein Gebetstäfelchen mit der Bitte um Sonne am Geburtstag kaufen. *4-44-19 Kōenji-minami; 9–17 Uhr.*

### Mural City Project
Durch eine Initiative, die Street-Art fördert, gibt es in der Gegend sechs Wandgemälde verschiedener Künstler. Und es kommen ständig neue hinzu! Sie sind auf der Website aufgelistet. *mural-city.com.*

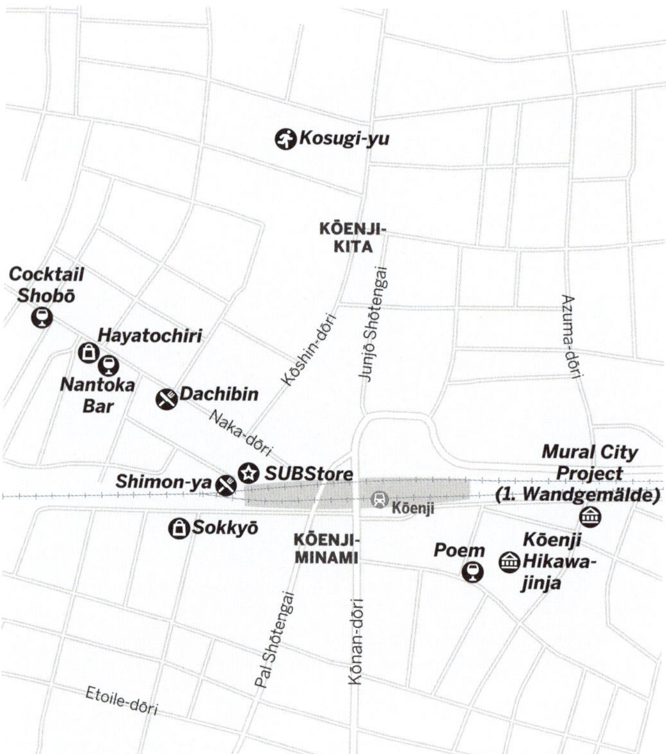


### SUBStore
Freitags und samstags spielen hier oft Indie-Musiker, aber der gemütliche SUBStore ist kein normaler Veranstaltungsort: Er ist auch Secondhand-Plattenladen, indonesisches Restaurant und manchmal Kunstgalerie. *3-1-12 Kōenji-Kita; substore.jimdo.com; Do–Mo 15–24 Uhr, Mi 17–24 Uhr.*

### Kosugi-yu
Ein Badehaus aus dem frühen 20. Jahrhundert mit einem dramatisch geschwungenen Giebeldach. Im sauberen und modernen Inneren befinden sich vier kleine Badebecken auf jeder Seite (nach Geschlechtern getrennt). Das Foyer wird als Galerie für lokale Künstler genutzt. *3-32-2 Kōenji-kita; www13.plala.or.jp/Kosugiyu; Fr–Mi 15.30–1.45 Uhr; 460 ¥.*

### Dachibin
Dieses Restaurant mit Okinawa-Küche bietet Klassiker wie *goya-champuru* (pfannengerührte Bittermelone) oder *rafute* (geschmorter Schweinebauch). Ein paarmal im Monat gibt es auch Livemusik: manchmal Volksmusik aus Okinawa, manchmal Indie-Rock. *3-2-13 Kōenji-kita; www.dachibin.com; 03-3337-1352; 17–5 Uhr.*

### Cocktail Shobō
Ein jahrhundertealtes Gebäude

© Akbarmoose / 2020, SUBStore

mit einer Cocktailbar und einem Secondhand-Buchladen. Abends gibt es Cocktails in Vintagegläsern und mittags Curry und Kaffee. *3-8-13 Kōenji-kita; koenji-cocktail.info; 03-3310-8130; Mi–So 11.30–15 & 17–23 Uhr, Mo & Di 17–23 Uhr.*

### Nantoka Bar

Jeden Abend führt eine andere Figur durchs Programm, bestimmt das Menü und die Stimmung (*nantoka* bedeutet „das ein oder andere"). Stell dich auf eine improvisierte Billigshow in einem heruntergekommenen Gebäude ein. *3-4-12 Kōenji-kita; www.shirouto.org/nantokabar; 19 Uhr bis spät.*

### Poem

In diesem über 50-jährigen Café gibt es niedrige Tische, Bänke aus Kunstleder und Filterkaffee. *4-44-5 Kōenji-minami; 11–21.30 Uhr.*

### Shimon-ya

Eine bescheidene *Izakaya*-Kneipe mit durchsichtiger Plastikplane vor dem Eingang, umgedrehten Bierkästen als Tischen und (wegen der günstigen Preise) treuen Stammkunden. Unter den Grillspießen sollte man vor allem den *gyūsuji nikomi* mit geschmorter Rindersehne probieren. Das Lokal liegt unterhalb der Hochbahnschienen, wo sich noch viele andere Restaurants und Kneipen befinden. *3-69-1 Kōenji-minami; 03-3330-7273; 17–24 Uhr.*

### KŌENJI AWA ODORI

**Kōenjis wichtigste Veranstaltung des Jahres ist Awa Odori im späten August (www.koenji-awaodori.com), ein traditionelles Fest anlässlich des buddhistischen O-bon (bei dem Japaner der Toten gedenken) mit einem Umzug von Volkstänzern. Die Parade lockt wahre Menschenmassen an, die sich auch auf das Streetfood freuen und es gern mit Bier runterspülen.**

### Hayatochiri

Tokios wohl verrücktestes Klamottengeschäft ist ein winziges Lädchen, das mit umgearbeiteten Unikaten im Pop-Art-Stil vollgestopft ist. *3-4-11 Kōenji-kita; hayatochiri.thebase.in; 15–21 Uhr, Do und andere Tage geschlossen.*

### Sokkyō

Ein trendiger Secondhandladen, der nur das Coolste und Exzentrischste anbietet. Ein diskretes Schild mit der Aufschrift „Open" weist den Weg. *102 Nakanishi Apt Bldg, 3-59-14 Kōenji-minami; www.sokkyou.net; 13–21 Uhr.*

**Oben: Rock im SUBStore**
**Unten: Awa-Odori-Umzug**

© canyalcin / Shutterstock

# EUROPA

© Michael Abid / 500px

KUNST & KULTUR MUSIK & FILM SPORT & FREIZEIT ESSEN TRINKEN SHOPPEN

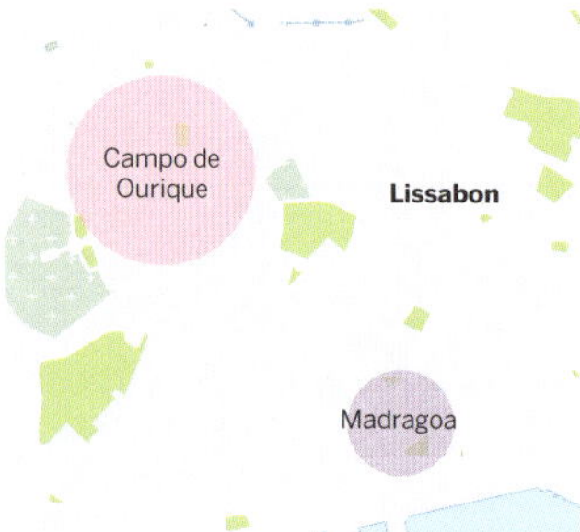


# LISSABON

**Jenseits der Postkartenidylle mit gekachelten Fassaden, die im Sonnenlicht funkeln, wartet ein anderes Lissabon – und das gar nicht so weit von den beliebten Touristenvierteln entfernt.**

Campo de Ourique im Nordwesten Lissabons ist ideal für Besucher mit einem Faible für Sehenswürdigkeiten und Restaurants, die selten in einer Top-10-Liste auftauchen. Überwiegend eine Wohngegend, ist das Viertel (noch) nicht an das U-Bahnnetz angeschlossen, aber die Tramlinien 28 und 25 verbinden es mit dem Stadtzentrum. Am besten steigt man einen Halt vor der Endstation aus.

Madragoa im Südwesten grenzt an den Tejo und muss sich oft das Rampenlicht mit den angrenzenden Vierteln teilen, der Designhochburg Santos und dem für sein Nachtleben bekannten Cais do Sodré. Madragoa dagegen, eines der ältesten Viertel, punktet mit traditionellen Restaurants, familiengeführten Geschäften und den Lieblingsmuseen der Einheimischen. Nur eine kurze Tramfahrt vom Zentrum entfernt warten steile Kopfsteinpflasterstraßen, Kachelfassaden, volle Wäscheleinen oder eine volkstümliche Stimmung beim Fest des heiligen Antonius im Juni.

# CAMPO DE OURIQUE

**Campo de Ourique am Ende der nostalgischen Tramlinie 28 haben Besucher selten auf dem Plan. In den breiten Straßen mit Pastellbauten im modernistischen Stil finden sich auch kaum berühmte Sehenswürdigkeiten, dafür lokale Geschäfte und familiäre Restaurants. Das ist das Lissabon, von dem man Freunden hinterher vorschwärmen wird, ohne jedoch alles zu verraten, was man entdeckt hat.**

### Casa Fernando Pessoa

Das Haus, in dem der Schriftsteller Fernando Pessoa seine letzten Lebensjahre verbrachte, ist eine wahre Schatztruhe. Persönliche Gegenstände, Familienfotos und eine Bibliothek mit verschiedensprachigen Ausgaben seiner Werke eröffnen Einblicke in das Leben des Lissaboner Literaturgenies, dessen Manuskripte noch immer nicht vollständig entschlüsselt werden konnten. *R Coelho da Rocha 16; www.casafernandopessoa.pt; 10–18 Uhr.*

### Mercado de Campo de Ourique

Auf dem lebhaften Markt erledigen die Anwohner ihre morgendlichen Einkäufe, bevor Touristen und Arbeiter sich zum Mittagessen treffen. An den Essensständen gibt es lokale Küche, internationale Trends und gesundes Essen. Einen Cocktail bei Gin Corner nicht verpassen! *R Coelho da Rocha; 10–23 Uhr.*

### Paupério

Das Ladengeschäft des Keksherstellers Paupério zieht Lissaboner ebenso an wie neugierige Touristen, die von den farbenfrohen Schachteln hereingelockt werden. Der Eckladen verkauft Gebäckmischungen, die seit mehr als 145 Jahren in handwerklicher Qualität im Norden Portugals gefertigt werden. *R Almeida e Sousa 49A; www.pauperio.pt; 10–19 Uhr.*

### Imperial de Campo de Ourique

Die familiengeführte *tasca* (eine Art preiswerte Gaststätte) bietet typische herzhafte Tagesgerichte an. Der Service ist flink, ohne hektisch zu sein, und Herr João, der Besitzer, verabschiedet Stamm- und Neugäste auf dieselbe herzliche Weise: „Obrigado, prazer em vé-lo." („Danke, und schön, dass Sie hier waren.") *R Correia Teles 67; 213 886 096; 7–20 Uhr.*

### Cemitério dos Prazeres

Hinter den imposanten Toren von Lissabons größtem Friedhof verbergen sich nicht nur kunstvolle Grabstätten. Unweit der Abteilung für die Künstler wartet auch ein wenig bekannter Ausblick auf die Brücke 25 de Abril. Kostenlose Karten des Friedhofs liegen am Eingang aus. *Praça São João Bosco 568; 9–18 Uhr.*

# MADRAGOA

**Mit der Tram gelangt man in sieben Minuten vom Zentrum nach Madragoa, wo elegante Läden auf stimmungsvolle Gassen und Kachelfassaden eines typischen Lissaboner Viertels treffen. Fern von Touristenmassen und gekünstelter Authentizität herrscht eine gute Balance zwischen alten und neuen Restaurants, Museen und Geschäften, die die Einheimischen schätzen und gerne weiterempfehlen.**

### Museu Nacional de Arte Antiga

Das größte und älteste Lissaboner Kunstmuseum MNAA residiert seit seiner Gründung in demselben Palast. Wenn die Zeit nicht für alle vier Etagen reicht, kann man sich eine der kostenlosen Broschüren des Projekts „12 Choices" schnappen: Zwölf bekannte Persönlichkeiten stellen ihre zwölf Lieblingswerke vor. *R das Janelas Verdes; www.museudearteantiga.pt; Di–So 10–18 Uhr; 6 €.*

### Museu da Marioneta

Das kleine Museum würdigt die Kunst des Puppenspiels und der portugiesischen Kunsthandwerker und ist seit Generationen ein beliebtes Ausflugsziel der Lissaboner. In einem ehemaligen Bernhardinerinnen-Kloster lassen die farbenprächtigen Marionetten jeder erdenklichen Form, Größe und Herkunft die Geschichte dieser alten Bühnenform lebendig werden. *R da Esperança 146; www.museudamarioneta.pt; Di–So 10–18 Uhr; 5 €.*

### Varina da Madragoa

Hinter den strahlend blauen Türen des für seine *pataniscas* (frittierte Kabeljauküchlein) und *peixinhos da horta* (grüne Bohnen in Tempurateig) bekannten Lokals liegt ein schummriger und gemütlicher Gastraum mit gekachelten Wänden, Fotos von Berühmtheiten und Tischen mit blau-weiß karierten Decken. Die Speisekarte ist traditionell portugiesisch, die Portionen sind üppig. *R das Madres 34; 213 965 533; Di–So 12.30–15 & 20–23.30 Uhr.*

### Fauna & Flora

Lokale Zutaten und internationales Flair: Das Fauna & Flora im Herzen Madragoas verwöhnt sein junges, cooles Publikum aus Einheimischen, Touristen und Expats mit gutem Kaffee, sehenswertem Design und gesunden Speisen. *R da Esperança 33; 9–19 Uhr.*

### Taberna da Esperança

Von der zusammengewürfelten Einrichtung sollte man sich nicht abschrecken lassen. So muss man sich früher als Kind in Lissabon gefühlt haben, wenn man am Küchentisch gemeinsam mit der Familie die in einem Topf zuberei-

LISSABON

teten Gerichte verzehrte. Dieser Tradition huldigt die Speisekarte mit zeitgenössischen Interpretationen traditioneller Zutaten wie *bacalhau* (getrockneter Kabeljau) und Lamm. Die Weine stammen aus Portugal und meist von kleinen Produzenten. *R da Esperança 112; www.tabernadaesperanca.com; 213 962 744; Di–So 19.30–2 Uhr.*

### Flor da Selva

Keine Schilder weisen den Weg. So kommen schon ab und zu Zweifel auf, ob man sich gerade die richtige steile Kopfsteingasse hinaufmüht. Aber der Duft von frisch gerösteten Kaffeebohnen verrät, dass das Flor da Selva nicht mehr weit ist. Die 1950 gegründete Rösterei ist die letzte in Lissabon, die noch Holzfeuer verwendet, und beliefert zahlreiche Cafés und Restaurants Aber auch private Kaffeeliebhaber kommen hier auf ihre Kosten. *Tv do Pasteleiro 32; www.flordaselva.com; Mo–Fr 9–18 Uhr.*

### VERGESSENE AFRIKANISCHE WURZELN

**Vielleicht kennt man Madragoa als einstige Heimat der Fischer, dabei wurde es im 16. Jahrhundert gegründet, um die befreiten afrikanischen Sklaven zu beherbergen. Abgesehen von einigen spärlichen Erwähnungen in historischen Dokumenten erinnert nichts mehr an jenes Viertel, das den Umbundu-Namen Mocambo trug – was so viel heißt wie Dorf oder Zufluchtsort.**

### Mercearia da Mila

Die Mercearia da Mila ist Lebensmittelgeschäft, Bäckerei und Café in einem. Mit vorwiegend regionalen Erzeugnissen wollen die Betreiber ein Revival des guten, alten Tante-Emma-Ladens anstoßen. Wie in den einst zahlreichen *mercearias* (Delikatessenläden) Lissabons bekommt man hier alles von frischen Lebensmitteln über aromatischen Kaffee bis zum Sandwich. *R Santos-O-Velho 38; www.merceariadamila.com; Mo–Sa 8–18 Uhr, So 8–17 Uhr.*

**Oben: Museu da Marioneta**
**Unten und links: Kaffee und Gemeinschaft in der Mercearia da Mila**

# DUBLIN

**Ins freundliche Dublin kommt man wegen der reichen Geschichte und der literarischen Tradition – und bleibt wegen der Pubs und der fröhlichen Geselligkeit.**

Von der pulsierenden Innenstadt ist man in nicht einmal 30 Minuten für ein Eis am Strand oder zum Wandern in den Bergen. Das vom Fluss Liffey in Nord und Süd geteilte Dublin lässt sich zu Fuß oder mit den zahlreichen – allerdings vollen – Nahverkehrsmitteln (Tram, Bus, Bahn) erkunden. Außerdem gibt es Leihräder (www.dublinbikes.ie), aber Vorsicht, es herrscht ein schändlicher Mangel an Fahrradwegen. Direkt nordöstlich der Dubliner Hauptverkehrsader O'Connell Street befindet sich die Parnell Street mit Asien-Restaurants und Pop-up-Geschäften. Von der Parnell zweigt die North Great George's Street ab, eines der schönsten Beispiele georgianischer Architektur im Stadtzentrum.
Vom Park St. Stephens Green führt ein 20-minütiger Bummel über den Grand Canal hinweg in das bunt gemischte Rathmines. Hier gibt es kaum Filialen internationaler Ladenketten, vielmehr herrscht eine nachbarschaftliche Atmosphäre: uneitel, unabhängig und sympathisch.

# PARNELL STREET & UMGEBUNG

**Die Gegend um die Parnell Street wurde lange vernachlässigt, doch nicht zuletzt durch eine neue Haltestelle der Luas (Straßenbahn) erlebt sie gerade einen Aufschwung. Die asiatischen Lokale, Telefonläden und Supermärkte machen das Viertel zum Little Asia, und aufstrebende junge Kreative auf der Jagd nach niedrigen Mieten treiben seine Entwicklung weiter voran.**

### The Big Romance

Wer gerne seine Lieblingsplatte von Anfang bis Ende hört, für den ist diese Vinyl-Kneipe genau das Richtige. Zu den satten Hi-Fi-Klängen eines Albums von Kate Bush oder Prince oder eines wilden DJ-Sets kann man sich ein köstliches Grillsandwich und ein Pint Craftbier schmecken lassen. *98 Parnell St, Rotunda; thebigromance.ie; ab 16 Uhr.*

### Kimchi Hophouse

Dublins ältestes und beliebtestes koreanisch-japanisches Lokal ist für leckeren *kimchi zigae* (Eintopf mit Tofu und Schweinefleisch oder Thunfisch) und Sashimi zu erschwinglichen Preisen bekannt. Auch ein Soju-Cocktail auf der Terrasse schmeckt. *160/161 Parnell St, Rotunda; hophouse.ie; 01-872-8313; Mo–Do 12–22.30 Uhr, Fr & Sa bis 23 Uhr, So bis 22 Uhr.*

### Cobalt Café

Vier Etagen mit einem stimmungsvollen Café, einer Galerie und einer Bühne. Mit Blick über eine der schönsten georgianischen Straßen der Stadt gibt es Hochschuljazz, Drag-Open-Mike, Amateurtheater oder Streichquartette. *16 N Great George's St, Rotunda; 01-873-0313; Mo–Fr 9.30–16 Uhr.*

### Darc Space Gallery

Die gemeinnützige Galerie befindet sich im preisgekrönten Neubau „Cigar Box" und veranstaltet Ausstellungen, Diskussionen und Events rund um die zeitgenössische Architektur. *26 N Great George's St, Rotunda; www.facebook.com/darcspacedublin; Mo–Fr 10–17.30 Uhr, Sa 12–15 Uhr.*

### Mr Fox

Kein Dubliner käme auf die Idee, hungrige Besucher zum Parnell Square zu schicken. Aber in einem kuscheligen Souterrain bereitet Mr Fox saisonale Produkte zu. Unbedingt den hausgemachten Walnut Whip probieren! *38 Parnell Sq W; www.mrfox.ie; 01-874-7778; Di–Sa mittags und abends.*

# RATHMINES

**Rathmines ist traditionell die zweite Heimat von Studenten vom Land und zahlreichen Immigranten. Neben der zentralen Lage liegt das an den vielen georgianischen Häusern, in denen preiswerte möblierte Zimmer geschaffen wurden. Trotz gestiegener Mieten hat sich das Viertel seine bunte Mischung bewahrt und sich mit Secondhandläden sowie unabhängigen Cafés und Buchläden der Gentrifizierung weitgehend widersetzt.**

### Stella Cinema

In der Cocktailbar im Obergeschoss beginnt man den Abend mit einem Whiskey Sour, bevor man es sich im verschwenderisch renovierten Art-déco-Kino mit üppigen Polstersitzen, hohen Decken und reich verziertem Oberrang gemütlich macht. Ob unter der Woche bei einem Blockbuster oder am Wochenende beim Klassiker-Brunch, das einzigartige Kinoerlebnis macht süchtig. *207-209 Rathmines Rd Lwr; stellatheatre.ie; Mo–Do ab 17 Uhr, Sa & So ab 9 Uhr.*

### Ernesto's

Dieses superfreundliche kleine Café verbreitet ein wundervolles kubanisches Aroma, auch dann, wenn der Besitzer und Inselfan Jonathan keine Zigarre pafft. Die Mischung aus Latinomusik, Herzlichkeit, rosa Meringues und dem wohl besten mittelamerikanischen Kaffee der Stadt ist einen Besuch wert – und ebenso die Charity-Konzerte mit bekannten Künstlern. *15 Rathgar Rd; 087 644 0451; Mo–Fr 7–18 Uhr, Sa 9–17 Uhr, So 9.30–17 Uhr.*

### Blackbird

Ein ehemals seelenloses Riesenpub wurde mit Brettspielen, quastenverzierten Stehlampen, zusammengewürfelten Vintagemöbeln und bärtigen Barkeepern charmant aufgemöbelt. In den zugehörigen (Craft-)Biergarten drängen sich im Sommer die Gäste. *82-84 Rathmines Rd Lwr; 01-559-1940; ab 16 Uhr.*

### The Hopsack

Nicht nur die natürlichen Nahrungsergänzungsmittel, frischen Säfte und Bioprodukte locken die Kunden in das wohl älteste und beliebteste Reformhaus Dublins, wenn nicht ganz Irlands, sondern auch die liebevolle Beratung durch Besitzer Finn und seine Mitstreiter. Kochvorführungen und Vorträge zum gesunden Leben runden das

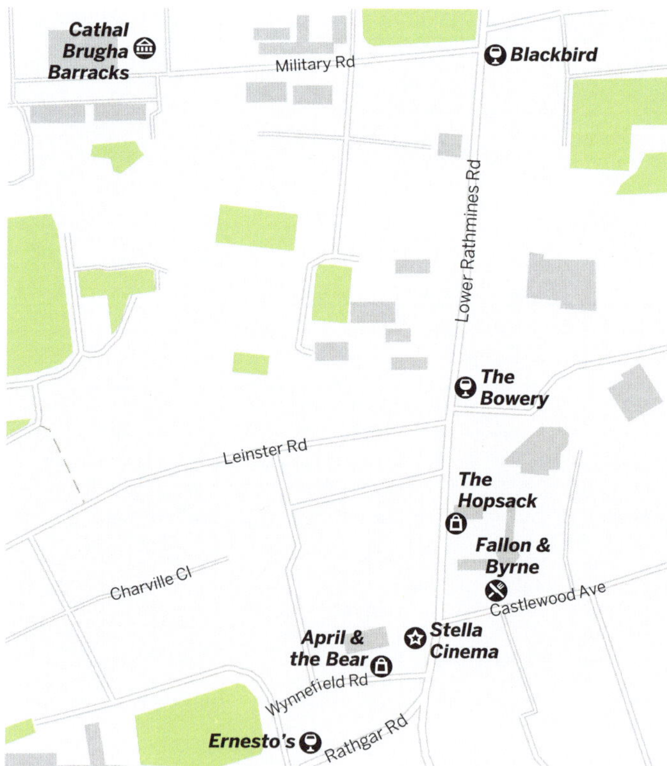

Angebot ab. *Unit 6A, The Swan Centre; www.thehopsack.ie; Mo–Mi 8.30–20 Uhr; Do & Fr 8.30–21 Uhr, Sa 9–19 Uhr, So 12–18 Uhr.*

**Fallon & Byrne**

Dublin war begeistert, als das exklusive Feinkostgeschäft im Swan Centre, einem der heruntergekommensten Einkaufszentren der Stadt, eröffnete. Hier gibt es französische und regionale Käsesorten, guten Wein, Steinofenpizza und leckere Hauptgerichte zu vernünftigen Preisen. Alles kann direkt am Tresen oder draußen in der Sonne genossen werden. *39 Castlewood Ave; www.fallonandbyrne.com; Mo–Do 9–20 Uhr, Fr & Sa 9–21 Uhr, So 10–20 Uhr.*

**The Bowery**

Die lang gestreckte schummrige Amüsierhöhle erinnert mit ihren holzverkleideten Wänden und den Rumfässer-Tischen an ein Piratenschiff. Das vielseitige Programm umfasst Konzerte, Comedy-Abende und Plattenbörsen. Zum kühlen Bier werden auch Hot Wings (aus dem Farmer Browns nebenan) serviert. *196 Rathmines Rd Lwr; 01-541-4805; ab 16 Uhr.*

## CATHAL BRUGHA BARRACKS

**Abseits von Rathmines Hauptstraßen liegt die bis heute genutzte, schon von Joyce im *Ulysses* erwähnte Kaserne mit einem kaum bekannten Besucherzentrum und Militärarchiv. Hier befinden sich die Flagge, die den Sarg des ermordeten Unabhängigkeitskämpfers Michael Collins schmückte, seine Pistolen und weitere mysteriöse Erinnerungsstücke. Führung (Di und Do 10–12.30 Uhr) im Voraus buchen unter museumstours@defenceforces.ie.**

**April & The Bear**

In einer Seitenstraße liegt dieser ausgefallene Einrichtungs- und Designladen. Hier findet man Produkte, von denen man nicht wusste, dass man sie braucht (in die man sich aber sofort verliebt), etwa Lampen in Mausform, Kunstdrucke, Plexiglasschmuck oder einzigartige Tapeten. *2 Wynnefield Rd; www.aprilandthebear.com; Mi–Sa 10.30–18 Uhr.*

**Oben: das plüschige Stella Cinema**
**Unten: Feinkosttempel Fallon & Byrne**

KUNST & KULTUR · MUSIK & FILM · SPORT & FREIZEIT · ESSEN · TRINKEN · SHOPPEN

# EDINBURGH

**Während der Festivalsaison im August wird Edinburgh zur Kulturhauptstadt der Welt. Aber die wunderbar dramatische Stadt ist zu jeder Jahreszeit einen Besuch wert.**



Edinburgh besteht grob aus zwei Teilen: der markanten mittelalterlichen Old Town mit ihren schmalen Kopfsteingassen und steilen Treppen und der imposanten georgianischen New Town, deren Straßen von stolzen Miets- und Reihenhäusern gesäumt sind.

Zur New Town gehören auch einige fast dörfliche Gegenden. Eine der reizvollsten ist das etwas unkonventionelle Stockbridge, in Gehweite nordöstlich des Zentrums gelegen.

Noch weiter im Norden ruft das salzige Aroma in den Straßen von Leith das maritime Edinburgh in Erinnerung. Der größte Besuchermagnet ist die königliche Jacht Britannia, beliebt sind aber auch die exquisiten Fischrestaurants, die sich elegant von den düsteren, altmodischen Pubs abheben.

In Edinburgh gibt es ein Leihradsystem, allerdings fordern die Berge alle Muskeln. Nach Stockbridge oder Leith kommt man mit dem Bus, ansonsten kann man sich auch zu Fuß durch die äußerst malerische Stadt treiben lassen.

# LEITH

**Ein paar der heftigeren Szenen von *Trainspotting* wurden in Leith gedreht, das nicht immer den besten Ruf hatte. Aber Leith ist im Kommen: Man kann hervorragenden Fisch genießen oder Veranstaltungen und Kurse besuchen. Vom Zentrum fährt der Bus den breiten Leith Walk entlang, anschließend kann man gut zu Fuß gehen.**

### Edinburgh Sculpture Workshop

In dem versteckt gelegenen Kunstzentrum finden neben Ausstellungen der Mitglieder Workshops zu Themen von Betongießen bis zu niedrig gebrannter Keramik statt. Vom angeschlossenen Café Milk mit saisonalen Produkten genießt man einen Ausblick auf Wiesen und einen Radweg. *21 Hawthornvale; edinburghsculpture.org; 9–17 Uhr.*

### Leith Depot

Drei Musiker gründeten in einer Häuserzeile aus Buntsandstein das wunderbare Nachbarschafts-Pub mit Livemusik. Im Untergeschoss kann man sich im geselligen Gastraum ein Pint genehmigen. Die Karte enthält überwiegend vegetarische Speisen und Fischgerichte. Im Obergeschoss finden fast jeden Abend Livekonzerte statt. *138-140 Leith Walk; leithdepot.com; 12–24 Uhr, Do–Sa bis 1 Uhr.*

### Origano Café & Pizzeria

Leith ist die Edinburgher Version von Little Italy, und einige der Delis und Restaurants existieren schon seit den 1930ern. Jünger ist das Origano in einem mit Sinn für Industrial-Chic umgebauten ehemaligen Gummiwalzwerk. Auf der Karte stehen die bewährten Standards: Bruschetta, Antipasti, leckere Pizzen und Tiramisu. *236 Leith Walk; www.origano-leith.co.uk; Mo–Do 17–22 Uhr; Fr–So 12–22 Uhr.*

### Out of the Blue

Das wahre Leith kann man in dieser wunderschön sanierten ehemaligen Turnhalle von 1901 erleben – mit Fair-Trade-Café, monatlichem Flohmarkt, Tischtennis-Abenden, Tanzveranstaltungen, Theater- und Akrobatikkursen, Ausstellungen und Pop-up-Läden. 100 Ateliers sorgen für eine kreative Stimmung. *36 Dalmeny St; www.outoftheblue.org.uk; Mo–Sa 10–17 Uhr.*

### Pitt Market

Auf dem originellen Freiluftmarkt gibt es Steaks, Meeresfrüchte, *pho* (Nudelsuppe) und mehr, darüber hinaus kann man Straßenmusikern lauschen und Gin oder Bier aus der Region probieren. In einem alten Milchwagen werden Kaffee, Eis und Waffeln verkauft. *125-137 Pitt St; www.thepitt.co.uk; Sa 12–22 Uhr.*

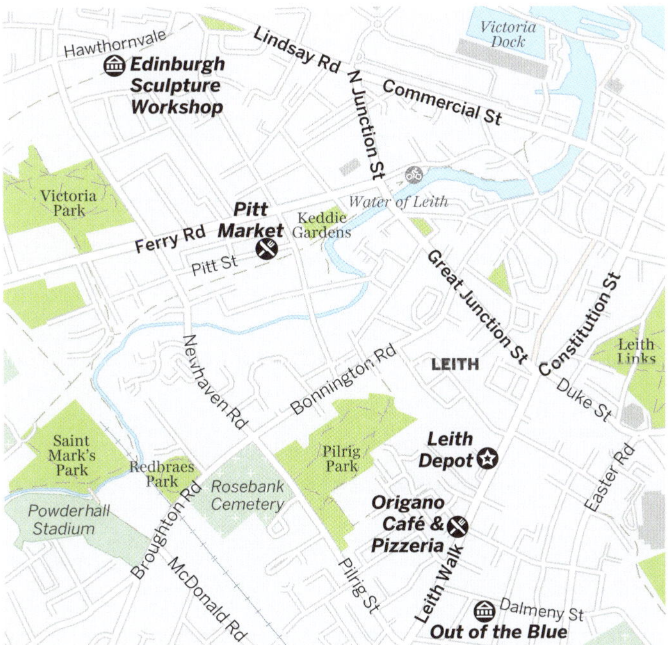

# STOCKBRIDGE

**Das echte Edinburgh abseits des Schottenkaroramsches der Old Town kann man im grünen Stockbridge erleben. Die ursprünglich als Modellsiedlung für Arbeiter errichteten Reihenhäuser faszinieren Architekturfans, dazu gibt es jede Menge ungewöhnliche Geschäfte und Lokale. Die Straßen und Gassen lassen sich gut zu Fuß erkunden, oder man radelt am Ufer des Flusses Water of Leith entlang.**

### Scran & Scallie

Der Name steht für „Speisen und Schlingel". Die auf Schottisch verfasste Fusion-Karte enthält etwa einen Burger vom Highland-Wagyu-Rind oder die traditionelle, etwas unheimliche schottische Bouillon vom *heid* (Kopf) des Schafs. Aber auch Fisch-Pie und Fish and Chips gibt es. Die Ausstattung ist eine Mischung aus Tartan- und Tweedstoffen und rustikalem skandinavischem Stil. *1 Comely Bank; scranandscallie.com; Mo–Fr 12–24 Uhr, Sa & So ab 8.30 Uhr.*

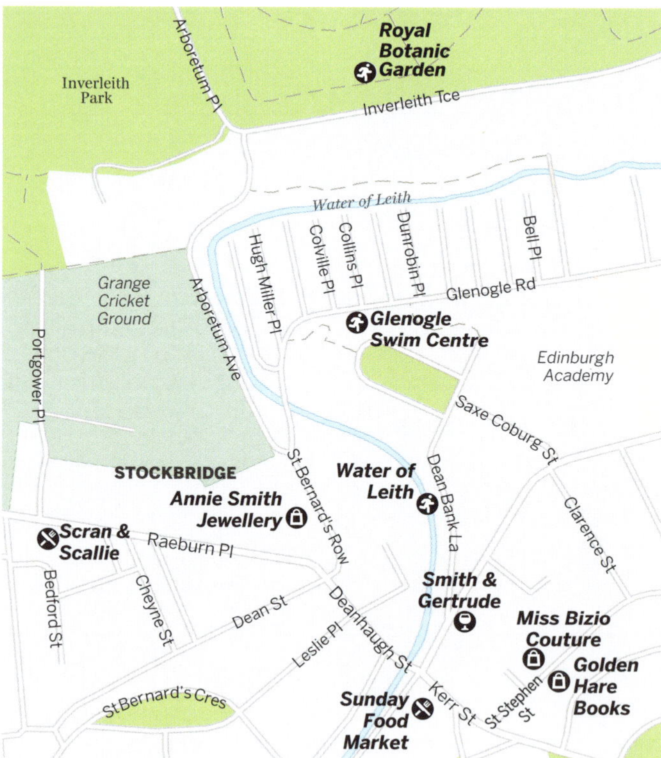


### Sunday Food Market

Heitere gelbe und weiße Zeltdächer schützen die Stände des regionalen Markts unter Bäumen. Das Angebot reicht von hausgemachtem Brot über Lachs und Honig aus der Gegend bis zu Crêpes, schottischen Eiern und Kaffee. Aber auch das passende Geschenk findet man hier, etwa handgemachte Seife oder Schmuck. *Saunders St; www.stockbridge-market.com; So 10–17 Uhr.*

### Water of Leith

Edinburghs größter Fluss ist alles andere als ein stinkendes Einkaufswagengrab und schlängelt sich, gesäumt von wunderbaren alten Mühlen und Bäumen, durch die Stadt. Zwischen der Gallery of Modern Art und dem Meer stehen sechs Figuren des Bildhauers Anthony Gormley im Flusslauf. Die Uferwege sind ideal zum Spazierengehen, Radfahren und Laufen.

### Annie Smith Jewellery

In dem türkisen Laden gestaltet ein Goldschmiedepaar aus Ayrshire und Tel Aviv täglich neue bezaubernde Schmuckstücke. Zu den Spezialitäten gehören Kreationen mit Süßwasserperlen, kleine gehämmerte Herzanhänger oder von der Natur inspirierte Schöpfungen wie der geringelte „Zweig"-Ring. *12 Raeburn Pl; www.anniesmith.co.uk; Mo–Sa 10–17.30 Uhr, So 12–17 Uhr.*

### Glenogle Swim Centre

In dem wunderschön restaurierten viktorianischen Schwimmbad, dessen Galerie auf zierlichen gusseisernen Säulen ruht, strömt selbst an einem grauen Edinburgher Tag genügend Licht durch die Glasdecke. Daneben gibt es eine Sauna, ein Dampfbad und ein Fitnessstudio mit Kursen. *Glenogle Rd; www.edinburghleisure.co.uk; Mo–Fr 7–22 Uhr, Sa & So 8–16 Uhr.*

### Golden Hare Books

Eine indigoblaue Fassade mit goldenem Hasen kündigt den kleinen Buchladen an. Hier gibt es Romane, Lyrik, ein anspruchsvolles Kinderbuchprogramm sowie Kunst- und Designbände, außerdem einen Short Story Club, Filmabende, Lesungen, Diskussionen und Musikveranstaltungen. *68 St Stephen St; www.goldenhare-books.com; 10–18 Uhr.*

### Miss Bizio Couture

Bei der eigenwilligen Auswahl von Couturestücken zählt die Qualität mehr als der Preis. Die Eigentümerin sammelt seit 37 Jahren Vintagemode und sucht von Paris bis Tokio nach faszinierenden Schnitten und Stoffen. In der St Stephen Street gibt es noch weitere Secondhandläden, auch für den kleinen Geldbeutel. *41 St Stephen St; www.instagram.com/missbiziocouture; Mo, Di, Do–Sa 11–17.30 Uhr.*

## BOTANISCHER GARTEN

**Nördlich von Stockbridge liegt der großzügige und elegante Botanische Garten. Das renommierte Forschungsinstitut beherbergt rund eine Viertelmillion Pflanzen. Die feuchtheißen viktorianischen Gewächshäuser sind einen Besuch wert, außerdem gibt es ein Café mit Terrasse, Ausblicke auf die Stadt und Einführungen in die Aquarellmalerei, die Lochblendenfotografie oder in bäuerliche Blumenarrangements.**

### Smith & Gertrude

Der schicke kleine Laden organisiert Weinproben mit drei Weinen und dazu passenden Käsesorten. Auf dem Plattenteller dreht sich das Vinyl, während man an der langen Tafel ins Gespräch kommt. *26 Hamilton Pl; www.smithandgertrude.com; Mo–Do 16–23 Uhr, Fr & Sa 12–24 Uhr, So 12–22 Uhr.*

**Oben: Golden Hare Books**
**Links: das charmante Scran & Scallie**

# LONDON

**Unersättlich verleibte sich London nach und nach die selbstständigen Gemeinden ein, die einst vor seinen Toren lagen. Wir begeben uns auf die Suche nach den alten Stadtkernen.**



Die wuchernde Metropole hat ganze Kleinstädte verschlungen, weshalb in ihr nicht nur ein Herz schlägt, sondern viele.

Highgate und Muswell Hill im Norden sind mit ihren weitläufigen Parks so grün und ihre Zentren so dörflich, dass man sich auf dem Land wähnen könnte. Weiter östlich hat Stoke Newington deutlich an Attraktivität gewonnen, insbesondere für Immobilienentwickler, aber nach wie vor steht das Gemeinwohl an erster Stelle.

Näher bei der Themse schlägt in Bethnal Green und Mile End, wo Tradition auf das nächste große Ding trifft, das Herz des alten East End. Kaum irgendwo ist das maritime Erbe der einst übermächtigen Seefahrerstadt so präsent wie in Wapping und Rotherhithe beiderseits der Themse. Und doch steht die heutige Ruhe in den Kopfsteinstraßen im Kontrast zur früheren Hektik der Docklands.

Alle Stadtviertel verfügen über Tube- oder Bahnstationen, aber vor Ort begibt man sich am besten zu Fuß auf Entdeckungstour.

# MUSWELL HILL & HIGHGATE

**Die idyllischen Viertel Muswell Hill und Highgate könnten geradewegs aus einem alten englischen Bilderbuch gefallen sein. Bis heute nennen die unabhängigen Bewohner von Highgate ihr Zentrum „Dorf“. Nur die im Süden in den Himmel ragenden Wolkenkratzer der Londoner Skyline künden von der Gegenwart.**

### Parkland Walk

Der 4 Kilometer lange Spazierweg folgt einer aufgegebenen Bahnlinie. Er zieht sich hinauf in die viktorianischen Außenbezirke mit Blick auf die fernen Wolkenkratzer und taucht schließlich in ein altes Waldstück ein. Die malerisch zugewachsenen Tunnel und Bahnsteige sind inzwischen mit Graffiti übersät. Als Startpunkt empfiehlt sich die Spitze des Muswell Hill oder der Highgate Wood. *www.parkland-walk.org.uk.*

### Alexandra Palace

Der prächtige „Volkspalast“ aus viktorianischen Zeiten ist das kulturelle Herz Nordlondons. Hier finden Konzerte großer Stars, Ausstellungen und ein Streetfood-Markt statt, außerdem gibt es eine Eisbahn. *Alexandra Palace Way; www.alexandrapalace.com.*

### Highgate Cemetery

Der stimmungsvolle gotische Friedhof wartet mit efeuumrankten Grabsteinen, steinernen Urnen mit Grabtüchern und feierlichen Statuen auf. Hier befinden sich die letzten Ruhestätten von Karl Marx, Douglas Adams und George Michael. *Swain's Ln; highgatecemetery.org; März–Okt 10–17 Uhr, Nov–Feb bis 16 Uhr; East Cemetery 4 £, West Cemetery (nur mit Führung, inkl. East Cemetery) 12 £.*

### The Flask

Falls jemand nach dem Highgate Cemetery noch Lust auf mehr Jenseitiges hat: In diesem Pub spukt angeblich der Geist einer Barfrau, die sich im Keller erhängt hat (heute kann man dort unten sein Pint genießen). *77 Highgate West Hill; www.theflaskhighgate.com; Mo–Sa 11.30–23 Uhr, So 12–22.30 Uhr.*

### Hampstead Bathing Ponds

Bei Regen und Sonnenschein wagen sich Schwimmer in die drei Teiche im waldigen Hampstead Heath. Von der trüben Färbung des Wassers sollte man sich nicht abschrecken lassen: Es wird regelmäßig überprüft. *Hampstead Heath; 020 7485 5757; ab 7 Uhr, schließt je nach Jahreszeit; 2 £.*

# BETHNAL GREEN BIS MILE END

**Auf der globalen Hipsterlandkarte ist nur Platz für Shoreditch, aber dessen Grenzen sind fließend, und auf gar keinen Fall sollte man einen Abstecher nach Bethnal Green und weiter nach Mile End verpassen. Auch dort gibt es hervorragende Cocktails, noch dazu garniert mit einer Scheibe vom unverfälschten Londoner Leben.**

### Redchurch Brewery

In einem Bahnbogen in einer schmalen Straße voller nichtssagender blauer Rollläden versteckt sich die Redchurch-Brauerei. Ein geselliger Abend ist garantiert, denn zwischen Bierfässern und Brauinstrumenten, vor der Dartscheibe im Zwischengeschoss oder bei der Auswahl neuer Musik für den Plattenspieler herrscht immer dichtes Gedränge. Die Biere sind nach Orten der Umgebung benannt: Bethnal Pale Ale, Old Ford Export, Hoxton Stout. *275-276 Poyser St; www.redchurch.beer; Do & Fr 17–24 Uhr; Sa 14–24 Uhr.*

### East London Liquor Company

Die in eine Destillerie umgewandelte Leimfabrik steht sinnbildlich für die Entwicklung in East London. Seit mehr als 100 Jahren ist es die erste Destillerie, die sich in diesem früheren Zentrum der Schnapsproduktion angesiedelt hat. Hinter der Bar funkeln kupferne Brennblasen, während die Barkeeper in ihren Cocktailshakern einen Drink von der Karte oder nach den Wünschen der Gäste zaubern. *Unit GF1, Bow Wharf; eastlondonliquorcompany.com; Di–Do 17–22 Uhr, Fr 17–24 Uhr, Sa 12–0.30 Uhr, So. 12–23 Uhr.*

### Chiringuito

Ein Lokal mit der entspannten Atmosphäre einer spanischen Strandbar erwartet man nicht unbedingt in dem alles andere als maritimen Bethnal Green. Aber genau das ist das Chiringuito. Typisch für East London ist das Lokal in einer ehemaligen öffentlichen Toilette untergebracht, der durch bodentiefe Fenster das Anrüchige genommen wurde. Von der Dachterrasse lässt sich insbesondere im Sommer wunderbar das vorbeibrausende Leben beobachten. *Museum Gardens,*

*Cambridge Heath Rd; www.facebook.com/chiringuitoldn; Mo–Sa 9–22 Uhr, So 9–20 Uhr.*

**Satan's Whiskers**

Von außen erinnert das Satan's Whiskers an einen Mafiatreff. Aber sobald man unter dem Neonschild eingetreten ist und sich die Augen an das flackernde Kerzenlicht auf den Tischen gewöhnt haben, wartet eine täglich wechselnde Cocktailkarte. Von den Wänden grüßen alte französische Plakate und skurrile ausgestopfte Tiere. Dazu läuft ausgezeichneter Hip-Hop. *343 Cambridge Heath Rd; 17–24 Uhr.*

**London Buddhist Centre**

Die heutige Bestimmung der verschnörkelten viktorianischen Feuerwache verraten nur die farbenfrohen Gebetsfahnen. Das London Buddhist Centre in einem unauffälligen Abschnitt der Bethnal Green Road bringt ein authentisches Stück Fernen Osten nach East London. Ein ruhiger Ort zum Meditieren und um seine Chakren zu harmonisieren. *51 Roman Rd; www.lbc.org.uk; Mo–Sa 10–17 Uhr.*

## DIE KRAY-ZWILLINGE

**In den 50er- und 60er-Jahren herrschten die berüchtigten Ganoven Reggie und Ronnie Kray über das East End. Als letzte Insassen schmorten sie schließlich im Londoner Tower. Viele ihrer Schlupfwinkel sind inzwischen abgerissen, aber aus historischen und kulinarischen Gründen immer noch einen Besuch wert ist das herrlich altmodische Café E. Pellicci, Das schlichte Lokal ist seit seiner Eröffnung 1900 im Besitz ein und derselben Familie.**

**Renegade Winery**

Am unbekannteren Ende der Bethnal Green Road, versteckt hinter einem Secondhand-Möbelladen, befindet sich die Renegade Winery, nach eigenen Angaben Londons erste Weinkellerei. In einem Bahnbogen wird aus Trauben aus ganz Europa Wein gekeltert und in Fässern gelagert und ausgebaut. *Arch 12, Gales Gardens; renegadelondonwine.com; Mi–Fr 17–23.30 Uhr, Sa 14–23.30 Uhr, So 14–23 Uhr.*

**Snap**

Wer sich Hals über Kopf in East-London verliebt hat, findet im wunderbaren Snap bestimmt das passende Souvenir. Von Grußkarten bis zu Klamotten ist alles mit dem örtlichen Postcode E3 verziert. Die Schaufenster sind mit den silbernen Lachgaskartuschen dekoriert, die man hier überall auf den Straßen findet. *465 Roman Rd; snap-store.com; Mo–Fr 10.30–18 Uhr, Sa 10–17 Uhr.*

**Oben: Industrial-Chic in der East London Liquor Company**
**Links: spanisches Flair im Chiringuito**

# STOKE NEWINGTON

**Stoke Newington hat sich bis heute seinen eigenwilligen Charme bewahrt, nicht zuletzt, weil große Teile zu weit von der Tube oder einem Bahnhof entfernt liegen. Dadurch entging der Stadtteil größtenteils den Sanierungswellen, die über die benachbarten Gegenden East Londons geschwappt sind. Stokeys Hauptstraße ist von wunderbaren lokalen Geschäften, Bars und Restaurants gesäumt, sodass eine eher kleinstädtische Atmosphäre herrscht.**

### Castle Climbing Centre

Rund 450 farbig markierte Kletterrouten verlaufen über die Wände einer eleganten viktorianischen Wasserpumpstation. Die Schwierigkeitsstufen in einer der größten Kletterhallen Londons reichen von absoluter Anfänger bis annähernd Free Solo. Die teilweise bis in schwindelerregende 12,5 Meter führenden Routen werden regelmäßig neu geschraubt. *Green Lanes; www.castle-climbing.co.uk; Mo–Fr 12–22 Uhr, Sa & So 9–19 Uhr; 13 £.*

### Woodberry Wetlands

Die schilfbewachsenen Woodberry Wetlands wurden 1833 angelegt und waren bis vor Kurzem der Öffentlichkeit nicht zugänglich. Aber dann setzte der berühmte Naturkundler und weltweite Lieblingsopa David Attenborough ihre Öffnung durch. Die Wetlands bieten Vögeln, Fledermäusen und Pflanzen einen ruhigen Lebensraum – obwohl die Stadt mit ihren knapp zehn Millionen Einwohnern direkt vor den Toren liegt. Vom südlichen Weg um das ehemalige Wasserreservoir sieht man London in all seiner Gegensätzlichkeit, wenn Rohrkolben sich vor gewaltigen Luxus-Wohnblöcken aus dem Schilf schieben. *Lordship Rd; www.woodberrywetlands.org.uk; Eintritt frei.*

### Abney Park Cemetery

Der Partnerfriedhof des Highgate Cemetery ist eine bezaubernde Ruine, wo sich unter den Bäumen gewundene Pfade an kaum mehr entzifferbaren Grabsteinen vorbeischlängeln. Für Dissenter (Abweichler von der Amtskirche) gedacht, fanden hier einflussreiche Presbyterianer, Quäker oder Baptisten wie der Begründer der Heilsarmee, William Booth, ihre letzte Ruhestätte. Die verlassene gotische Kapelle ist einen Besuch wert, aber ins Innere kommt man nur mit einer Führung. *215 Stoke Newington High St; abneypark.org; 8 Uhr bis Sonnenuntergang; Eintritt frei.*

### Original Sin

Hinter dieser brodelnden Kellerbar steht der Chef-Barkeeper des Happiness Forgets in Hoxton, das

© 2020, The Haberdashery

2017 und 2018 zu einer der 50 besten Bars der Welt gekürt wurde. Die Cocktails sind komplex, ohne je kompliziert zu sein, und selbstverständlich von erstklassiger Qualität. Genossen werden sie stilvoll in den opulenten Nischen. *129 Stoke Newington High St; originalsin.bar; So & Mo 18–23 Uhr; Di & Mi 18–24 Uhr, Do–Sa 18–1.30 Uhr.*

**The Haberdashery**

Eine regelrechte Institution für den Brunch in Stoke Newington: Wie in Omas Küche bringt The Haberdashery unermüdlich Frühstück und kleine Mittagsleckereien auf den Tisch. Zwischen den mit viktorianischen Kaminfliesen dekorierten Wänden werden die liebevoll zubereiteten Speisen den hungrigen Gästen auf kunterbuntem Geschirr serviert. *170 Stoke Newington High St; www.the-haberdashery.com; 020 3643 7123; 9–17.30 Uhr.*

**The Good Egg**

Ein Vertreter des neuesten kulinarischen Trends in London: die Vermählung von levantinischer und moderner europäischer Küche. Das Lokal ist familienfreundliches Café, trendiges Restaurant und die beste Brunchlocation Stoke Newingtons in einem. Vor allem am Wochenende Wartezeit einplanen. *93 Stoke Newington Church St; www.thegoodegg.co; 020 7682 2120; Mo 9–17 Uhr, Di–Fr 9–23 Uhr, So 10–23 Uhr.*

**Im Uhrzeigersinn von oben: Torten im The Haberdashery; Abney Park Cemetery; Castle Climbing Centre**

© DRG Photography / Shutterstock

© pxl.store / Shutterstock

# WAPPING & ROTHERHITHE

**Die beiden Viertel links und rechts der Themse strotzen vor maritimer Geschichte. Die heutigen Bewohner sind weit zahmer als die berüchtigten Sklavenhändler und betrunkenen Seeleute früherer Zeiten: Fast alle Lagerhäuser wurden in moderne Wohnanlagen umgewandelt, nachdem die Docks in den 1970er-Jahren geschlossen wurden.**

### Mayflower

Das Mayflower aus dem 16. Jahrhundert ist Londons ältestes Pub an der Themse. Von hier brach das gleichnamige Schiff in die neue Welt auf. Ohne sich nasse Füße zu holen, kommt man nicht näher an den Fluss: Bei Flut schwappt die Themse direkt unterhalb der Terrasse des Mayflowers ans Ufer. Die stets einladende Atmosphäre wird im Winter noch durch ein Kaminfeuer verstärkt. *117 Rotherhithe St; www.mayflowerpub.co.uk; Mo–Sa 11–23 Uhr, So 12–22.30 Uhr.*

### Brunel Museum

An dieser Stelle eröffnete 1843 die größte Touristenattraktion der damaligen Welt: der erste Unterwassertunnel, entworfen als Alternative zu einer Brücke über die verstopfte Themse vom Ingenieur Marc Isambard Brunel und seinem berühmten Sohn Isambard Kingdom Brunel. 2016 wurde der große Eingangsbereich des Tunnels wieder für die Öffentlichkeit zugänglich gemacht. Heute dient er wie damals dem Vergnügen: als Konzertort und gelegentliche Bar. *Railway Ave; www.brunel-museum.org.uk; 10–17 Uhr; 6 £.*

### Thames Path

Nach jahrzehntelanger Verschmutzung erholt sich die Themse inzwischen wieder. Dieser knapp 300 Kilometer lange Wanderweg führt von den ländlichen Wiesen und ursprünglichen Dörfern Oxfordshires in das Zentrum Londons. In Wapping (noch besser: bei einem Abstecher ans Südufer des Flusses durch die Straße Shad Thames in Rotherhithe) eröffnet sich eine wunderbar urbane Szenerie: Über den Kopfsteinpflasterwegen baumeln immer noch kleine alte Kräne über den Köpfen. *tfl.gov.uk/modes/walking/thames-path.*

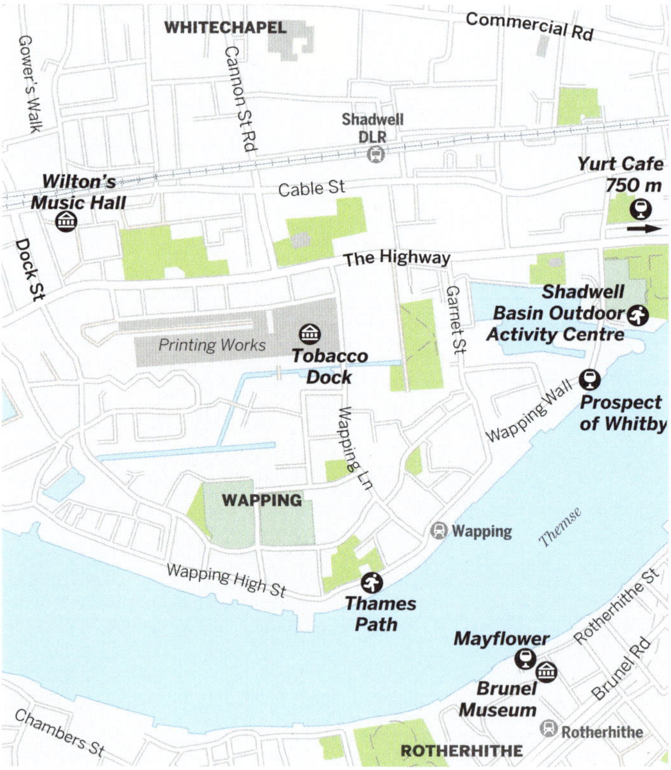

Auch ohne eine Vorstellung zu besuchen, kann man die labyrinthischen Korridore erkunden. *1 Graces Alley; www.wiltons.org.uk.*

**Shadwell Basin Outdoor Activity Centre**
Im Shadwell Basin, einem der wenigen nicht aufgefüllten Docks des ehemaligen Londoner Hafens, lässt sich das maritime Erbe des Viertels genießen. Kajakfahren und Segeln sind ebenso im Angebot wie Klettern und ein Hochseilgarten für Landratten. *3-4 Shadwell Pierhead; www.shadwell-basin.co.uk.*

**Yurt Cafe**
Der von einem Sozialunternehmen betriebene Zeltbau ist zu einem Fixpunkt der Nachbarschaft geworden. Tagsüber schlürfen Freelancer ihren Flat White, abends reichen die Veranstaltungen von Yoga und Lyriklesungen bis zu „Philosophie vom Fass". Zudem gibt es eine Art Gewerbeschule, deren Lehrkräfte auf Tauschbasis tätig sind. *2 Butcher Row; precinct.rfsk.org/2-2/yurt-cafe; 9–17 Uhr.*

**Tobacco Dock**
In dem riesigen Backstein-Gewölbebau aus dem 19. Jahrhundert wurde früher Tabak gelagert. Versuche, den Komplex in den 1980ern in einen „Covent Garden des East End" umzuwandeln, scheiterten (die geringen Geschosshöhen – wie zwei übereinandergestapelte Tabakballen – schränken die Nutzung stark ein). Bis heute hat das Tobacco Dock keine neue permanente Bestimmung gefunden, stattdessen finden hier Streetfood-Festivals, Konzerte, Partys und Filmabende statt. *Tobacco Quay, Wapping Ln; tobaccodocklondon.com.*

**Wilton's Music Hall**
Die stilvoll heruntergekommene Wilton's Music Hall ist eine der letzten ihrer Art aus viktorianischer Zeit. Das prächtige Ambiente aus gusseisernen Säulen, bröckelndem Putz, freigelegten Backsteinen und wunderbarem geschnitztem Oberrang bildet den Rahmen für ein abwechslungsreiches Programm mit Theaterstücken, Opern oder Comedyshows. Die Straßenfront bilden fünf Häuser aus dem 18. Jahrhundert.

## DAS HINRICHTUNGSDOCK

**An Wappings Ufern führen Treppen in die Themse, die bei Flut halb verschwinden. Einst gelangten hier Menschen und Waren an Land, doch heute bröckeln die meisten vor sich hin. An den Wapping Old Stairs befand sich früher vermutlich das Hinrichtungsdock, wo Piraten und Schmugglern die „Gnade von Wapping" zuteilwurde: An einen Pfahl gefesselt, wurden sie ins Wasser gelassen, bis die Flut sie dreimal überspült hatte. 1701 traf es Captain Kidd, einen zum Piraten gewordenen schottischen Seemann. Ein rekonstruierter Galgen ist beim Pub Prospect of Whitby zu besichtigen.**

**Oben: verblichener Pomp in der Wilton's Music Hall**
**Unten: Wegweiser unweit des Mayflower-Pubs**

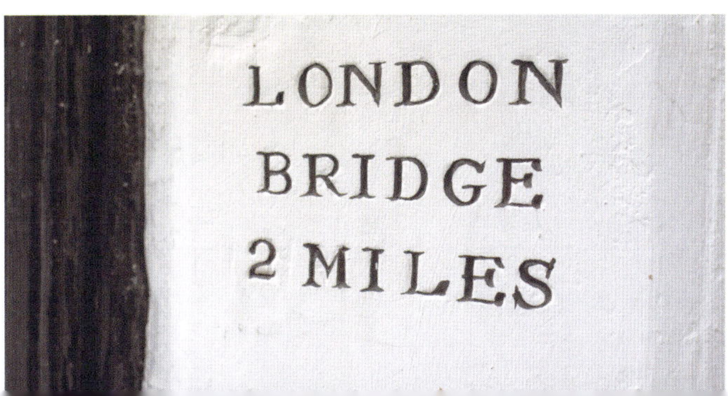

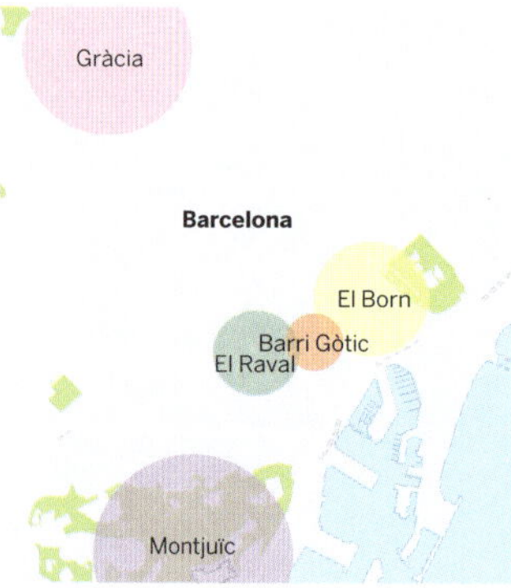


# BARCELONA

**Barcelona hat von allem etwas: moderne Architektur, mittelalterliche Gassen, Berge, Strände, surrealistische Kunst und eine einzigartige Restaurant- und Barszene.**

Barcelona ist ziemlich weitläufig, dennoch lassen sich die wichtigsten Sehenswürdigkeiten zu Fuß erkunden. Im Barri Gòtic findet man mittelalterliches Gassengewirr, eine lebendige Barszene und die ältesten Geschäfte der Stadt. Über die geschäftige Via Laietana gelangt man nach El Born. Hier kann man shoppen, spazieren oder essen gehen, und es ist nicht weit zu Barcelonas Stadtstränden. Die Graffitihochburg El Raval spricht besonders Lowbudget-Reisende an, die Kunst, Craftbier und internationale Küche mögen. Hier ist es ein wenig rauer als im Barri Gòtic, obwohl beide nur von der populären Fußgängerzone La Rambla getrennt werden. Das familienfreundliche Gràcia ist ruhiger und weniger rasterförmig angelegt als das schicke Eixample, während Montjuïc mit frischer Luft und Kunst punktet.
Zur Fortbewegung empfiehlt sich ein Leihfahrrad oder das gut funktionierende U-Bahn-System.

# EL RAVAL

**Das ehemalige Rotlichtviertel hat sich in eine lebendige Gegend mit leicht rauem Charme verwandelt, ein Mekka der Graffitikunst und des Skateboardens. Hier finden sich das MACBA (Museum für moderne Kunst) oder der Markt La Boqueria. Die schmalen Straßen sind gesäumt von Restaurants, kleinen Geschäften und altehrwürdigen Kneipen. Zu Fuß ist es nicht weit ins Barri Gòtic, nach Eixample oder El Born.**

### Reial Acadèmia de Medicina de Catalunya

Besucher mit Interesse an Medizin oder neoklassizistischer Architektur sollten die Königliche Akademie für Medizin nicht verpassen. Bei Führungen öffnen sich die Türen des Anatomie-Hörsaals mit seiner hohen Kuppeldecke, den riesigen Buntglasfenstern, dem altarartigen Pult und dem Marmortisch, auf dem früher die Leichen seziert wurden. *C del Carme 47; www.ramc.cat; Führungen Mi & Sa 10.30, 11.30 & 12.30 Uhr; 8 €.*

### Bar Marsella

Durch die abblätternde Decke, die Kronleuchter und das Dämmerlicht wirkt die holzgetäfelte Absinthbar, als ob die Einrichtung seit 1820 unverändert geblieben wäre. Leg den Würfelzucker auf die Gabel, träufle ihn mit dem bereitgestellten Wasser ins Absinthglas und genieße das nachhallende Brennen. *C de Sant Pau 65; Mo–Do 18–2 Uhr, Fr & Sa bis 2.30 Uhr.*

### Bar Pinotxo

Die kleine Tresenbar auf dem Markt La Boqueria ist seit 1940 ein Muss für Feinschmecker. Der charmante Besitzer und Fliegenträger Juanito empfiehlt persönlich die Spezialitäten des Tages, darunter *botifarra* (eine katalanische Wurst), Kichererbsen mit Pinienkernen und *cap i pota* (Kalbsragout). *Mercat de la Boqueria; pinotxobar.com; Mo–Sa 6.30–16 Uhr.*

### Filmoteca de Catalunya

Das katalanische Filmarchiv ist zugleich Barcelonas bestes Independent-Kino. Hier kann man einen Klassiker, einen Stummfilm mit Live-Klavierbegleitung, einen Pedro-Almodóvar-Film oder eine Bollywood-Reihe schauen, im Original mit katalanischen oder spanischen Untertiteln. *C de Salvador Seguí 1; www.filmoteca.cat.*

### Boadas Cocktails

Die vermutlich älteste Cocktailbar Barcelonas öffnete 1933 ihre Türen und zählte schon Hemingway und Joan Miró zu ihren Gästen. Die Einrichtung ist charmant altmodisch, und die Fliege tragenden Kellner servieren Daiquiris, die zu den besten der Stadt gehören. *C del Tallers 1; boadascocktails.com; Mo–Do 12–2 Uhr, Fr & Sa bis 3 Uhr.*

# BARRI GÒTIC

**Das stimmungsvollste Viertel Barcelonas ist ein Mosaik aus römischen Ruinen, mittelalterlichen Kirchen, winzigen Plätzen und zeitgenössischer Architektur. Es wird durch die Promenade La Rambla von El Raval getrennt und lässt sich wunderbar zu Fuß erkunden. In dem Labyrinth aus engen Gassen verstecken sich einige von Barcelonas ältesten Geschäften, Bars und Cafés.**

### Can Culleretes

In einer winzigen Parallelstraße zur Fußgängerpromenade La Rambla versteckt sich Can Culleretes. Das älteste Restaurant Barcelonas gibt es schon seit 1786 – genügend Zeit also, um die herzhaften katalanischen Gerichte auf der Speisekarte zu vervollkommnen. Dazu gehören mit Apfel geschmorte Gans, gegrillter Fisch oder Schweinebraten mit Pflaumen und Datteln. *C d'en Quintana, 5; www.culleretes.com; 93 317 30 22; Di–Sa 13.30–16 & 20–22.45 Uhr, So 13.30–16 Uhr.*

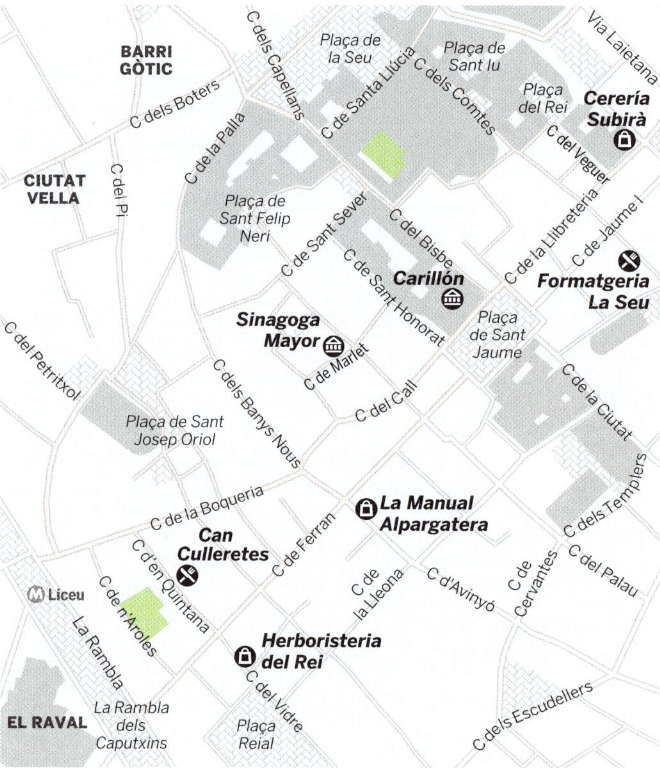


### Sinagoga Mayor

Der in den 1990er-Jahren zufällig wiederentdeckte Bau war im Mittelalter vermutlich Barcelonas Hauptsynagoge. Als einzige Einrichtung hat sie die Pogrome Ende des 14. Jahrhunderts überstanden. Im ersten Raum finden sich Mauern aus dem 13. Jahrhundert, spätrömische Fundamente und die Überreste einer Färberei von heimlichen Juden. Der zweite Raum beherbergt die eigentliche Synagoge, in der die Fenster nach Jerusalem ausgerichtet sind. *C de Marlet 5; www.sinagogamayor.com; Mo–Fr 10.30–18.30 Uhr, So bis 15 Uhr; Erwachsene 3 €, Kinder frei.*

### Formatgeria La Seu

Dieses appetitliche Käsegeschäft riecht so intensiv, wie ein Käseladen einfach riechen muss. Die schottische Betreiberin hat sich ausschließlich auf Käsesorten kleiner katalanischer und spanischer Produzenten spezialisiert. Besonders zu empfehlen sind die Käse- und Weinverkostungen und das Käseeis. *C de la Dagueria, 16; 93 412 65 48; www.formatgerialaseu.com; Di–Sa 10–14 & 17–20 Uhr.*

### Herboristeria del Rei

In diesem Kräuterhaus kauften auch schon das spanische Königshaus – etwa Königin Isabella II. – und der Adel ein. Durch die Einrichtung aus dem Jahr 1857 fühlt man sich wie in einer Zeitmaschine. Angeboten werden Heilkräuter, parfümierte Seifen oder katalanische Marmeladen und Weine. Übrigens: Hier wurden 2006 einige Szenen des Films *Das Parfüm* gedreht. *C del Vidre 1; www.herboristeriadelrei.com; Di–Do 15–20.30 Uhr, Fr & Sa 11–20.30 Uhr.*

### La Manual Alpargatera

Die ersten, geschätzt 4000 Jahre alten Vorläufer der Espadrilles (Baumwollschuhe mit Kordelsohle) wurden in den katalanischen Pyrenäen gefunden. Dieses besondere Espadrilles-Geschäft wurde in den frühen 1940er-Jahren kurz nach dem Bürgerkrieg gegründet. Die Schuhe werden nach ökologischen Richtlinien gefertigt, und schon Salvador Dalí gehörte zu den Kunden. *C d'Avinyó 7; www.lamanualalpargatera.es; Mo–Fr 9.30–13.30 & 16.30–20 Uhr; Sa ab 10 Uhr.*

## EL CALL

**Bis zum großen Pogrom 1391 blühte in dieser Ecke des Barri Gòtic im Geviert der engen Gassen del Call, de Sant Honorat, dels Banys Nous und Baixada de Santa Eulàlia das jüdische Leben. Bis heute ist dies die charmanteste Gegend des Viertels, hier warten Cafés, Antiquitätenhändler und Kerzenscheinbars auf deine Entdeckung.**

### Carillón

Vom Taxistand an der Plaça de Sant Jaume kann man das Carillón (Glockenspiel) auf dem Palau de la Generalitat, dem Sitz der katalanischen Regierung, sehen. Es ist 4898 Kilo schwer und besteht aus 49 Glocken. Die Carilloneurin spielt wochentags eine bunte Mischung von traditionellen katalanischen Stücken bis zu Songs der Beatles oder von U2. *Plaça de Sant Jaume 4; www.gencat.cat/presidencia/carillo; Vorführungen Mo–Fr 12 & 18 Uhr.*

### Cerería Subirà

Schon seit 1761 erleuchtet dieses Kerzenhaus Barcelona. Es ist somit das älteste Geschäft der Stadt. Neben der prächtigen, von kerzentragenden Statuen flankierten Treppe gibt es Hunderte wohlduftende Produkte in allen Formen und Größen. *Baixada de la Llibreteria 7; 93 315 26 06; www.cereriasubira.cat; Mo & Di 9.30–13.30 & 16–20 Uhr, Mi–Fr 9.30–20 Uhr, Sa 10–20 Uhr.*

**Oben: Schuhregale im La Manual Alpargatera**
**Links: die historischen Gassen des Barri Gòtic**

# MONTJUÏC

**Über dem Hafen erhebt sich Barcelonas Stadtberg mit vielen Parks, der weitläufige Montjuïc. Von El Raval und dem Barri Gòtic ist er leicht zu Fuß zu erreichen, außerdem verbindet ihn eine am Jachthafen beginnende Standseilbahn mit Barceloneta, wo einige der besten Kunstmuseen Barcelonas (und Spaniens) stehen. Gut essen kann man in Poble Sec zu Füßen des Montjuïc.**

### Jardines Mossèn Costa I Llobrera

Hinter dem Hotel Miramar liegt der stacheligste Park der Stadt. Spazierwege durchqueren den weitläufigen Wüstengarten mit mehr als 800 Kakteenarten, darunter der majestätische Säulenkaktus. Von hier hat man einen großartigen Blick auf den Kreuzschifffahrtshafen. *Ctra de Miramar; 10 Uhr bis Sonnenuntergang.*

### Refugi 307

Im Spanischen Bürgerkrieg (1936–1939) wurden in Barcelona mehr als 1000 Luftschutzbunker errichtet. Am Übergang des Montjuïc nach Poble Sec steht der am besten erhaltene. Er bot rund 2000 Menschen Schutz. Da es keine Warnsirenen gab, mussten die Einheimischen Francos Bomber am Klang erkennen. *C Nou de la Rambla 175; 93 256 21 22; Führungen Mo–Sa nach Anmeldung, So 10.30 Uhr (Englisch), 11.30 Uhr (Spanisch); 3,50 €.*

### Kuppel des MNAC

Die meisten Besucher des Kunstmuseums MNAC wissen nicht, dass sie die eindrucksvolle Kuppel kostenlos besichtigen können. Der Weg führt an der Kasse vorbei hinauf in den ersten Stock, wo man es sich in einem Sessel bequem macht und Lluís Pladiuras Deckenfresken, eine Glorifizierung Spaniens, betrachtet. *Museu Nacional d'Art de Catalunya; www.mnac.es; Di–Sa 10–20 Uhr, So bis 15 Uhr.*

### Cementiri de Montjuïc

Marmorengel breiten ihre Flügel über Mausoleen aus. Bekannte Barceloner wie der Maler Joan Miró und der Architekt Ildefons Cerdà haben hier unter Zypressen ihre letzte Ruhestätte gefunden. So gut wie überall kann man den Ausblick aufs Meer genießen. *Mare de Deu de Port 56-58; www.cbsa.cat; 8–18 Uhr.*

### La Font del Gat

Der Name des bei Spaziergängern beliebten Gartenrestaurants ist einer *sardana* (katalanischer Volkstanz) entnommen. Zu empfehlen sind die Paella, das günstige *menú del día* oder Ravioli mit schwarzer Trüffel. *Paseo de Santa Madrona 28; 93 289 04 04; Di–Fr 10–18 Uhr, Sa & So 12–18 Uhr.*

# GRÀCIA

**Gràcia hat sich ein Stück seiner ursprünglich dörflichen Atmosphäre bewahrt. Die überwiegende Wohngegend ist berühmt für den Park Güell, eines von Gaudís Meisterwerken. In dem bei jungen Familien und Kreativen beliebten Viertel finden sich einige gute Cafés, Restaurants und kleine Boutiquen. Gràcia ist mit den öffentlichen Verkehrsmitteln gut zu erreichen, dann kann man zu Fuß flanieren.**

### El Turó de les Tres Creus

Viele Besucher des Park Güell lassen sich diese Attraktion entgehen. Hinter der Aussichtsplattform führt eine Treppe hinauf, von dort weisen Hinweisschilder den Weg zum Turó, einem Steinturm mit drei Antoniuskreuzen (die auch in anderen Werken Gaudís wie der La Sagrada Familia auftauchen). Das Panorama ist fantastisch. *Park Güell; www.parkguelltickets.org; 10 Uhr bis Sonnenuntergang.*

### Casa Vicens

Während Gaudís spätere Werke von organisch fließenden Formen geprägt sind, besitzt die Casa Vicens Kanten und Ecken. Die Fassade im maurischen Stil ist mit Mosaiken und Metallgittern an Balkonen und Fenstern verziert. *C de les Carolines 22; casavicens.org; 10–20 Uhr; 16 €.*

### Casa Pagès

Die sympathische Institution wird seit 1982 von Pedro und Albina geführt. Das Frühstück besteht aus klassischen Tapas wie *patatas bravas, pimientos de padrón* (gebratene kleine scharfe Paprika) und *botifarra* (katalanische Wurst), dazu gibt's Klatsch aus der Umgebung. *C de la Llibertat 19; 93 457 35 45; www.grupopages.es; Mo–Fr 9.30–0.30 Uhr, Sa 11–1.30 Uhr.*

### Carme Trias Modart

Carme Trias hebt sich ab von den anderen Modemachern Gràcias. Neben lässiger Streetwear hat sie sich auf maßgeschneiderte Hochzeitskleider spezialisiert, und ihre Kreationen sind erstaunlich erschwinglich. Ihr Markenzeichen sind knielange Kleider, etwa das „Atlaskleid" mit aufgedruckter Weltkarte. *C d'Astúries 34; www.modart.es; Mo–Sa 11–14 & 17–20.30 Uhr.*

### Bodega Marín

Dieses Weingeschäft ist seit 1916 in Familienbesitz. Weinfässer und -flaschen – Schwerpunkt Katalonien – stapeln sich bis unter die Decke. Man kann sich den Wein in mitgebrachte Flaschen abfüllen lassen, oder man kehrt für *bocadillos* (Sandwiches) und hausgemachte Kroketten ein. *C de Milà i Fontanals 72; 93 213 30 79; Mo–Fr 7.30–15 & 17–23 Uhr, Sa 8–15 Uhr.*

© Eugene Ivanoff / Shutterstock

# EL BORN

**El Born im Stadtzentrum lädt zum Bummeln, Shoppen und Ausgehen ein. Das Viertel lockt mit dem Picasso-Museum und einigen eher unbekannten Museen. In den engen Gassen gibt es viele multikulturelle Restaurants, Konditoreien und Boutiquen, und am Passeig del Born reihen sich die Bars aneinander. Auch die Strände von Barceloneta liegen in Gehweite.**

### Museu de Cultures del Món

Um die Ecke vom berühmten und populären Museu Picasso zeigt das vorzüglich kuratierte Museum der Kulturen der Welt Masken, Schnitzarbeiten oder Artefakte aus Ozeanien, Afrika, Asien, Nord- und Südamerika. Besonders eindrucksvoll sind die Schilde und Totems aus Papua-Neuguinea. *C de Montcada 12; www.barcelona.cat/museu-etnologic-culturesmon; Di–Sa 10–19 Uhr; So bis 20 Uhr; Erwachsene 5 €, Kinder unter 16 Jahren 3,50 €.*

### Llibres i Papers Antics

Der Besitzer Ignasi Solé i Sugranyes herrscht über einen bemerkenswerten Fundus katalanischer Vintageposter. Die ältesten stammen noch aus den 1920er-Jahren. Daneben gibt es alte Stierkampfposter und Originalgrafiken von Antoni Tàpies, Salvador Dalí und anderen katalanischen Künstlern. *C Assaonadors 10; www.llibresipapersantics.com; Mo–Fr 16–19 Uhr.*

### Aire de Barcelona

Wen es im trostlosen Winter nach Barcelona verschlägt, der wird den renovierten Hammam zu schätzen wissen, ein Relikt des acht Jahrhunderte alten Vermächtnisses der Mauren. Die einfachste Behandlung dauert 90 Minuten und umfasst ein Dampfbad mit anschließender Erholung im alten unterirdischen Becken, dazu frischen Pfefferminztee. *Pg de Picasso 22; beaire.com; 9–23 Uhr, Fr & Sa bis 24 Uhr; ab 39 €.*

### La Casa dels Entremesos

Aus Pappmaschee hergestellte *gegants* (Riesen) und *capgrossos* (Riesenköpfe), die an Festtagen durch die Straßen Barcelonas getragen werden, Drachen, *Sardana*-Tänzer und sonstige Figuren des regionalen Brauchtums – das alles kann man in diesem Archiv des Katalanischen entdecken. Man erfährt, was ein *porró llarg* ist und alles über die *Festes de Sant Roc,* de la Mercè und die anderen großen Stadtfeste. Mit etwas Glück proben gerade die Musiker für den Umzug der *gegants*. ***Plaza de las Beates 2; www.lacasadelsentremesos.cat; Di–Sa 10–13 & 16–19 Uhr, So 11–14 Uhr; Eintritt frei.***

### Pastelería Hofmann

Cremehörnchen, katalanische Macarons, saftige Brownies und Käsekuchen mit frischen Beeren locken die Passanten in diese vorzügliche katalanische Konditorei. Sie ist eines von mehreren Projekten der autodidaktischen Sterneköchin Mey Hofmann, deren süße Kreationen auch Ferran Adrià, einer der berühmtesten Köche der Welt, preist. *C dels Flassaders 44; 93 268 82 21; www.hofmann-bcn.com; Mo–Sa 9–14 & 15.30–20 Uhr, So 9–14.30 Uhr.*

### Nou Celler

Viel Holz, alte Karten und Vintageposter prägen die Einrichtung dieses Restaurants, das sich auf moderne Interpretationen katalanischer Klassiker spezialisiert hat. Dazu gehören saisonale Favoriten wie *calçots* (riesige Frühlingszwiebeln vom Holzofengrill) oder *botifarra* (katalanische Wurst) mit weißen Bohnen, Hähnchen mit Pflaumen und jede Menge Tapas zum Teilen. *C de la Princesa 16; 93 310 47 73; www.nouceller.com; Mo–Fr 8–23.30 Uhr, Sa 10–23.30 Uhr.*

## FEUERTEUFEL

**An mehreren Abenden im Jahr ziehen die *diables de foc* (Feuerteufel) zu Trommelklang durch die mittelalterlichen Gassen Barcelonas und zünden dabei Knallkörper oder schwenken auf zweizackigen Forken Feuerwerk. Das Spektakel der *correfocs* (Feuerläufe) findet Ende Juni am Johannistag oder im September am Stadtfest la Mercè statt.**

### Modellbahn in der Estació de França

Kleine und große Modelleisenbahnfans eilen im Bahnhof Estació de França schnurstracks in den Keller. Dort erwartet sie eine Modellbahn, die von der Associació d'Amics del Ferrocarril de Barcelona mit viel Herzblut aufgebaut wurde. Auch Besucher dürfen sie steuern. Dazu gibt es reichlich Bahn-Devotionalien und eine Bibliothek mit Büchern und Zeitschriften. *C d'Ocata; www.aafcb.org; Di, Do, Fr 18–21 Uhr, Sa 17–21 Uhr.*

**Oben: das rustikale Nou Celler**
**Unten: in den Straßen von El Born**

KUNST & KULTUR | MUSIK & FILM | SPORT & FREIZEIT | ESSEN | TRINKEN | SHOPPEN

# PARIS

**Sehenswürdigkeiten schön und gut, aber die geschichtsträchtigen Pariser Straßen sind wahre Fundgruben für alte Denkmäler, kuriose Museen und faszinierende Kreativräume.**



Paris hat zwar nur eine relativ geringe Ausdehnung, ist aber Europas am dichtesten besiedelte Stadt.
Im 18. Arrondissement, nördlich und östlich des Montmartre, findet man ausgefallene Kulturzentren, versteckte Bars und das quirlige Viertel Little Africa. In Süd-Pigalle im 9. beherbergen ehemalige Stadtvillen heute Museen, florieren traditionelle Lebensmittelgeschäfte, und die Musikszene lebt. Das hügelige Belleville im Nordosten, mit Zentrum im 20., zelebriert seine Arbeiterwurzeln und seine Künstler. In Bastille, zu dem das 4., 11. und 12. gehören, gibt es Märkte, Bars und Essen. Im 13. auf dem linken Seine-Ufer hat sich Butte-aux-Cailles seinen kleinstädtischen Charme bewahrt.
In den Vierteln kann man gut zu Fuß gehen. Mit Metro, Bus oder Leihfahrrad kommt man schnell und preiswert überall hin.

# BASTILLE

**Das Trendviertel erstreckt sich von der Place de la Bastille (wo das Gefängnis stand, dessen Sturm die Französische Revolution auslöste) bis ins 4., 11. und 12. Arrondissement. Hier gibt es ständig neue Bistros, experimentelle Restaurants und Weinbars und fantastische Märkte. Sie sind perfekt, um alles für ein Picknick im Park oder auf einem „Square" (begrünter Stadtplatz) einzukaufen.**

### Marché d'Aligre

Dieser Straßenmarkt ist, untypisch für Paris, sechs Tage die Woche geöffnet. Auf dem Platz daneben findet ein Flohmarkt statt. Aber das Beste ist die benachbarte Markthalle Marché Beauvau, wo es an aromatischen Ständen vom Grillhähnchen bis zu frischen Austern und Trüffelöl alles zu kaufen gibt. *R d'Aligre; Straßenmarkt Di–So 8–13 Uhr, Markthalle Di–Sa 9–14 & 16–19.30 Uhr, So 9–14 Uhr.*

### Le Baron Rouge

Das Lokal ist eine Institution. Täglich werden die neuen Angebote auf Kreidetafeln geschrieben. Zu den exzellenten, ausschließlich französischen Weinen kann man Käse- und Aufschnittplatten bestellen. *1 R Théophile Roussel; www.lebaronrouge.net; 01 43 43 14 32; Mo 5–22 Uhr, Di–Fr 10–14 & 17–22 Uhr, Sa 10–22 Uhr, So 10–16 Uhr.*

### Jardin du Port de l'Arsenal

An der Ostseite der Marina am Port de l'Arsenal liegt ein terrassierter Park: Hier ranken Klematis, Glyzinien und Rosen an den Lauben, die Lavendelbeete duften, und beim Räkeln auf dem Rasen kann man die sanft schaukelnden Boote beobachten. *Bd de la Bastille.*

### Pavillon de l'Arsenal

Ein prächtiger Jugendstilbau mit gusseisernen Verstrebungen und Glasdach. Hier werden Ausstellungen von historischen bis zu zeitgenössischen Pariser Architekturprojekten präsentiert (oft mit maßstabgetreuen Modellen). *21 Bd Morland; www.pavillon-arsenal.com; 01 42 76 33 97; Di–So 11–19 Uhr; Eintritt frei.*

### Le Grand Bréguet

Ein modernes Gebäude mit einem großen Multifunktionsraum. Hier drin findet man einen Bioladen oder ein Café, und die Bilder an den Wänden, Möbel und Lampen von lokalen Künstlern kann man kaufen. Daneben befindet sich der Biobäcker Ten Belles Bread und die hippe Weinbar Louve. *17 R Bréguet; www.legrandbreguet.com; 09 70 75 54 59; Küche Mo–Sa 8–21.30 Uhr, So bis 17 Uhr, Bar Mo–Mi bis 24 Uhr, Do–Sa bis 14 Uhr, So bis 20 Uhr.*

# SÜD-PIGALLE

**Gleich südlich des Varietétheaters Moulin Rouge mit der berühmten roten Windmühle auf dem Dach liegt das leicht abschüssige Viertel im 9. Arrondissement. Wegen der griechisch inspirierten Stadthäuser, die hier im 19. Jahrhundert neben Obstgärten und *guinguettes* (Ausflugslokalen) entstanden, wurde es *Nouvelle Athènes* (Neu-Athen) genannt. Heute wird das frühere Rotlichtviertel Pigalle immer trendiger und beliebter.**

### Musée de la Vie Romantique

Am Ende eines gepflasterten Wegs liegt eine *Nouvelle-Athènes*-Villa mit grünen Fensterläden. Das Hôtel Scheffer-Renan war das Haus und Atelier des Malers Ary Scheffer (1795–1858), der auch Salons abhielt mit Gästen wie Delacroix, George Sand oder Chopin. Im blühenden Garten ist ein hübsches Café. *16 R Chaptal; www.museevieromantique.paris.fr; Di–So 10–18 Uhr; Eintritt frei.*

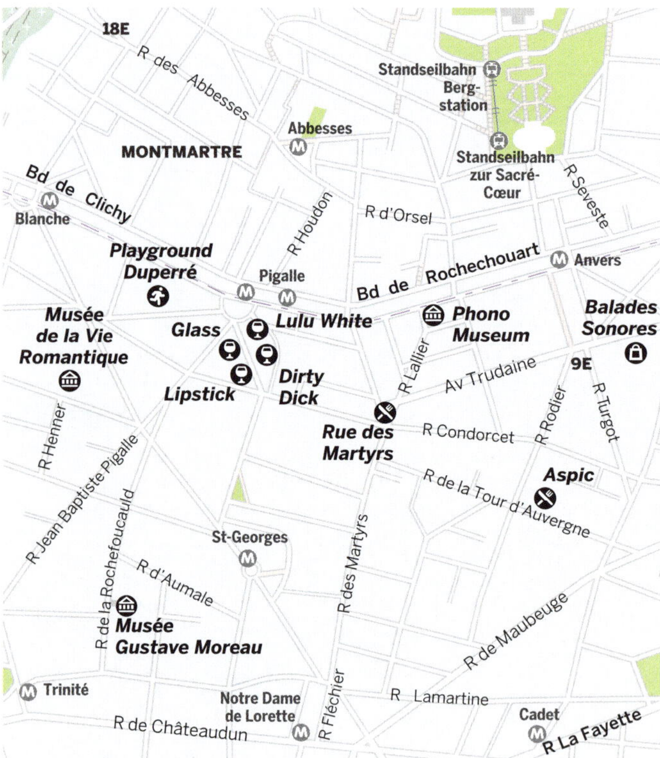


### Musée Gustave Moreau

Der symbolistische Maler Gustave Moreau vermachte das Haus nach seinem Tod 1898 dem französischen Staat. Er hatte es schon zu Lebzeiten als Museum für sein Werk geplant. Nur wenige Besucher verirren sich in dieses Kleinod, obwohl hier Meisterwerke hängen wie *Orpheus am Grab von Eurydyke* oder das verwirrende *Jupiter und Semele*. *14 R de la Rochefoucauld; www.musee-moreau.fr; Mo, Mi & Do 10–12.45 & 14–17.15 Uhr, Fr–So 10–17.15 Uhr; Erwachsene 7 €, Kinder frei.*

### Phono Museum

Ein wunderbares kleines Museum, das die Geschichte der Tonaufnahme ab 1857 dokumentiert. Zu sehen gibt es historische Plakate und 250 funktionierende Phonographen, darunter Grammophone, Plattenspieler und eine Jugendstil-Musikbox von Pathé, auf der noch Originalplatten laufen. Manchmal finden auch Konzerte statt. *53 Bd de Rochechouart, 9e; www.phonomuseum.fr; Fr & So 10–18 Uhr, Mo–Do & Sa nach Vereinbarung 9–18 Uhr; Erwachsene 10 €, Kinder 5 €.*

### Balades Sonores

Balades Sonores („Klingende Spaziergänge“) ist ein Anlaufpunkt für die lokale Musikszene. Von engagierten Sammlern gegründet, die früher auf Märkten mit Platten handelten, bietet der

Plattenladen (und mehr) alles von Jazz, Hip-Hop, Soul, Funk, Rap und Psychedelischem bis zu obskuren Indie-Musikern, dazu Kunst und T-Shirts. Man veranstaltet auch Konzerte und führt ein eigenes Mikro-Label. *1-3 Av Trudaine; www.baladessonores.com; Mo–Sa 12–20 Uhr.*

### Rue des Martyrs

Bei den Anwohnern ist die Nord-Süd-Achse des Viertels eine beliebte Lebensmittel-Einkaufsstraße. Hier findet man opulente *fromageries* (Käseläden), preisgekrönte *boulangeries* (Bäckereien) und *pâtisseries* (Konditoreien, von denen sich manche auf ein einziges Gebäckstück wie beispielsweise Madeleines oder Windbeutel spezialisiert haben), Wein- und Spezialgeschäfte etwa für Marmelade oder Tee.

### Aspic

Überraschung ist in diesem winzigen Bistro das Stichwort. In der offenen Küche zaubert der Koch Quentin Giroud siebengängige Menüs aus besten Zutaten. *24 R de la Tour d'Auvergne; www.aspic-restaurant.fr; 09 82 49 30 98; Di–Sa 19.30–22.30 Uhr.*

### Playground Duperré

Blickt man durch den blauen Maschendrahtzaun zwischen den stattlichen Haussmann-Häusern, zeigt sich ein bunter Kunststoff-Basketballplatz in Neon-Pink, Gelb, Blau und Lila. Gestaltet wurde er von der Pariser Firma Ill-Studio für Nike und Stéphane Ashpool, den basketballspielenden Begründer des Streetwear-Labels Pigalle, dessen Flagship-Store in der 7 Rue Henry Monnier steht. Direkt gegenüber bei Pigalle Basketball in der 17 Rue Duperré, kann man supercoole Sportswear kaufen. *22 R Duperré; 12–19 Uhr.*

## COCKTAIL-BARS

**Es gibt zwar rund um die Place Pigalle noch Rotlicht-Etablissements, doch viele wurden in angesagte Cocktailbars umgewandelt. Auf der Rue Frochot im 9. lohnen sich das samtene Lipstick (Nr. 5) oder das coole Glass (Nr. 7), die flambierten Scorpion Bowls in der Tiki-Bar Dirty Dick (Nr. 10) oder Absinth-Kreationen in der Jazzbar Lulu White (Nr. 12).**

**Im Uhrzeigersinn von oben: Moulin Rouge; Rue des Martyrs; Balades Sonores**

# BUTTE-AUX-CAILLES

**Autofreie Straßen und liebliche Architektur erinnern eher an ein französisches Dorf als an die laute Hauptstadt. Hier locken bezaubernde Parks, eine Quelle und appetitliche Lebensmittelläden. Das Viertel ist nach dem Landbesitzer Pierre Caille benannt, der hier um 1540 einen Weinberg anlegte.**

### Puits Artésien de la Butte-aux-Cailles
Wer eine Flasche mitbringt, kann sie mit 28 Grad warmem Wasser aus einer natürlichen Quelle befüllen. Es hat einen hohen Eisenfluorid- und niedrigen Kalzium-Gehalt (und schmeckt deutlich besser als das Pariser Leitungswasser). *Pl Paul Verlaine.*

### Piscine de la Butte-aux-Cailles
Die Quelle führte 1924 zum Bau eines spektakulären Schwimmbeckens mit Dachgewölbe und verschiedenen Außenbecken, darunter ein beheiztes nordisches Becken. *5 Pl Paul Verlaine; Erwachsene 3,50 €, Kinder 2 €.*

### Square de la Montgolfière
Der stille kleine Park erinnert an den ersten bemannten Flug in einem Heißluftballon. Es gibt Kinderspielplätze und Tischtennisplatten (Schläger und Bälle mitbringen). *R du Moulinet.*

### Marché Auguste-Blanqui
Der Markt findet dreimal die Woche statt, und die Stände sind proppenvoll mit frischem Obst und Gemüse, Blumen, Küchengeräten, Handtaschen, preiswerter Kleidung und mehr. An einem Terrassentisch im Retro-Bistro La Butte-aux-Piafs kann man sich ausruhen. *Bd Auguste-Blanqui; Di–Fr 7–14.30 Uhr, So 7–15 Uhr.*

### Biérocratie
In diesem jungen, witzigen Laden gibt es Craftbiere und manchmal Käse- und Bier-Verkostungen gemeinsam mit der benachbarten *fromagerie* Quatrehomme. *32 R de l'Espérance, 13e; www.bierocratie.com; Di & Do–Sa 11–20 Uhr, Mi 16–20 Uhr.*

### Laurent Duchêne
Die himmlische *pâtisserie* von Laurent Duchêne, der den renommierten Titel Bester Handwerker Frankreichs erhielt, ist besonders für die flockigen, buttrigen Croissants bekannt. *2 R Wurtz; www.laurentduchene.com; 01 45 65 00 77; Mo–Sa 7.30–20 Uhr.*

PARIS

# RUND UM DEN MONTMARTRE

**Der Montmartre mit der Basilika Sacré-Cœur auf dem Berg und den Porträtmalern auf der Place du Tertre ist eines der bekanntesten Viertel in Paris. Auch abseits der Touristenmassen gibt es im 18. Arrondissement viel zu erkunden, vor allem im Norden auf der Rückseite des Hügels und im Osten im schlagenden Herzen von *petite Afrique* (Klein-Afrika).**

### La REcyclerie
Der Bahnhof der ehemaligen Ringdampfbahn Petite Ceinture ist heute ein Kulturzentrum und Stadtbauernhof mit Öko-Workshops, Gemeinschaftsgarten und Café. *83 Bd Ornano; www.larecyclerie.com; 01 42 57 58 49; Mo–Sa 8–22.30 Uhr, So bis 19 Uhr.*

### Piscine des Amiraux
Das wunderschöne Art-déco-Hallenbad wurde 1930 erbaut, in den Umkleidekabinen findet man noch die Originalfliesen. *6 R Hermann-Lachapelle; www.paris.fr; Erwachsene 3,50 €, Kinder 2 €.*

### Bab-Ilo
In ihrem winzigen Keller (Platz ist für etwa 40 Personen) in einer kleinen Nebenstraße veranstaltet diese Bar mitreißende Jazz- und Blueskonzerte. *9 R du Baigneur; www.babilo.lautre.net; 6–14 Uhr.*

### Café Lomi
Im luftigen Raum mit Holztischen kann man sich verweilen oder an einem dreistündigen Workshop zu Kaffee-Filtertechniken oder Latte-Design teilnehmen. *3ter R Marcadet; www.lomi.paris; Mo–Fr 8–18 Uhr, Sa & So 10–19 Uhr.*

### Maison Château Rouge
Im Flagship-Store ihres Labels präsentieren die Brüder Youssouf und Mamadou Fofana farbenfrohe Afro-Pariser Mode. *40 R Myrha; www.maison-chateaurouge.com; Mo–Sa 11–19 Uhr.*

### Brasserie la Goutte d'Or
Die Brauerei stellt kreative und kosmopolitische Biere her und hat einen eigenen Schankraum. *28 R de la Goutte d'Or, www.brasserielagouttedor.com; Do & Fr 18–24 Uhr, Sa 14–21 Uhr.*

### Marché Barbès
Hier werden afrikanische Spezialitäten verkauft, etwa *Mbongo*-Pulver (Alligatorpfeffer) oder *Baobab*-Schoten *Bd de la Chapelle; Mi 8–13 Uhr, Sa 7–15 Uhr.*

# BELLEVILLE

**Da die Mieten im traditionell armen Arbeiterviertel Belleville noch bezahlbar sind, ist es für Künstler, Handwerker und Einwanderer attraktiv, vor allem aus Nordafrika und Asien (hier befindet sich das zweitgrößte Chinatown von Paris). Obwohl immer mehr multikulturelle Kneipen und Restaurants entstehen, die sich um einen steilen Hügel im Nordosten des 20. Arrondissements gruppieren, ist Belleville bisher authentisch geblieben.**

### Ateliers d'Artistes de Belleville

Die Ateliers d'Artistes de Belleville (AAB) beherbergen mehr als 250 Künstler in etwa 130 Ateliers und sind ein wichtiger Fixpunkt der lokalen Kulturszene. Jährlich gibt es ungefähr 20 Einzel- und Gruppenausstellungen (auf der Homepage kann man das aktuelle Programm nachschauen) sowie die Portes Ouvertes (Tage der Offenen Tür) an vier Tagen Ende Mai. *1 R Francis Picabia; www.ateliers-artistes-belleville.fr; Do–So ca. 14–20 Uhr bei Ausstellungen; Eintritt frei.*

### Rue Dénoyez

Street-Art-Fans sollten unbedingt einen Abstecher in die schmale Rue Dénoyez im 20. Arrondissement machen. Graffiti in leuchtenden Farben zieren hier die Fassaden, Poller, Hochbeete und vieles weitere mehr. Im Sommer gibt es immer wieder spontane Street-Art-Aktionen.

### Parc de Belleville

Ein wunderbarer Ausblick auf Paris eröffnet sich von der Terrasse des steil ansteigenden Parc de Belleville. Außerdem plätschern Fontänen, es gibt Spielplätze und Sportgeräte und sogar einen Weinberg mit 140 Weinstöcken, den Clos de Belleville, dessen Wein im Oktober verkauft wird. Auf den Wiesen des Parks sieht man oft Anwohner beim Tai Chi. *Haupteingang R des Couronnes.*

### Le Vieux Belleville

Das liebenswürdige Bistro mit Bar ist zugleich eine Zeitreise ins Paris vergangener Zeiten. Sänger bieten bewegende Chansons mit Akkordeonbegleitung dar, von Künstlern wie Édith Piaf, die 1915 in Belleville geboren wurde. Normalerweise finden solche Konzerte viermal die Woche statt. *12 R Envierges; www.le-vieux-belleville.com; Bar/Bistro Mo & Mi 11–15 Uhr, Di, Do, Fr & Sa 11–15 & 20–2 Uhr, Konzerte ab 20.30 Uhr.*

© Matt Munro / Lonely Planet

### La Cantine de Belleville

Zur Happy Hour (17–20.30 Uhr) brummt es in diesem Nachbarschaftstreff – manchmal scheint es, als wäre halb Belleville hier. Grungige Möbel und mit Postern gepflasterte Wände bilden die Kulisse für bodenständige französische Klassiker wie *confit de canard* (langsam im eigenen Fett geschmorte Ente) mit Bratkartoffeln und grünem Salat. Im Kellergewölbe rocken Konzerte. *108 Bd de Belleville; www.lacantinebelleville.fr; 01 43 15 99 29; Küche 10–22 Uhr, Bar bis 2 Uhr.*

### Le 50 – Belleville Brûlerie

Die Kaffeerösterei Belleville Brûlerie beliefert anspruchsvolle Cafés in ganz Paris. 2019 hat sie schließlich ein eigenes Café eröffnet. Le 50 hat nur 16 Sitze, holzgetäfelte Wände, eine Zinkbar und klassische runde Bistrotische in Kobaltblau. Die eigenen Kaffeebohnen werden säckeweise verkauft. *50 R de Belleville; www.cafesbelleville.com; Mi–Fr 8–16 Uhr, Sa & So 9.30–17.30 Uhr.*

### INSIDER-BESUCHE

**Ursprünglich entstanden als Arbeitsbeschaffungsmaßnahme für Bellevilles junge Bewohner, deren Insiderwissen man nutzen wollte, gibt es Ça Se Visite (www.ca-se-visite.fr) mittlerweile in mehreren Pariser Stadtvierteln. Geboten werden von Bewohnern geführte Stadtspaziergänge und Tretroller-Ausflüge, auf denen man Künstler, Ladenbesitzer und andere Anwohner sowie die versteckten Ecken des Viertels kennenlernt.**

### Cheval d'Or

Als der viel gepriesene Chefkoch Taku Sekine 2019 hier sein stylish-minimalistisches Restaurant eröffnete, war das ein Riesen-Impuls für die Belleviller Restaurantszene. Er kreiert französisch-asiatisch inspirierte Gerichte wie Muscheln in Zitronengrasbrühe, Rind-Tamarindentatar oder gedämpfte Bao-Buns in Deftig (mit lackiertem Schweinefleisch), aber auch in Süß (mit *crème pâtissière*). *21 R de la Villette; www.chevaldorparis.com; Mi–So 19.30–23 Uhr.*

**Oben: Akkordeonspielerin**
**Unten und links: Kaffee in der Belleville Brûlerie**

© Albin Durand / 2020, Le 50 Belleville Brûlerie

© Albin Durand / 2020, Le 50 Belleville Brûlerie

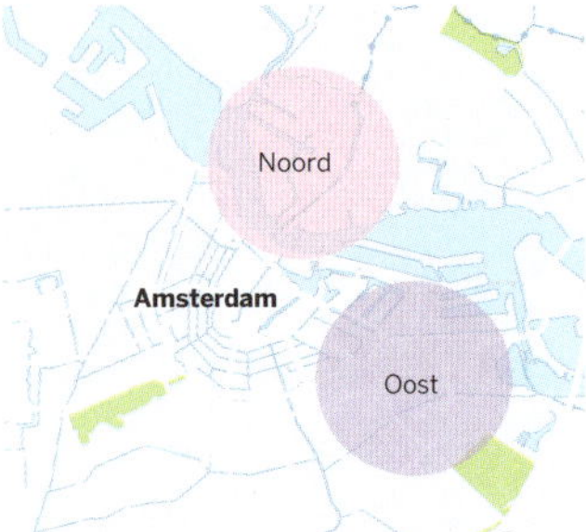


# AMSTERDAM

**Die schiefen Häuser und funkelnden Kanäle aus Rembrandts Zeiten faszinieren die Touristen. Doch die lebendige Kunst- und Restaurantszene sorgt auch für modernen Glamour.**

Amsterdams Zentrum wirkt mit den Giebelhäusern, Kirchtürmen und bezaubernden ringförmig angelegten Kanälen voller Boote wie aus einem Bilderbuch des 17. Jahrhunderts. Viele Besucher beschränken sich aufs Zentrum, wo einige der größten Schätze der Stadt zu bewundern sind, darunter das Van-Gogh-Museum oder das Rijksmuseum mit Rembrandts berühmter *Nachtwache*.

Doch außerhalb des Zentrums warten die verborgeneren Reize der Stadt. In Oost (wie der Name sagt östlich des Stadtzentrums) kann man abseits der üblichen Pfade über multikulturelle Märkte und durch üppige Parks schlendern. Mit avantgardistischen Kulturinstitutionen und superhippen Cafés punktet dagegen Noord, das vom Zentrum durch das IJ getrennt wird.

Das Zentrum lässt sich zu Fuß erkunden, die entfernteren Viertel sind mit der Tram erreichbar. Oder man nimmt wie die Amsterdamer das Fahrrad. Leihstationen findet man an jeder Ecke.

# OOST

**Oost gehört zu den vielfältigsten Stadtteilen Amsterdams. Trotz Gentrifizierung gibt es noch Straßen mit alten niederländischen Fischläden neben marokkanischen und türkischen Geschäften. Ginbrennereien verbergen sich zwischen Bäumen, Restaurants in Wohnzimmern, und auf den Märkten und in den Parks brummt das Leben. Mehrere Tramlinien führen aus dem Stadtzentrum hierher.**

### Dappermarkt

250 Stände mit Waren aus aller Welt laden zum Stöbern ein. Farbenprächtige Stoffe flattern im Wind, und aromatische Kebabs, Trockenfrüchte oder Bratfisch sättigen die Hungrigen. *Dapperstraat, zwischen Mauritskade & Wijttenbachstr; www.dappermarkt.nl; Mo–Sa 9–17 Uhr.*

### Distilleerderij 't Nieuwe Diep

Das frühere Pumpwerk mit der kleinen Brennerei taucht wie in einem Märchen zwischen den Bäumen des Flevoparks auf. Tipp: einen der hausgemachten Gins oder Obstbrände auf der Seeterrasse genießen. *Flevopark 13a; www.nwediep.nl; Di–So 15–20 Uhr (Apr–Okt), bis 18 Uhr (Nov–März).*

### Marits Eetkamer

Gegründet hat Marits ihr vegetarisches Restaurant im eigenen Wohnzimmer. Sie wohnt zwar inzwischen nicht mehr hier, zaubert aber nach wie vor ein monatlich wechselndes Menü auf den Tisch. *Andreas Bonnstraat 34; www.maritseetkamer.nl; 020-776 38 64; Do–Sa 18–24 Uhr.*

### Park Frankendael

Im einstigen Park eines Landsitzes aus dem 17. Jahrhundert findet man akkurat gepflegte Gartenanlagen, gewundene Wege und brütende Störche. Einfach Picknick mitbringen und sich zu den Einheimischen gesellen. Jeden letzten Sonntag im Monat findet ein Biomarkt statt. *Middenweg 72.*

### Studio/K

Der imposante Backsteinbau – eine ehemalige Schule – ist heute ein angesagtes Kulturzentrum. Es gibt Indiefilme, Vorträge und Clubnächte, aber auch eine beliebte Terrasse, auf der man sich einen Drink und die vegetarische Küche schmecken lassen kann. *Timorplein 62; www.studio-k.nu; 020-692 04 22; So–Do 11–1 Uhr, Fr & Sa bis 3 Uhr.*

### Roopram Roti

Folge der Menge in diesen surinamischen Imbiss, um einen der traditionellen Roti zu probieren. Die Amsterdamer schwören, dass man in den ganzen Niederlanden kein besseres Fladenbrot mit Huhn- oder Lammcurryfüllung bekommt. *1e Van Swindenstr 4; Di–So 14–21 Uhr.*

# NOORD

**Das lange vergessene Industrieviertel Noord hat sich als Zentrum der Alternativkultur neu erfunden, mit Street-Art, Ateliers und Ausstellungsräumen. Von hier ist es nicht weit aufs bäuerliche Land. Die kurze Strecke zwischen Hauptbahnhof, Buiksloterweg, NDSM-werf und IJplein wird rund um die Uhr von kostenlosen Fähren bedient. In Noord selbst kommt man am besten mit dem Rad voran.**

### NDSM-werf

Als die NDSM-Werft stillgelegt wurde, übernahmen Besetzer das Areal und verwandelten es mit großem Engagement in eine ausgefallene Kunstoase. Heute gibt es hier coole Uferrestaurants, markante moderne Wohngebäude, eine Halle mit Kunstateliers und ein sowjetisches U-Boot im Hafenbecken. *NDSM-plein; www.ndsm.nl.*

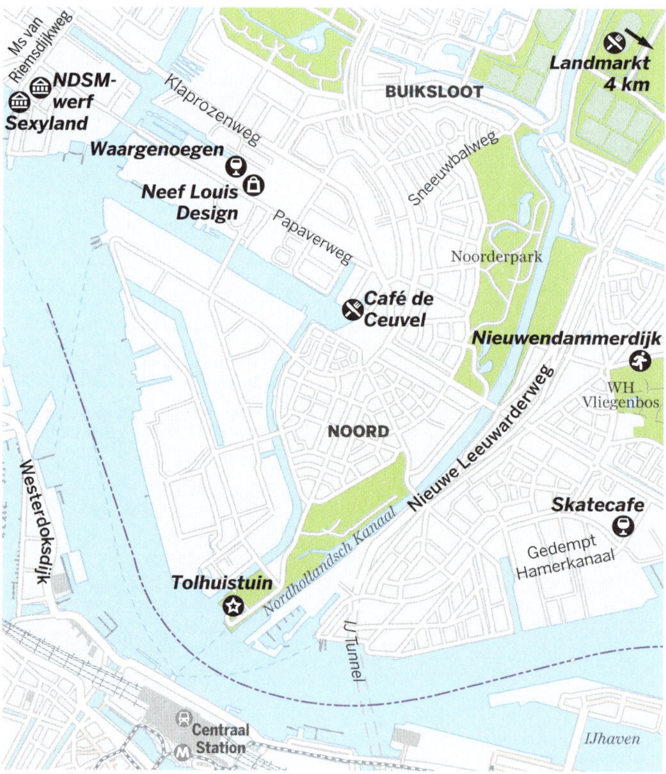


### Sexyland

Jeden Tag ist ein anderes Mitglied für das Programm dieses ungewöhnlichen Zentrums verantwortlich. Die Veranstaltungen reichen von Maskenbällen über Pfannkuchenpartys bis zur Strickausstellung. Eine Leuchtschrift auf der graffitibeschmierten Baracke dient als Wegweiser. *Ms van Riemsdijkweg 39; www.sexyland.amsterdam; monatliche Mitgliedschaft 2,50 €.*

### Skatecafe

Zwischen den bröckelnden Betonwänden eines Lagerhauses befindet sich das Skatecafe mit Schulpulten unter einer Discokugel. Man kann in der Skatebowl seinen Backside Slash verfeinern, am Wochenende den DJs lauschen oder im Restaurant Austern schlürfen. Mehrmals wöchentlich finden Skatekurse statt (10 € inklusive Board). *Gedempt Hamerkanaal 42; www.skatecafe.nl; Mi 15–23 Uhr, Do bis 1 Uhr, Fr & Sa bis 3 Uhr.*

### Tolhuistuin

Der Szenetreff am Ufer des IJ bietet für jeden etwas: Ausstellungen in der Galerie, Disconächte im Club, Livekonzerte im Grünen und jederzeit einen kühlen Drink auf der Sonnenterrasse mit Blick aufs Wasser. *IJpromenade 2; www.tolhuistuin.nl; 11 Uhr bis spät.*

### Neef Louis Design

Hier findet man tolle stylische Vintage- und Designermöbel in einem riesigen Lagerhaus. Wer sich auf Entdeckungstour be-

## Café de Ceuvel
Das Café am Wasser wurde komplett aus recycelten Materialien errichtet. Es gibt ausschließlich Nachhaltiges: frisches Kombucha, Holunderblütenlimo und Suppen mit Gemüse aus dem Dachgewächshaus. Dazu Yogakurse, Filme zu ökologischen Fragen und andere Veranstaltungen. *Korte Papaverweg 4; www.deceuvel.nl; 020-229 62 10; Di–Do und So 11–24 Uhr, Fr & Sa bis 2 Uhr.*

gibt, wird zum Beispiel mit alten Bücherregalen, Hängelampen, Aktenschränken, Neonschildern oder einer skurrilen Pferdefigur belohnt. *Papaverweg 46; www.neeflouis.nl; Di–Sa 10–18 Uhr.*

## Landmarkt
Zwischen den Ständen des Frischemarkts verbirgt sich auch ein Restaurant. Hier kann man wunderbar für ein Bier oder einen Wein, ein herzhaftes Sandwich oder Pasta mit frisch geräuchertem Lachs und Spargel einkehren. Die Terrasse wird von Grünpflanzen umrahmt. *Schellingwouderdijk 339; www.landmarkt.nl; 020-490 43 33; Mo–Sa 9–20 Uhr, So 11–19 Uhr.*

## Nieuwendammerdijk
Die Häuser dieser schmalen Straße stammen teilweise aus dem 16. Jahrhundert, als hier noch Schiffsbauer und Kapitäne lebten. Das bezaubernde Ambiente wird durch Blumen, Vogelgezwitscher und geschichtsträchtige Cafés vervollständigt, in denen man umwerfende Apfeltarten bekommt.

### RADFAHREN IN NOORD

**Noord ist das ideale Pflaster für Radler. Das Viertel ist weitläufig, und es gibt wenig Verkehr, aber reichlich Radwege. Die kostenlosen Fähren transportieren auch Räder. Mieten kann man eines vor Ort über Orangebike (www.orange-bike.nl; Buiksloterweg 5c) oder die App von Donkey Republic (www.donkey.bike).**

## Waargenoegen
Das Beatnik-Café liegt versteckt hinter zwei Möbelgeschäften, sodass man es leicht übersehen kann. Einmal gefunden, wird man auf der improvisierten Terrasse mit leckeren Grilled-Cheese-Sandwiches und Milchshakes belohnt. *Papaverweg 46; Mo–Fr 10–16 Uhr, Sa 9–17 Uhr, So 12–17 Uhr.*

**Oben: NDSM-werf, ein Treffpunkt am Wasser**
**Unten: mit Kräutern verfeinerter Käse**

© Michael Luhrenberg / Getty Images

KUNST & KULTUR · MUSIK & FILM · SPORT & FREIZEIT · ESSEN · TRINKEN · SHOPPEN

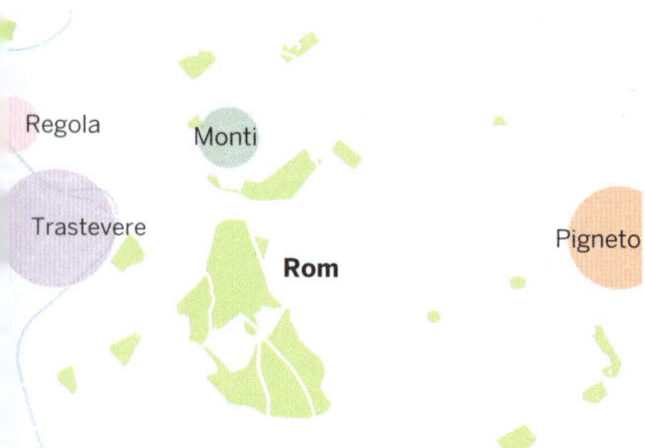


# ROM

**Eine Stadt wie Rom gibt es auf der Welt kein zweites Mal. Umgeben von den imposanten Relikten der imperialen Geschichte leben die heutigen Römer in Vierteln voller Charakter.**

Sobald man genauer hinschaut, erweisen sich die meisten Städte als eine Ansammlung zusammengewachsener kleiner Gemeinden. Auf kaum eine Stadt trifft das so zu wie auf Rom mit seinen ausgeprägten *rioni* (Stadtteilen).

Etwa das unkonventionelle, aber schicke Monti: ein Viertel für gut betuchte Kreative, die den Anblick des Kolosseums am Ende einer Straße schätzen. Oder Regola rund um die beeindruckende Piazza Farnese, zentral und doch oft links liegen gelassen. Für Besucher, die sich nach rankendem Efeu und malerischen Anblicken sehnen, wird in Trastevere mit seinen Kopfsteingassen ein Traum wahr. Die Leute aus dem Viertel sehen sich als die einzig wahren Römer. Und wem der Sinn nach einem raueren Ambiente steht, der wird in dem unangepassten und ein wenig ab vom Schuss gelegenen Pigneto fündig.

Roms historisches Zentrum lässt sich gut zu Fuß erkunden. Für weitere Entfernungen stehen Bus, Tram oder U-Bahn bereit.

# MONTI

**Monti („die Hügel") hieß in der Antike Suburra und war ein verkommenes Viertel. Später gab es häufige Zusammenstöße zwischen den *monticiani* und den *bulli trasteverini* (den Halbstarken aus Monti und Trastevere). Heute drängen sich in wenigen Straßen Boutiquen, Restaurants und Bars, und Monti ist bei Touristen wie bei hippen Kreativen beliebt. Trotzdem gibt es immer noch vieles zu entdecken.**

### Fatamorgana

Die Piazza Zingari erhielt ihren Namen zu Ehren der Roma, die im Zweiten Weltkrieg von den Nazis getötet wurden. Dieser beschauliche Flecken in Monti lädt dazu ein, sich mit einem Eis von Fatamorgana niederzulassen. Der Trendsetter unter Roms neuer Generation von *gelaterie* (Eisdielen) überzeugt mit ausgefallenen Sorten und besten Zutaten. *Piazza Zingari; www.facebook.com/fatamorganamonti; Mo 13.30–21.30 Uhr, Di–Do bis 22.30 Uhr, Fr & Sa bis 23 Uhr.*

### Piazza della Madonna dei Monti

Die *piazzetta* (kleiner Platz) liegt am Fuß einer der Hauptstraßen Montis, der Via dei Serpenti. Die Mitte schmückt ein runder Brunnen, am Rand liegt ein Café, und um die Ecke finden sich Boutiquen. Hier schlägt das Herz des Viertels, genau richtig für einen Espresso oder um es sich auf den Stufen des Brunnens bequem zu machen. *Piazza della Madonna dei Monti.*

### Blackmarket

Das Blackmarket liegt ein wenig ab vom Schuss. Unter hohen Decken schaffen die Vintagesofas ein wohnzimmerartiges Ambiente. Noch besser wird es, wenn sich ein Sänger oder eine Band in eine der Nischen quetscht. *Via Panisperna 101; www.blackmarketartgallery.it; 18–2.15 Uhr.*

### Er Baretto

Monti strotzt nur so vor szenigen Cafébars. Wer eher ein schlichtes Kiezcafé sucht, ist im Baretto genau richtig. Hier trinken die Leute aus Monti morgens ihren Cappuccino und später am Vormittag einen Espresso oder (im Winter) eine heiße Schokolade. *Via del Boschetto 132; Mo–Sa 7.30–23 Uhr, So ab 8.30 Uhr.*

### Pizzeria alle Carrette

In der traditionellen Pizzeria sind das Personal und die Karte seit Jahrzehnten unverändert geblieben. Zum Start empfehlen sich *fritti* (gebratene Kleinigkeiten) wie die frittierten Zucchiniblüten oder die *arancini* (Reisbällchen), gefolgt von einer der traditionellen knusprigen Pizzen aus dem Holzofen. *Via della Madonna dei Monti 95; 12–16 & 18–23 Uhr.*

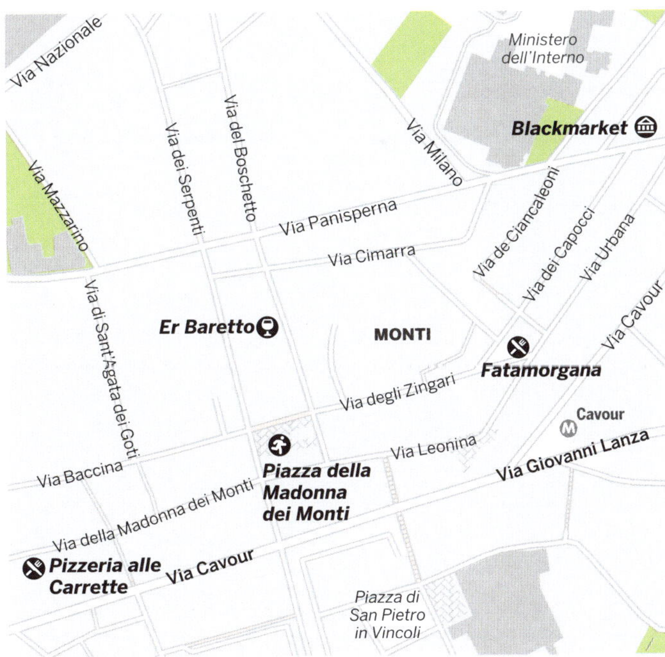

# TRASTEVERE

**Schon Trasteveres Name zeigt die besondere Stellung des Stadtteils: „jenseits des Tiber". Die romantische Idylle mit den orangen, dunkelgelben und ziegelroten Häusern aus dem 17. Jahrhundert wird durch wuchernden Efeu und Wäsche an den Leinen noch betont. So viel Zauber konnte nicht unentdeckt bleiben, aber abseits der Touristenhorden haben sich einige Flecken ihr authentisches Flair bewahrt.**

### Gianicolo

Gleich hinter Trastevere erhebt sich der Janiculum (Gianicolo), auf dem einst Garibaldi (an den eine Statue erinnert) eine französische Attacke zurückschlug. Eine Straße windet sich den Hügel hinauf, aber man kann auch den Fußweg über die Treppen nehmen. Bei einem Getränk vom oben wartenden Kiosk lässt sich der Ausblick genießen. Aus einem Meer orangeroter Dächer erheben sich wie Inseln die Kirchtürme und Kuppeln. *Gianicolo*.

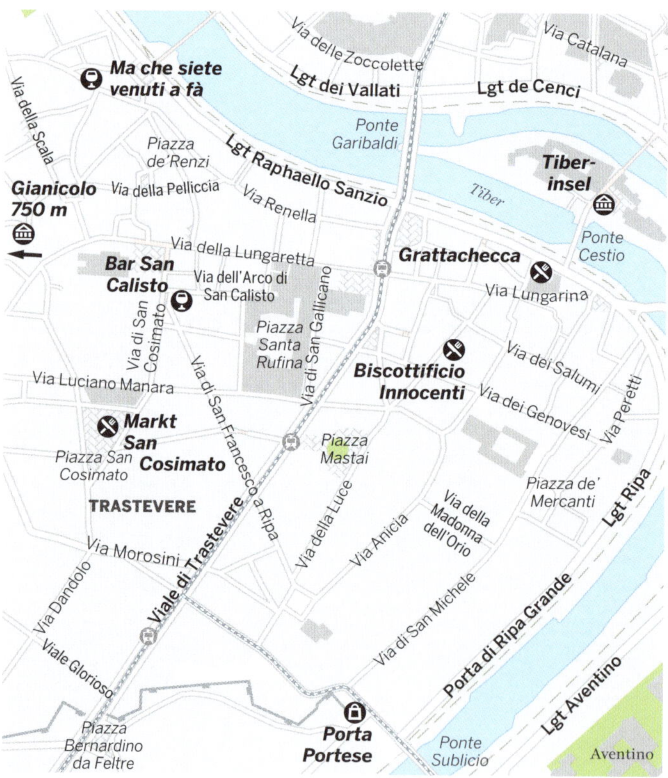


### Porta Portese

Die Stände ziehen sich über Kilometer hin und schlagen eine Schneise vom Flussufer durch den weniger touristischen Teil von Trastevere. Hier drängen sich die Einheimischen auf der Jagd nach einem Schnäppchen. Alles begann nach dem Zweiten Weltkrieg als Schwarzmarkt, und auch heute ist die Herkunft mancher Dinge zweifelhaft. *Via Portuense; So 8–14 Uhr.*

### Biscottificio Innocenti

In dieser weiß gekachelten Bäckerei in einer Nebenstraße ist die Zeit stehen geblieben: Die Schilder und die Wanduhr stammen aus anderen Epochen, und die Kekse werden auf einer altmodischen Waage abgewogen. Die *brutti ma buoni* (hässlich, aber gut) machen ihrem Namen alle Ehre. *Via della Luce 21a; Mo–Sa 8–20 Uhr, So 9.30–14 Uhr.*

### Markt San Cosimato

Dieser Markt findet seit dem frühen 19. Jahrhundert statt, manche der Standbesitzer sind sogar Nachfahren der ursprünglichen Marktleute. Auf dem großen Platz stapeln sich Obst und Gemüse, im Frühjahr gibt es Artischocken, im Winter fette Fenchelknollen. Ein wunderbarer Ort zum Einkaufen – und um seine Durchsetzungsfähigkeit gegen die *nonni* (Großeltern) unter Beweis zu stellen. *Piazza di San Cosimato; Mo–Sa 6.30–14.30 Uhr.*

© River Thompson / Lonely Planet

### Bar San Calisto

Die Bar verkörpert das gute alte Trastevere. Während die Touristen kommen und gehen, schlürfen die Stammgäste weiter ihren *caffè corretto* (mit einem Schuss Grappa). Zwischen vergilbten Wänden, Metallstühlen, Kacheln und Peroni-Kartonstapeln finden auch spontane Konzerte statt. *Piazza di San Calisto 3; Mo–Sa 6–2 Uhr.*

### Grattachecca

Im Sommer wird es heiß in Rom, dann findet man Abkühlung an der Ponte Cestio zur Tiberinsel. Mehrere Kioske bieten hier *grattachecca* (gehobeltes Eis mit Früchten und Sirup) an, das man auf der Ufermauer genießen kann. *Lgt degli Anguillara; 9–3 Uhr (Mai–Sept).*

### Ma che siete venuti a fà

In der winzigen, leidenschaftlich geliebten Bar wartet eine ganze Batterie funkelnder Zapfhähne mit Craftbieren wie dem American Hornet Invasion oder dem English Wot Hop. Vor der Bestellung einen Probeschluck geben lassen! Der Bandwurmname „Wieso seid ihr überhaupt gekommen?“ geht auf einen Schlachtruf der Lazio-Fans zurück – so verhöhnen sie die gegnerischen Anhänger, wenn ihr Team führt. *Via Benedetta 25; www.football-pub.com; 11–2 Uhr.*

### HEILIGE INSEL

**Nach dem Ausbruch einer Seuche 293 v. Chr. errichtete der Senat auf der einzigen Tiber-Insel einen Tempel für Äskulap, den Gott der Heilkunst. Beim Bau stieß man auf eine Quelle, und so wurde die Insel zu einem Ort der Heilkunst. Das große Gebäude auf der Insel ist bis heute ein Krankenhaus. Es steht unter Leitung der Fatebenefratelli (der Ordensgemeinschaft der Barmherzigen Brüder).**

**Im Uhrzeigersinn von oben: Markt San Cosimato; Ma che siete venuti a fá; Ausblick vom Gianicolo**

© JannHuizenga / Getty Images

© duchy / Shutterstock

# PIGNETO

**Das traditionelle Arbeiterviertel Pigneto fühlt sich an wie eine eigenständige Kleinstadt. Niedrige Häuser stehen bunt durcheinander, geschmückt von flatternder Wäsche. Hier drehte der Neorealist Pier Paolo Pasolini Anfang der 60er-Jahre den Film *Accattone*, in dem er das gesetzlose Leben gesellschaftlicher Außenseiter einfing. In den 00er-Jahren entdeckten Künstler und Studenten das Viertel, viele neue Bars und Restaurants entstanden und verwandelten Pigneto in eines der beliebtesten Ausgehviertel der Stadt.**

### Necci dal 1924

Das Necci ist eine Institution in Pigneto. Das in einer kleinen Seitenstraße der Via del Pigneto versteckte Lokal war Regisseur Pasolinis Lieblingsort. Auch nach mehreren Renovierungen ist das Flair des Bistros mit den im Schummerlicht unter alten Bäumen stehenden Tischen ungebrochen. *Via Fanfulla da Lodi 68; www.necci1924.com; 8–1 Uhr.*

### Rosti

Früher war das Rosti eine Werkstatt, heute baumeln hier Glühlampen in den Bäumen. Im großen Garten stehen zierliche Metallstühle auf Kieselsteinen. Am Wochenende ist das Lokal ein beliebtes Brunchziel. *Via Bartolomeo D'Alviano 65; www.rostialpigneto.it; 17–1 Uhr.*

### Via del Pigneto

In Pignetos Fußgängerzone verlegt sich das Leben abends aus den Straßencafés und Bars nach draußen. Zwischen den Stühlen und Tischen herrscht Partyatmosphäre. *Via del Pigneto; Markt Mo–Sa 6–14 Uhr, Bars ca. 17–1 Uhr.*

### Fanfulla 5/a – Circolo Arci

Das Kulturzentrum in einer Seitenstraße verströmt Underground-Atmosphäre. In dem barackenartigen Raum mit Bar und zusammengewürfelter Einrichtung tragen die modischen Gäste ihre avantgardistischen Frisuren zur Schau. Ob Elektro-DJs, aufstrebende Alternative-Bands oder Kunsthappenings: Hier passiert immer etwas Interessantes. *Via Fanfulla da Lodi 5a; www.fanfulla5a.it; 22–3 Uhr.*

### Osteria Qui Se Magna!

In Pigneto gibt es viele gute Restaurants, aber dieses Lokal überzeugt zusätzlich mit seiner ursprünglichen Atmosphäre. Die schlichte Osteria ist so gradlinig wie der Name: „Hier isst man" – und zwar klassische römische Gerichte wie *vignarola* (Eintopf mit dicken Bohnen) oder Spaghetti alla Carbonara. *Via del Pigneto, 307a; Di–Sa 13–15 & 20–23 Uhr, So 13–15 Uhr.*

# REGOLA

**Regola liegt nicht weit von der touristenüberlaufenen Gegend um den Campo de' Fiori, dennoch ist es hier recht ruhig. Im Südwesten erstreckt sich das Viertel bis zur Piazza Farnese und den Ufern des Tibers. Hier liegt eine der schönsten Straßen Roms, die Via Giulia, die vom berühmten Renaissance-Architekten Bramante entworfen und von Michelangelo mit einem Bogen geschmückt wurde.**

### Supplizio

Das Lokal mit Gourmet-Streetfood hat sich auf *supplì* (frittierte Reisbällchen) mit Mozzarella und traditionellen Füllungen wie *burro e acciughe* (Butter und Anchovis) oder *cacio e pepe* (Pecorino und schwarzer Pfeffer) spezialisiert. *Via dei Banchi Vecchi, 143; www.supplizioroma.it; Mo–Sa 11.30–22 Uhr.*

### Oratorio del Gonfalone

Das „Oratorium des Banners" wurde im 13. Jahrhundert für eine katholische Bruderschaft errichtet und fiel 1890 an den Staat. Das unscheinbare Gebäude wartet innen mit überwältigenden Malereien auf, die im 16. Jahrhundert von einer Gruppe manieristischer Künstler um Federico Zuccari geschaffen wurden. Hier finden auch regelmäßig kostenlose Konzerte statt. *Via del Gonfalone 32/A; www.oratoriogonfalone.eu; Mo–Fr 10–16 Uhr.*

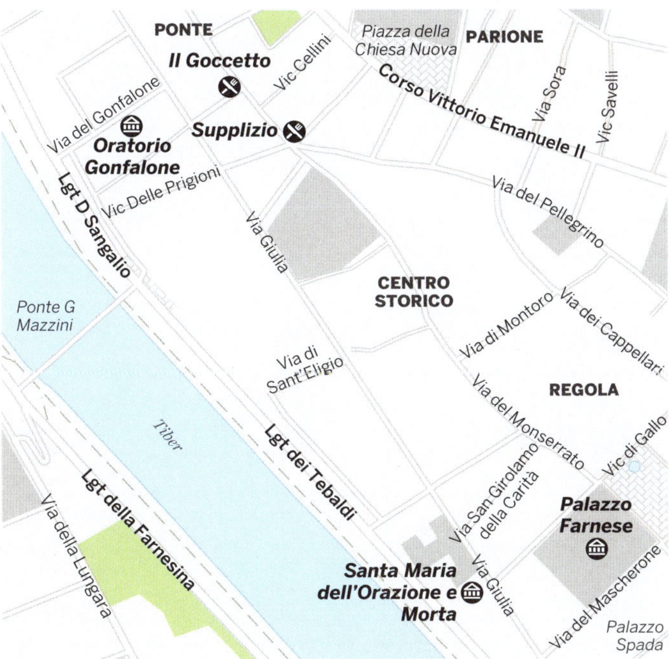


### Palazzo Farnese

Roms schönstes Renaissancegebäude ist heute der Sitz der französischen Botschaft. Die Deckenfresken von Antonio Carracci werden nur von denen der Sixtinischen Kapelle übertroffen. Michelangelo entwarf den Bau für Alessandro Farnese aus der gleichnamigen mächtigen Familie, den späteren Papst Paul III. Zur Führung mindestens eine Woche im Voraus anmelden. *Piazza Farnese; inventerrome.com; Führungen Mo, Mi, Fr 15, 16 & 17 Uhr.*

### Sta Maria dell'Orazione e Morta

Über dem Haupteingang der weiß verputzten Kirche prangen steinerne Totenschädel und ein Stundenglas. Früher gehörte der Bau der Bruderschaft, die für die Armenbegräbnisse Roms zuständig war. Meistens kann man die Kirche nur von außen bewundern. *Via Giulia 262, wegen Restaurierung geschlossen.*

### Il Goccetto

In Regola gibt es viele Sternerestaurants. Wer jedoch ein wenig lokales Flair, ausgezeichnete *antipasti* und eine überraschende Weinkarte sucht, sollte ins Il Goccetto gehen. Zwischen den Weinregalen des schummerigen Lokals trifft man viele Einheimische. *Piazza Madonna dei Monti; Di–Sa 12–14.30 Uhr, Di–So 18.30–24 Uhr.*

45
1919

KUNST & KULTUR | MUSIK & FILM | SPORT & FREIZEIT | ESSEN | TRINKEN | SHOPPEN



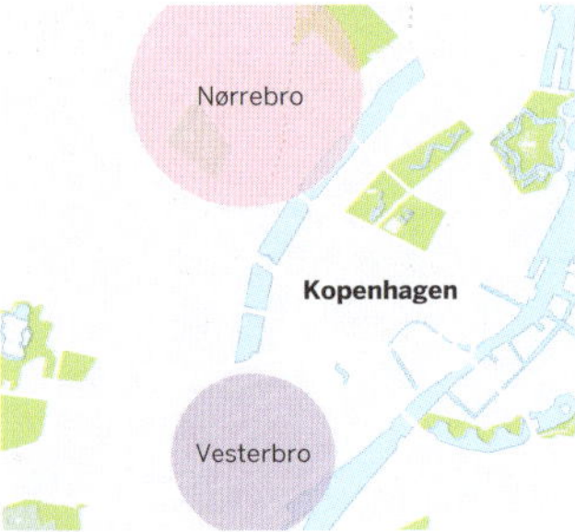


# KOPENHAGEN

**Das entspannte Designparadies Kopenhagen liegt an den Ufern mehrerer Gewässer. Die Stadtteile haben alle ihren eigenen Charakter, mal ethnische Enklave, mal Hipsterville.**

Die meisten Besucher sind erstaunt, dass es im Kopenhagener Stadtgebiet mehrere Seen gibt. Nordwestlich dieser Seenkette liegt Nørrebro („Nordbrücke"), eine einst linke Arbeiterhochburg, die heute das kulturell vielfältigste Viertel Kopenhagens ist. Wegen der niedrigen Mieten zieht es viele Studenten und Start-ups dorthin. Die begehrtesten Lagen sind die Seeufer und die zum Wasser führenden Straßen.

Westlich vom Hauptbahnhof liegt Vesterbro („westliche Brücke"), das gerade eine Wandlung durchmacht. Im Rotlichtviertel rund um den Bahnhof gibt es zwar nach wie vor ein paar Lapdance-Bars und Sexshops, aber immer mehr coole Kopenhagener zieht es hierher. Im ehemaligen Schlachthofviertel haben sich kleine Restaurants und Bars angesiedelt, und leider sind auch die Mieten in die Höhe geschossen.

In Kopenhagen kommt man gut zu Fuß, mit dem Bus oder dem Boot voran, am meisten Spaß macht es aber mit dem Fahrrad.

# NØRREBRO

**Das multikulturelle Nørrebro war einst ein Synonym für linke Politik und militante Hausbesetzer. Doch mit den Vintageläden, Kreativen und Studenten hielt auch die Gentrifizierung Einzug. Nørrebro erstreckt sich vom See Peblinge Sø in nordwestlicher Richtung. An den Ufern wimmelt es von Joggern, Radfahrern und (im Sommer) Leuten aus der Gegend, die ihr Bier genießen.**

### Dronning Louises Bro (Königin-Luise-Brücke)

Die Rad- und Fußgängerwege auf der imposanten, 1887 eingeweihten Brücke über den Peblinge Sø sind breit (und der Autoverkehr überschaubar). An warmen Abenden steigen auf den Bänken Spontanpartys von Einheimischen, die Bier, Wein und Musikboxen mitbringen. Ein wunderschöner Ort – und angesichts der Preise in den Bars versteht man, warum sich die Leute selbst versorgen. *Dronning Louises Bro.*

### GRØD

Wie sehr sich eine Gegend verändert, merkt man spätestens, wenn ein Lokal eröffnet, das ausschließlich Porridges anbietet. Hier holen sich die Anwohner ihre (teils vegane) Portion Glück mit Toppings wie Kastanienpüree, Apfel oder gerösteten Mandeln. *Jægersborggade 50; Mo–Fr 7.30–21 Uhr, Sa & So 9–21 Uhr.*

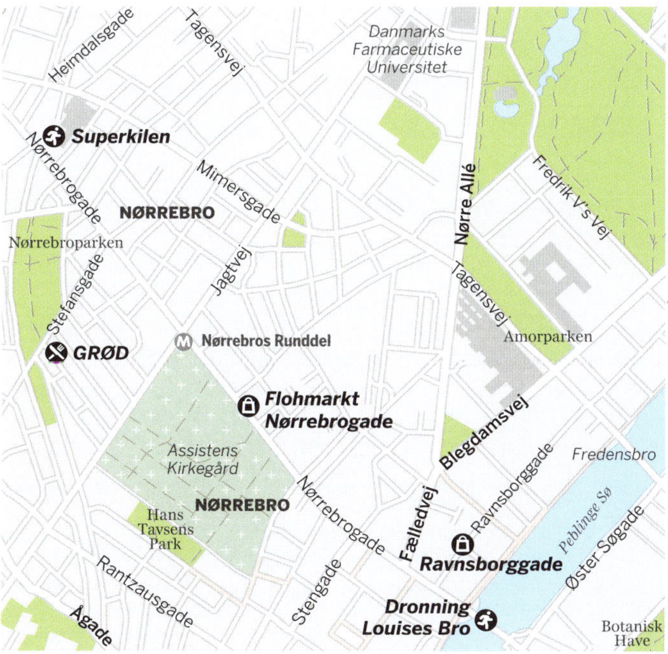




### Ravnsborggade

Die Straße lädt mit ihren Antikhändlern und Secondhandläden zum Schaufensterbummel und Stöbern ein. Dänisches Design des 20. Jahrhunderts wird man hier kaum finden, dafür antike Schnäppchen und Nippes wie Gemälde, Spielzeug, Möbel, Porzellan oder Orden. *Ravnsborggade; Mo–Sa ca. 11–17 Uhr.*

### Flohmarkt Nørrebrogade

Nørrebros Flohmarkt zieht sich an der senfgelben Mauer des Kierkegaard-Friedhofs entlang, ein schmaler Streifen mit nur einer Reihe von Ständen. Neben Schmuck und Uhren für eine ganze Elsternkolonie findet man Antiquitäten, Keramik und Kleidung. Der Friedhof ist die letzte Ruhestätte von Hans Christian Andersen und dem namensgebenden Philosophen Søren Kierkegaard. *Nørrebrogade 90; Sa 7–15 Uhr (Apr–Okt).*

### Superkilen

Der futuristische Park besteht aus drei Bereichen: Roter Platz, Schwarzmarkt und Grüner Park. Über den Park verteilt finden sich Artefakte aus aller Welt, etwa ein marokkanischer Brunnen, irakische Schaukeln oder brasilianische Bänke. *Mimersgade.*

# VESTERBRO

**Das frühere Schlachthofviertel gehört heute zu den beliebtesten Ausgehgegenden der Stadt. Lange Zeit trug Vesterbro die fragwürdige Auszeichnung als Kopenhagens verkommenstes Viertel. Die Bewohner drängten sich in Mietskasernen aus dem 19. Jahrhundert, und auf den Straßen herrschte ein unappetitliches Treiben. Mit einer großen Säuberung begann in den 1990ern die Verwandlung zum Szeneviertel, in dem es aber nach wie vor einige raue Ecken gibt.**

### Havnebadet Fisketorvet

In Kopenhagen gibt es mehrere Hafenbäder, deren Becken von den Wasserstraßen abgetrennt wurden. Sehr beliebt ist das Bad direkt vor dem Einkaufszentrum Fisketorvet mit Sprung-, Kinder- und Schwimmbecken. An heißen Tagen springen die Kopenhagener in Scharen ins kühle Nass. *Kalvebod Brygge 55; svoemkbh.kk.dk/havnebade; Mitte Mai bis Mitte Sept 10–18 Uhr.*

### Fahrradschlange

In einer Stadt, deren Leben sich auf zwei Rädern abspielt, sind Radbrücken lebensnotwendig. Die Fahrradschlange wurde 2014 eingeweiht und verbindet die Brücke Dybbølsbro mit der Bryggebroen, einer anderen Fahrradbrücke durch den Hafen. So gelangen Radfahrer rasch und unkompliziert nach Islands Brygge. *Cykelslangen; dissingweitling.com/en/project/bicycle-snake.*

### Kalvebod Bølge

Die Uferfront von Vesterbro ist ein typisches Beispiel für Kopenhagens einmaligen Umgang mit dem öffentlichen Raum. Kajakfahrer kommen mit einer eigenen Rutsche ebenso auf ihre Kosten wie Jogger, Sonnenanbeter oder Skater. Eine Muschelfarm reinigt das Wasser, trotzdem schwankt die Wasserqualität, deswegen gibt es hier kein Hafenbad. *Kalvebod Brygge; www.kobenhavnergron.dk.*

### War Pigs Brewpub

Viele exzellente Restaurants stellen im ehemaligen Fleischmarkt von Kopenhagen draußen ihre Tische auf. Ein Favorit ist dieses Heavy-Metal-Lokal mit eigenem Craftbier und tätowierten Köchen. Das Fleisch wird nach Gewicht berechnet und auf einem Metalltablett serviert (Wikinger brauchen keinen Teller). *Flæsketorvet 25; www.warpigs.dk; 11–24 Uhr, Fr–Sa bis 2 Uhr, So 11–23 Uhr.*

© 2020, Havnebadet Fisketorvet

## Bang & Jensen

In der ehemaligen Apotheke mit hyggeliger (gemütlicher) Atmosphäre erlebt man das Wesen einer dänischen Kiez-Cafébar in Perfektion. Auf den ledernen Barhockern und Stühlen in diesem Klassiker unter Vesterbros Lokalen genießen attraktive Dänen und Däninnen offene Sandwiches und (später am Tag) Cocktails. *Istedgade 130; www.bangogjensen.dk; Mo & Di 7.30–24 Uhr, Mi–Fr 7.30–2 Uhr, Sa 10–2 Uhr, So 10–24 Uhr.*

## Fermentoren

Leicht könnte man an der unprätentiösen Souterrain-Bar vorbeigehen. Dabei gehört die stets gut besuchte Craftbier-Oase zu den gemütlichen Wohnzimmerbars, in denen sich Einheimische gerne treffen. Es gibt ein paar Holzstühle und -tische, oder man sucht sich einen Platz am Tresen, um Biere wie das Arcadian Orchard oder Rock the Kezbek zu probieren. *Halmtorvet; www.fermentoren.com; Mo–Mi 15–24 Uhr, Do 14–1 Uhr, Fr & Sa 14–2 Uhr, So 14–24 Uhr.*

### KOPENHAGENS SCHÜTZENMAUER

**An der Istedgade-Straße steht scheinbar nutzlos eine große Backsteinmauer, die mit ihren spitzen Türmchen und Bögen an eine Burg denken lässt. Sie wurde 1887 für die Königlich Kopenhagener Schützengesellschaft errichtet, um die Passanten auf der neu errichteten Istedgade vor Querschlägern der Schießbahn zu schützen. Heute führt das Tor in der Mauer auf den kleinen Park Skydebanehaven.**

## Kihoskh

Kioske mit großem Sortiment und langen Öffnungszeiten gibt es überall in Vesterbro. Aber das ist die Luxusversion, ein Nachbarschaftstreff mit Bio-Lebensmitteln und Getränken in den schönsten Dosen, die man sich vorstellen kann. Das Bier kommt von der Kopenhagener Brauerei Mikkeller, daneben gibt es ausgefallene Sorten wie Pecan Psychosis, ein Imperial Stout mit Pekannuss und Kastanie. *Sønder Bd 53; www.kihoskh.dk; So–Do 7–1 Uhr, Fr & Sa 7–2 Uhr.*

**Oben: Havnebadet Fisketorvet**
**Unten und links: Wikinger-Atmosphäre im War Pigs Brewpup**

Camilla Stephan & Rasmus Malmström / 2020, War Pigs Brewpub

Camilla Stephan & Rasmus Malmström / 2020, War Pigs Brewpub

KUNST & KULTUR MUSIK & FILM SPORT & FREIZEIT ESSEN TRINKEN SHOPPEN

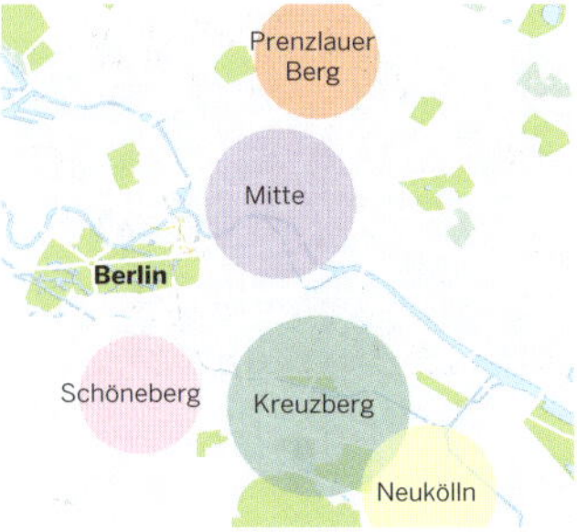


# BERLIN

**Gereift und doch energiegeladen – Berlin ist ein Potpourri aus eigenwilligen Vierteln, sprudelnd vor Kreativität, spannender Geschichte und ausschweifendem Nachtleben.**

Berlin ist ein Bonvivant, der alles – beziehungsweise sich selbst – nicht so ernst nimmt. Aber wer wirklich in die deutsche Hauptstadt eintauchen will, muss durch die verschiedenen Kieze flanieren.
Man beginnt in Mitte, wo die Top-Sehenswürdigkeiten stehen (Brandenburger Tor, Fernsehturm usw.), dem Tummelplatz der Kreativen mit Boutiquen, Galerien, Kneipen und Restaurants. Nördlich davon entblättert das gediegene Prenzlauer Berg seinen Charme. Am besten streift man tagsüber entspannt durch die grünen Straßen, wo die Café-Kultur zur Kunstform erhoben wurde.
Südlich von Mitte liegt das inzwischen respektable Kreuzberg mit seiner multikulturellen Energie und dem legendären Nachtleben, wobei diesbezüglich das raue und hippe Neukölln auf der anderen Seite des Landwehrkanals stark aufgeholt hat. Westlich von Kreuzberg birgt das coole Schöneberg hinter seiner vornehmeren Fassade jede Menge ungewöhnliche Überraschungen.

# PRENZLAUER BERG

**Prenzlauer Berg wurde nach der Wiedervereinigung am schnellsten gentrifiziert – aus dem rauen Kiez wurde ein schicker. Es macht Spaß, hier herumzuspazieren, besonders zwischen Mittag und Abend brummen die kleinen Cafés und Boutiquen. Einfach an den U-Bahnhöfen Senefelderplatz, Eberswalder Straße oder Schönhauser Allee aussteigen, und los geht's. Sonntags platzt der Mauerpark mit seinem beliebten Flohmarkt und Karaoke-Shows aus allen Nähten.**

### Stadtbad Oderberger Strasse

Ein wunderschön restaurierter Badetempel, der in das gleichnamige Hotel eingegliedert ist. Beim Bahnenschwimmen lassen sich die hohen Decken, Galerien und Skulpturen der Haupthalle bewundern. *Oderberger Str. 57; www.hotel-oderberger.berlin/bad; Wechselnde Öffnungszeiten; Schwimmbad 6 $, Schwimmbad & Sauna 15 $.*

### Alain Snack

Mit der Regenbogen-Fassade und der Werbung für Bio-Würste mag Alain Snack aussehen wie jeder normale Imbissstand. Tatsächlich ist es eine Institution aus DDR-Zeiten, die immer noch Kettwurst anbietet, den ostdeutschen Hot-Dog. *Schönhauser Allee, Ecke Dänenstr.; 9–22 Uhr.*

### Platz des 9 November 1989

Der erste Spalt in der Berliner Mauer öffnete sich am 9. November 1989 hier am Grenzübergang auf der unspektakulären Bösebrücke an der Bornholmer Straße. Am Originalschauplatz sind die Ereignisse jener Nacht in einer Freiluftausstellung mit einem kurzen Mauerstück dokumentiert. *Bornholmer Str. 70.*

### Hokey Pokey

Einheimische Foodies mögen sich beim Streit um das beste Eis Berlins uneinig sein, aber Hokey Pokey ist definitiv ganz vorn mit dabei. Die Schlangen für eine cremige Dröhnung der Köstlichkeit in abenteuerlichen Geschmackskombis sind im Sommer meterlang. *Stargarder Str. 73; www.hokey-pokey.de; 0176 8010 3080; 13–19 Uhr.*

### Yonkel Ork

Yonkel Ork ist alles, was ein Geschenkeladen sein sollte – witzig, einladend und voll mit handverlesenen Artikeln von Stempeln bis zu Vasen, von Spielzeug bis zu Lampen und anderem Schnickschnack. *Pappelallee 63; www.yonkelork.de; Mo–Sa 11–19 Uhr.*

# MITTE

**Es ist nicht einfach, sich von den Standard-Sehenswürdigkeiten loszureißen, die über Mitte verteilt sind. Aber wer sich traut, wird reichlich belohnt. Die verwinkelten Straßen und versteckten Hinterhöfe im alten jüdischen Viertel um den Hackeschen Markt sind besonders ergiebig. Selbst im etwas biederen Gebiet um den Gendarmenmarkt finden sich unentdeckte Kleinode.**

### Sawade

Das Berliner Schokoladenimperium versorgt Kakaoliebhaber seit 1880. Rum-Sahne-Trüffel, Pistazie-Marzipan-Pralinen oder auf der Zunge schmelzendes Nougat – jedes Stück eine essbare Kostbarkeit, handgemacht und im Flagship-Store in den Hackeschen Höfen wunderschön präsentiert. *Rosenthaler Str. 40-41; sawade.berlin; Mo–Sa 11–19 Uhr.*

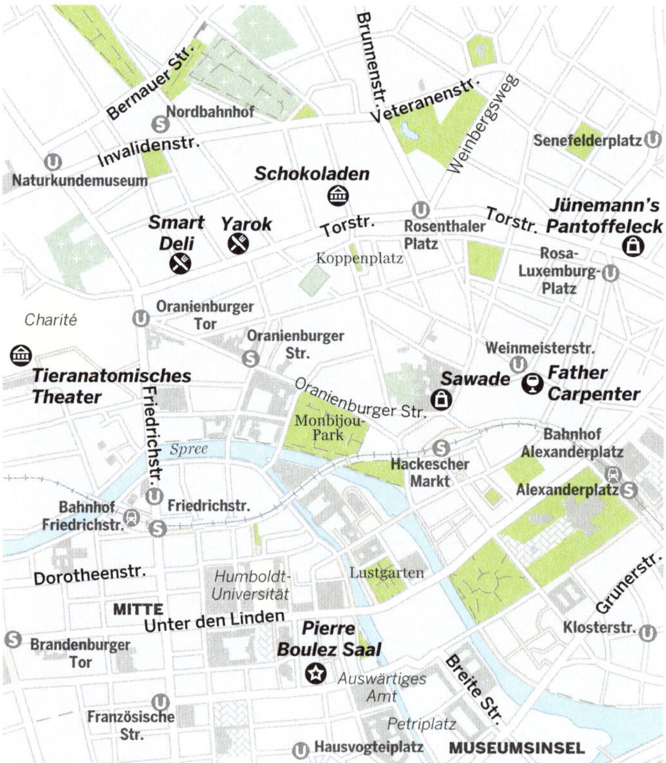


### Father Carpenter

Falls der Tag mit einem Brummschädel beginnt, kann man hier im Hinterhofcafé, das bei Mitte-Kreativen und Shoppern sehr beliebt ist, wieder zu Kräften kommen. Der starke Kaffee aus der eigenen Rösterei (in hübschen blauen Tassen serviert) und die köstlichen Backwaren und leichten Speisen sind dafür genau richtig. *Münzstr. 21, 2. Hinterhof; www.fathercarpenter.com, Mo–Fr 9–18 Uhr, Sa 10–18 Uhr.*

### Jünemann's Pantoffeleck

Jünemanns Hauslatschen im Großvaterstil sind so altmodisch, dass sie schon wieder in sind. Seit mehr als 100 Jahren halten sie die Füße der Hauptstädter warm. In einem winzigen Souterrain auf der trendigen Torstraße versteckt, stellt der Familienbetrieb bis zu 80 Paare täglich her, seit Jahrzehnten in unverändertem Design. Dauerbrenner-Bestseller ist das orange-braun-karierte Modell. *Torstr. 39; www.pantoffeleck.de; Mo–Fr 9–18 Uhr.*

### Smart Deli

Berlin ist nicht unbedingt arm an Restaurants mit authentischer japanischer Küche. Aber das Smart Deli ist dennoch ein Glücksfund. Hinter den comicartigen Schaufenstern bietet der kleine Laden perfekt zubereitete Klassiker wie dampfende Nudelsuppen und randvolle Reisschüsseln. Die Una-Don-Bowl mit gegrilltem Aal ist ein Volltreffer. *Novalisstr. 2; www.smartdeli.org; 030-2068 7037; Mo–Fr 12–22 Uhr, Sa 12–18 Uhr.*

© Eddy Galeotti / Shutterstock

### Pierre Boulez Saal

Der Veranstaltungssaal der neusten Generation ist vom Dirigenten Daniel Barenboim konzipiert und vom Architekten Frank Gehry entworfen worden. Das Konzertprogramm ist eine Mischung aus Bewährtem und Experimentellem, was wunderbar in den elliptischen, modularen Raum passt, in dem man nie weit von den Musikern entfernt sitzt. *Französische Str. 33D; boulezsaal.de.*

### Yarok

Berlin ist voller Restaurants mit nahöstlicher Küche, aber nur wenige decken die ganze Palette der bekanntesten Gerichte so perfekt ab wie das Yarok. Der wunderbar knusprige Falafel und die spritzigen Saucen ziehen Stammbesucher seit Langem an; für Neulinge empfehlen sich vor allem die großzügigen gemischten Platten mit Kostproben der bewährten Bestseller. Nimm an einem Tisch auf dem Bürgersteig Platz – und dann guten Appetit. *Torstr. 195; Mo, Di, Do & Sa 12–24 Uhr, Mi, Fr & So 14–24 Uhr.*

## STOLPERSTEINE

**Wer zu Fuß durch Berlin läuft, vor allem durch das alte jüdische Viertel um den Hackeschen Markt, stößt überall auf Stolpersteine – kleine, in den Bürgersteig eingelassene Messingplatten, die an Menschen erinnern, die im NS-Regime verfolgt oder ermordet wurden. Sie sind Teil eines Kunstprojekts des in Berlin geborenen Künstlers Gunter Demnig und eine subtile, berührende Erinnerung an diese düstere Zeit in der deutschen Geschichte.**

### Schokoladen

In Zeiten der Turbo-Gentrifizierung ein echter Überlebenskünstler. Mit seinem alternativen Punk-Image ist der Klub in einer früheren Schokoladenfabrik ein seltenes Relikt der wilden 1990er und heute noch ein Alternativ-Treffpunkt. Billiges Bier, kostenloser Fußball, das charmant-chaotische Dekor und ein Programm von Lesungen über Karaoke bis zu Konzerten tun ihr Übriges. *Ackerstr. 169; www.schokoladen-mitte.de; 19–3 Uhr oder später.*

### Tieranatomisches Theater

Das Tieranatomische Theater, das älteste akademische Gebäude der Stadt, wurde 1790 nach einem Entwurf des Brandenburger-Tor-Architekten Carl Gotthard Langhans erbaut. Im Hörsaal wurden früher Pferde und Kühe seziert, jetzt verbinden Ausstellungen Wissenschaft und Kunst. Man beachte die Tierschädel an der Fassade. *Phillippstr. 13, Campus Nord, Haus 3; Di–Sa 14–18 Uhr.*

**Oben: Street-Art in Mitte**
**Links: Father Carpenter, Kaffeerösterei mit Café**

# KREUZBERG

**Das ruppige Kreuzberg ist zwar nicht Berlins Traumprinzessin, aber inzwischen doch eines der trendigsten und gefragtesten Viertel. Während in der Gegend ums Kottbusser Tor und östlich davon die ganze Nacht Partystimmung herrscht, lebt der Bergmannkiez weiter westlich eher tagsüber, beim Bummeln, Shoppen und Kaffetrinken in der Bergmannstraße und Umgebung.**

### Kreuzberger Himmel

Hier riecht es nach Kardamom, Kreuzkümmel und Chili. In der Küche wirbeln Flüchtlinge aus Syrien, Afghanistan und Irak und zaubern syrische Gerichte mit Seele – von *fatoush* (Salat) bis *frikeh* (gerösteter Durumweizen mit Lamm) und von *kibbeh* (Fleischbällchen) bis *kabse* (ein Reisgericht). *Yorckstr. 89; www.kreuzberger-himmel.de; Di–Fr 17–24 Uhr, Sa & So 10–24 Uhr.*

### König Galerie @ St. Agnes

Brutalistische moderne Achitektur muss man nicht mögen, aber St. Agnes wird einen trotzdem nicht kalt lassen. Die bunkerartige, entwidmete Kirche wurde durch die renommierte König Galerie wieder zum Leben erweckt, einen der wichtigsten Vermittler von radikaler Konzept- und Raumkunst. *Alexandrinenstr. 118-121; www.koeniggalerie.com; Di–Sa 10–18 Uhr, So 12–18 Uhr.*

### Heimweh

Wie der Name schon sagt, schürt im Heimweh schon ein Teller mit leckerem *kumpir* (Ofenkartoffel auf türkische Art) die Sehnsucht. Tee gibt's so viel man will am Samowar und als Dessert himmlisches Tiramisu. *Skalitzer Str. 100; www.facebook.com/heimweh36; 12–22 Uhr.*

### Mampes Neue Heimat

Nachdem Berlins älteste Spirituosenmarke (ab 1831) in den 1990er-Jahren beinahe eingegangen wäre, erobert Mampe jetzt die Hauptstadt zurück. An seiner neuen Heimat in einer ehemaligen Brauerei erfährt man, was David Bowie mit Mampe zu tun hatte, und kann Produkte wie den typischen Kräuterlikör Mampe Halb & Halb probieren. *Am Tempelhofer Berg 6; mampe.berlin; 10–18 Uhr.*

### ManuTeeFaktur

Von seinen Reisen um die Welt inspiriert, stellt der charismatische Tee-Alchemist Manu Kumar seine Bio-Mischungen von Hand zusammen, etwa den beliebten Indian Masala Chai. Seine Manufaktur/Laden/Teehaus am Landwehrkanal ist einen Besuch wert. *Paul-Lincke-Ufer 44a (2. Hinterhof, Eingang A); manuteefaktur.com; Mo & Fr circa 10–14 Uhr, Mi & Do 14–18 Uhr, vorher anrufen.*

# SCHÖNEBERG

**Das grüne und gemächliche Schöneberg ist selten auf dem touristischen Reiseplan, dabei ist es für Streifzüge zu Fuß oder mit dem Fahrrad wie gemacht. Besonders auf der Potsdamer Straße, Goltzstraße und Akazienstraße samt Nebenstraßen gibt es viele Läden und Cafés mit Berliner Flair zu entdecken. Die wichtigsten U-Bahnhöfe sind Nollendorfplatz und Lützowstraße.**

### Museum der Unerhörten Dinge

Das private Museum ist klein, skurril und faszinierend. Gezeigt werden Dinge mit einer erstaunlichen Geschichte. Lass dich verzaubern von „versteinertem Eis", einer Schnecke, die im Magen eines Dinosauriers lebte, oder von Goethes versteinerter Rose. Nur ein gut gemachter Schwindel? Entscheide selbst. *Crellestr. 5-6; www.museumderunerhoertendinge.de; Mi–Fr 15–19 Uhr.*

### Da Jia Lee

Von dem 0815-Ambiente sollte man sich nicht abschrecken lassen. Das Da Jia Lee ist als einziges chinesisches Restaurant Berlins auf Dongbei-Küche aus dem Nordosten Chinas spezialisiert. Sie hat russische, koreanische und mongolische Einflüsse und setzt auf Ein- und Feuertöpfe, etwa den Dongbei-Topf mit Rippchen, Bohnen und Maismehlfladen. *Goebenstr. 23; dajiale-berlin.de; 030-2145 9745; Mo & Di 16–23 Uhr, Mi–So 12–23 Uhr.*

### Rocket & Basil

Rocket und Basil heißen die Haustiere von Sophie und Xenia, deutsch-iranischen Schwestern, die in Australien aufgewachsen sind und mit neu interpretierter persischer Küche verwöhnen: liebevoll zubereitete Salate, Suppen und Gerichte wie *tahdig* (Krustenreis) und *fesenjan* (Granatapfel-Huhn). *Lützowstr. 22; www.rocketandbasil.com; 0176 6176 7945; Di–Fr 9–16 Uhr, Sa & So 10–16 Uhr.*

### E. & M. Leydicke

Direkt nach *Babylon Berlin* hineinversetzt fühlt man sich in dieser Kneipe, die seit mehr als 150 Jahren ausschenkt, darunter Liköre aus hauseigener Destillerie. *Mansteinstr. 4; www.leydicke.com; 19.30–23 Uhr oder später.*

### Pallasseum

Der denkmalgeschützte 70er-Jahre-Wohnblock überspannt einen Bunker aus dem Zweiten Weltkrieg und ist mit zahlreichen Satellitenschüsseln bestückt. Er steht an der Stelle des abgerissenen Berliner Sportpalastes, wo Goebbels 1943 zum „Totalen Krieg" aufgerufen hatte. *Pallasstr. 3; pallasseum-wohnbauten.de.*

© Mark Read / Lonely Planet

# NEUKÖLLN

**Kein Berliner Bezirk hat sein Gesicht so radikal gewandelt wie Neukölln. Vor allem der nördliche Teil hat sich in Nullkommanichts vom rauen Ghetto zum Szeneviertel gemausert, dank Expats, Studenten und Flüchtlingen. Läden, Cafés, Kneipen und Restaurants beleben jetzt viele der ehemals grauen Straßen und Plätze, zum Beispiel die Weserstraße, die Sonnenallee, den Schillerkiez oder den Richardplatz. Neukölln steckt voller kleiner Entdeckungen!**

### Hallmann & Klee

Das Hallmann & Klee in Rixdorf tischt ein gediegenes Frühstück auf, mit himmlisch pikanten oder süßen Aufstrichen aus Bio-Produkten, vor allem aus der Region, und einem luftigen Quark mit Beeren, Walnüssen und Pflaumen. *Böhmische Str. 13; www.hallmann-klee.de; 030-2393 8186; Mi & Do ab 15 Uhr, Fr & Sa ab 9.30, So 9.30–18 Uhr.*

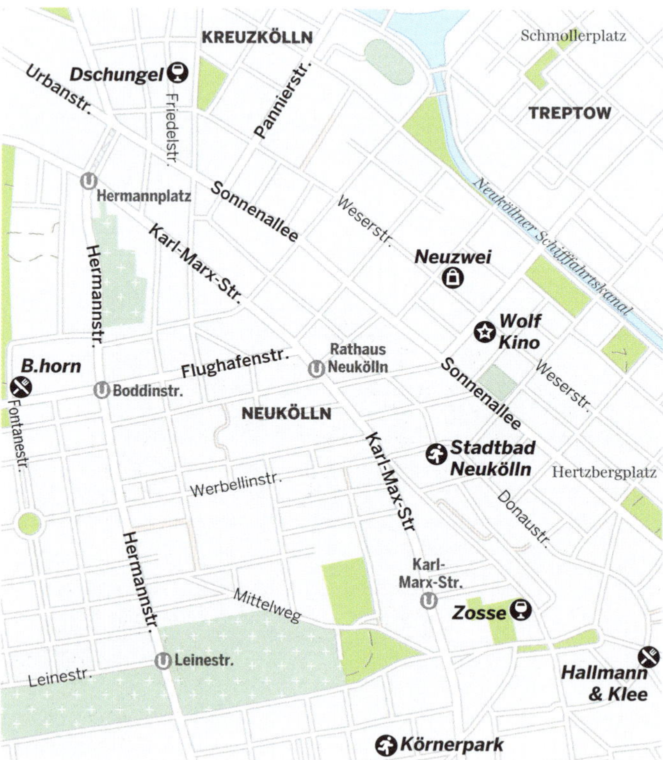


### Zosse

Eine gepflasterte Gasse im historischen Rixdorf führt zu der urigen Bar in einer alten Schmiede aus dem 19. Jahrhundert. Ob Cocktails am Holzofen im Winter oder ein kühles Bier im Sommergarten, die Zosse ist perfekt zum Chillen zwischen Tourismushektik und nächtlichem Treiben. *Richardstr. 37; www.facebook.com/ZosseBar; Di–Fr 18–24 Uhr, Sa 16–3 Uhr, So 16–23.45 Uhr.*

### Neuzwei

Wer auf dem Slow-Fashion-Zug mitfährt, ist bei Neuzwei goldrichtig. Der Vintageladen auf der Weserstraße wird von Barbara Molnar geführt, die einen in Mode von damals toll aussehen lassen möchte. Die hölzernen Möbel, in denen sie die zeitlos schöne Kleidung und die Accessoires verkauft, hat sie selbst entworfen. *Weserstr. 53; www.instagram.com/neuzwei; Di–Sa 13–19 Uhr.*

### Körnerpark

Die Berliner sind Experten in der Aufwertung öffentlicher Räume. Typisches Beispiel: der Körnerpark, eine Kiesgrube, die in einen bezaubernden Barockgarten umgewandelt wurde. Hier kann man meditieren, die Rosen riechen, Selfies mit kessen Statuen schießen, in der Kunstgalerie vorbeischauen oder sich in dem süßen Café einen Kaffee mit Zitronentarte gönnen. *Schierker Str. 8; www.körnerpark.de.*

**B.horn**
Eine gemütliche rustikal-schicke Kombi aus Eckkneipe und Restaurant. Freunde zusammentrommeln, einen der handbemalten Tische ergattern und die Festschmäuse zum Teilen genießen, vom Pulled-Kräutersaitling-Burger bis zu schmackhaften Rippchen und Oktopus. Auf vollen Magen gibt's einen der sensationellen Cocktails, etwa den Agnostic Sour. *Flughafenstr. 84; www.bhorn.berlin; Di–So 11–2 Uhr (März–Okt), Di–Sa 17.30–2 Uhr (Nov–Feb).*

**Wolf Kino**
Als Gegengift zum Binge-Watching ist das in einem ehemaligen Bordell durch Crowdfunding entstandene Wolf eine Bastion des internationalen Indiefilms. Nach dem Abspann bleibt man, um mit den anderen Kinogängern in der hübschen Café-Bar zu philosophieren, manchmal in Anwesenheit der Filmemacher. *Weserstr. 59; wolfberlin.org; Café-Bar 11 Uhr bis spät.*

© Peter Delius / Alamy Stock Photo

## DAS ALTE RIXDORF

**In Rixdorf, 1737 von protestantischen Flüchtlingen aus Böhmen gegründet, gehen Asphaltstraßen in Kopfsteinpflaster über, und das Turbo-Stadtleben wird zum leisen Brummen. Am besten zeigt sich sein Charme, wenn man vom Richardplatz, dem zentralen Platz mit alter Schmiede und Kirche, durch das Netz aus stillen Gassen schlendert, an denen immer mehr Cafés und Lokale eröffnen.**

**Stadtbad Neukölln**
Öffentliche Hallenbäder sind selten spektakulär, aber das Stadtbad Neukölln ist nicht irgendein Schwimmbad. 1914 gebaut, als Deutschland noch eine Monarchie hatte, ist seine Architektur wahrlich kaiserlich. Es gibt ein von Säulen gesäumtes Schwimmbecken, das von wasserspeienden Walrossen bewacht wird, und eine römische Sauna wie in Pompeii. *Ganghoferstr. 3; www.berlinerbaeder.de/baeder/stadtbad-neukoelln; circa 10–22.30 Uhr; 5,50 €.*

**Dschungel**
Im gefährlichen „Dschungel" von Neukölln ist die Dschungel-Bar ein sicherer Hafen. Inmitten des märchenhaften Ambientes mit Dschungel-Tapete, Pflanzen, Ranken und Zimmerbäumen mixen die Bartender kräftige Drinks. Das gedämpfte Licht verschafft selbst blassen Szenetypen einen gesunden Teint. *Friedelstr. 12; www.facebook.com/dschungel.berlin; So–Do 18–3 Uhr, Fr & Sa bis 5 Uhr.*

© 2020, Hallman & Klee

**Oben: der grüne Körnerpark**
**Links: bei Hallmann & Klee**

KUNST & KULTUR MUSIK & FILM SPORT & FREIZEIT ESSEN TRINKEN SHOPPEN

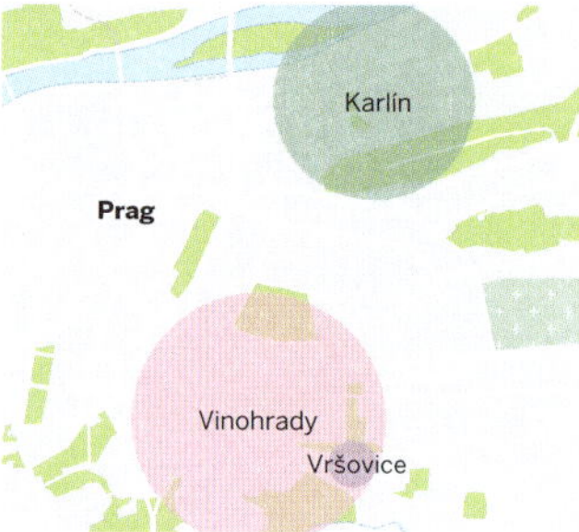


# PRAG

**Jenseits von Prags bezaubernder Altstadt wartet eine Stadt mit reichlich Koffein, einer einzigartigen Küche und geschichtsträchtigen Gebäuden an jeder Ecke.**

Abseits der mächtigen Prager Burg und der Altstädter Astronomischen Uhr wartet das echte Prag – und kaum ein Tourist kennt es. Vršovice, Karlín und Vinohrady sind reich an Jugendstil-, Barock- und Gotik-Bauwerken. Einfach durch die Straßen schlendern und die wundervolle Architektur aufsaugen!

Vršovice ist berühmt wegen der Krymská-Straße, in der sich die meisten Sehenswürdigkeiten befinden. Das Viertel ist recht hügelig, dennoch lässt es sich gut zu Fuß erkunden. Aber auch mit der Tramlinie kommt man gut voran.

Für alle, die am Wochenende auf entspannten Brunch stehen, ist das relaxte Karlín eine gute Wahl. Die rasterartige Anlage der Straßen macht es leicht, sich zwischen den Highlights zurechtzufinden. Das flache Viertel ist ausgesprochen radfreundlich.

Die Sehenswürdigkeiten von Vinohrady liegen verstreut über das ganze Viertel. Aber mit der U-Bahn und mehreren Tramlinien kommt man bequem voran.

# VRŠOVICE

**Vršovice zieht Fußballfans, Kaffeefreunde und Bierliebhaber gleichermaßen an. Die lebendige Krymská-Straße hat sich international einen Namen gemacht. Sie wurde so populär, dass sich die Anwohner wegen der Ruhestörungen beklagten. Inzwischen müssen die Bars und Kneipen nach 22 Uhr strenge Auflagen befolgen. Trotzdem sind das Flair und die pulsierende Energie des Viertels weiterhin zu spüren.**

### Café v Lese

Das „Café im Wald" ist unbestreitbar das originellste Alternativlokal auf der legendären Krymská und ein kultureller Hotspot der Gegend. Im Keller finden mehrmals wöchentlich Konzerte statt, das Erdgeschoss wird vom Café- und Barbereich eingenommen. *Krymská 12; www.cafevlese.cz; Mo–Sa 16–2 Uhr, So bis 24 Uhr (Sept–Mai), Mo–Sa 18–2 Uhr, So 16–24 Uhr (Juni–Aug).*

### Jam and Co.

Dieses moderne Fusionlokal sticht aus dem rauen, ungeschminkten Ambiente der Krymská heraus. In der lichten und luftigen Atmosphäre mit weiß getünchten Ziegelsteinen kann man sich entspannen und die wechselnde asiatische Küche genießen. *Krymská 152/1; www.jamandco.cz; 777 133 616; 11–23 Uhr.*

### Plevel

Veganer bis hin zur Rohkostfraktion schwören auf das Plevel. Die vegetarischen Versionen beliebter tschechischer Klassiker fallen üppig aus, und die saisonale Karte enthält zahlreiche glutenfreie Gerichte. Man sitzt hinter einer großen Fensterfront in einem Raum mit Retroambiente, einschließlich Tapete im Oma-Stil. *Krymská 2; www.restauraceplevel.cz; 273 160 041; Mi–Sa 11–24 Uhr, So bis 22 Uhr.*

### Xaoxax

Die ungewöhnliche kleine Buchhandlung und Galerie ist auch unter den Namen Baobab oder einfach Xao bekannt. Der Laden ist eine wahre Fundgrube für Fans von Comics, Grafiken und Illustrationen. Ein Paradies für jeden, der Kunst und den Duft von Büchern liebt. *Krymská 29; www.xaoxax.cz; Di–Fr 14–19 Uhr, Sa 11–17 Uhr.*

### Kino Pilotů

Das wiedereröffnete Kino tritt in die Fußstapfen seines Vorgängers aus dem Jahr 1908. Die beiden Säle – die Luke und Han heißen – haben genau die richtige Größe für ein intimes Kinoerlebnis. In der Bar im Erdgeschoss herrscht vor und nach den Vorstellungen reges Treiben. *Donská 168/19; www.kinopilotu.cz; Mo–Fr ab 15 Uhr, Sa & So ab 9 Uhr.*

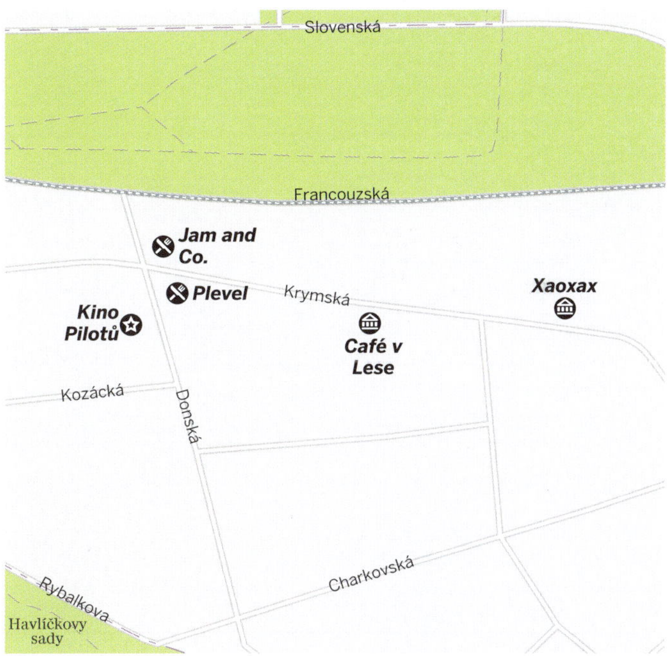

# KARLÍN

**Das Viertel östlich der Altstadt musste sich nach den verheerenden Flutschäden von 2012 vollkommen neu erfinden. Die Sanierungen bereicherten Prag um eine ganz neue Facette, ein wenig ungeschliffen, aber sehr viel hipper. Ein vergleichbares Flair wird man in der manchmal etwas künstlich wirkenden Innenstadt nicht finden. Also, auf nach Karlín, wo es mittags und am Wochenende besonders betriebsam zugeht.**

**Kasárna Karlín**

In dem ungewöhnlichen Ambiente einer ehemaligen Kaserne finden Konzerte, Open-Air-Filmvorführungen, Ausstellungen und Workshops statt. Eltern beobachten ihre Kinder beim Spielen in der riesigen Sandgrube, während sie an einem Cappuccino nippen. Im Sommer kann man Beachvolleyball spielen. *Prvního pluku 20/2; www.kasarnakarlin.cz; Mo–Fr 13–23.30 Uhr, Sa & So 10–23.30 Uhr.*

**Lokál Hamburk**

Die vorzügliche Lokál-Kette serviert tschechische Klassiker in modernem Gewand. Das Pilsner wird als halb Bier, halb Schaum *(šnyt)* oder als purer Schaum *(mlíko)* ausgeschenkt. Die Prager schwören besonders auf den gebratenen Käse oder das Rinderfilet *(svíčková)*. *Větrník* (Karamell-Windbeutel) oder *rakvička* (ein knuspriger „kleiner Sarg" mit Sahne) als Dessert sind nie eine verkehrte Wahl. Sein Bier kann man ruhig auf den Platz Karlínské náměstí mitnehmen. Das machen alle. *Sokolovská 55; www.lokal-hamburk.ambi.cz; 22 310 361; Mo–Do 11–23.30 Uhr, Fr 11–0.30 Uhr, Sa 11.30–0.30 Uhr, So 11.30–23 Uhr.*

**Dva Kohouti**

Die Kleinbrauerei im Herzen Karlíns ist ein Neuzugang der lokalen Kneipenszene, hat sich aber schnell einen Namen gemacht. Sie ist zwischen dem Restaurant Lokál und dem Café Antonínovo pekařství in einem Hof versteckt, der auch Foodtrucks anzieht. *Sokolovská 81/55; www.dvakohouti.cz; Mo–Fr 16–2 Uhr, Sa 12–2 Uhr, So 12–22 Uhr.*

**Můj Šálek Kávy**

Der Karlíner Kaffee-Hub für jeden Hipster, der etwas auf sich hält. „Meine Tasse Kaffee" weiß immer zu überzeugen, sei es mit dem Kaffee der Prager Rösterei Doubleshot oder seinem köstlichen Früh-

PRAG

stück. Im Sommer herrscht reges Treiben, und rund um das Café bilden sich Menschentrauben. *Křižíkova 105; www.mujsalekkavy.cz; 725 556 944; Mo–Sa 9–21 Uhr, So 10–18 Uhr.*

**Eska**

Das Eska lässt alte Kochtechniken wiederaufleben und ist dennoch eines der originellsten Prager Restaurants. In dem außergewöhnlichen Raum mit der offenen Küche im Zentrum werden wechselnde, einfallsreiche tschechische Gerichte serviert. Man nimmt im Erdgeschoss mit Blick auf das Geschehen eine Kleinigkeit zu sich oder genießt im großzügigen Obergeschoss ein ausgiebiges Mahl. *Pernerova 49; www.eska.ambi.cz; 731 140 884; Mo–Fr 8–23.30 Uhr, Sa & So 9–23.30 Uhr.*

**Veltlin**

Das Veltlin hat sich auf ursprüngliche Weine aus dem ehemaligen Habsburgerreich spezialisiert. Es gibt keine Karte, vielmehr werden Weinkenner und -liebhaber aufgrund ihrer aktuellen Vorlieben beraten. *Křižíkova 488/115; www.veltlin.cz; Mo–Sa 17–23 Uhr.*

## FÄHRE PRAG 7 „HOL KA“

**Ein kleines rollstuhlgerechtes Boot setzt mit Zwischenhalt auf der Moldauinsel Štvanice von Holešovice nach Karlín über (deshalb der Name „Hol Ka“). Je nach Wetterlage ist die Fähre von April bis Oktober in Betrieb und verkehrt alle 15 bis 30 Minuten. Fahrplan unter www.paroplavba.cz/privozp7.**

**Presto Meat Market**

Fleischesser schwören auf diese Schlachterei mit ein paar Tischen. Mittags füllt sich der Laden schnell, und beinahe ganzjährig drängen sich die restlichen Gäste in ein kleines Plastikzelt vor der Tür. *Vítkova 197/11; www.meat-market.cz; 732 326 666; Mo–Fr 8–10.30 & 11–15 Uhr.*

**Avocado Gang**

Das Avocado Gang gibt es noch nicht lange, aber mit seinen Avocado-Variationen hat es schnell die Herzen der Prager erobert. An der langen farbenfrohen Tafel kann man vergnügt mit den anderen Gästen die Avocado-Leckereien genießen und selig werden. *Křižíkova 72; www.avocadogang.cz; 222 963 044; Mo–Fr 8–18 Uhr, Sa 9–20 Uhr.*

**Oben: die Brauerei Dva Kohouti**
**Unten: das entspannte und gesellige Avocado Gang**

# VINOHRADY

**Vinohrady erstreckt sich zwischen dem Friedensplatz (Náměstí míru) und dem Platz Georgs von Podiebrad (Námestí Jiřího z Poděbrad). Das grüne Viertel ist das abwechslungsreichste der ganzen Stadt. Die Prager Expats haben die Gegend mit ihren vielen Cafés, internationalen Restaurants und prächtigen Bauten von der Gotik bis zum Jugendstil schon lange entdeckt.**

### IF Café

Das Café gehört einer der bekanntesten Konditorinnen Prags. Ellbogen an Ellbogen mit anderen Zuckerfreunden können Leckermäuler hier einen ausgiebigen Brunch, eine kurze Kaffeepause oder eine kleine Stärkung genießen. *Tylovo Nám. 2; www.ifcafe.cz; 608 773 399; 8–20 Uhr.*

### Moment

Durch den Kauf der schicken, hochwertigen und preiswerten Secondhand-Kleidungsstücke dieser wohltätigen Organisation tut man erst noch Gutes. *Francouzská 592/7; www.moment-ops.cz; Mo–Fr 10–19 Uhr, Sa 11–17 Uhr.*

### Cafefin

Vor den Türen dieses Prager Vorreiters der hochklassigen vietnamesischen Küche bilden sich nicht selten lange Schlangen. Die Gerichte wie *bun bo nam bo* (Nudeln mit Rindfleisch) oder *bánh mi* (Baguettes) überzeugen auch optisch. *Nám Jiřího z Poděbrad 4; www.cafefinvpraze.com; Mo–Sa 8–19.30 Uhr, So 10–18 Uhr.*

### Momoichi

Eine japanische Oase mitten in Prag, mitsamt landestypischen Hightech-WCs, hellem Interieur hinter großen Fenstern und dem Waldgeist Totoro. Die Karte vereint mehrere Küchen und reicht von Hummus bis zu Omelettes mit getrocknetem Lachs. Nicht entgehen lassen sollte man sich eine der Matcha-Variationen, auch bei den Desserts. *Římská 35; www.momoichi.cz; 721 364 002; Di–Fr 11.30–22 Uhr, Sa 9–22 Uhr, So 9–18 Uhr.*

### Bon Ramen

Einheimische wie Touristen schlürfen hier eine der Ramen-Suppen, etwa *tonkotsu*, *miso* oder *shoyu*. Das Lokal dürfte der köstlichste und günstigste Vertreter der jüngsten Prager Ramen-Revolution sein. Wagemutige können ein wie schwebend wirkendes Sobanudelgericht bestellen. *Ibsenova 1234/1; www.bonprague.cz; 773 903 288; Di–Sa 11–14.30 & 17–21 Uhr, So 11.30–20.30 Uhr.*

### Bullerbyn

Tagsüber Café und Bistro, abends Bar: Die Schalen mit luftigem Popcorn sind nur ein Grund, warum das Bullerbyn (Bullerbü) schnell loyale Stammkunden gewann. Den Unterschied machen die Details: Schnäpse werden in antiken Gläsern ausgeschenkt, und die Toiletten sind mit Namen aus Astrid Lindgrens Werken bezeichnet. *Chodská 1123/17; www.bullerbyn.cz; 11–22 Uhr.*

### Oh Deer Bakery

Die Spezialität dieser unauffälligen Bäckerei ist der *crobliha*, die tschechische Variante des Cronut (eine Kreuzung aus Croissant und Donut). Die Leckerei ist so beliebt, dass sie jeden Tag ausverkauft ist, daher empfiehlt es sich, schon vor dem Mittag zu kommen. *Bělehradská 62; www.ohdeerbakery.cz; 731 224 898; Mo–Fr 8–17 Uhr, Sa 9–14 Uhr.*

© Fabiano Waewell / Shutterstock

## EIN PARK FÜR WEINLIEBHABER

**Der Havlíckovy-Sady-Park erstreckt sich von den oberen Hängen Vinohradys bis nach Vršovice hinunter. Von der künstlichen Grotte und dem Neptunbrunnen im oberen Bereich schlendert man zum Aussichtspunkt an der Villa Gröbe und weiter zum hölzernen Pavillon. Dort kann man sich beim Blick über die Weinstöcke ein Gläschen genehmigen. Geöffnet 6–22 Uhr, von April bis Oktober bis 24 Uhr.**

### Radost FX

In Vinohradys bekanntestem Club tanzt man zu Black Music (Donnerstag und Samstag) und Elektro (Freitag). Hier hat Rihanna das Video zu *Don't Stop the Music* gedreht. *Bělehradská 234/120; www.radostfx.cz; Do–Sa 23–5 Uhr.*

**Im Uhrzeigersinn von oben: goldene Stunde am Náměstí míru; Oh Deer Bakery; leckeres tschechisches Bier**

© frantic00 / Shutterstock

© 2020, Oh Deer Bakery

KUNST & KULTUR · MUSIK & FILM · SPORT & FREIZEIT · ESSEN · TRINKEN · SHOPPEN

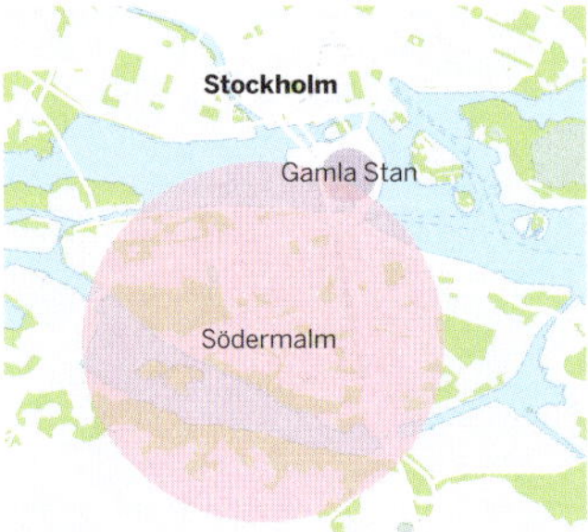


# STOCKHOLM

**Durch die Lage auf 14 Inseln hat Stockholm eine besondere Beziehung zu Natur und Meer. Die Stadt ist voller herrlich malerischer Viertel, die keinen Stillstand kennen.**

Stockholms Geschichte begann im 13. Jahrhundert auf der heute als Gamla Stan (Altstadt) bekannten kleinen Insel, deren farbenfrohe Giebelbauten und schmale Gassen Touristen aus aller Welt magisch anziehen. Trotz allem gelingt es den Bewohnern, die Seele der Gegend zu bewahren. Mit ein wenig Zeit kommt man den Lieblingsorten und -geschäften der Stockholmer auf die Spur.

Ein kurzer Bummel Richtung Süden führt über eine Brücke auf die viel größere Insel Södermalm. Hier amüsieren sich die Stockholmer im Sommer: beim Picknick, beim Schwimmen oder bei einer Radtour durch die üppigen Parks. Auch wer ausgehen oder shoppen will, ist hier richtig: Die coolsten Bars, Cafés und Vintageläden der Stadt befinden sich auf Södermalm.

Um sich in der Stadt fortzubewegen, nutzt man am besten das hervorragende Fahrradangebot. Oder man nimmt die Tunnelbana, die städtische U-Bahn mit ihren Stationen voller Kunstwerke.

# GAMLA STAN

**Die bezaubernde Insel ist das historische und geografische Zentrum Stockholms. Zu den Höhepunkten zählen die alte Domkirche Storkyrkan mit der prächtigen Statue vom heiligen Georg im Kampf mit dem Drachen und das inspirierende Nobelmuseum. Beim Bummel durch das überschaubare Stadtviertel lassen sich originelle Geschäfte und Lokale entdecken.**

### Kagges

Das kleine, ambitionierte rustikale Restaurant wird von zwei Köchen betrieben und hat sich der Neuen Nordischen Küche verschrieben: Es gibt etwa geräucherten Kohl mit Forellenrogen oder Lachs mit Dillmayonnaise. Bestelle drei oder vier Gerichte, um zu vergleichen und zu teilen. Zum Abschluss das Preiselbeeren-Dessert oder was die saisonale Karte sonst hergibt probieren. *Lilla Nygatan 21; www.kagges.com; Mi–So 17–23 Uhr.*

### A Comics Heaven

Dieser Laden hat vor allem aktuelle amerikanische Comics im Programm, aber man findet auch Mangas, Science-Fiction-Bücher oder Romanserien. *Stora Nygatan 23; www.comicsheaven.se; Mo–Fr 10–18.30 Uhr, Sa 10–18 Uhr, So 11–17 Uhr.*

### Chaikhana

Das Chaikhana ist nach den Teehäusern an der alten Seidenstraße benannt und führt Tees aus Indien, Afrika und dem Fernen Osten, außerdem Scones und Kuchen. Hier kann man sich mit seinem Lieblingstee oder mit Tee-Utensilien versorgen. Zweimal monatlich lädt das Chaikhana zu Teeverkostungen ein. *Svartmangatan 23; www.chaikhana.se; Di–Fr 11–19 Uhr, Sa & So 12–18 Uhr.*

### Stampen Jazzpub

Das Stampen mischt seit 1968 Gamla Stan auf, als es in einem ehemaligen Pfandhaus eröffnete. Ein Überbleibsel der früheren Nutzung ist der Trödel, der von den Decken hängt. An sechs Abenden die Woche gibt es Livejazz. Schon Dexter Gordon, Eartha Kitt oder Dizzy Gillespie haben in dem legendären Club gespielt. *Stora Nygatan 5; www.stampen.se; Di–So 17 Uhr bis spät; Sa ab 14 Uhr.*

### Cultur Bar & Restaurant

Der Boden aus marokkanischen Fliesen, die dunklen Wände und der Marmortresen sorgen für ein elegantes Ambiente. Es gibt skandinavische Tapas und ausgezeichnete Weine und Cocktails. An warmen Tagen kann man draußen Platz nehmen und die Passanten beobachten. *Österlånggatan 34; culturbar.se; Mo–Fr 11.30 bis spät, Sa ab 13 Uhr.*

# SÖDERMALM

**Wenn es in Stockholm eine Hipsterhochburg gibt, dann ist es Södermalm. Das Viertel ist bekannt für seine Secondhandläden, die coolen Cafés und Bars und die vielen sommerlichen Schwimmbäder. Die Insel gehört zu den größeren unter den 14 Stadtinseln, und die Parks und Sehenswürdigkeiten lassen sich am besten per Rad erkunden.**

### Hornstulls Marknad

Der Flohmarkt Hornstulls Marknad findet direkt am Wasser statt und ist von April bis September ein zauberhaftes Wochenendziel. Hier gibt es Antiquitäten, Vintagemode, Geschenke, Delikatessen und Streetfood-Stände. *Hornstulls strand 4; www.hornstullsmarknad.se; Sa & So 11–17 Uhr.*

### Emmaus Stockholm

Der große Charityshop unterstützt humanitäre Projekte in der westlichen Sahara und in Angola. Aber vor allem kann man sich hier hervorragend mit ein bisschen schwedischem Chic eindecken. Neben Vintagekleidung für Männer und Frauen gibt es jede Menge Geschirr und Nippes. *Peter Myndes backe 8; emmausstockholm.se; Mo, Di, Do, Fr. 10.30–19 Uhr, Sa & So 13–16 Uhr.*

### Eriksdalsbadet

Der Komplex aus mehreren Innen- und Außenschwimmbecken (einschließlich zweier Fünfzig-Meter-Becken) ist bei Stockholmern sehr beliebt. Es gibt ein Lernbassin, einen Sprungturm und einen Wasserpark für Kinder (unter vier Jahren ist der Eintritt frei). Kein Picknick dabei? Es gibt auch ein Café. *Hammarby Slussväg 20; www.stockholm.se/eriksdalsbadet; Mo–Fr 6–21 Uhr, Sa & So 8–18 Uhr.*

### Fotografiska

Freunde der aktuellen Kunstfotografie sollten sich schnurstracks zu diesem neuen Museum am Hafen aufmachen. Sie finden hier außerdem ein preisgekröntes saisonales Restaurant und im Obergeschoss ein Café mit hinreißendem Meerblick. *Stadsgårdshamnen 22; www.fotografiska.com/sto; 9–23 Uhr.*

### Hermans

Das vegetarische Restaurant im Boho-Stil und mit Meeresblickterrase ist ein Stockholmer Fixpunkt. Das großzügige All-you-can-eat-Buffett hält Gerichte aus aller Welt bereit: Suppen, Currys, Eintöpfe und mehr Salatvariationen, als man sich vorstellen kann. Außerdem ist das Hermans eine Art Gemeinschaftszentrum mit einem schwarzen Brett für Veranstaltungen und geselligen langen Tischen. *Fjällgatan 23B; hermans.se/en; 11–22 Uhr.*

© PhotoScape / 2020, Ecosphere

**Ecosphere**

Hier gibt es schöne Kleidung für das gute Gewissen, hergestellt aus nachhaltigen Materialien und unter fairen Arbeitsbedingungen. Die Devise lautet unaufdringliche Eleganz, vom zurückhaltenden Schmuck bis zu den gut geschnittenen Overalls, Hemden, Caprihosen und minimalistischen, aber stylishen Accessoires. *Bergsunds strand 32; ecosphere.se; 12–18 Uhr.*

**Tanto SUP & Kajak**

Von Juni bis August lassen sich die ruhigen Gewässer um Södermalm mit einem SUP-Board oder Kajak dieses Verleihs erkunden. Am Wochenende kann man eine zweistündige geführte Tour zu den Nachbarinseln Långholmen (wo bis 1974 ein berüchtigtes Gefängnis war) und der kleineren Reimersholme buchen. *Tantolunden; tantosok.se; Fr–So 10–18 Uhr.*

**La Neta**

Das Lokal gehört zu einer kleinen Stockholmer Kette origineller und verblüffend authentischer mexikanischer *taquerías*. Der Name ist mexikanischer Slang und bedeutet grob „Echt wahr". An den langen Tischen gibt es keinen Service, jeder stellt sich seinen Teller mit Quesadillas und Tacos selbst zusammen. Das minimalistische Interieur besteht aus coolem Beton mit bunten Metallstühlen als Farbklecksen. Das Essen ist erschwinglich, frisch und lecker. *Östgötagatan 12B; www.laneta.se; Mo–Fr 11–21 Uhr, Sa 12–22 Uhr, So 12–16 Uhr.*

## MITTSOMMER-MANIE

**Der Mittsommer wird in Schweden mit einer beinahe manischen Begeisterung gefeiert. Die Stockholmer fliehen in Massen aufs Land, um sich Blumengirlanden umzuhängen und einen seltsamen hüpfenden Froschtanz um eine Maistange aufzuführen. Zu eingelegten Heringen mit neuen Kartoffeln und üppiger Erdbeertorte fließen das kalte Bier und der Schnaps in Strömen.**

**Oben: nachhaltige Kleidung bei Ecosphere**
**Unten: Södermalms Uferfront**

© Scanrail1 / Shutterstock

KUNST & KULTUR · MUSIK & FILM · SPORT & FREIZEIT · ESSEN · TRINKEN · SHOPPEN

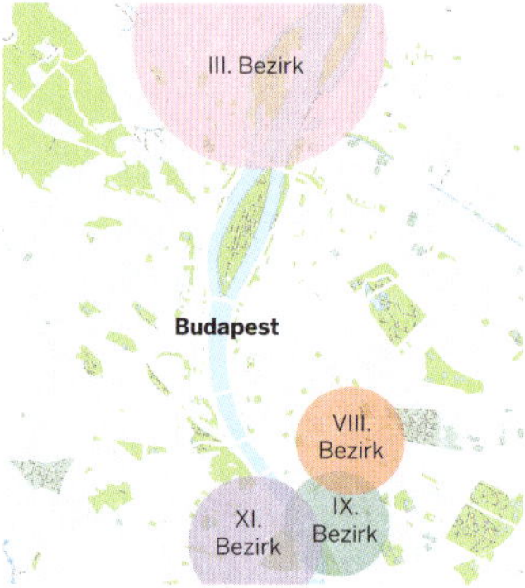


# BUDAPEST

**Für manche ist Budapest die schönste Stadt der Welt. Wer etwas tiefer eintaucht, stößt auf Kunstschätze und bewegende Geschichten, die eng mit der Stadt verwoben sind.**

In Budapest bewegen sich viele nur an der Oberfläche, sie besuchen den Burgpalast, schwimmen im Széchenyi-Heilbad oder trinken etwas im Szimpla. Also auf in die weniger bekannten Viertel der Stadt. Zunächst einmal raus aus dem Jüdischen Viertel und auf der Rákóczi-Straße Richtung Westen. Im VIII. Bezirk kann man durch schattige Straßen bummeln, vorbei an Stadtvillen mit blätterndem Charme und Künstlerkneipen. Dann geht es weiter ins frühere Industrieviertel direkt am Fluss im IX. Bezirk, wo es alternative Kultureinrichtungen und Craftbier-Kneipen zu entdecken gibt.
Wir überqueren die Brücke zu den Literaturcafés und privaten Kunstgalerien im XI. Bezirk oder steigen in die Straßenbahn Richtung Norden nach Óbuda (III. Bezirk), dem ältesten Stadtteil.
Budapest lässt sich gut erlaufen, weiter abgelegene Viertel erreicht man mit Straßenbahn, Bus, Metro oder sogar mit dem Schiff.

# IX. BEZIRK

**Im südlichen Teil von Pest liegt der IX. Bezirk, ein ehemaliges Industrieviertel mit Lagerhäusern, Fabriken und Docks an der Donau. Das bekannteste Wahrzeichen ist die Zentrale Markthalle, wo früher die Waren über einen Kanal angeliefert wurden. Heute ist das Gebiet saniert und lockt mit Kulturstätten, Craftbier-Kneipen und Parks.**

### Zwack Unicum Museum

Direkt vom Fass kann man hier das Nationalgetränk verkosten, den nach einem streng geheimen Familienrezept hergestellten Magenbitter aus 40 Kräutern und Gewürzen. Im Kellergeschoss erfährt man alles über Unicum, dann geht es weiter ins Museum zur Geschichte des Getränks und der Familie Zwack. Dort befindet sich auch Europas größte Sammlung von Miniatur-Alkoholflaschen. *Dandár u 1; unicum.hu/museum; Mo–Sa 10–17 Uhr; 2400 Ft.*

### Élesztő

Unbedingt auf ein Bier einkehren sollte man in diese ehemalige Glasfabrik, eine „Ruinenbar" mit 21 ungarischen Craftbieren vom Fass. Es ist immer voll mit Einheimischen – drinnen an den Tischen und auf den Bänken im Industriehof. Sonntagvormittag ist Wochenmarkt. *Tűzoltó u 22; elesztohaz.hu; 15–3 Uhr.*

### Dandár-Bad

Das vergessene Thermalbad ist perfekt für Reisende mit kleinem Budget. Vor allem bei älteren Anwohnern ist das unspektakuläre Badehaus aus den 1930er-Jahren sehr beliebt. *Dandár u 7; dandarfurdo.hu; Mo–Fr 6–21 Uhr, Sa & So 8–21 Uhr; 2000 Ft.*

### Ziggurat

Zu diesem Komplex im Kulturzentrum des Millenaris-Parks gehören der Palast der Künste, das Nationaltheater und das Leopold-Museum. Benannt ist das Kuriosum nach den Gebäuden im antiken Mesopotamien (Ziggurats). Es dient als Kunstgalerie, wo manchmal temporäre Ausstellungen gezeigt werden. Wenn man den gewundenen Aufgang hinaufschlendert, bieten sich fantastische Blicke auf den Fluss und den modernen Kulturkomplex. *Komor Marcell u 1.*

### Trafó

In einem früheren E-Werk von 1909 zeigt das Avantgarde-Theater alles von modernem Tanz bis zum interpretativen Theater oder sozialpolitischen New-Wave-Zirkussen. Man sollte nicht überrascht sein, wenn auf der Bühne nur mit Glitzer bekleidete Menschen stehen und man mit aufregenden neuen Ideen nach Hause geht. *Liliom u 41; trafo.hu.*

# VIII. BEZIRK

**Die meisten kommen nur kurz wegen des Ungarischen Nationalmuseums hierher, aber wenn man weiter in den Bezirk hineingeht, stößt man auf verfallende Stadtvillen, versteckte Parks, Plätze und urige Kneipen. Der VIII. Bezirk liegt gleich gegenüber vom Jüdischen Viertel und der Innenstadt und ist Heimat einer großen Roma-Gemeinde, aber auch für Künstler, Bohemiens und Aktivisten.**

### Filmtheater Urania

Das wunderschöne Programmkino ist eine Mischung aus indischem Palast und Opernhaus. Gezeigt werden vor allem anspruchsvolle Filme, darunter auch viele auf Englisch oder mit Untertiteln. Im ersten Stock gibt es ein prachtvolles Café mit Goldbögen und türkisfarbener Seidentapete. *Rákóczi út 21; urania-nf.hu; 10.30 bis Vorführungsende.*

### Fűvészkert

Der Botanische Garten aus dem 18. Jahrhundert gehört zu einer Universität, ist aber frei zugänglich. Hinter den Gartenmauern fühlt man sich bei der Kirschblüte in den Fernen Osten versetzt und im Palmenhaus aus dem 19. Jahrhundert wie in den Tropen. *Illés u 25; www.fuveszkert.org; 9–17 Uhr; 1200 Ft.*

### Vintage Shop

Wer einen Bronzegürtel im Schlangendesign oder ein Opernkleid aus Taft sucht, wird in diesem Laden in zwei Gebäuden fündig. Hier gibt es ungewöhnliche Vintage- oder Secondhandartikel zu geringen Preisen. *Práter u 9; Mo–Sa 10–18 Uhr.*

### Keret Klub

Hier muss man an eine versteckte Tür mit einer winzigen Laterne klopfen. Wer sie findet, wird eingelassen. Der nächtliche Künstlertreff ist eine Zeitreise mit Vintage-Bilderrahmen, Retro-Möbeln und jungen Leuten, die bis 2 Uhr Schach spielen. Rauchen ist gestattet. *Somogyi Béla u 16; www.facebook.com/pg/Keret-klub; Mo–Fr 13–4 Uhr, Sa & So 15–4 Uhr.*

### Kerepesi-Friedhof

Abseits der Massen gibt es hier Denkmäler und Mausoleen zu Ehren von Ungarns großen Köpfen zu besichtigen. Auf dem umfriedeten, 56 Hektar großen Friedhof wandelt man zwischen Gräbern und Gruften von Schriftstellern, Politikern und Adligen. Wer am

© BachPekaryMate / 2020, Urania Cinema

1. November nach Einbruch der Dunkelheit kommt, kann beobachten, wie die Einheimischen im Gedenken an die Toten Kerzen anzünden. *Fiumei út 16-18; fiumeiutisirkert.nori.gov.hu; Öffnungszeiten variieren.*

**Auróra**

Diese Ruinenkneipe ist zugleich Anlaufstelle für NGOs und Nachbarschaftszentrum, das als Veranstaltungsort für Konzerte, Kennenlernpartys mit Flüchtlingen und Stand-up Comedy dient. Es ist eine linke Oase, deshalb ist seine Zukunft ungewiss – hoffentlich wird es das Lokal auf drei Etagen noch lange geben. *Auróra u 11; auroraonline.hu; 12–23 Uhr.*

© peter zelei / Getty Images

### DAS ANDERE JÜDISCHE VIERTEL

**Bis in die 1950er-Jahre lebte im VIII. Bezirk eine große jüdische Gemeinde. Juden aus der Ukraine und Polen kamen zum Teleki-Platz, um auf dem Markt als Straßenhändler und Handwerker zu arbeiten. In den anliegenden Wohnungen gab es 50 Synagogen, von denen nur eine überlebt hat. Sie liegt im Erdgeschoss von 22 Teleki Tér und öffnet noch heute am Schabbat die Türen.**

**Rosenstein**

Das zweigeschossige Restaurant mit sechs Räumen ist auf ungarisch-jüdische Speisen spezialisiert und existiert seit 20 Jahren. Es gibt etwa *tscholent*, einen Schmortopf auf Bohnenbasis. Rosenstein ist ein Familienbetrieb und eines der wenigen traditionellen Restaurants Budapests, das noch nicht von Touristengruppen in Beschlag genommen wird. *Mosonyi u 3, 1087; rosenstein.hu; Mo–Sa 12–23 Uhr.*

**Im Uhrzeigersinn von oben: Filmtheater Urania; Vintage Shop; Kerepesi-Friedhof**

© 2020, Vintage

# XI. BEZIRK

**Die Gegend um die Bartók-Béla-Straße ist von Jugendstilhäusern, Cafés, Restaurants und Galerien geprägt. Hier treffen sich die kreativen Ungarn, die den Junggesellenabschieden im VII. Bezirk entkommen wollen. Der ruhigere Bezirk liegt in Buda direkt gegenüber vom IX. und erstreckt sich vom Gellértberg nach Süden und Westen.**

### Kopaszi Gát

Früher war die nadelförmige, einen Kilometer lange Landzunge in der Donau ein Damm für das nahe gelegene Jugendstil-Kraftwerk Kelenföld. Heute ist hier ein Park mit Cafés, Bars und Restaurants. Am Damm gibt es sandige Abschnitte zum Sonnen, und die Bucht zwischen Damm und Flussufer ist beliebt bei Seglern und Wassersportlern. *6–22 Uhr.*

### Pagony Kert

Das berühmte Gellértbad war früher größer, bis die Kinderschwimmbecken geschlossen und durch eine Straße abgetrennt wurden. In der Saison nutzt Pagony Kert den stillgelegten Teil des Thermalbads als Kneipe und Restaurant, jetzt kann man also in den gefliesten Becken sitzen und Bier trinken. *Kemenes u 10; pagonykert.hu; 11–22 Uhr.*

### A38

An Bord des aus dem Verkehr gezogenen ukrainischen Frachters, der jetzt in der Donau liegt, lässt sich prima Party machen. Der große Saal unter Deck ist eine beliebte Konzertlocation, aber es gibt auch eine Bar und einen Café-Restaurant-Bereich. *Petőfi híd Buda; a38.hu; Mo–Sa 11–23 Uhr.*

### Gdańsk

Der winzige polnische Buchladen auf der Bartók-Béla-Straße mit einer Bar und vier Tischen ist leicht zu übersehen. Bei einer Flasche Bier oder Wodka lassen sich die hausgemachten Pierogi herunterspülen. Mit seiner einladenden Atmosphäre ist das Gdańsk ein Szenetreff für einheimische Bohemiens und wird abends meist ziemlich voll. In ruhigeren Augenblicken ist es ein gemütliches kulinarisches Refugium. *Bartók Béla út 46; www.facebook.com/gdansk.konyvesbolt; Mo–Fr 18–23 Uhr.*

### Tranzit Art Cafe

Dieses kulturelle Zentrum befindet sich in einem ehemaligen Busbahnhof. Es ist eine Kneipe und ein Restaurant, organisiert aber regelmäßig Ausstellungen und Veranstaltungen und im Sommer Filmvorführungen auf der Terrasse. *Kosztolányi Dezső tér; tranzitcafe.com; Mo–Fr 10–22 Uhr.*

# III. BEZIRK

**Óbuda, der III. Bezirk, ist Budapests ältestes Viertel und war früher eine eigene Stadt. Erst 1873 wurden Buda, Pest und Óbuda zu Budapest zusammengelegt. Römische Ruinen, alte Fabriken und Barockhäuser liegen über den hügeligen Bezirk verteilt. Die Uferkneipen und Strände sind im Sommer sehr beliebt, vor allem während des Sziget-Festivals.**

### Hercules-Villa

In einer Wohnsiedlung verborgen liegt diese überraschende archäologische Fundstätte. Die erhaltenen Reste einer römischen Villa sind nach dem Mosaik zu Ehren des Helden benannt. Schau an einem Sonntag nach dem Besuch des archäologischen Parks Aquincum vorbei. *Meggyfa u 21; So 11–13 Uhr (Apr–Okt); Eintritt frei.*

### Kiscelli-Museum

Erst Kloster, dann Kaserne und heute ein schrulliges Museum mit alten Ladenschildern, einer historischen Apotheke und Kunsthandwerk aus früheren Jahrhunderten. In der dazugehörigen alten Steinkirche finden Sonderausstellungen statt. *Kiscelli u 108; kiscellimuzeum.hu; Di–So 10–16 Uhr (Nov–März), bis 18 Uhr (Apr–Okt); 1600 Ft.*

### Fellini Római Kultúrbisztró

Hier kann man bei einem Glas Rosé auf den bunten Liegestühlen relaxen. Das Fellini ist nicht nur ein Bistro, sondern bietet auch Konzerte und Filmvorführungen am Strand. *Kossuth Lajos üdülőpart 5; felliniromai.hu; 14–22 Uhr.*

### Két Rombusz

NIcht weit vom Fellini entfernt findet man das Két Rombusz, eine Bar in zwei ausgebauten alten Bussen. Hier gibt es auch ein Lagerfeuer und einen Grill. Wer sie aber benutzen will, sollte im Voraus buchen. *Római part 43; www.facebook.com/ketrombusz; 16–23 Uhr.*

### Óbuda-Insel

Wenn im August das Sziget-Festival stattfindet, wird die 108 Hektar große Insel zur „Insel der Freiheit", aber meistens ist sie ein Park, den die Einheimischen als weniger touristische Alternative zur Margareteninsel schätzen. An der Südspitze befindet sich eine ehemalige Werft mit interessanten alten Industriebauten.

### Thermae Maiores

Die Überreste einer römischen Therme liegen unter einer Autobahnbrücke. Vom 1. bis zum 4. Jahrhundert nutzten die römischen Soldaten den Komplex; der Eingang befindet sich in der Unterführung zur Straßenbahnlinie 1. *Szőlő u 72; Di–So 10–17 Uhr; Eintritt frei.*

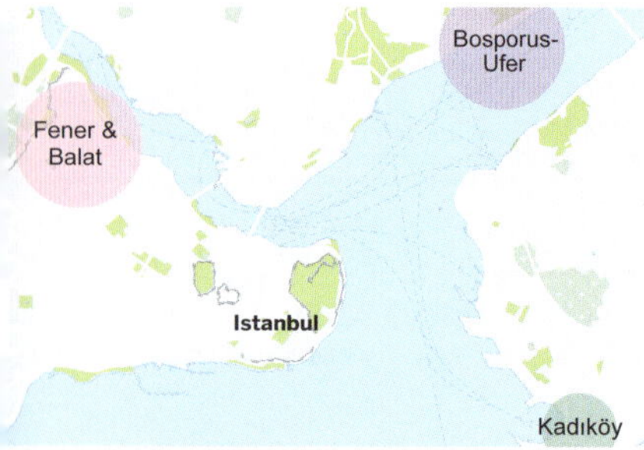


# ISTANBUL

**Wo Ost und West sich treffen, liegt Istanbul mit seinen geschichtsträchtigen Straßen. Die Stadt am Bosporus vereint sowohl Europa und Asien als auch Antike und Moderne.**



Die ehemalige Hauptstadt des osmanischen und byzantinischen Reichs ist eine der größten Metropolen der Welt. Als einzige wichtige Stadt liegt sie auf zwei Kontinenten – Asien und Europa –, getrennt durch den Bosporus. Wen die ausufernde und chaotische Stadt mit ihren mehr als 15 Millionen Menschen überfordert, der sollte sich auf einzelne Stadtteile beschränken. Fener und Balat sind ein Mosaik aus baufälligen osmanischen Gebäuden, imposanten Moscheen, Wandbildern und Shopperinnen im Tschador. Obwohl sie zum Unesco-Weltkulturerbe gehören, finden nur wenige Besucher dorthin. Dasselbe gilt für das mit der Fähre 30 Minuten von der Altstadt und dem trendigen Beyoğlu entfernte Kadıköy, wegen seines Markts und seiner Restaurants ein kulinarisches Mekka.

Zurück am europäischen Ufer liegen die wohlhabenden Viertel am Bosporus-Ufer, wohin die Istanbuler fahren, um sich zu erholen. Alle drei Gebiete sind gut zu Fuß zu bewältigen.

# KADIKÖY

**Einst lehnten die kosmopolitischen Bewohner des europäischen Teils von Istanbul die asiatische Seite als Tor zum konservativen Anatolien ab. Aber die explodierenden Immobilienpreise haben am Bosporus zu großen Wanderungsbewegungen geführt. Die Speerspitze der Entwicklung des asiatischen Ufers bildet Kadıköy. Bars und Graffitibilder ergänzen den traditionellen Charme von Markt und Kaffeehäusern. Schon die Überfahrt mit der Fähre ist ein Genuss.**

### Kadıköy-Markt

Der Kadıköy Pazarı (Markt) ist die Feinschmeckervariante des Großen Bazars. Hier gibt es einheimische Produkte wie Obst, Gemüse, geröstete Nüsse oder Olivenöl. Zu den hervorragenden Cafés und Spezialitätenständen gehören der Fischhandel Nimet Balıkçılık mit angeschlossenem Restaurant, der Honighändler Honeyci und Ali Muhiddin Hacı Bekir, ein seit 240 Jahre existierender Lokum-Produzent. Die kulinarischen Touren von Turkish Flavours (www.turkishflavours.com) führen zu zwei oder drei Märkten auf beiden Kontinenten. *Güneşlibahçe Sokak; Mo–Sa.*

### Kadife Sokak

Kadife ist die Antwort des asiatischen Teils von Istanbul auf die Ausgehstraßen von Bodrum, Marmaris oder Kuşadaşı. Hier kann man bei Bier und Backgammon den Abend ausklingen lassen. Unter den tollen Bars der Straße befinden sich die Designbar Arkaoda und die punkige Karga-Bar. Insbesondere vor den Heimspielen von Fenerbahçe geht es hoch her.

### Fazıl Bey

Unter den *kahvehane* (Cafés) des Markts befindet sich auch eine Dependance der kleinen jahrhundertealten Kette für *Türk kahve* (türkischen Kaffee). Der Kaffee wird vor Ort geröstet, gemahlen und zubereitet und dann mit einem Lokum-Würfel serviert. *Serasker Cad 1; www.fazilbey.com.tr; 8–24 Uhr.*

### Yeldeğirmeni

Yeldeğirmeni erstreckt sich nördlich des Markts bis zu den Bahngleisen von Haydarpaşa. Seit der ersten Ausgabe des Festivals Mural Istanbul 2012 hat sich die Gegend zu einer Open-Air-Galerie voller monumentaler Wandbilder entwickelt. *muralistanbul.org.*

### Çiya Sofrası

Das *lokanta* (Imbiss) und Kebab-Restaurant versorgt die Marktbesucher mit klassischen, aber auch unbekannteren Gerichten von *mezze* und herzhaften *çorbalar* (Suppen) bis *köfte* (Fleischbällchen) und Reisspeisen. *Güneşlibahçe Sokak 43, www.ciya.com.tr; 8–22 Uhr.*

# FENER & BALAT

**Die beiden Weltkulturerbe-Viertel am Goldenen Horn sind mit der Fähre oder dem Bus erreichbar. Hier findet man spätosmanische Gebäude, hippe Cafés und einige der bedeutendsten byzantinischen, griechischen und jüdischen Stätten Istanbuls. Eine ähnlich bunte Mischung bilden auch die Bewohner – vom Künstler bis zum anatolischen Zuwanderer gibt es hier alles.**

### Georgskathedrale

Zu den Schätzen der Kathedrale aus dem 18. Jahrhundert gehören byzantinische Mosaiken, der intarsienverzierte Walnussholz-Thron des Patriarchen, eine prächtige hölzerne Ikonenwand und eine Säule der Geißelung Jesu. Die Kathedrale gehört zur Anlage des Ökumenischen Patriarchats, dem symbolischen Sitz der griechisch-orthodoxen Kirche. *Sadrazam Ali Paşa Cad, Fener; www.patriarchate.org/home; 8.30–16.30 Uhr.*

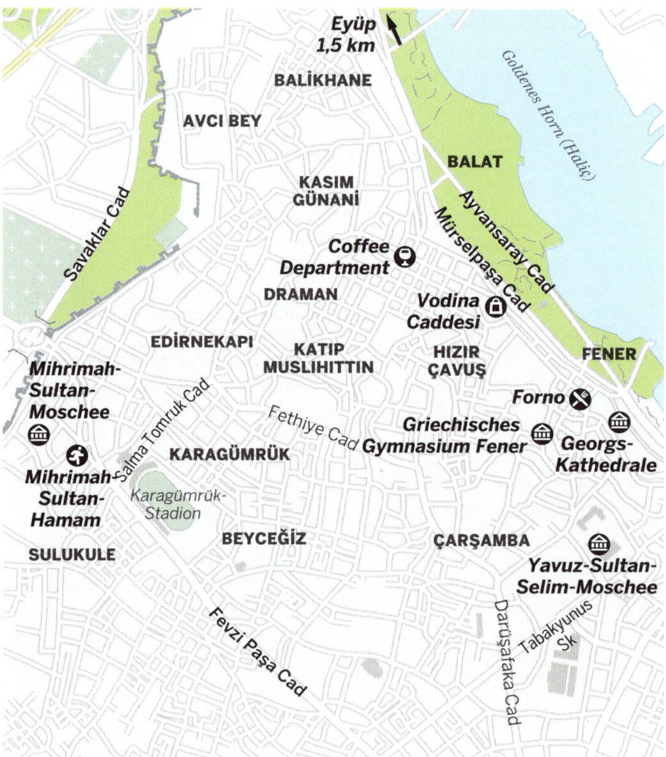


### Mihrimah-Sultan-Moschee

Der Architekt Mimar Sinan erhielt im 16. Jahrhundert von der Sultanstochter Mihrimah den Auftrag, auf dem höchsten Punkt der Stadt eine Moschee zu bauen. Doch er war unglücklich in Mihrimah verliebt. Als Symbol seiner unerwiderten Liebe schuf er die weltbekannte Moschee als Gegenpart zur gleichnamigen Moschee in Üsküdar: Wenn die Sonne hinter der einen versinkt, geht hinter der anderen der Mond auf. *Ali Kuşçu Sokak, Edirnekapı; von Sonnenaufgang bis Sonnenuntergang.*

### Mihrimah Sultan Hamamı

Der einfache, aber liebevoll renovierte Hamam ist Teil des Mihrimah-Sultan-Moscheekomplexes. In behaglicher Atmosphäre gibt es getrennte Bereiche für Frauen und Männer. *Fevzi Paşa Cad 333, Edirnekapı; www.mihrimahsultanhamami.com; 9–20 Uhr.*

### Yavuz-Sultan-Selim-Moschee

Die auf einem Hügel gelegene Moschee aus dem 16. Jahrhundert ist die letzte Ruhestätte von Selim I. (dem Gestrengen). Hierher kommen die Istanbuler, um beim Picknick die Aussicht über das Goldene Horn zu genießen. Typisch für das konservative Viertel Çarşamba, sieht man in dem daneben liegenden Park viele bärtige Männer und Frauen im Tschador. *Yavuz Selim Cad, Çarşamba; von Sonnenaufgang bis Sonnenuntergang.*

© Lizavetta / Shutterstock

### Griechisches Gymnasium Fener

Das Hogwarts von Fener, auch bekannt als *kırmızlı kale* (Rotes Schloss), beherbergt die älteste Lehranstalt der Türkei. Sie wurde noch vor der Eroberung Konstantinopels durch die Osmanen gegründet und hat nach wie vor einige Schüler. *Sancaktar Cad, Fener; nicht öffentlich zugänglich.*

### Coffee Department

Zwischen Jutesäcken kann man in diesem Kaffeetempel Energie tanken. Unbedingt eine der Kreationen der Baristas probieren und eine Tüte der vor Ort gerösteten Bohnen aus aller Welt kaufen! *Kürçü Çeşmesi Sokak 5a, Balat; www.coffeedepartment.co; 9–18 Uhr.*

### Forno

An der langen Tafel im ungezwungenen Forno mit seinen bunten Kacheln hat man das Gefühl, als säße man bei Freunden in der Küche. Es gibt Pizza, *pide*, *lahmacun* (türkische Pizza), Desserts oder Frühstücksbüfett, mit Fleisch aus der Familienschlachterei und mit Gewürzen vom Markt. *Fener Kireçhane Sokak 13, Balat; www.fornobalat.com; Di–So 10–21 Uhr.*

## EYÜP

**Bus und Fähre verkehren zu diesem Pilgerort mit den Grabstätten von Sokullu Mehmet Paşa, einem osmanischen Großwesir, und Ebu Eyüp el-Ensari, einem Gefährten des Propheten. An Ständen werden religiöse Andenken, Touristennippes und kleine Speisen angeboten. Von Eyüps Grab, dem bedeutendsten islamischen Schrein Istanbuls, gelangt man mit der Seilbahn oder zu Fuß über den Friedhof hinauf zum Pierre Loti Café mit Blick auf das Goldene Horn.**

### Vodina Caddesi

Die Durchgangsstraße fasziniert mit ihren Gegensätzen: Antikläden und Lebensmittelgeschäfte, zerfallende osmanische Gebäude und Graffitibilder, Hipster und konservative Muslime, schicke Cafés und Markthändler, die Gemüse aus dem Lieferwagen verkaufen. Tagsüber, von Montag bis Samstag, herrscht am meisten Betrieb.

**Oben: farbenfrohe Häuser in Balat**
**Unten und links: Spezialitäten im Coffee Department**

© 2020, Coffee Department

© 2020, Coffee Department

nen verkauft. *Çırağan Cad, Yıldız; www.millisaraylar.gov.tr.*

# AM UFER DES BOSPORUS

**Am europäischen Ufer des Bosporus stehen so viele Paläste, Pavillons und *yalīs* (Ufervillen) wie nirgends sonst in Istanbul. Die mit Fähre, Tram, Standseilbahn, U-Bahn oder Bus erreichbare Gegend ist bekannt für den Dolmabahçe-Palast und die „Goldene Meile" mit ihren Nachtclubs. Die Istanbuler schlendern lieber durch das schöne Ortaköy.**

### Museum der Palastsammlungen

Direkt um die Ecke vom überlaufenen Dolmabahçe-Palast ist dieses Museum in der großen Palastküche untergebracht. Zu sehen sind herrschaftliche Objekte aus der Zeit des ausgehenden Osmanischen Reiches und der Frühzeit der Türkischen Republik. Tausende Ausstellungsstücke von Porträts und Fotos bis zu Teeservices und Gebetsteppichen vermitteln einem das Gefühl, als würde man sich in den Gemächern des Sultans umsehen. *Beşiktaş Cad, Beşiktaş; www.millisaraylar.gov.tr; Di–So 9–17 Uhr.*

### Yıldız-Park

Für die Istanbuler ist es ein Ritual, sich hier zum Picknick zu treffen und das Leben zu genießen, vor allem wenn im Frühjahr die Tulpen blühen. Hier befindet sich das Yıldız-Chalet, das Sultan Abdülhamid II. im 19. Jahrhundert als Jagdschloss errichten ließ. In dem zugehörigen Malta-Pavillon hielt er seinen Bruder Murat V. gefangen, nachdem er ihn abgesetzt hatte. Am Tor der Yıldız-Porzellanfabrik werden Porzellan-Derwische und Becher mit osmanischen Sultanen verkauft. *Çırağan Cad, Yıldız; www.millisaraylar.gov.tr.*

### Istanbuler Marinemuseum

Das Museum der türkischen Schifffahrtsgeschichte beherbergt eine beeindruckende Sammlung von *caïques*, kunstvoll verzierten Ruderbooten der Sultansfamilie. Auf dem Platz davor steht das von Mimar Sinan gestaltete Grabmal Barbarossas, dem Admiral Süleymans des Prächtigen. *Beşiktaş Cad 6, Beşiktaş; denizmuzesi.dzkk.tsk.tr/en; Di–So 10–17 Uhr.*

### Ortaköy-Moschee

Die kleine, elegante Barockmoschee im einstigen Fischerdorf

Ortaköy steht heute im Schatten der Bosporusbrücke. Sie wurde 1855 von Nikoğos Balyan, einem der Architekten des Dolmabahçe-Palasts, für Sultan Abdülmecid I. entworfen. Unter der reich verzierten Decke befinden sich einige wunderschöne eigenhändige Kalligrafien Abdülmecids. *İskele Meydanı, Ortaköy; von Sonnenaufgang bis Sonnenuntergang.*

© Shchipkova Elena / Shutterstock

### Çırağan-Palast

Um den Dolmabahçe-Palast seines Bruders und Vorgängers zu übertrumpfen, beauftragte Sultan Abdülaziz Nikoğos Balyan mit dem Bau dieser Mischung aus klassizistischem, osmanischem und maurischem Stil. Heute ist ein Luxushotel mit Boutiquen, fünf Restaurants und Bars drin, in denen auch reiche Einheimische gern verkehren. Nicht-Hotelgäste können an den Fotos prominenter Gäste und dem Pool vorbei zum Park am Bosporus schlendern. *Çırağan Cad 32, Beşiktaş; www.kempinski.com/en/istanbul/ciragan-palace.*

### Kümpir & Çay

Am Bosporus erfasst man die Seele der Stadt bei einem Glas *çay* (Tee). Zwei Gegenden laden besonders zu einer Erfrischung ein: die Promenade İskele Yolu mit ihren Cafés und Bars und die Stände mit *kümpir* (gefüllte Backkartoffel) und Waffeln hinter der Ortaköy-Moschee. *2 İskele Yolu, Beşiktaş & Mecidiye Köprüsü Sokak, Ortaköy.*

© Ken Welsh / UIG / Getty Images

### Spa des Four Seasons

Die Damen der Istanbuler Gesellschaft findet man eher in diesem eleganten Spa als in den Hamams der Altstadt. Man kann sich unter der Glaskuppel des Schwimmbads treiben und im Hamam oder bei einer Massage verwöhnen lassen. *Çırağan Cad 28, Beşiktaş; www.fourseasons.com/bosphorus; 9–21 Uhr.*

**Oben: Ortaköy-Moschee**
**Links: Çay-Gläser**

KUNST & KULTUR · MUSIK & FILM · SPORT & FREIZEIT · ESSEN · TRINKEN · SHOPPEN

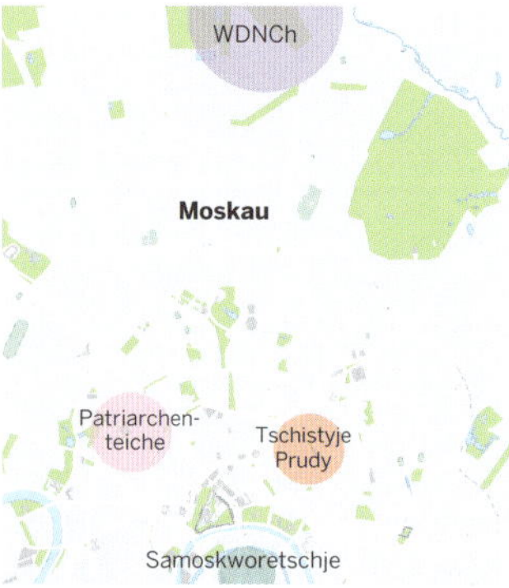


# MOSKAU

**In Russlands geschichtsträchtiger Hauptstadt gibt es alles: mittelalterliche Architektur, sowjetischen Gigantismus und aktuelle Moderne.**

Moskau hat in den letzten Jahren eine Runderneuerung erfahren. Erstbesucher und Leute, die länger nicht hier waren, werden eine angenehme Überraschung erleben. Die Stadt hat in Sachen Lebensqualität und Ansehnlichkeit einen riesigen Sprung nach vorn gemacht. Aber auch sonst hat sie mehr zu bieten als den wunderbaren Kreml und Sowjet-Schick. Nach dem fußgängerfreundlichen Umbau des Zentrums und der Sanierung vieler Parks kann man wunderbar durch die verschiedenen Viertel schlendern. Jedes enthüllt kulturelle Schichten, die das komplizierte Gesamtgebilde dieser ungewöhnlichen Stadt ausmachen. Zum Geist des alten Russlands, den sich Samoskworetschje bewahrt hat, der Pariser Eleganz von Tschistyje Prudy und den gruseligen Schatten von Bulgakows Figuren an den Patriarchenteichen gesellt sich eine faszinierende Restaurantszene sowie erstklassige Cafés und Kneipen.

# TSCHISTYJE PRUDY

**Tschistyje Prudy ist eines der romantischsten Plätzchen Moskaus. Entlang der Marosejka-Straße liegen einige der besten Restaurants; hervorragende Kneipen und Cafés gibt es auch an der Kreuzung Tschistoprudny- und Pokrowsky-Boulevard. Von hier kann man den schönen Teich bewundern, bevor man sich einen exotischen Tee oder ein Craftbier gönnt.**

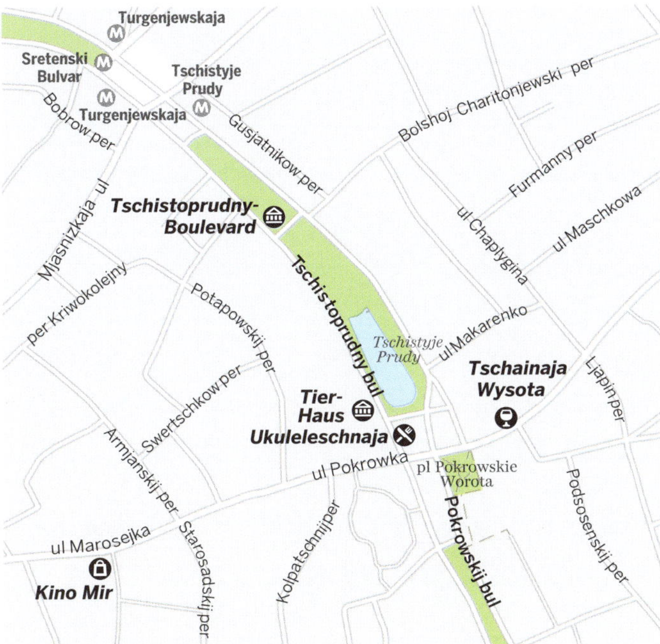


### Tschistoprudny-Boulevard

Die romantische Grünanlage mit einem stillen Teich, der im Winter zur Eisbahn wird, ist ein Highlight des Boulevardrings. Mittendrin steht ein Denkmal für den kasachischen Dichter Abai Kunanbajew, das bei den Demonstrationen gegen die Regierung von 2012 eine Rolle spielte und jetzt zu einem Symbol des Protests geworden ist. *Tschistoprudny bul.*

### Tier-Haus

Die Fassade eines siebenstöckigen Jugendstilhauses am Tschistoprudny-Boulevard ist mit einem ganzen Bestiarium von mythischen Tieren verziert. Die Terrakotta-Reliefs sind den Steinschnitzereien in der berühmten mittelalterlichen Demetriuskathedrale in Wladimir nachempfunden. *Tschistoprudny bul 14.*

### Kino Mir

Wie retro die 1990er-Jahre jetzt schon sind, zeigt sich spätestens beim Betreten dieses engen Ladens, der auf sowjetische Untergrund-Musik spezialisiert ist. Von Aquarium und Wiktor Zoi bis zu obskuren Bands, die selbst Experten kaum noch kennen, gibt es alles, und zwar auf CD und DVD gebrannt. Ein winziges Café serviert koreanische *pjanse* (auch *mandu* genannte Teigtaschen). *Ul Marosejka 8; vk.com/mirkinomsk; 10–21 Uhr.*

### Tschainaja Wysota

In Kombination mit einem christlichen Buchladen bietet die Teestube und Eisdiele exotische Geschmacksrichtungen aus den vielen Klimazonen des riesigen russischen Reiches – von sibirischen Tannenzapfen bis zur Feijoa-Frucht aus dem Kaukasus. *Ul Pokrowka 27 str 1; cha108.ru; 495-225 5996; 11–24 Uhr.*

### Ukuleleschnaja

Diese kleine Kneipe ist aus einem Laden für Ukulelen entstanden. Einige der Instrumente hängen noch immer an den Wänden. In angenehmer Atmosphäre, die eher zum Unterhalten einlädt als zur wilden Party, kann man lokales Craftbier kosten oder einen Gourmet-Hamburger essen. *Ul Pokrowka 17; uku-uku.ru; 495-642 5726; 12–2 Uhr.*

# SAMOSKWORETSCHJE

**Zaristischen Prunk oder sowjetischen Brutalismus sucht man vergebens in den urigen Gassen von Samoskworetschje, einem riesigen Viertel auf der anderen Seite der Moskwa gegenüber vom Kreml. Einst von Kaufleuten erbaut, findet man in diesem typisch russischen Stadtteil niedrige Villen und zahlreiche Zwiebelturm-Kirchen.**

**Metro-Station Nowokusnezkaja**
Die mit Marmor verkleidete Metro-Station, die mitten im Zweiten Weltkrieg eröffnet wurde, zeigt in auffälligen Deckenmosaiken die verschiedenen Berufe – von Stahlarbeitern bis zu Gärtnern –, die für den Krieg entscheidend waren. An den Wänden prangen Bronzemedaillons mit den Porträts russischer Feldherren. *Metro Nowokusnezkaja; mosmetro.ru; 5.30–1 Uhr.*

**Martha-Maria-Kloster der Barmherzigkeit**
Hinter einer massiven weiß getünchten Steinmauer an der Bolschaja-Ordynka-Straße verbirgt sich ein Jugendstil-Kleinod, in dem sich Weiblichkeit und traditionelle russische Geistlichkeit verbinden. Die deutschstämmige Großfürstin Elisabeth hatte ihren gesamten Besitz verkauft, um das Kloster zu Ehren ihres bei einem Attentat getöteten Mannes zu erbauen. Es sollte leidenden Frauen aus allen sozialen Schichten eine vorübergehende Unterkunft bieten. 1918 wurde sie von den Bolschewiki hingerichtet, nachdem sie hier als Nonne gewirkt hatte. *Ul Bolschaja Ordynka 34; www.mmom.ru; 7–19 Uhr.*

**Nikolaikirche in Pyschi**
Mit fünf Zwiebeltürmen und einem wunderschönen Glockenturm ist die strahlend weiße Kirche aus dem 17. Jahrhundert ein glanzvolles Beispiel für das alte Russland vor der Verwestlichung durch Peter den Großen. *Ul Bolschaja Ordynka 27A/8; moral.ru; 7–19 Uhr.*

**Parka**
*Parka* hat eigentlich mit *banja* (Sauna) zu tun, deshalb die Deko. Und wie in einer *banja* kann man hier gut entspannen. Die freundlichen Barkeeper lassen einen jedes Bier kosten, bevor man einen halben Liter bestellt. Viele der Biere (die meisten lokal) haben verrückte „runglische" Namen, also eine charmante Mischung aus Russisch und Englisch. *Pjatnizkaja ul 22 str 1; www.facebook.com/parkacraft; Pjatnizkaja 12–3 Uhr.*

© Gubin Yury / Shutterstock

### Mitzva Bar

Eine unauffällige Tür führt in einen Gewölbekeller mit jüdischen und Freimaurersymbolen an den Wänden. Es gibt ausgezeichnete Cocktails sowie nahöstliche Küche, zum Beispiel kreative Versionen von *Gefilte Fisch* (Fischbällchen) und *tajine* (Nordafrikanische Kasserolle). ***Pjatnizkaja ul 3/4 str 1; mitzva.bar; 495-532 4224; 15–3 Uhr.***

### Vai Me

Georgisches Fast Food klingt nach Frevel, doch diese kleine Kantine ist perfekt für *chatschapuri* (Käsebrot), *chartscho* (scharfe Suppe) oder *chinkali* (große georgische Teigtaschen). Dazu gibt es *kompot* (süßes Getränk mit Obststückchen). ***Pjatnizki per 8 str 1; vaimecafe.com; 495-646 0220; 10–23 Uhr.***

### Björn

Hinter einer Tannengruppe an einer belebten Straße liegt ein nordisches Kleinod, das als Lob eine eigene Saga verdient hätte. Björn bietet futuristische skandinavische Küche wie aus einem Science-Fiction-Film. Vom Salat bis zum Nachtisch sieht jedes Gericht trügerisch einfach, visuell ansprechend und nach 23. Jahrhundert aus. ***Pjatnizkaja ul 3; bjorn.rest; 495-953 9059; 12–24 Uhr.***

**Im Uhrzeigersinn von oben: Straße in Samoskworetschje; Mitzva-Bar; Nikolaikirche in Pyschi**

© 2020, Mitzva Bar

© Elena Lar / Shutterstock

# PATRIARCHEN-TEICHE

**Es wirkt wie ein angenehmes Wohnviertel. Aber die Patriarchenteiche werden von dunkler Magie beherrscht. Patriki, wie die Einheimischen sagen, verdankt seinen unheimlichen Ruf Michail Bulgakow, der hier seine Figuren ansiedelte: einen sprechenden Riesenkater, den Teufel, getarnt als Tourist aus dem Westen, und andere mehr.**

### Patriarchenteiche

Es heißt zwar „Teiche", doch zwei der früher drei Teiche wurden im 19. Jahrhundert trockengelegt. Auf dem übrigen Teich picknicken die Anwohner an Sommerabenden auf Bänken am Ufer oder laufen im Winter auf dem Eis Schlittschuh.

### Bulgakow-Museum

Von der sowjetischen Obrigkeit ungeliebt, lebte der Schriftsteller Michail Bulgakow Anfang der 20er-Jahre hier in einer Wohnung, die auch die sonderlichen Figuren in seinem Roman *Der Meister und Margarita* bewohnten, einer beißend subversiven Anti-Sowjet-Satire. In dem Gebäude befinden sich heute ein Kunstzentrum, ein Theater und ein kleines Museum. *Bolschaja Sadowaja ul 10; www.dombulgakova.ru; Di, Mi & Fr–So 12–19 Uhr, Do 14–21 Uhr; Erwachsene 150 R, Kinder 50 R.*

### Villa Rjabuschinski

Die Jugendstilvilla (auch Gorki-Haus genannt) wurde 1906 von Fjodor Schechtel erbaut; 1931 ging sie an Maxim Gorki. Ein fantasievoller Bau mit skulpturalem Eingang, Deckenmalereien, Bleiglasfenstern, einer geschwungenen Treppe und Fliesen. *Malaja Nikitskaja ul 6/2; Mi–So 11–17.30 Uhr; Erwachsene 400 R, Studenten 150 R.*

### Jerusalem

Eigentlich geht man für irdische Vergnügungen nicht ins Gebetshaus, aber das Dachrestaurant in Moskaus chassidischer Hauptsynagoge serviert nahöstliche Küche und bietet einen himmlischen Ausblick. *Bolschaja Bronnaja ul 6; www.facebook.com/jerusaleminmoscow; 495-690 6266.*

### Moscow-Delhi

In den Patriki geschehen seltsame und fantastische Dinge, wie die spontane Seelenwanderung in eine nordindische Küche, wo die Gäste köstliche Thali-Menüs verzehren und dem fröhlichen Plaudern der Köche aus Kaschmir zuhören. *Jermolajewski per 7; www.facebook.com/MoscowDelhi; 925-193 1916; Di–So 10–23 Uhr.*

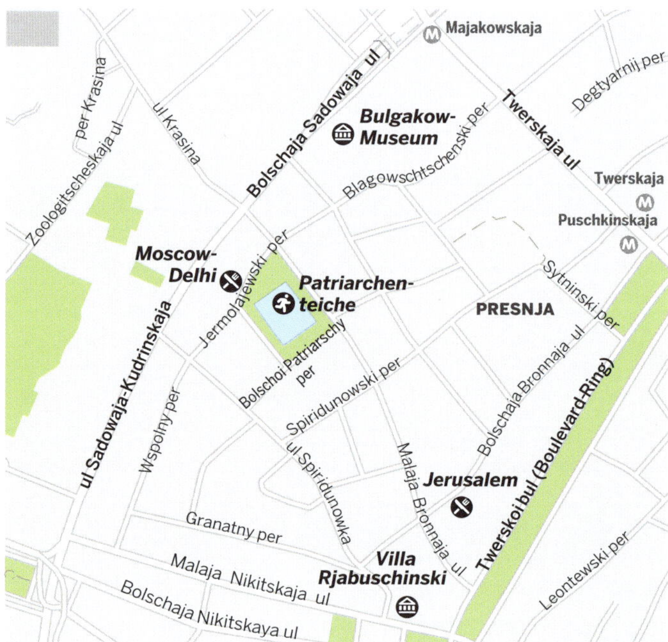

# WDNCH

**WDNCh war die sowjetische Leistungsschau, auf der die Errungenschaften der sozialistischen Volkswirtschaft gezeigt wurden. Ein stadtgroßes Gelände mit zweifelsohne beeindruckender Architektur. An einer breiten Promenade stehen palastartige Pavillons zu Ehren der einzelnen Sowjetrepubliken und Wirtschaftszweige, in der Ferne überragt vom schlanken Fernsehturm Ostankino.**

### Brunnen der Völkerfreundschaft

Auf dem zweiten Platz vom Haupttor aus steht dieser Springbrunnen, umringt von 16 vergoldeten Frauenfiguren in den Trachten der Sowjetrepubliken. Die mysteriöse 16. Figur steht für die 1956 aufgelöste Karelo-Finnische Republik.

### Kosmospavillon

Das riesige Gebäude mit der eleganten Glaskuppel ist voll mit Raketen, Landekapseln und ganzen Raumstationen, von denen einige begehbar sind. Eine lebensgroße Nachbildung der Woschod-Rakete wurde 1967 am Haupteingang aufgestellt. *cosmos.vdnh.ru; Di–So 11–20 Uhr; Erwachsene 500 R, Studenten 250 R.*

### Arbeiter und Kolchosbäuerin

Das monumentale Denkmal von einem entschlossen wirkenden riesigen Paar mit Hammer und Sichel ist vermutlich die heiligste der sowjetischen Ikonen. Es symbolisiert die Einheit von Bauern und Arbeiterklasse. *moscowmanege.ru; Ausstellungshalle Mo–Do 10–22 Uhr, Fr–So bis 23 Uhr; Erwachsene 1000 R, Kinder 500 R.*

### Fernsehturm Ostankino

Mit 540 Metern ist er der vierthöchste Fernsehturm der Welt. Auf 337 Metern Höhe befindet sich eine Aussichtsplattform, dort gibt es einen 360-Grad-Rundumblick und – Glasfußboden. *Ul. Korolewa 15 k2; tvtower. ru; Mo–Do 10–22 Uhr, Fr–So bis 23 Uhr; Erwachsene 1000 R, Kinder 500 R.*

### Kosmonautenmuseum

Der 100 Meter hohe Titan-Obelisk in der Nähe des WDNCh ist ein Denkmal „Für die Eroberer des Weltraums", das 1964 in Gedenken an den Sputnik-Start errichtet wurde. Im Museum befindet sich der erste sowjetische Raketenmotor und das Mondfahrzeug Lunochod. *Pr Mira 111; www.kosmo-museum.ru; Di, Mi, Fr, So 10–19 Uhr, Do & Sa bis 21 Uhr; 250 R.*

### Moskowskoje Nebo

Wie das WDNCh repräsentiert auch die Speisekarte die Republiken der UdSSR, vor allem die Ukraine. Allerdings ist die Qualität des Borschtsch und des Hühnchen Kiew heute deutlich besser als zu Sowjetzeiten. *Pr Mira 119 str 422; 499-650 0031; 12–23 Uhr.*

# NORD-AMERIKA

# SAN FRANCISCO

**Von Alcatraz bis zur Golden Gate Bridge: Die Wahrzeichen San Franciscos zu besichtigen, dauert Tage. Doch am lautesten schlägt das Herz der Stadt in den exzentrischen Vierteln.**

Jeder hat ein Bild von SF – niemals „San Fran" – im Kopf: die blaue Bucht, Beatnik-Kneipen, Art-déco-Wolkenkratzer, die Brücke … Die Stadt ist von einer fröhlichen „Alles-ist-möglich"-Stimmung geprägt, voller Nachtschwärmer, Musikliebhaber und Feinschmecker auf der Suche nach den neuesten Trends. Die touristischen Viertel sind beliebt, etwa der Mission District mit seinen Wandmalereien oder die „Painted Ladies", die pfauenbunten Häuser am Alamo Square. Doch wer sich wie ein Einheimischer fühlen will, sollte in einer düster-eleganten Kellerbar in „The Haight" einen Martini bestellen, ein schickes Restaurant in Inner Sunset oder eine Kunstausstellung im postindustriellen Dogpatch besuchen. Auf der anderen Seite der Bucht herrscht in Oakland ein ganz anderer Beat – vor allem nach Mitternacht in schummrigen Livemusikbars.

Das öffentliche Verkehrssystem ist wie ein Puzzle, dem einige Teile fehlen. Nimm den Bus, die U-Bahn, die BART (S-Bahn) über die Bucht oder benutze die Mitfahr-Apps, die im nahen Silicon Valley entwickelt wurden.

# THE HAIGHT & COLE VALLEY

**In den Sechzigern war Haight-Ashbury das Zentrum der Hippiekultur. Beliebte Fotomotive sind die riesigen netzbestrumpften Beine oder Janis Joplins Haus. „The Haight" lädt dazu ein, umherzuschlendern, sich piercen zu lassen und in anarchistischer Lyrik zu stöbern. Etwas südlich lockt das betuchte Cole Valley mit seinen Restaurants und Bars.**

### Zam Zam

Verfolge vom Barhocker aus die Kunst des Cocktailmixens in dieser 1941 gegründeten Institution mit ihren persisch anmutenden Wandbemalungen und beleuchteten Flaschen. Stammgäste schwelgen in Erinnerung an den mürrischen Vorbesitzer, doch zum Glück hat die Bar nichts von ihrem leicht verkommenen Charme verloren – und die Martinis sind weiterhin hervorragend. Nur Barzahlung. *1633 Haight St; 15–2 Uhr.*

© canadastock / Shutterstock

### Bound Together Books

Fest entschlossen, den Kapitalismus zu stürzen? Diese anarchistische Buchhandlung führt die nötigen Anleitungen, von Zeitschriften voller Denkanstöße bis zu Abhandlungen über Rassismus und LGBT+-Rechte. *1369 Haight St; boundtogetherbooks.wordpress.com; 11.30–19.30 Uhr.*

### Zazie

Im trinkgeldfreien Zazie gibt es kein hektisches Taschenrechnergetippe wegen der amerikanischen Trinkgeldsitten (üblicherweise 20 Prozent). Hier zaubern gute Arbeitsbedingungen Personal und Gästen ein Lächeln ins Gesicht. Brunchklassiker wie Eggs Benedict oder Croque Monsieur weichen am Abend französisch geprägten Gerichten. *941 Cole St; www.zaziesf.com; 415-564-5332; 9–14 & 17–21.30 Uhr.*

### Cafe Reverie

Auf den ersten Blick sieht das Reverie aus wie ein normales Café. Doch es gibt einen hervorragenden Flat White, erschwinglichen Pinot Noir und eine schöne grüne Terrasse nach hinten raus. *848 Cole St; cafe-reverie.cafes-city.com; Mo–Fr 6.30–21 Uhr, Sa & So 7.30–19.30 Uhr.*

### Charles Manson House

Die Einheimischen würden am liebsten vergessen, dass der Mörder und Sektenführer Charles Manson im Sommer 1967 hier lebte. Am besten verstohlen ein Foto machen und so tun, als habe man sich auf dem Weg zu Janis Joplins Haus verlaufen. *636 Cole St.*

# DOGPATCH & POTRERO HILL

**Das erhöhte Potrero Hill lockt mit viel Sonnenschein und einem tollen Ausblick auf die Stadt. Mitte des 20. Jahrhunderts bestimmten hier Künstler und LGBT+-Bewohner das Ambiente, heute beliebte Brunchläden und Bars. Östlich liegt das rauere Dogpatch an der Bucht, wo sich Kneipen und Restaurants in ehemaligen Lagerhäusern verstecken. Anfahrt per Stadtbahn (3rd St) oder Caltrain (22nd St).**

### Bottom of the Hill

Selbst anspruchsvolle Musikliebhaber werden von den Bands begeistert sein, die sich in dieser Bar am Fuß des Potrero Hills die Ehre geben. Ob Old-School-Punk, mongolischer Folk-Metal, tropische Afro-Latin-Music oder Gothic Blues aus den Südstaaten – hier kommt das Trommelfell jeden Abend in den (mitunter fraglichen) Genuss neuer Klänge. Bei manchen Auftritten kann man sich kostenlos am Grill versorgen, und die großzügig ausgeschenkten Getränke sind bezahlbar. *1233 17th St; www.bottomofthehill.com.*

### Ruby Wine

Die Spezialität der taschentuchgroßen Bar mit Verkaufsraum sind europäische Weine. Die Bewohner von Potrero Hill lieben diesen Laden so sehr, dass sie sich auch auf der Straße ausbreiten, um dort bei ein paar Glas Grünem Veltliner mit Freunden zu quatschen. Wer will, schließt sich den Massen zur freitäglichen Weinprobe an (17–21 Uhr) oder kauft eine Flasche zum Mitnehmen. *1419 18th St; rubywinesf.com; So–Do 12–22 Uhr, Fr & Sa bis 24 Uhr.*

### Goat Hill Pizza

Der Name dieser alteingesessenen Sauerteig-Pizzeria verweist auf die Zeit nach dem Erdbeben 1906, als in den steilen Straßen Ziegen zwischen den Trümmern umherspazierten. Der herzliche Empfang wärmt den Besucher wie ein Pizzaofen; man kann an schlichten, sauberen Tischen essen oder die leckeren Erzeugnisse mitnehmen. Unser Tipp ist die saftige, cremige Hilda's Favorite mit Pesto und (passenderweise) Ziegenkäse. Zum All-you-can-eat-Abend am Montag sollte man früh da sein. *300 Connecticut St; www.goathillpizza.com; 415-641-1440; 11–23 Uhr.*

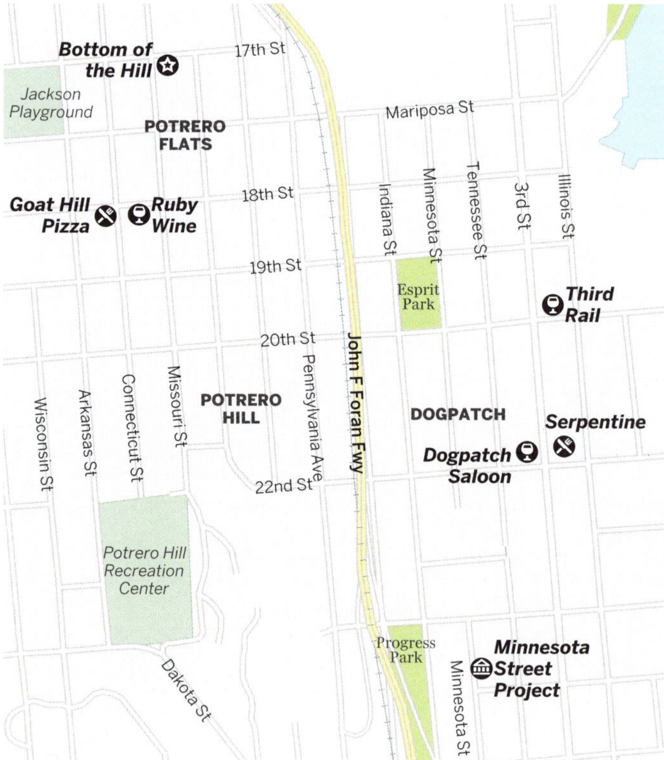




SAN FRANCISCO

**Minnesota Street Project**
Drei typische Dogpatch-Lagerhäuser: von außen eintönig und unscheinbar, von innen atemberaubend. Non-Profit-Organisationen und Kunstgalerien teilen sich den luftigen Raum. Zeitgenössische Künstler bieten ihre Werke an, doch es geht nicht um Umsatz, das Minnesota Street Project dient auch als freies Kunstzentrum des Stadtteils. Zwischen beeindruckenden Avantgarde-Skulpturen lockt das Restaurant Besharam mit Cocktails und indischer Fusion-Küche. *1275 Minnesota St; minnesotastreetproject.com; ca. 11–18 Uhr, Eintritt frei.*

**Serpentine**
Die schmucklosen Gebäude von Dogpatch beherbergen unzählige Bars und Restaurants, doch eines der besten ist das in postindustriellem Design gehaltene Serpentine mit seinen schlichten kalifornischen Gerichten. Ein Höhepunkt ist der Brunch mit Schuss: Bloody Marys werden mit einem regenbogenfarbenen Strauß aus eingelegtem Gemüse serviert, und die Riesenportion *chilaquiles* (Tortillachips mit Käse, Schweinefleisch und Ei) vertreibt selbst den hartnäckigsten Kater. Vorab reservieren. *2495 3rd St; www.serpentinesf.com; 415-252-2000; Do–So 10–14.30 Uhr, Mo–Sa 17–22 Uhr.*

**Third Rail**
Passend zu den exzellenten Cocktails, den vielen Biersorten und der großen Auswahl an Whiskeys bietet das Third Rail eine geniale Snack-Eigenkreation an: „Jerky" – Happen aus getrocknetem Fleisch, die gourmetmäßig aufbereitet zu Bier und Schnäpsen gereicht werden. Wir können gar nicht genug bekommen vom Jerky im Cajun-Style, aber den größten Kick liefert „Red Eye", gewürzt mit Kaffee und Chili. Für Vegetarier gibt es den Shiitake-Jerky. *628 20th St; thirdrailbarsf.com; 15 Uhr bis spät.*

**Dogpatch Saloon**
Wem die ganzen umgewandelten Lagerhäuser und heiß umkämpften Brunchplätze zu hipsterig sind, der fühlt sich vielleicht im bodenständigen Dogpatch Saloon bei einem kalten Bier wohl. Die urige Kneipe stammt aus dem Jahr 1912 und verfügt immer noch über die Originaltheke sowie einen auf alt gemachten Fliesenboden und einen funktionsfähigen Kamin. *2496 3rd St; dogpatchsaloon.com; Mo–Do 14–2 Uhr, Fr & Sa 12–2 Uhr, So 10 Uhr bis spät.*

**Oben: Snack im Third Rail**
**Links: Blick von Potrero Hill auf die Stadt und die Bucht**

# INNER SUNSET & INNER RICHMOND

**Inner Richmond und Inner Sunset grenzen an den östlichen Teil des Golden Gate Parks. Das Wohnviertel Inner Richmond lassen viele Touristen links liegen, dabei gibt es hier Restaurants und Weinbars aus aller Welt. Südlich des Parks liegt das nebelverhangene Inner Sunset, geprägt von chinesischen und irischen Migranten, die sich im 20. Jahrhundert hier niederließen.**

### Osteria Bella

Nur selten kommt es vor, dass einem italienischen Restaurant außerhalb Italiens der große Wurf gelingt. So ist es bei der Osteria Bella mit ihrem herzlichen Personal, der authentischen italienischen Küche (Carbonara aus drei Zutaten, Tintenfisch-Spaghetti) und einer sorgfältig zusammengestellten Weinauswahl. Von den Trüffelgnocchi – fest, weich, in der buttrigsten aller Saucen geschwenkt – schwärmt man noch Tage später. *3848 Geary Blvd; osteriabella.com; 415-221-0305; Mi & Do 11–22 Uhr, Fr 11–23 Uhr, Sa 12–22 Uhr, So 11–21 Uhr.*

### High Treason

Der schlichte Weinkennertreff schenkt seine hauptsächlich europäischen und kalifornischen Weine auch offen aus. Die Speisen bewegen sich irgendwo zwischen Tapas (Fleischspezialitäten, in Cidre getauchte Sprossen) und Feinschmecker-Fast-Food (in Entenfett frittierte Pommes, Steinpilzbutter-Popcorn). *443 Clement St; www.facebook.com/hightreasonsf; Mo–Mi 16.30–22 Uhr, Do–Sa 12–23 Uhr, So 14–22 Uhr.*

### InnerFog

Im InnerFog – der Name spielt auf das berüchtigte Wetter von Inner Sunset an – gibt es eine günstige Happy Hour (16–18 Uhr) und erlesene Weine. Die meisten stammen aus der Region, aus Europa oder Südamerika und lassen sich gut mit einer Auswahl an Käse- oder Fleischspezialitäten genießen. *545 Irving St; innerfog.com; Mo & Di 17–22 Uhr, Mi 17–23 Uhr, Do 16–23 Uhr, Fr & Sa 16–24 Uhr, So 17–21 Uhr.*

### Marnee Thai

Nicht einfach irgendein Thai-Res-

taurant, sondern ein hervorragendes, das weit mehr bietet als *pad thai* und die üblichen grünen Currys. Zu den saisonalen Spezialitäten gehören *khanom khrok* (Pfannkuchen aus Reismehl und Kokosmilch), Kochbananen-Enten-Curry und Schweinebauch mit Thai-Basilikum. Eine Reservierung ist immer empfohlen, einzelne Gäste finden aber auch am Tresen Platz. *1243 9th Ave; www.marneethaisf.com; 415-731-9999; So–Do 11.30–21.30 Uhr, Fr & Sa bis 22 Uhr.*

**Green Apple Books**

Wer lange geöffnete Buchhandlungen mag, ist in San Francisco genau richtig. Dieser charmant-altmodische Laden ist in einem Gebäude aus der Jahrhundertwende untergebracht, samt knarzenden Treppen und Gasleuchten im oberen Stockwerk. Liebesbriefe an Kalifornien, feministische Brandschreiben, geschichtliche Texte und Travel Writing … hier findet man alles, betreut von entsprechend buchverrückten Mitarbeitern. *1231 9th Ave; www.greenapplebooks.com; 10–22 Uhr.*

## VERBORGENE ECKEN IM GOLDEN GATE PARK

**Die bekannten Sehenswürdigkeiten sind der japanische Teegarten, das Conservatory of Flowers und der Botanische Garten. Man kann aber auch neben dem Karussell aus dem frühen 20. Jahrhundert posieren oder das National AIDS Memorial aufsuchen. Einheimische werden fragen, ob man vom Bison (auf der Westseite des Parks) oder dem Geist beziehungsweise dem Loch-Ness-artigen Ungeheuer im Stow Lake gehört hat.**

**Little Shamrock**

Dieses original irische Traditionspub gibt es seit den 1890er-Jahren, ein für San-Francisco-Verhältnisse biblisches Alter. Zu Prohibitionszeiten wurde dort Limo ausgeschenkt, um zu überleben, heute fühlen sich Studenten und andere junge Leute von der Wohnzimmeratmosphäre angezogen. Wer ein Bier bestellt hat, kann sich in einen Sessel sinken lassen und die alten Spiegel, Fotos und Wanduhren betrachten – eine steht seit dem großen Erdbeben von 1906 still. *807 Lincoln Way; Mo–Do 15 Uhr bis spät, Fr ab 14 Uhr, Sa & So ab 13 Uhr.*

**San Francisco's Hometown Creamery**

Hausgemachte Eiscreme gibt es in zahllosen Läden in der ganzen Stadt, doch die Süßspeisen in der Hometown Creamery schmecken wirklich nach wohlgehüteten Familienrezepten. Das in kleinen Mengen produzierte Eis besteht aus regionalen Zutaten – ein „Farm-to-Cone"-Erlebnis, wie es heißt. Es gibt Banana Foster (mit echten Bananen und einem Schuss Bourbon) und Sweet Red Bean mit in Sake eingelegten Kirschen, aber die Sorten wechseln – deshalb am besten gleich zwei Kugeln nehmen. *1290 9th Ave; www.sfhometowncreamery.com; 12–22 Uhr.*

**Oben: Green Apple Books**
**Unten: der japanische Teegarten im Golden Gate Park**

# DOWNTOWN OAKLAND & LAKE MERRITT

**Oakland, San Franciscos coolere Schwester, war der Zufluchtsort der Kreativen, als der Silicon-Valley-Boom die Mieten in die Höhe trieb. Mittlerweile ist die East Bay kein Geheimtipp mehr, hier tummeln sich verlockende Bars und Läden. Wer nach Natur in der Stadt sucht, fährt zum Lake Merritt. Mit BART ist man von Embarcadero aus schnell da.**

### Cafe Van Kleef

Was kaum jemand weiß: Wodka-Cocktails schmecken besser vor ausgestopften Tieren. Also ab ins Cafe Van Kleef, wo es den Greyhound gibt: Wodka mit frischem Grapefruitsaft und einem großen Stück Frucht auf dem Glasrand. Ebenso gut schmecken die Version mit Salzrand und der tückische Bluehound mit Tequila. Hier kann man ins Gespräch kommen, gruseligen Puppen tief in die Augen schauen und sich sogar ein großzügiges Trinkgeld leisten, weil man in Oakland und zur Happy Hour da ist. *1621 Telegraph Ave; cafevankleef.net; Di–Fr 12–2 Uhr, Sa & So 18–2 Uhr, Mo 16–2 Uhr.*

### The Fat Lady

Gerüchten zufolge war in diesem Gebäude aus dem 19. Jahrhundert einst ein Bordell – ein gutes Einstiegsthema für ein romantisches Dinner! Die viktorianische Einrichtung ist lokalgeschichtsträchtig, mit Original-Bleiglasfenstern, alten Schildern und Tiffany-Lampen. Die Speisekarte blickt sehnsuchtsvoll nach Europa: Es gibt französische Zwiebelsuppe, Ribeye-Steak und griechisches Lamm mit Feta-Beilage. *201 Washington St; www.thefatladyrestaurant.com; 510-465-4996; Mo–Fr 11.30–22 Uhr, Sa 9–23 Uhr, So 9–15 Uhr.*

### Oakland Museum of California

Dieses innovative und familienfreundliche Museum allein ist einen Ausflug auf die Ostseite der Bucht wert. Hier kann man die Geschichte Kaliforniens in einer Betonröhre oder in einer viermotorigen Douglas DC-8 erleben. Nach einem Gang durch die Gärten besteht die Herausforderung darin, den Oakland-Andenken im Souvenirshop zu widerstehen. Freitags ab 17 Uhr sorgen Foodtrucks und Drinks für Partystimmung. *1000 Oak St; museumca.org; Mi & Do 11–17 Uhr, Fr 11–22 Uhr, Sa & So 11–18 Uhr; 16 $, Kinder gratis.*

© Erin Scott Photography / 2020, Oaktown Spice Shop

### Wolfman Books

In Oakland gibt es zahlreiche interessante Buchhandlungen, und das 1973 gegründete Walden Pond Books lockt die meisten Bücherwürmer an. Wolfman ist eher die Außenseiterwahl: ein kleiner Verlag mit einem aufregenden Programm an Literaturveranstaltungen, meist mit Autoren aus Randgruppen. *410 13th St; wolfmanhomerepair.com; So–Mi 12–18 Uhr, Do–Sa bis 21 Uhr.*

### Lake Merritt Trail

Der Wander- und Radweg führt 4,9 Kilometer um das älteste Wildtierreservat der USA, in dem Dutzende Vogelarten wie Reiher, Pelikane oder seltene Enten leben. Hier kann man Boote mieten, durch den Bonsaigarten schlendern oder einen Abstecher zum putzigen, leicht gruseligen Children's Fairyland machen, einem fotogenen Freizeitpark aus den 1950er-Jahren. *www.lakemerritt.org.*

### Luckyduck Bicycle Cafe

Die Fahrradwerkstatt und Espressobar Luckyduck ist nur ein Beleg dafür, welches Viertel das wahre Hipsterzentrum ist. Auf der Speisekarte finden sich vegane Angebote wie Focaccia mit Jackfruit und Avocado. *302 12th St; www.luckyduckoakland.com; 510-891-1830; Di–Sa 8–19 Uhr.*

## VERSTÖRENDE FRIEDHÖFE

**Die Friedhöfe von Oakland bergen düstere Geschichten. Auf dem Evergreen Cemetery gibt es ein Massengrab, in dem mehr als 400 Opfer des Jonestown-Sektenmassakers in Guyana begraben liegen (viele der 918 Toten stammten aus Kalifornien). Der Mountain View Cemetery ist die letzte Ruhestätte von Elizabeth Short, dem Opfer des sogenannten „Schwarze-Dahlie"-Mordes, der nie aufgeklärt wurde und seit 1947 durch das öffentliche Bewusstsein geistert.**

### Oakland Metro Operahouse

Wer Lust auf Progrock, gitarrenmisshandelnden Thrash oder qualvollen Heavy Metal hat, wirft hier automatisch die Fäuste in die Höhe, während der Mund „Hell yeah" schreit. Tolle Akustik und ein entfesseltes, kompromissloses Publikum. *522 2nd St; oaklandmetro.org.*

### Oaktown Spice Shop

Hier wird leidenschaftlich über die korrekte Verwahrung von Zimtstangen diskutiert und gutes Ras el-Hanout, eine marokkanische Gewürzmischung, für wertvoller befunden als Gold. Die Gewürze sind einzeln oder als Mischungen mit Namen wie Persian Lime Curry Rub erhältlich. *546 Grand Ave; oaktownspiceshop.com; Mo–Fr 10–19 Uhr, Sa & So 10–17 Uhr.*

© yhelfman / Shutterstock

**Oben: tief einatmen im Oaktown Spice Shop**
**Links: Mountain View Cemetery**

# PORTLAND

**Das kreative, aufgeschlossene und ziemlich verschrobene Portland wird seinem Hipster-Ruf gerecht, hält aber gleichzeitig viele Überraschungen bereit.**



Portland, Oregon ist als hipper Ort bekannt. Die coolsten Gegenden findet man vor allem im und rund um das Zentrum sowie im Osten. Hawthorne lockt schon lange verrückte und geniale Geister an, während es Alberta Arts mit seiner entspannten Hippie-Stimmung etwas ruhiger angehen lässt. Mississippi war früher ziemlich heruntergekommen, doch eine neue Generation, angelockt von der trendigen Musikszene, hat für eine Aufhübschung gesorgt. In The Pearl, dem Künstlerzentrum im Westen, sind in den letzten Jahren so viele neue Gebäude entstanden, dass einige Blocks innerhalb weniger Monate ein völlig neues Gesicht bekamen. Auch das Zentrum ist schicker geworden und bietet viele kreative und kulinarische Überraschungen, doch die alten Gebäude und die Schmuddelecken sind geblieben. Jedes der Viertel lässt sich gut zu Fuß erkunden. Für die Wege dazwischen gibt es die orangefarbenen Leihfahrräder von Biketown und die öffentlichen Verkehrsmittel.

# HAWTHORNE

**Hawthorne ist Portland, wie man es sich vorstellt. Hier gibt es einige der besten Restaurants und die verrücktesten Geschäfte, besucht von Mittzwanzigern mit grünen Haaren, Paaren im Partner-Einhorn-Einteiler oder grauhaarigen Hippies. Sich in Hawthorne zurechtzufinden, ist ganz einfach: Es erstreckt sich entlang des östlichen Teils des SE Hawthorne Boulevard bis zur SE 52nd Avenue.**

### Harlow

Glutenfrei? Vegan? Auf der Suche nach einem Bissen fürs Wohlbefinden? Dieser wunderbar helle Laden mit seinen aufgearbeiteten alten Holztischen und Kristall-Kronleuchtern serviert alles von kreativen Bowls und Suppen bis zu Hauptgerichten ohne Gewissensbisse, grünen Smoothies und weniger gesunden starken Cocktails. *3632 SE Hawthorne St; www.harlowpdx.com; Mo–Sa 8–21 Uhr, So 8–15 Uhr.*

### White Owl Social Club

Die hipsten Hipster treffen sich hier auf der traumhaften Terrasse (mit Feuerstelle!), an der Bar oder auf der Tanzfläche. Das Programm reicht von EDM bis Comedy. Auch die Afterparty des World Naked Bike Ride hat schon hier stattgefunden – sagt das nicht alles? *1305 SE 8th Ave; www.whiteowlsocialclub.com; 15–2 Uhr.*

### House of Vintage

Für Secondhand-Fans ist Hawthorne ein Paradies und das House of Vintage der Gipfel der Gefühle. Auf 1200 Quadratmetern verkaufen 55 Händler Möbel, Kunst und vor allem Kleidung. Nicht spottbillig, aber eine wahre Fundgrube. *3315 SE Hawthorne; www.houseofvintagenw.com; 11–19 Uhr, Fr & Sa bis 21 Uhr.*

### National Hat Museum

Das größte Hutmuseum der USA zeigt fast 2000 Hüte in einem alten Anwesen. Die 90-minütige Führung vermittelt mehr Wissen über Kopfbedeckungen, als man für möglich gehalten hätte, und interessante Einblicke in die Geschichte des Viertels. *1928 SE Ladd St; www.thehatmuseum.com; Führungen Do–Sa 3x täglich.*

### Bagdad Theater & Pub

Hierher kommt man, um Blockbuster zu schauen. Aber selbst wenn der Film grauenhaft ist, verlässt niemand das reich verzierte Gebäude aus den 1920ern enttäuscht. Bier und Burger bekommt man an den Plüschsitz serviert. Nach der Vorstellung laden die Bar und das Restaurant dazu ein, noch ein wenig im goldenen Zeitalter des Films zu schwelgen. *3702 SE Hawthorne St; www.mcmenamins.com; 11–24 Uhr.*

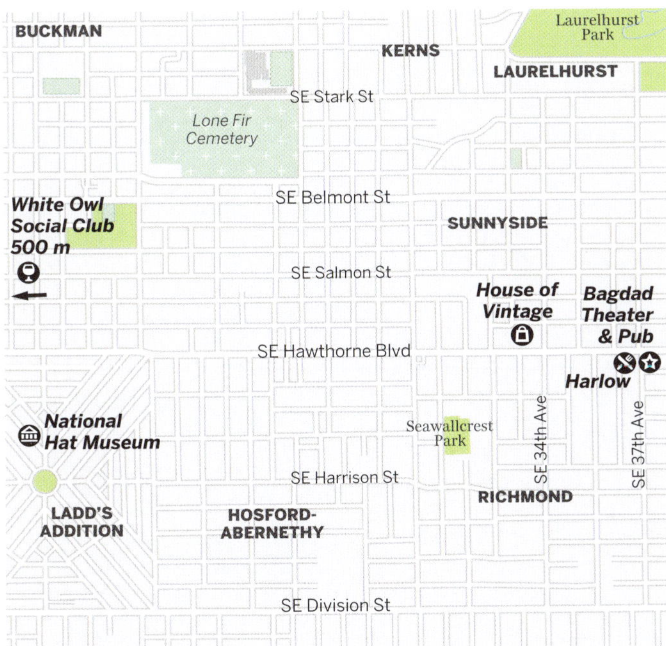

# THE PEARL & DOWNTOWN

**Im Zentrum findet man zwischen Geschäftsleuten und Pendlern auf Rädern viele Sehenswürdigkeiten und Unterhaltungen. The Pearl ist ein aufstrebender Künstlerstadtteil. Downtown erstreckt sich an der Buchhandlung Powell's und dem Einkaufsviertel Alphabet District entlang bis zum Pioneer Square und zur Portland State University.**

### Smith Teamaker

Steven Smith, eine lokale Legende, gründete die Teeunternehmen Stash, Tazo und sein Meisterwerk Smith Teamaker. Im Firmensitz in einer ehemaligen Schmiede kann man Tees, Tee-Mocktails und Tee-Lattes genießen oder sich für einen Workshop anmelden. Fabrikführungen (10 $) freitags um 14 Uhr. *1626 NW Thurman St; www.smithtea.com; 10–18 Uhr.*

### Darcelle XV

Diese beliebte Varietébar im Las-Vegas-Stil unterhält Portland schon seit mehr als 50 Jahren. Darcelle selbst, die mittlerweile über 80 ist, ist die älteste Dragqueen der Welt. Neben ihren allabendlichen Auftritten sind auch Glamour-Wettbewerbe (das Gegenstück zu Schönheitswettbewerben) und Stripeinlagen zu sehen. *208 NW 3rd Ave; www.darcellexv.com; Di–Sa ca. 20–24 Uhr.*

### Ground Kontrol

Pinball-Profis, Donkey-Kong-Könner und Tetris-Titanen sollten sich die Taschen mit Vierteldollarmünzen vollstopfen und diesen Tempel der Videospiele aus den 70ern, 80ern und 90ern aufsuchen. An manchen Abenden legen DJs auf, und es gibt Essen und Getränke, damit die Kräfte für die Jagd nach dem Highscore reichen. *115 NW 5th Ave; www.groundkontrol.com; 12 Uhr bis spät.*

### Lan Su Chinese Garden

Der Seerosenteich, die Ziergärten, die kunstvoll verzierten chinesischen Bauten und das zweistöckige Teehaus, in dem man auch leichte Mahlzeiten bekommt, sind eine Oase der Ruhe mitten in der Stadt. Tagsüber finden Führungen statt, außerdem gibt es Tanz, Musik, Tai-Chi-Kurse oder Kalligrafie-

stunden. *239 NW Everett St; www.lansugarden.org; 10–19 Uhr (im Winter bis 16 Uhr).*

### Glowing Greens

Lust auf eine Runde Indoor-Piraten-Schwarzlicht-Minigolf? Ein Besuch dieses wunderbar durchgeknallten Ortes lohnt sich – nicht nur, wenn es regnet oder man mit Kindern unterwegs ist. Wer seinen inneren Ninja ausleben will, kann auch Äxte schleudern. *509 SW Taylor St; www.glowinggreens.com; 12–21 Uhr, Fr & Sa bis 23 Uhr.*

### Pine Street Market

Die Foodtrucks auf Portlands Straßen kennt jeder, hier holt man die Verkäufer ins Haus. Ein schöner (wenn auch oft überfüllter) Ort zum Genießen. Zur Auswahl stehen etwa Olympia Provisions (Bratwurst und Bier), Kim Jong Smokehouse (koreanisches Streetfood) und die Wizbangbar, wo es das beliebte Salt & Straw-Softeis gibt. *126 SW 2nd St; www.pinestreetpdx.com; Öffnungszeiten variieren.*

## SPRINGFIELD IN PORTLAND

**Was haben Flanders, Lovejoy und Quimby gemeinsam? Es sind Straßen in Portland und Namen von Simpsons-Figuren! Matt Groening ist in Portland in der Evergreen Terrace (so heißt auch die Straße der Simpsons) aufgewachsen und hat die Lincoln High School besucht (und dort den Namen „Bart Simpson“ in den nassen Zement geschrieben, wie man bis heute sehen kann).**

### Freakybuttrue Peculiarium

Dieses Museum ist so durchgeknallt, wie sich Portland nach außen gerne gibt: Es bietet zum Beispiel interaktive Sargerlebnisse, eine Alien-Autopsie am eigenen Leib inklusive Selfie-Option und vieles mehr. Winzig, vollgestopft und ein bisschen schmuddelig – aber das muss hier einfach so sein. *2234 NW Thurman St; www.peculiarium.com; Fr–Mo 11–18 Uhr.*

**Oben: Neonschild in Portland**
**Unten und links: Pine Street Market, der Treffpunkt für Feinschmecker**

# ALBERTA ARTS

**Das Künstler- und Hippie-Zentrum zählt mittlerweile zu den begehrtesten Vierteln. Doch auch wenn die Bars und Restaurants immer voller werden, geht es hier meist ziemlich locker zu – ein perfekter Ort für einen entspannten Stadtspaziergang. Ein Höhepunkt sind die schönen Wandmalereien zwischen der NE 15th und der NE 30th Avenue.**

### Great Notion Brewing

Hier stimmt die Gärung einfach. Den cremigen, hopfigen Bieren geht die Bitterkeit vieler Westküsten-IPAs ab, was die Brauerei im braulustigen Portland herausstechen lässt. Zu empfehlen sind auch die Fruchtsorten und die Sours. *2204 NE Alberta; www.greatnotionpdx.com; 12–22 Uhr, Fr & Sa bis 23 Uhr.*

### StuStuStudio

In diesem winzigen Laden bieten örtliche Kunsthandwerker ihre Erzeugnisse an: Schmuck, Karten, Töpferwaren und vieles mehr. Bist du auf der Suche nach Postkarten mit stilisierten Bildern von Portland-Brücken, dolchförmigen Ohrringen oder der perfekten Kaffeetasse für die Mutter? Hier wirst du bestimmt fündig, und das zu sehr guten Preisen. *1627 NE Alberta St; www.stustustudio.net; Mi–Mo 12–18 Uhr.*

### Grilled Cheese Grill

Amerikanische Kunden werden zurück in die Kindheit versetzt: Hier kann man sein Sandwich in einem alten Schulbus essen. Das Angebot reicht von Cheddar auf Weißbrot über geschmolzenen Brie und Oliventapenade bis zum Burgerpatty. Die Tischplatten sind mit Schulfotos aus den 70ern dekoriert. *1027 NE Alberta St; www.grilledcheesegrill.com; 11.30–20 Uhr, Fr & Sa bis 2.30 Uhr.*

### Alberta Street Gallery

Hier schlägt das Herz der Kunstszene von Alberta Arts. Diese Galerie stellt die Werke von 30 lokalen Künstlern aus. Auf dem Programm stehen neben Gesprächen über Kunst auch ungewöhnlichere Veranstaltungen wie Trink- und Malworkshops. *1829 NE Alberta St; www.albertastreetgallery.com; Mo–Do 11–19 Uhr, Fr 11–21 Uhr, Sa 9–21 Uhr, So 9–17 Uhr.*

### Last Thursday

Dieser ausgelassene Kunst- und Musiktreff macht jeden letzten Donnerstag im Monat zum Festtag. Es gibt Auftritte von Zirkuskünstlern, Native-American-Musikgruppen, Kunststände, Essen und (vor allem in den wärmeren Monaten) Massen von Besuchern. Anfangs familienfreundlich, im Verlauf des Abends immer wilder. *NE Alberta St (zwischen 15th & 30th Ave); lastthurspdx.org; 18–21 Uhr.*

# MISSISSIPPI

**Hier vermischen sich Gentrifizierung (neue Gebäude mit edlen Cocktailbars und gehobenen Restaurants) und Schmuddel-Coolness (Indie-Musik, merkwürdige Läden und günstige Foodtrucks). Mississippi ist ein Paradies für Fans von Kunst, Musik, Bier und Essen, und man hat das Gefühl, abseits der Touristenpfade zu wandeln.**

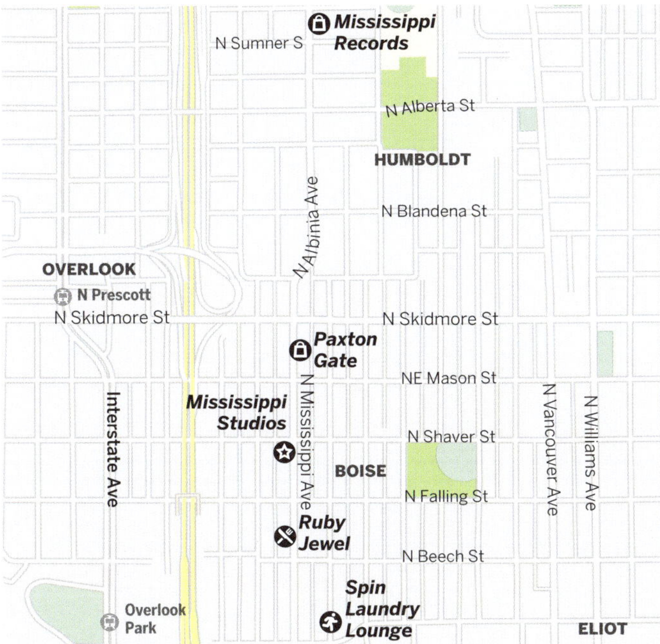


**Mississippi Records**
Wer in diesem Plattenladen (mit gleichnamigem Label) durch die Bestände stöbert, findet limitierte Versionen, internationale Schätze oder einfach tolle Musik zu einem guten Preis. Besuche nach einer Pause im Café den Keller – dort befindet sich das Portland Museum of Modern Art. Nur Barzahlung. *5202 N Albina St; 12–19 Uhr.*

**Paxton Gate**
Ethisch unbedenkliche ausgestopfte Wildtiere und Insekten sind nur zwei der Kuriositäten, die man in diesem naturwissenschaftlich geprägten Geschäft kaufen kann. Es gibt auch gerahmte Filzbilder des menschlichen Herzens, eine Karte des Sonnensystems oder ein riesiges Schneckenfossil. Betreten auf eigene Gefahr! *4205 N Mississippi Ave; www.paxtongate.com; 11–19 Uhr.*

**Mississippi Studios**
Ein Veranstaltungsort, der von Musikern ausgestattet und betrieben wird – das macht sich nicht nur bei der Klangqualität bemerkbar, sondern den Laden richtig cool. Die dazugehörige Bar serviert drinnen und auf der geheizten Terrasse gute Burger und Bier. Wirf frühzeitig einen Blick in den Veranstaltungskalender, die Shows sind schnell ausverkauft. *3939 N Mississippi Ave; www.mississippistudios.com; 11–2 Uhr.*

**Spin Laundry Lounge**
Hier kann man seine Schmutzwäsche in eine energieeffiziente Waschmaschine stecken, sich ein Bier, einen Kaffee und/oder einen Happen zu essen (Smoothie-Bowl, Avocado-Toast etc.) bestellen und sich zurücklehnen. Für Arbeitswillige gibt es W-LAN, für die anderen Sportübertragungen. Oder man macht einen Spaziergang und lässt sich per Textnachricht informieren, wenn die Wäsche fertig ist. *750 N Freemont St; www.spinlaundrylounge.com; 8–23 Uhr.*

**Ruby Jewel**
Sandwiches aus einer Kugel hausgemachtem Eis zwischen zwei frischgebackenen Cookies – gibt es etwas Besseres? Zur Auswahl stehen Eissorten wie Salted Caramel oder Oregon Strawberry und Cookies wie Brown Sugar oder Chocolate Chip. *3713 N Mississippi Ave; www.rubyjewel.com; 12–22 Uhr.*

# VANCOUVER

**Das urbane und outdoorbegeisterte Vancouver ist eine Stadt zwischen Meer und Bergen. Seine Stadtteile locken mit kulturellen und aktiven Angeboten.**

Die ganz unterschiedlich geprägten Stadtteile Vancouvers befinden sich rund um das auf einer Halbinsel gelegene Zentrum.

Der Westen war immer schon wohlhabend; im hippen Kitsilano drängen sich restaurierte historische Bauten und exklusive Restaurants. Im Osten haben sich viele Craftbier-Brauereien, Künstler und junge Familien angesiedelt, vor allem rund um die Main Street und den Commercial Drive.

Der Norden, der sich jenseits des Burrard Inlet erstreckt und durch zwei Brücken und eine Fähre mit der Innenstadt verbunden ist, zieht sich bis in die North Shore Mountains hinauf und ist von Vorortsiedlungen und Industrie geprägt. Im am Wasser gelegenen Lower Lonsdale findet man schicke Wohntürme, Cafés und ein Museum für zeitgenössische Kunst. Ganz in der Nähe kann man Ski fahren oder wandern und trotzdem zur Happy Hour wieder am Wasser sitzen.

Alle Stadtviertel lassen sich bequem zu Fuß oder mit dem Rad erkunden, und dank des guten Nahverkehrsnetzes ist auch für längere Strecken kein Auto nötig.

# KITSILANO

**Hier entstand einst Greenpeace, als Kitsilano noch eine Hippie-Enklave im wohlhabenden Westen Vancouvers war. Heute ist „Kits“ ein gehobenes Wohn- und Geschäftsviertel, mit der von Restaurants, Yoga-Studios und Cafés gesäumten West 4th Avenue und einem bei Sonnenanbetern und Joggern beliebten Strand. Vom Zentrum gelangt man per Bus, Rad oder zu Fuß über die Burrard Bridge.**

### Kitsilano Pool

Kitsilano hat nicht nur einen der beliebtesten Strände der Stadt, sondern auch den größten Salzwasserpool Nordamerikas. Das 137 Meter lange Becken liegt oberhalb des Strands, bietet einen herrlichen Ausblick auf die Skyline der Innenstadt und lockt im Sommer Bahnenschwimmer und Familien an – Letztere vor allem wegen der kinderfreundlichen Rutschen. *2305 Cornwall Ave; 604-731-0011; Mitte Mai–Mitte Sept; Erwachsene 6.10 $/Kinder 3.05 $.*

### Mak 'n' Ming

Kreative, asiatisch angehauchte Viel-Gang-Menüs auf kleinem Raum. Wir empfehlen das Sashimi mit Brunnenkresse oder den Heilbutt mit weißem Spargel und Nori. Vorab reservieren. *1629 Yew Street; www.maknming.com; 604-737-1155; Probiermenü 83 $; Di–So ab 17 Uhr.*

### The Running Room

Dieses Sportbekleidungsgeschäft richtet ganzjährig einen kostenlosen Lauftreff aus, der von Anfängern bis zu Marathonläufern allen offensteht. Keine Anmeldung nötig, einfach vorbeikommen und sich der Gruppe anschließen. *2112 W 4th Ave; www.runningroom.com; Mi 18 Uhr, So 8.30 Uhr; gratis.*

### Middle Sister

In dieser kompakten Boutique in der West 4th Avenue gibt es Frauenmode und Accessoires von kanadischen und koreanischen Designern. Die Besitzerin Linda Sin, selbst eine „mittlere Schwester“, meint, dass mittlere Kinder oft lauter rufen müssen, um wahrgenommen zu werden – sie verschafft sich nun durch die besonderen Stücke in ihrem Geschäft Gehör. *2137 W 4th Ave; www.middlesister.ca; 11–18 Uhr.*

### Beaucoup Bakery

Die Beaucoup Bakery ist wegen der frischen Croissants, der Obsttörtchen und der salzigen Schokoladen-Rosmarin-Cookies beliebt. Außerdem bietet das kleine, französisch geprägte Café Sandwiches und saisonale herzhafte Gerichte an. *2150 Fir Street; www.beaucoupbakery.com; 604-732-4222; Di–Fr 7–17 Uhr, Sa & So 8–17 Uhr.*

# COMMERCIAL DRIVE

**Grandview-Woodlands rund um den Commercial Drive war einst das Zentrum der italienischen und portugiesischen Gemeinde Vancouvers. Das ist bis heute spürbar, auch wenn anstelle der Pasta-Restaurants und traditionellen Bäckereien nun Naturkostläden, Cafés und Mikrobrauereien entstehen. Aus der Innenstadt nimmt man am besten die Expo-Linie des SkyTrains bis zur Commercial-Broadway Station am Südende der Einkaufsstraße, die einfach „The Drive" genannt wird.**

### Rio Theatre

Das 1938 erbaute Rio-Theater liegt fast direkt am „Drive". Es zeigt ungewöhnliche Filme und richtet Festivals, Konzerte und Nischenveranstaltungen aus. Freitagabends gibt's Rabatt für Gäste, die im Kostüm kommen. *1660 E Broadway; www.riotheatre.ca.*

### Spade Coffee & Spirits

In diesem hippen Café mit den weißen Wänden starten die Einheimischen gern mit Kaffee, italienischem Gebäck und frisch zubereiteten Frühstücks-Bowls in den Tag. Später am Tag gibt es Salate, Sandwiches und Cocktails. *1858 Commercial Dr; www.spadecoffee.ca; Mo–Fr 8–19 Uhr, Sa & So 8–18 Uhr.*

### La Grotta del Formaggio

Der beste Laden für geräuchertes Fleisch, Käse und andere aus Italien importierte Delikatessen. Es gibt auch herzhafte Foccaccia-Sandwiches mit Schinken, Salami, Käse, Oliven und mehr zum Mitnehmen. *1791 Commercial Dr; www.lgdf.ca; 604-255-3911; Mo–Sa 9–18 Uhr, So 10–18 Uhr.*

### Havana Vancouver

Obwohl es in diesem netten Laden auch Latino-Essen gibt, schaut man am besten auf einen Drink (auf der sonnigen Terrasse) oder für eine der Veranstaltungen im Hinterzimmer vorbei, wo eine bunte Mischung aus Theater, Musik und Comedy aufgeführt wird. Genug Zeit für einen Mojito oder ein Craftbier vor oder nach der Show einplanen! *1212 Commercial Dr; www.havanavancouver.com.*

### Portuguese Club of Vancouver

Der ursprünglich nur für Mitglieder geöffnete Club betreibt ein altmodisches Restaurant, in dem es Gerichte wie gegrillte Sardinen, Schwein mit Venusmuscheln oder Piri-Piri-Krabben gibt. Die beste Zeit für einen Besuch ist, wenn Portugal ein Länderspiel bestrei-

tet und die treuen Fußballfans es dort auf dem Bildschirm verfolgen. *1144 Commercial Dr; www.facebook.com/PCOVCLUB; 604-251-2042; Di 8.30–16 Uhr, Mi–So 8.30–23 Uhr.*

© 2020, Havana Vancouver

### Vancouver East Cultural Centre

„The Cultch" bringt einen bunten, multikulturell geprägten Mix aus Theaterstücken und Musik auf die Bühne, oft mit indigenen oder LGBT+-Künstlern und -Themen. Die Veranstaltungen finden im historischen Gebäude am Commercial Drive oder im nahen New York Theatre statt. *1895 Venables St; www.thecultch.com.*

### Odd Society Spirits

Während sich Bierfans um den Commercial Drive tummeln, suchen Freunde des härteren Genusses diese Kleindestillerie auf, wo man etwa East Van Vodka oder Wallflower Gin probieren kann. Ungewöhnlich und sehr zu empfehlen ist der bittersüße Wermut. *1725 Powell St; www.oddsociety-spirits.com; Do–Sa 13–23 Uhr, So 13–19 Uhr.*

## CRAFTBIER AUS „YEAST VAN"

**East Van, wie der Osten Vancouvers genannt wird, hat in letzter Zeit einen derartigen Craftbier-Boom erlebt, dass die Gegend den Spitznamen „Yeast Van" (Hefe-Vancouver) erhielt. Viele der Mikrobrauereien befinden sich um den Commercial Drive. Für eine Verköstigungstour bieten sich neben vielen anderen Strange Fellows Brewing, Parallel 49 Brewing oder Bomber Brewing an. Mehr Infos unter www.bcaletrail.ca.**

### The Pie Shoppe

Die Anlaufstelle für Pie-Freunde auf der Suche nach einem Stück oder einem ganzen Rund hausgemachter Köstlichkeit. Sorten wie Schoko-Pekannuss und Apfel-Zimt gibt es ganzjährig, andere wie Pfirsich, Blaubeere und Rhabarber nur in der Saison. Ist alles ausverkauft, macht der Laden zu. *1875 Powell St; www.thepieshoppe.ca; 604-338-6646; Mi–Sa 11–18 Uhr, So 11–17 Uhr.*

**Im Uhrzeigersinn von oben: rustikaler Chic im Havana Vancouver; edler Whiskey im Odd Society Spirits; Leckerei aus The Pie Shoppe**

© 2020, The Pie Shoppe

© Cause and Affect / 2020, Odd Society Spirits

# MAIN STREET

**Die Main Street beginnt in Chinatown und der wenig ansehnlichen östlichen Innenstadt und führt dann am olympischen Dorf von 2010 vorbei. Je höher die Straße ansteigt, desto angesagter wird die Gegend, mit Street-Art und Mikrobrauereien. Die SkyTrain-Haltestelle Main St/Science World befindet sich am Rand von Chinatown am False Creek, und entlang der Main Street fahren regelmäßig Busse.**

### Creekside Kayaks

Mit einem Kayak oder einem Stand-up-Board lässt sich Vancouver gut vom Wasser aus besichtigen. Paddel-Erfahrung ist nicht nötig, auch wenn das Unternehmen einen dreistündigen Einsteiger-Kurs für Neulinge anbietet, die Anleitung wollen. Tipp: Skyline-Fotos von diesem Ufer des False Creek aus machen. *1 Athletes Way; www.creeksidekayaks.ca; Mai–Mitte Okt Mo–Fr 11 bis Sonnenuntergang, Sa & So 9–17 Uhr; ab 20 $/Std.*

### 33 Brewing Experiment

Während nebenan im Hauptraum der 33-Acres-Brauerei Bierverköstigungen und am Wochenende Waffelbrunches angeboten werden, kann man hier neue Produkte wie das Fluffy Cloud IPA oder das nach Zitronengras duftende Vietnamese Lager schon vor dem Verkaufsstart testen. *25 West 8th Ave; 33brewingexp.com; 11–23 Uhr.*

### Dude Chilling Park

Am Anfang stand ein Streich: Ein Künstler tauschte das offizielle Namensschild des Guelph Park aus, um ihn in „Dude Chilling Park" umzubenennen. Als die Stadt drohte, die falsche Beschilderung entfernen zu lassen, war der Protest so groß, dass das Witzschild dauerhaft blieb. *Brunswick St/East 8th Ave; Eintritt frei.*

### Burdock & Co

Dieses Bistro zaubert aus regionalen Zutaten Gerichte wie rosmaringeräucherte Muscheln, Salat aus alten Möhrensorten oder sein berühmtes Brathähnchen. Montags werden andere Töne angeschlagen, wenn ein DJ zur Disco Dumpling Night auflegt – die Teigtaschenparty kann beginnen! *2702 Main St; www.burdockandco.com; 604-879-0077; Mo–Fr ab 17 Uhr, Sa & So 10–14 & ab 17 Uhr.*

### Vancouver Special

Der Laden ist nach einem zweistöckigen Gebäudetyp aus den 60ern und 70ern bennant. Verkauft werden Geschirr, Haushaltsgegenstände oder Kunstbücher für Designbewusste, teils von lokalen Herstellern, teils aus aller Welt. *3612 Main St; www.vanspecial.com; Mo–Sa 11–18 Uhr, So 12–17 Uhr.*

# LOWER LONSDALE

**Die SeaBus-Fähre braucht keine 15 Minuten von der Innenstadt bis zum urbanen nördlichen Vorort Lower Lonsdale und bietet unterwegs tolle Ausblicke auf die Skyline und den industriell geprägten Uferbereich. Direkt am Wasser sind eine Vielzahl von Wohntürmen, Museen und Geschäften entstanden, und im Sommer findet im Shipyards Building ein Nachtmarkt mit Foodtrucks und Livemusik statt.**

### Green Leaf Brewing Company

Zwischen den Essensständen und den Touristenläden des Lonsdale Quay Markets, gleich neben dem Fähranleger, braut die Green Leaf Brewing Company Craftbiere wie Lloyd's Lager oder Les Saisonniers Saison, die mit Blick aufs Wasser probiert werden können. *123 Carrie Cates Ct; www.greenleafbrew.com; Mo–Do 11–22 Uhr, Fr & Sa 11–23 Uhr, So 11–21 Uhr*

### Polygon Gallery

Diese Galerie stellt zeitgenössische kanadische Kunst aus, vor allem Fotografie. Ein Highlight ist der Blick auf die Skyline von der ersten Etage des modernen und gleichzeitig industriellen Gebäudes, ein Werk des ortsansässigen Architekturbüros Patkau. *101 Carrie Cates Ct; www.thepolygon.ca; Di–So 10–17 Uhr; Spende.*

### Mo's General Store

In der Tradition alter Gemischtwarenläden verkauft Mo's eine bunte Mischung aus Küchenzubehör, regional hergestellten Saucen und Gewürzmischungen, Karten und Souvenirs. *51 Lonsdale Ave; www.mosgeneralstore.com; Mo 8–18 Uhr, Di–Sa 8–20 Uhr, So 9–18 Uhr.*

### Coconama

Östlich der Lonsdale Avenue weichen die Yogastudios und Sushibars Autowerkstätten und Möbelverkaufshallen. Hier liegt die Chocolaterie Coconama, deren zarte Pralinen mit japanischen Aromen wie *hojicha* (gerösteter grüner Tee), schwarzem Sesam oder *yuzu* verfeinert werden. *264 E 1st St; www.coconama.com; 604-770-1200; Mi–Mo 10–18 Uhr.*

### North Shore Spirit Trail

Wer vom Lonsdale Quay nach Westen läuft, stößt auf diese 6,5 Kilometer lange Wander- und Radstrecke, die an Hausbooten vorbei über das Land der Squamish First Nation an der Küste entlangführt. *www.cnv.org/spirittrail.*

### Lift Production Bakery

Ein kurzer Abstecher vom Spirit Trail führt in die Lift Production Bakery, wo es Schokoladen-Brownies oder riesige Cookies gibt. *700 Copping St; www.liftproduction-bakery.com; Mo–Fr 8–16 Uhr, Sa & So 9–16 Uhr.*

KUNST & KULTUR · MUSIK & FILM · SPORT & FREIZEIT · ESSEN · TRINKEN · SHOPPEN

# SEATTLE

**Ja, es regnet viel. Aber genau deshalb hat Seattle so eine tolle Indoor-Kultur: Cafés, Mikrobrauereien, Galerien. Und wenn die Sonne herauskommt, ist die Stadt eine Pracht!**

Seattle ist eine Stadt des Wassers und der Berge – im Westen der Puget Sound und die Olympic Mountains, im Osten der Lake Washington und die Cascades, im Süden der Mount Rainier. Diese Geografie hat die Stadtgeschichte geprägt: Die einstige Holzfällersiedlung erlebte einen Goldrausch, wurde dann ein Schiffbauzentrum und ist heute ein Technologiestandort mit toller Musik-, Essens-, Kaffee- und Bierkultur.

Seattle besteht aus einem Geflecht von unterschiedlichsten Vierteln. Ballard, nördlich des Kanals zum Lake Washington, war einst der Wohnort skandinavischer Arbeiter. Darauf schaut die heute hippe, zu Fuß erkundbare Gegend voller Bars und Boutiquen mit Stolz zurück. Südwestlich der Innenstadt befindet sich West Seattle, samt Strand und einer Reihe von Cafés und Bars mit Meeresblick. Nahe der Südgrenze der Stadt erstreckt sich Beacon Hill, eines der multikulturellsten Viertel mit einem entsprechend vielfältigen Essensangebot.

# BEACON HILL

**Beacon Hill erkennt man am riesigen Art-déco-Gebäude – einem ehemaligen Marinekrankenhaus aus den 1930ern –, das wie ein Schloss auf dem Berg thront. Von dort aus zieht sich das ruhige Wohnviertel als Streifen an der Autobahn entlang nach Süden. Zur Innenstadt gibt es eine Verbindung per Stadtbahn. Im größtenteils weißen Seattle ist das Viertel sehr multikulturell.**

### The Station

Hier trifft man sich nicht nur wegen des hervorragenden Kaffees, denn das Café hat sich der sozialen Gerechtigkeit verschrieben und veranstaltet Open-Mic-Sessions, Schreibworkshops für junge Autoren und einmal im Jahr ein Stadtteilfest. Tipp: Die zimtige heiße Schokolade. *1600 S Roberto Maestas Festival St; www.thestationbh.com; Mo–Fr 6–20 Uhr, Sa & So 8–18 Uhr.*

### Despi Delite

Samstagsmorgens steht man vor dieser seit 1988 bestehenden Bäckerei Schlange, wegen des ofenwarmen *pan de ube* (Gebäck mit violetter Yamsfüllung), der *ensaymada* (süße Käsebrötchen) und anderer philippinischer Leckereien. Auch die Donuts sind ein Genuss. *2701 15th Ave S; despidelitebakery.com; 206-325-2114; Mo–Fr 7.15–18.30 Uhr, Sa bis 18 Uhr.*

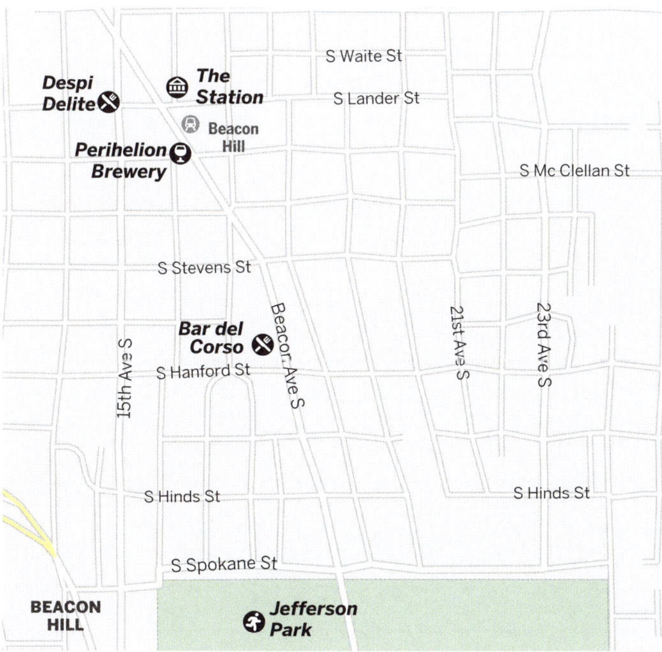




### Jefferson Park

Auf den Grünflächen mit Golfplatz, Boule-Flächen, Cricketplatz (wo am Wochenende das ansässige samoanische Team spielt), Skatepark und Spielplatz kommt das ganze Viertel zusammen. Am westlichen Rand befindet sich der Beacon Food Forest, eine „essbare Landschaft" aus Obstbäumen und Gemüsegärten. *3801 Beacon Ave S; 4–23.30 Uhr.*

### Perihelion Brewery

An dieser Mikrobrauerei, in der warmes Licht für eine gemütliche Atmosphäre sorgt, schätzen die Einheimischen kreative Ales sowie hausgemachte Brezeln und Rindfleisch-Sandwiches. Empfehlung: Johnny Tacoma, ein rauchig-süßes schottisches Ale, oder Lost in Space – Brombeer-Met mit Honig und Fruchtpüree. *2800 16th Ave S; www.perihelion.beer; Di–Do 16–22 Uhr, Fr bis 23 Uhr, Sa 12–23 Uhr, So 12–21 Uhr.*

### Bar del Corso

Einst ein Geheimtipp, aber die Holzofenpizzas und kleinen italienischen Gerichte haben sich schnell rumgesprochen. Die am Wochenende langen Wartezeiten kann man mit einem Negroni überbrücken. *3057 Beacon Ave S; www.bardelcorso.com; 206-395-2069; Di–Sa 17–22 Uhr.*

# BALLARD

**Wasser auf zwei Seiten: Mit dem Kanal im Süden und der Shilshole Bay im Westen hat Ballard immer noch etwas von dem Fischerdorf, das es einst war. Es gibt nur wenige Sehenswürdigkeiten, aber reihenweise bezaubernde Holzhäuser und eine Innenstadt voller kleiner Läden, Craftbier-Bars, Restaurants und Räume für Kunst.**

### Larsen's Bakery

Larsen's ist einer der letzten skandinavischen Betriebe in Ballard – die Bäckerei gibt es seit 45 Jahren. Die Leckereien wie die mit Mandeln gefüllten *kringle* oder die Kardamomzöpfe kommen um 5.30 Uhr frisch aus dem Ofen. *8000 24th Ave NW; www.larsensbakery.com; 206-782-8285; Mo–Sa 5.30–19.30 Uhr, So bis 18 Uhr.*

### San Fermo

In Seattles ältestem Gebäude (zwei weißen, miteinander verbundenen Cottages aus den 1850er-Jahren) befindet sich diese typische Trattoria. Die Spezialität des Hauses ist die Pasta, sei es ein Teller Bolognese oder Ravioli mit Taschenkrebsfüllung. *5341 Ballard Ave NW; www.sanfermoseattle.com; 206-342-1530; 17–22 Uhr, Sa & So Brunch.*

### Scandinavian Specialties

In diesem kleinen, aber feinen Laden decken sich die Einheimischen mit Moltebeeren-Marmelade, finnischem Lakritz, eingelegtem Hering und anderen nordischen Delikatessen ein, bevor sie sich zum Mittagessen ein *smørrebrød* (Butterbrot) im Café gönnen. *6719 15th Ave NW; www.scanspecialties.com; Mo–Sa 10–17.30 Uhr, So 11–16 Uhr.*

### Golden Gardens Park

An warmen Tagen findet sich halb Ballard in diesem Park am Sound ein, um am Sandstrand zu liegen, im Sumpfgebiet Vögel zu beobachten oder durch den Wald zu streifen. Im Sommer gehört das Lagerfeuer am Strand zur Tradition. *8498 Seaview Pl NW; 4–23.30 Uhr.*

### Slate Coffee Roasters

Hier wird das Thema Kaffee sehr ernst genommen: Der Espresso kommt in Gläsern, damit man die Farbe sieht, und gekörnter Zucker ist verboten (auf Wunsch gibt es Sirup). Das Paradestück ist der „dekonstruierte Latte" – eine dreiteilige Kreation bestehend aus Espresso, Milch und einer Kombi-

nation aus beidem. *5413 6th Ave NW; 206-235-6564; Mo–Mi & Fr 7–17 Uhr, Sa & So 8–17 Uhr.*

© 2020, Peddler Brewing Company

### Nordic Museum

Das gut kuratierte Museum in einem beeindruckenden Gebäude erzählt die Geschichte der skandinavischen Einwanderer Seattles anhand von Objekten und interaktiven Darstellungen. Sonderausstellungen behandeln Themen wie die finnische Designfirma Marimekko oder die Kunst des schwedischen Krimis. Im Café Freya kann man wacholdergeräucherten Lachs und Aquavit-Cocktails genießen. *2655 NW Market St; www.nordicmuseum.org; Di & Mi, Fr–So 10–17 Uhr, Do bis 20 Uhr.*

### Peddler

Was könnte typischer für Seattle sein als die Kombination von Mikrobrauerei und Fahrrad? Wer mit dem Rad ins Peddler kommt, kann es mit reinnehmen, die Reifen aufpumpen und sich dann mit einem Seattle Haze IPA und einem veganen Hotdog vom Foodtruck in den kinder- und hundefreundlichen Biergarten setzen. *1514 NW Leary Way; www.peddlerbrewing.com; Mi 16–22 Uhr, Do & Fr bis 23 Uhr, Sa 11–23 Uhr, So 12–20 Uhr.*

## BALLARD-SCHLEUSEN

**Diese Ingenieursleistung (7–21 Uhr) ist die beliebteste Sehenswürdigkeit von Ballard: eine Reihe von Schleusen, um die sechs Meter Höhenunterschied zwischen dem Lake Washington und dem Puget Sound zu überwinden. Eine Fischtreppe ermöglicht den Lachsen ihre Wanderung, was durch unterirdische Fenster zu beobachten ist. Danach bietet sich ein Besuch im Botanischen Garten an.**

### Push/Pull

In einem Keller in einem Industriegebiet am Wasser ist dieses Kunst- und Kulturkollektiv – teils Galerie, teils Studio, teils Treffpunkt – untergebracht. Hier kann man Zeichen- und Buchbindeworkshops belegen, einen Kunstdruck erstehen oder eine Runde auf dem alten Flipper zocken. *5484 Shilshole Ave NW; pushpullseattle.weebly.com; Mo–Mi 11–19 Uhr, Do–Sa bis 21 Uhr, So 10–19 Uhr.*

### Tides and Pines

In diesem trendigen „Pacific Northwestern Lifestyle Shop" findet man handgemachte Seife, die nach Kiefern duftet, grobe Strickpullover und Stoffbeutel mit dem Aufdruck „Ballard". *5410 22nd Ave NW; 206-420-8119; tidesandpinesshop.com; 11–19 Uhr.*

© cdrin / Shutterstock

**Oben: auf ein Bier bei Peddler**
**Links: am Ufer des ehemaligen Fischerdorfs Ballard**

# WEST SEATTLE

**Auf dieser daumenförmigen Halbinsel legten die Pioniere an, die Seattle 1851 gründeten. Hier herrscht eine lebhafte Strandstimmung, und man hat einen herrlichen Blick auf den Sonnenuntergang hinter den Olympics-Gipfeln. Die meisten Geschäfte befinden sich an der California Avenue. Wer den Verkehr auf der überfüllten Brücke meiden will, kommt per Wassertaxi aus der Innenstadt.**

### Schmitz Preserve Park

In diesem 20 Hektar großen Park wächst der einzige verbliebene Urwald Seattles. Zwischen riesigen Nadelbäumen, hängenden Farnen und Moosteppichen fühlt man sich, als wäre man 1000 Jahre zurückversetzt worden. Im Park gibt es keine Beschilderung, aber da der Weg nur 2,7 Kilometer lang ist, kann man sich kaum verirren. *5551 SW Admiral Way; 6–22 Uhr.*

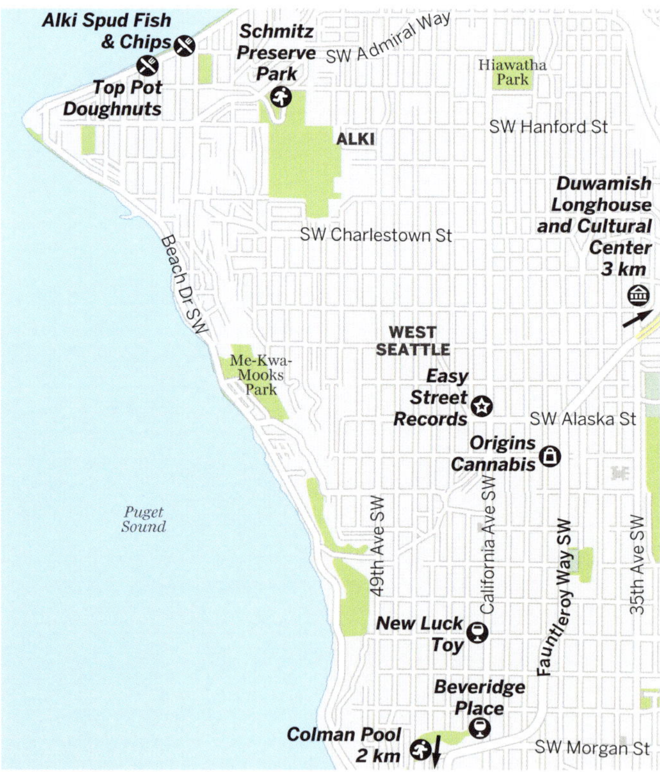


### Colman Pool

Dieses Freiluft-Salzwasserbecken an der Spitze einer Landzunge, die in den Puget Sound hineinragt, ist äußerst beliebt, denn hier schaut man beim Schwimmen auf die Olympics-Berge und sieht hin und wieder sogar Orcas. Besucher müssen 20 Minuten durch den Lincoln Park spazieren oder mit dem Rad kommen. *8011 Fauntleroy Way SW; Ende Juni–Anfang Sept 12–19 Uhr.*

### New Luck Toy

In diesem kitschig-coolen Restaurant mit Karaokebar, schwarz glänzenden Wänden, roten Papierlampions und winkenden Katzen ziehen sich die coolen Kids aus West Seattle zum Klang von Old-School-Hip-Hop amerikanisch-chinesische Klassiker rein. An der Bar werden bis in die Morgenstunden fruchtige Cocktails gemixt. *5905 California Ave SW; newlucktoy.bar; 16–2 Uhr.*

### Easy Street Records

Es ist schwer genug, überhaupt noch einen Indie-Plattenladen zu finden, aber hier gibt es obendrein noch Konzerte, Mitarbeiter mit drei Jahrzehnten Erfahrung und ein Café mit musikalisch betitelten Gerichten (das Johnny Cash Special ist ein Steak mit Eiern, Green Day ein Spinatsalat). *559 California Ave SW; easystreetonline.com; Mo–Sa 9–21 Uhr, So bis 19 Uhr.*

### Alki Spud Fish & Chips

Wer eine Pause vom Schwimmen oder Stand-up-Paddeln braucht,

gönnt sich an diesem 1935 gegründeten Stand am Alki Beach eine Portion Fish & Chips. *2666 Alki Ave SW; www.alkispud.com; 206-938-0606; 11–21 Uhr.*

**Duwamish Longhouse and Cultural Center**
Die Duwamish waren die ursprünglichen Bewohner dieser Gegend und kämpfen bis heute um die Anerkennung als Stamm, was ihnen den Zugang zu Bildung und medizinischer Versorgung erleichtern würde. In diesem traditionellen Holzhaus lernt man ihre Kultur kennen, vom Korbflechten bis zur Erzählkunst. *4705 W Marginal Way SW; www.duwamishtribe.org; Di–Sa 10–17 Uhr.*

**Origins Cannabis**
Washington war der erste Bundesstaat, der Marihuana als Freizeitdroge legalisierte. In diesem schicken, holzverkleideten Laden führen belesene „Budtenders" die Kunden zum richtigen Produkt, sei es zum Rauchen oder zum Essen wie etwa die Meersalzpralinen. *4800 40th Ave SW; www.origins-cannabis.com; Mo–Sa 8–23.30 Uhr, So 9–21 Uhr.*

## LOG HOUSE MUSEUM

**Dieses kleine Museum (3003 61st Ave SW; www.loghousemuseum.org; Do–So 12–16 Uhr) ist eine historische Kuriosität. Es wurde 1903 aus Douglasien als Kutschhaus errichtet. Als rundherum alles abgerissen wurde, um West Seattle zu errichten, hat das Haus wie durch ein Wunder überlebt und steht nun inmitten von ruhigen Einfamilienhäuschen statt in einem ruhigen Wald.**

**Beveridge Place**
An nebelverhangenen Abenden gibt es keinen gemütlicheren Ort als diese holzvertäfelte Bar mit ihren durchgesessenen Sofas, Brettspielen und Dutzenden Biersorten vom Fass (neben 150 Flaschenbieren). Wer will, kann sich sein Essen mitbringen – oder den Hund. *6413 California Ave SW; www.beveridgeplacepub.com; Mo–Fr 14–2 Uhr, Sa & So ab 12 Uhr.*

**Top Pot Doughnuts**
Dieser Ableger einer kleinen regionalen Kette ist das perfekte Ziel für einen morgendlichen Strandspaziergang. Die kantigen und reichhaltigen „Old-fashioneds" mit ihren Rillen voller Zuckerglasur sind legendär. Auch der Kaffee ist nicht zu verachten. *2758 Alki Ave SW; www.toppotdoughnuts.com; 206-466-6839; Mo–Fr 6–18 Uhr, Sa & So ab 7 Uhr.*

**Oben: West Seattle**
**Unten: Plattenauswahl bei Easy Street Records**

KUNST & KULTUR MUSIK & FILM SPORT & FREIZEIT ESSEN TRINKEN SHOPPEN

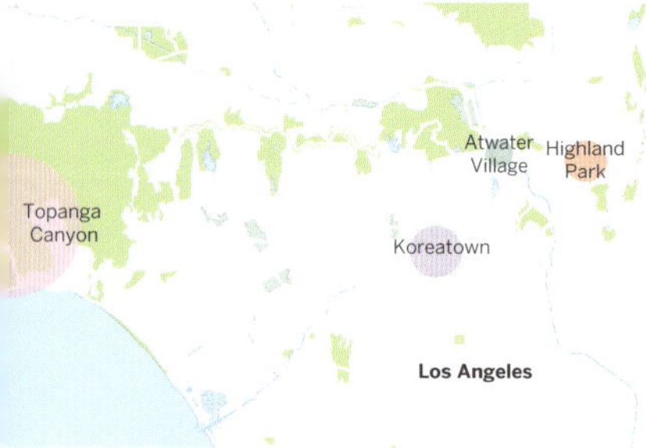


# LOS ANGELES

**Die Dimensionen von Los Angeles sind so enorm, dass man sie kaum fassen kann. Man stellt sich LA besser wie eine Reihe kleinerer Städte vor, die sich vom Pazifik bis in die Berge erstrecken.**

Surfer, Staus, lange, von Palmen und Bungalows gesäumte Straßen, Taco-Stände und Promi-Treffs prägen unser Bild von Los Angeles. Doch die Realität hat Überraschenderes zu bieten als den Walk of Fame oder die Kanäle von Venice (auch wenn gegen beides nichts einzuwenden ist).

Wer die vielen Seiten dieser sonnigen Weltstadt im bevölkerungsreichsten County der USA kennenlernen will, dem empfehlen wir vier Stadtteile: die Künstleroase Topanga Canyon in den Santa Monica Mountains und das Feinschmeckerparadies des zentral gelegenen Koreatown. Atwater Village/Frogtown bietet Galerien und Radstrecken entlang des LA River, während im Nordwesten Highland Park mit seiner Chicano-Geschichte und hervorragenden Restaurants auftrumpft.

Wer Staus umgehen will, nutzt wenn möglich Taxis oder Mitfahrangebote – doch das wahre Kalifornien-Feeling stellt sich erst ein, wenn man im Cabrio durch die Canyons jagt.

# TOPANGA CANYON

**Das entspannte Topanga ist seit Langem bei Künstlern beliebt. Das kleine, unkonventionelle Dorf zwischen Malibu und Pacific Palisades mit seinen 8000 Einwohnern hat sich seit den Hochzeiten der Hippie-Kultur kaum verändert. Es ist eine Oase ohne Smalltalk und Smog, erreichbar über steile Straßen mit tollen Ausblicken. Das ideale Ziel für Leute, die Kraft schöpfen wollen und Inspiration suchen.**

### Inn of the Seventh Ray

Diese idyllische Institution lockt mit Bio-Gerichten und einer bewaldeten Terrasse fernab des städtischen Trubels und erfreut sich dank des romantischen und ruhigen Ambientes schon lange großer Beliebtheit bei Prominenten und Erholungssuchenden. Wer will, kann hinterher ein paar Kristalle und New-Age-Bücher im Spiral Staircase erstehen. *128 Old Topanga Canyon Rd; www.innoftheseventhray.com; 310-455-1311; 9.30–15 & 17.30–21.30 Uhr.*

### Hidden Treasures

Wer noch ein Outfit für das Essen im Seventh Ray braucht, ist hier genau richtig: In einer Fülle von Secondhandkleidung und Kostümen findet man Klamotten, in denen jeder als Bohemien durchgeht. *154 S Topanga Canyon Blvd; www.hiddentreasurestopanga.com; ca. 10.30–18.30 Uhr.*

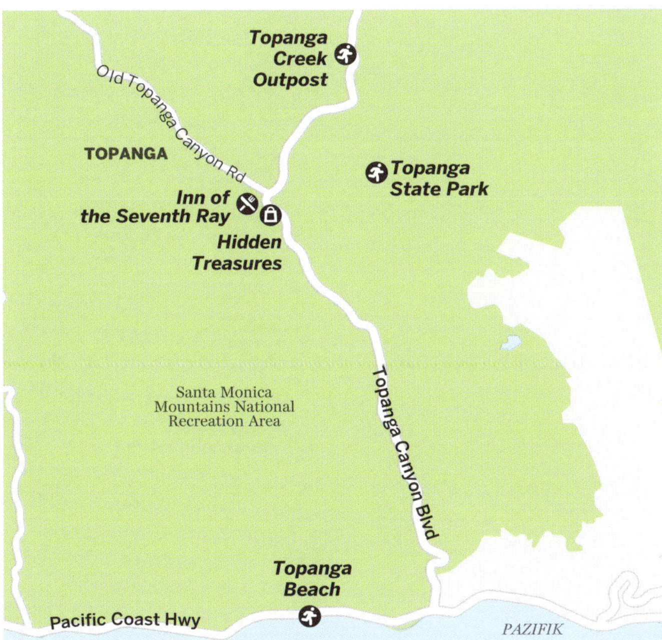




### Topanga State Park

Trotz der hohen Bevölkerungsdichte hat Los Angeles auch abgelegene, zerklüftete Naturlandschaften zu bieten, etwa die Canyons und Verwerfungen im größten Stadtpark des Landes. Eine beliebte Wanderung führt zum Eagle Rock, Ausgangspunkt ist die Trippet Ranch. Zufahrt zum Park vom Pacific Coast Highway oder vom 101/Venture Freeway aus. *20828 Entrada Rd; www.parks.ca.gov; 8–18.30 Uhr.*

### Topanga Creek Outpost

Dieser landesweit beliebte, preisgekrönte Fahrradladen hat Leihräder und Ausrüstung für Touren im Angebot, und das fachkundige Personal versorgt Interessierte mit Material und Infos für eine tolle Tour durch den Topanga State Park. *1273 Topanga Canyon Blvd; www.topangacreekoutpost.com; ca. 9.30–16.30 Uhr, So & Mi geschlossen.*

### Topanga Beach

Ein Surfer-Magnet: Die Wellen am südlichsten Strand von Malibu am Ende des Topanga Canyons eignen sich für Longboards wie für Shortboards. Für Schwimmer allerdings weniger. Die Parkplätze sind begrenzt. *18700 Pacific Coast Hwy; beaches.lacounty.gov/topanga-beach.*

# HIGHLAND PARK

**Highland Park mit seinen vielen Häusern im Stil der Arts-and-Crafts-Bewegung zählt zu den ältesten Vierteln von LA und ist ein Zentrum der hispanischen Bevölkerung. Während das benachbarte Eagle Rock schon seit Jahren ein alternatives Publikum anzieht, erhält endlich auch Highland Park etwas Aufmerksamkeit. Es hilft, dass die Gold Line der Metro jetzt direkt bis ins Herz von Highland Park fährt.**

### Joy on York

Kaum ein Restaurant in Los Angeles hat sich nur einer einzigen Essenskultur verschrieben: Hier im Joy on York gibt es zum Beispiel kreative taiwanesische Gerichte, eine Hommage an die Nachtmärkte Taipehs und die Kochkünste der Großeltern des Besitzers, doch auch die Vorlieben der vielen Latinos des Viertels kommen nicht zu kurz. So kennen und lieben wir Los Angeles! *5100 York Blvd; www.joyonyork.com; 323-999-7642; 12–22 Uhr.*

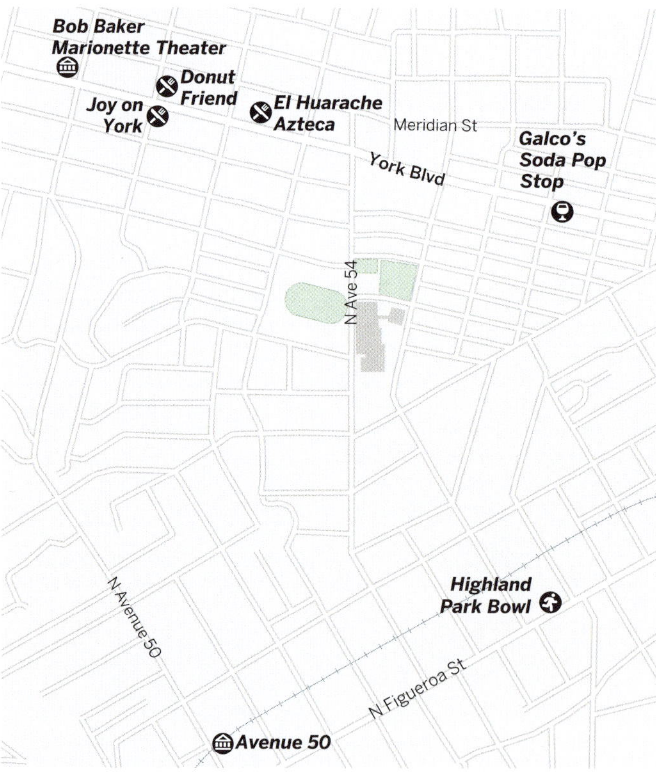


### Donut Friend

Wer sich schon immer gefragt hat, wo man eigentlich einen nach Wunsch gefertigten veganen Donut finden kann, wird hier endlich fündig. Riesen-Donuts, Mini-Donuts, Kuchen aus Donuts ... hier gehen (fast) alle Träume in Erfüllung. Die opulenten Geschmacksrichtungen im Laden in Highland Park beweisen, wie köstlich veganes Gebäck schmecken kann. *5107 York Blvd; donutfriend.com/wp3; Di–Do und So 7–22 Uhr, Fr & Sa 7–24 Uhr.*

### Galco's Soda Pop Stop

100 Jahre gibt es dieses Geschäft schon. In dieser Zeit hat es sich stets gewandelt und sich von italienischen Spezialitäten auf eine extrem unterhaltsame Bandbreite an Limonaden und Craftbieren aus aller Welt spezialisiert. Wenn man irgendeinen Drink hier nicht kaufen kann, dann kriegt man ihn wohl nirgends. Der nostalgische Charme des Ladens selbst trägt seinen Teil zur Beliebtheit bei. *5702 York Blvd; sodapopstop.com; Mo–Sa 9–18.30 Uhr, So bis 16 Uhr.*

### El Huarache Azteca

In diesem kleinen Familienrestaurant gibt es echte *huaraches* (was auf Spanisch wörtlich „Sandalen" bedeutet) aus Maismehl mit großzügigem Belag. In einer Stadt, die den allmächtigen Taco anbetet, könnte hier so manch einer die Religion wechseln. Spül dein Essen mit *agua fresca* (mit Früchten versetztem kühlem Wasser) herunter. *5225 York Blvd; elhuaracheaztecalive.com; 323-224-0429; 8–21.30 Uhr.*

### Bob Baker Marionette Theater

In jährlich über 300 Vorführungen kommen in diesem Marionettentheater, das 2019 nach Highland park umgezogen ist, 2000 kunstvoll von Hand gefertigte Puppen zum Einsatz. Es ist das Lebenswerk des Gründers und Disney-Puppenspielers Bob Baker, der die Erinnerungen unzähliger südkalifornischer Kinder geprägt hat. *4949 York Blvd; www.bobbakermarionettetheater.com.*

### Avenue 50

Diese Galerie in der Nähe der Figueroa Avenue stellt seit 20 Jahren Chicano- und Latino-Kunst aus. Daneben werden Kurse und Community-Veranstaltungen angeboten. Avenue 50 bietet heimischen Talenten aus dem sich ständig wandelnden Viertel einen Raum, hier kann man in die pulsierende Kultur eintauchen, die die Gegend seit Jahrzehnten prägt. *131 N Ave 50; avenue-50studio.org; 10–16 Uhr, Mo & Fr geschlossen.*

© Danielle Bernabe / 2020, Highland Bowl

## GRÜNE WELLE

**Da die Olympischen Spiele 2028 näher rücken, investiert die Stadt fleißig in das öffentliche Verkehrsnetz. Nicht nur die Gold Line ist länger geworden: Geplant sind auch ein Ausbau nach Westen, neue Verbindungen zum Flughafen, ins Zentrum und ins San Fernando Valley sowie allgemein bessere Busverbindungen. Einiges davon ist schon umgesetzt.**

### Highland Park Bowl

Mitten in den Zeiten der Prohibition 1927 gegründet, ist das Highland Park Bowl das älteste Bowlingcenter von Los Angeles. Damals war hier auch noch eine Apotheke untergebracht, in der die „Patienten" ihre „Alkoholrezepte" einlösen konnten. Heute ziehen die Veranstaltungen und die kunstvoll restaurierten Bowlingbahnen ein neues Publikum an. Ein Musikraum erinnert an die Zeiten, als die Anlage als „Mr T's Music Room" diente. *5621 N Figueroa St; www.highlandparkbowl.com; Mo–Fr 17–2 Uhr, Sa & So 11–2 Uhr.*

**Oben: Highland Park Bowl**
**Links: Blick auf Highland Park und die herrliche Gebirgslandschaft**

# KOREATOWN

**Koreatown, von den 20ern bis in die 40er eine mondäne Gegend, hat bei den Unruhen 1992 stark gelitten. Heute blüht es aber wieder auf. Nirgendwo in den USA leben mehr Koreaner, daher gibt es tolles koreanisches Essen, koreanische Wellness-Angebote und viele Karaokebars. Doch die Bevölkerung ist durchmischt, wie die hervorragenden mexikanischen Lokale und die modernen Restaurants zeigen.**

### Chunju Han-il Kwan

Koreanisches Barbecue, *bibimbap*, Tofu, *kimchi*, Teigtaschen ... das alles gehört in Koreatown zum Alltag. Aber dieser Laden ist ein wahrer Tempel des Feuertopfs. Vor allem seine Spezialität *budae jjigae* („Armee-Eintopf") ist anbetungswürdig; sättigender und schmackhafter könnte er nicht sein. Das Restaurant ist versteckt in einem gewöhnlichen Einkaufszentrum, wie so oft in LA. *3450 W 6th St; www.facebook.com/chunjuhanilkwan; Mo–Sa 8–23 Uhr, So 10–22 Uhr.*

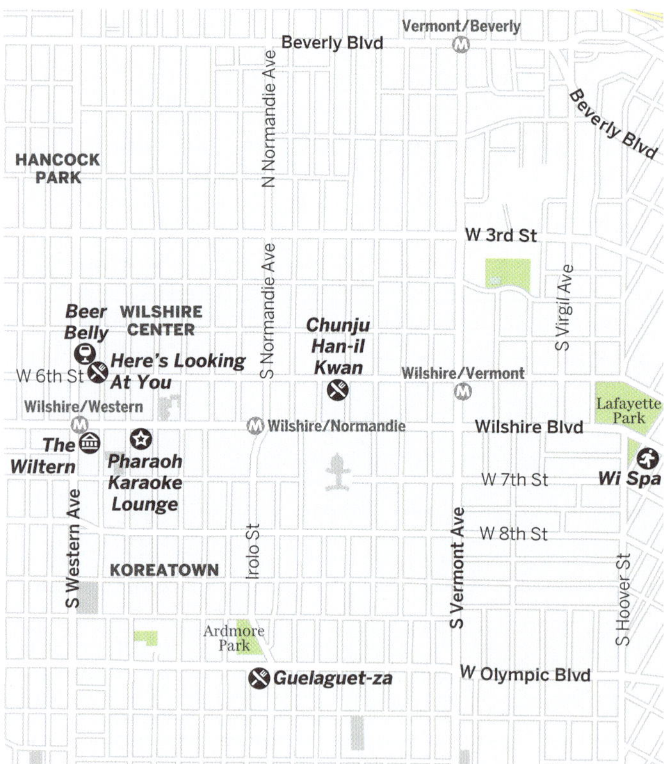


### Here's Looking At You

„Here's looking at you, kid" stammt aus dem Film *Casablanca* (das berühmte „Ich seh dir in die Augen, Kleines"). Die kreativen Köpfe hinter dieser Bar bieten in einem stylischen Ambiente saisonal wechselnde Gerichte aus Zutaten von regionalen Produzenten an. Nicht unbedingt das, was man in Koreatown erwarten würde, doch das Viertel lebt schließlich genau von solchen Überraschungen. Extrem beliebt ist der Wochenendbruch. *3901 W 6th St; www.hereslookingatyoula.com; 213-568-3573; täglich 18–21 Uhr, Sa & So auch 10.30–14.30 Uhr*

### Beer Belly

Wie der Name (Bierbauch) schon andeutet, kann man sich hier an einer großen Auswahl wechselnder Craftbiere vom Fass gütlich tun. Dazu gibt es Brathähnchen-Sandwiches, in Entenfett frittierte Pommes und andere ausgefallene Kalorienbomben. Am besten am nächsten Tag nur einen Salat einplanen! *532 S Western Ave; www.beerbellyla.com; ca. 17–1 Uhr.*

### Guelaguet-za

Auf den Straßen von Koreatown hört man fast genauso viel Spanisch wie Koreanisch, und auch dieses hochgelobte, im Oaxaca-Stil farbenfroh dekorierte mexikanische Restaurant bezeugt die tiefreichenden Latino-Wurzeln des Viertels. Dreh- und Angelpunkt der exzellenten Speisen ist die Mole-Sauce, die man sich hier selbst zu den lohnenswerten *chilaquiles* (ein pikantes Tortilla-Gericht) nimmt. *3014 W Olympic Blvd; www.ilovemole.com; 213-427-0608; ca. 9–22 Uhr.*

### Pharaoh Karaoke Lounge

Das Karaoke-Angebot ist in der Pharaoh Karaoke Lunge im Wilshire Center so groß, wie man es in Koreatown erwartet. Die Auswahl reicht von stilvoll-elegant bis amerikanisch-grölend. Es gibt viele kleine Räume, die man mit Freunden buchen kann. Eine Reservierung wird empfohlen. *3680 Wilshire Blvd, Ste B-02; www.pharaoh.us; 18–2 Uhr.*

### The Wiltern

Neben Konzerten, Stand-up- und Filmvorführungen ist es auch der prächtige Art-déco-Bau, der einen Besuch lohnenswert macht. Das 1931 vom ortsansässigen (und produktiven) Architekturbüro Morgan, Walls & Clements entworfene Wiltern ist einer der größten Veranstaltungsorte von LA und besticht durch kunstvoll verlegte Fliesen, Wandgemälde oder die sonnenförmige Deckenverzierung. *3790 Wilshire Blvd; www.wiltern.com.*

### Wi Spa

Heiße und kalte Bäder, verschiedene Saunen, Massagen und Wellness-Behandlungen, getrennte Räume für Frauen und Männer und sogar ein Bereich für die Kleinen – das Wi Spa bietet alles, was man für die komplette Entspannung braucht. Hier könnte man problemlos einen ganzen Tag verbringen – kann man auch, denn es hat rund um die Uhr geöffnet. Blutige Anfänger werden schnell zu Korean-Spa-Fans, und alte Hasen wollen immer wieder auf einen Besuch vorbeikommen. *2700 Wilshire Blvd; www.wispausa.com; rund um die Uhr.*

**Oben: Cocktails im Here's Looking At You. Links: willkommen in Koreatown**

# ATWATER VILLAGE

**Umgeben vom hippen Silver Lake, dem Künstlerparadies Frogtown und dem Griffith Park, bietet das bunte Atwater Village eine eindrückliche Fülle an coolen Boutiquen, Geschäften und köstlichen Essenskreationen. Durch den Los Angeles River ist das Viertel mit anderen Teilen der Stadt verbunden und lässt sich gut per Rad erkunden.**

### Proof Bakery

Einige Konditoreien in LA lassen einem das Wasser im Mund zusammenlaufen, und die Proof Bakery des koreanisch-amerikanischen Bäckers Na Young Ma gehört dazu. Hier beherrscht man die Technik des Backens, wie die Kuchen und Croissants beweisen. Auch der Cappuccino ist exzellent. *3156 Glendale Blvd; proofbakery.com; 8–16 Uhr.*

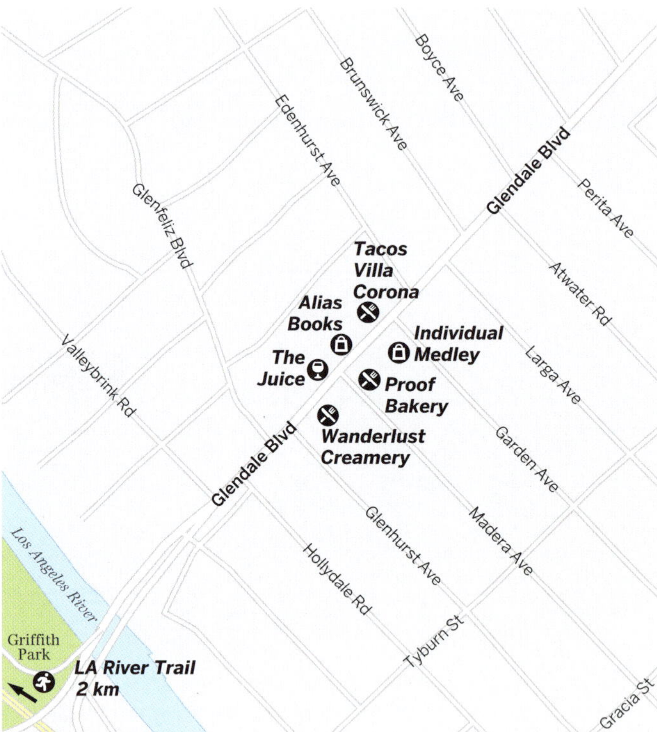


### Wanderlust Creamery

Wir geben zu, dass wir etwas befangen sind, wenn es um die Wanderlust Creamery geht. Die Eiskreationen sind von Orten auf der ganzen Welt inspiriert. Japanese neapolitan zum Beispiel ist ein Traum, ebenso wie das chinesische White-Rabbit-Eis aus den gleichnamigen Bonbons. Vorsicht, der Besuch dieser ganz besonderen Eisdiele kann Fernweh auslösen! *3134 Glendale Blvd; www.wanderlustcreamery.com; ca. 12–23 Uhr.*

### Tacos Villa Corona

Obwohl es in Atwater heute einen tollen Falafel-Laden (Dune) und eine Reihe schicker Restaurants gibt, bleibt das Urgestein Tacos Villa Corona unübertroffen, was Tempo, Preis und Authentizität angeht. Die Burritos und Tacos sind schnell fertig, billig, sättigend und superlecker. Leider ist der Laden nur bis am Mittag geöffnet *3185 Glendale Blvd; Di–Fr & So 8–14 Uhr, Sa 6–12 Uhr.*

### The Juice

Wer im gesundheitsbesessenen LA keinen frisch gepressten Saft getrunken hat, war wahrscheinlich gar nicht da. Die Preise sind gesalzen, aber dafür werden leckere Kombinationen von Bio-Obst- und Gemüsesorten durch die Presse gedrückt. *3145 Glendale Blvd; thejuicela.com; 8–19 Uhr.*

### Alias Books

Bücherwürmer, macht ein Eselsohr in diese Seite! Im Alias gibt es ganze Regale voll gebrauchter und seltener Bücher, vor allem aus den Bereichen Film, Fotografie, Kunst und Philosophie. Ursprünglich war Alias Books ein Ableger des Haupthauses im Westen der Stadt, doch während jenes 2017 nach 58 Jahren zumachte, läuft in der Filiale in Atwater alles rund. *3163 Glendale Blvd; www.aliasbookseast.com; Mo–Do 11–20 Uhr, Fr bis 21 Uhr, So 10–19 Uhr.*

### LA River Trail

Dachtest du auch, dass sich in LA die Autos überall Stoßstange an Stoßstange reihen? Weit gefehlt! Diese Radstrecke, die sich vom Griffith Park bis zum Dodger-Stadion durch die Glendale Narrows im Nordosten LAs zieht und dabei Los Feliz, Silver Lake und Atwater Village passiert, macht das Auto überraschenderweise überflüssig. *lariver.org.*

### LA RIVER

**In den 1930er-Jahren verheerten Überschwemmungen die Gegend rund um den 82 Kilometer langen Fluss, bis man ihn komplett einbetonierte. Für die meisten Leute eine Bausünde, doch vielleicht nicht mehr lange: Gemeinsam mit dem Stararchitekten (und Bewohner LAs) Frank Gehry hat die Stadt einen Plan zur Umgestaltung des Flusses erarbeitet.**

### Individual Medley

Schon der Blick ins Schaufenster ist gefährlich: Es lockt sorgsam ausgewähltes Kunsthandwerk von nah und fern. Wer genug im hübschen Laden und seinen schönen Waren herumgestöbert hat, dem seien die anderen Einrichtungs- und Kleidungsgeschäfte am Glendale Boulevard empfohlen. *3176 Glendale Blvd; individualmedley-store.com; 10–19 Uhr.*

**Oben: Leckereien in der Wanderlust Creamery**
**Unten: Wohnaccessoires im Individual Medley**

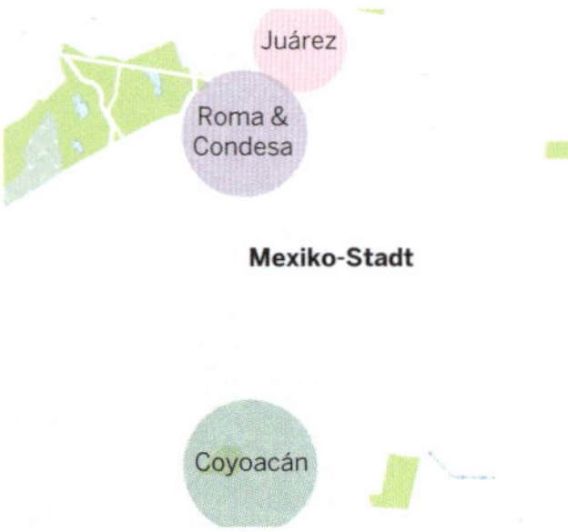


# MEXIKO-STADT

**Einen guten Taco findet man auch im historischen Zentrum. Aber die coolsten Attraktionen der mexikanischen Hauptstadt verbergen sich weiter südlich.**

Viele der größten Sehenswürdigkeiten von Mexiko-Stadt – die Aztekenruinen des Templo Mayor, die Kathedrale und der Zócalo, der größte Platz Lateinamerikas – befinden sich im Centro Histórico, der Altstadt. Einen halbstündigen Spaziergang oder eine 15-minütige Radtour westlich des Zentrums lockt der architektonisch interessante Stadtteil Colonia Juárez mit seinen süßen Cafés, Galerien und Indie-Theatern.

Etwas weiter weg, aber gut per Metro zu erreichen, sind die Zwillingsviertel Roma und Condesa mit ihren unabhängigen Buchhandlungen, hübschen Läden und einigen der besten Restaurants der Stadt. Bis ins weit südlich gelegene Coyoacán braucht man vom Zentrum aus eine Stunde (Metro plus ein 15-minütiger Fußmarsch). Dort zieht das Haus von Frida Kahlo die Touristenmassen an, doch auch weniger bekannte Ziele, etwa absonderliche Museen, ein Kunsthandwerksmarkt oder Streetfood, das zum besten der Stadt zählt, lohnen den Besuch.

# JUÁREZ

**Juárez zählte einst zu den prachtvollsten Vierteln der Stadt, bis das große Erdbeben 1985 viele der französisch inspirierten Villen aus dem frühen 20. Jahrhundert zerstörte. Doch nun ist es von neuem Leben erfüllt, und die Nähe zum Zentrum – leicht zu Fuß, per Rad oder mit dem Metrobus erreichbar – macht es zu einem reizvollen Ziel für Reisende, die sich abseits der Touristenmassen bewegen wollen.**

### Bucardón

Dieses vielseitige Kulturzentrum ist tagsüber eine gepflegte Buchhandlung mit Café und wird abends zur coolen Bar mit Livemusik. Hier kann man durch Lyrik- oder Fotobände blättern oder mit einem *café con leche* in der Hand die Ausstellung betrachten und später einen Mezcal-Cocktail, Lesungen oder DJ-Musik genießen. *Donato Guerra 1; www.bucardon.com; Café & Buchhandlung Mo–Sa 7.30–18.30 Uhr, Bar Di–Sa 18.30–2 Uhr.*

### Pixza

Die Spezialität dieser Gourmetpizzeria ist die *pizza azul* (eine blaue Pizza durch den blauen Mais im Teig) mit Oaxaca-Käse und einer Belagauswahl aus regionalen Zutaten, von Kürbisblüten bis zu scharfen, dunklen Pasilla-Chilis. Pro fünf bestellten Pizzen spendet Pixza eine an Bedürftige. *Liverpool 162; www.pixza.mx; Di–Do 13–20 Uhr, Fr & Sa 14–21 Uhr, So 14–20 Uhr.*

### MUCHO Museo de Chocolate

In Mexiko ist Schokolade Teil der Geschichte. Dieses Museum in einem alten Gebäude feiert das traditionsreiche Handwerk mit interessanten Ausstellungen. Dazu gibt es ein Café (auf der Karte: viel Schokolade!) und einen Shop mit essbaren Mitbringseln. *Milan 45; www.mucho.org.mx; 11–17 Uhr.*

### Distrito Fijo Club de Ciclismo

Was als kleiner Club für urbane Radfans begann, ist heute ein Café mit Fahrradwerkstatt, wo man Kaffee trinken, Gleichgesinnte treffen und die nächste Tour planen kann (Leihräder gibt es über den Bike-Share-Dienst Ecobici oder im Zentrum). *Liverpool 61; www.dfcc.mx; Mo–Mi & Fr 7–21 Uhr, Sa & So 8–16 Uhr.*

### Vintrend

Bist du auf der Suche nach einem schicken Poncho oder der perfekten Sonnenbrille? Dann bist du hier genau richtig. Die ökobewussten Inhaber verkaufen nicht nur Secondhandkleidung und -accessoires, sondern auch Stücke von jungen Designern. *Venecia 19; www.vintrend.com.mx; Mo & Di, Do & Fr 13–19 Uhr, Sa 12–19 Uhr, So 12–17 Uhr.*

# ROMA & CONDESA

**Es ist kein Geheimnis, dass die Zwillingsviertel Roma und Condesa, nur wenige Metrostationen vom Centro Histórico entfernt, die inoffizielle Hauptstadt der Hippen und Coolen sind. Beim Schlendern durch die farbenfrohen Straßen – oder auf einem der Ecobici-Räder – entdeckt man viele Schätze, von Secondhandläden bis zu Taco-Ständen.**

### Patio Aurora

Eine beliebte Anlaufstelle für Cocktailfans, die sich in einem der eleganten Häuser von Roma Norte verbirgt (1903 erbaut). Das Patio Aurora hat sich auf Gin spezialisiert, was eine nette Abwechslung zum ewigen Mezcal darstellt. Der von Kerzen erleuchtete Innenraum und die schöne Terrasse, aus deren Mitte Bäume emporwachsen, eignen sich perfekt für einen Drink. *Álvaro Obregón 126, Roma Norte; www.auroraroma.mx; Mo–Sa 17–2 Uhr.*

### Mercado Roma

Dieser Markt erstreckt sich über drei Etagen und unterscheidet sich von vielen anderen in der Stadt dadurch, dass es ihn erst seit wenigen Jahren gibt und dass nur exklusive Speisen und Getränke serviert werden. Hier kann man Delikatessen probieren, ein kühles Bier schlürfen oder für ein leckeres Picknick einkaufen. *Querétaro 225, Roma Norte; www.mercado-roma.com; So–Mi 9–20 Uhr, Do–Sa 9–1 Uhr.*

### Mama Rumba

Der betriebsame Salsa-Club steht in erfrischendem Kontrast zu den vielen trendigen Abhäng-Bars in dieser Gegend. Hier finden an mehreren Abenden pro Woche Tanzstunden zu kubanischer Live- und DJ-Musik statt, bis die Partygäste anrücken und es eng wird. *Querétaro 230, Roma Norte; www.facebook.com/mamarumba.rl; Mi & Do 21–3 Uhr.*

### Centro Cultural Bella Época

Das Kulturzentrum, das in einem der schönsten Art-déco-Gebäude von Condesa untergebracht ist, ist ein echter architektonischer Hingucker. Die angeschlossene Buchhandlung, die Librería Rosario Castellanos, ist hervorragend. Außerdem gibt es ein Café und eine Kinderecke. *Tamaulipas 202, Condesa; www.facebook.com/CentroCulturalBellaEpoca; 10–20 Uhr.*

**Taquería El Greco**
Gute Tacos gibt es überall in Mexiko-Stadt. Doch die besten *tacos árabes* (wörtlich „arabische Tacos") mit gewürztem und am Spieß gebratenem Schweinefleisch bekommt man an diesem Taco-Imbiss in Condesa. *Michoacán 54, Condesa; Mo–Mi 14–22.30 Uhr, Do–Sa 14–4 Uhr.*

**VOID**
In dieser Luxusboutique in einem Art-déco-Gebäude aus den 1930er-Jahren findet man mexikanische Mode aus den vergangenen Jahrzehnten, Hermès-Handtaschen oder Vintagetücher aus England. Dazu gibt es ein hinreißendes Café. *Parral 5; www.voidmx.com; Mo–Sa 11–20 Uhr, So 11–19 Uhr.*

**Museo del Objeto del Objeto**
Der Name dieses ungewöhnlichen Museums ist ein Wortspiel: *objeto* heißt sowohl „Zweck" als auch „Objekt", also ungefähr Museum des Zwecks des Objekts. Das ist eine gute Einstimmung auf die verspielte, aber fesselnde Ausstellung. Im Fokus steht das Verhältnis zwischen Kommunikation und Design anhand von Popkultur-Gegenständen von Kochbüchern bis zu Coca-Cola-Flaschen. *Colima 145, Roma; www.elmodo.mx; Di–So 10–18 Uhr.*

## ROMA AUF DEM BILDSCHIRM

**Alfonso Cuaróns 2018 veröffentlichter, oscargekrönter Film *Roma* wurde im gleichnamigen Stadtteil gedreht, in dem Cuarón auch aufgewachsen ist. Der Schwarz-Weiß-Film spielt in den 1970ern und eröffnet einen Einblick in das Alltagsleben in Roma, Spitzname „Barrio Mágico" („magisches Viertel") vor der erst kürzlich erfolgten Gentrifizierung.**

**Im Uhrzeigersinn von oben: Tische im Patio Aurora; Eis im Mercado Roma; Räder von Ecobici für eine Fahrt durch die Stadt**

# COYOACÁN

**Einst einfach ein Dorf bei Mexiko-Stadt, ist Coyoacán heute als Heimat der gefeierten mexikanischen Malerin Frida Kahlo bekannt. Die Touristenmassen strömen herbei, um die Casa Azul, ihr Wohnhaus und Studio, zu besichtigen. Der Weg hierher ist lang – mindestens eine Stunde vom Zentrum aus –, doch die quirligen Märkte und die ausgefallenen Museen sind den Aufwand wert.**

### Mercado de Coyoacán

Eine gute Anlaufstelle für frittierte *quesadillas*, farbenfrohe Fotomotive, exotische Vögel und interessante Menschen. Der Markt von Coyoacán mit seinen zwei Stockwerken voller Essensstände, Obst- und Gemüsehändler, Metzger und Kunsthandwerk ist seit 1921 ein Wahrzeichen des Stadtteils. Am besten erkundet man mit einem *agua de jamaica* (Hibiskuswasser) in der Hand das Angebot an einheimischen Gerichten, bevor man sich entscheidet. *Ignacio Allende s/n; 8.30–18.30 Uhr.*

### Café Negro

Überall in Coyoacán sind schicke Cafés aus dem Boden geschossen, um den schier endlosen Strom von Frida-Kahlo-Pilgern zu versorgen. Das Café Negro ist eines der besten; die hier gerösteten Bohnen stammen aus Guerrero im Südwesten Mexikos. Ein guter Ort zum Frühstücken oder für einen Wachmacher am Nachmittag, und auch die heiße Schokolade aus Oaxaca sollte man unbedingt probiert haben. Im Gegensatz zu anderen Cafés ist das Negro auch am Abend geöffnet. *Centenario 16; www.facebook.com/CafeNegroMX; 8–23 Uhr.*

### Fonoteca Nacional

In diesem einzigartigen Kulturzentrum – dem „Haus der mexikanischen Klänge" – wird das Audio-Erbe des Landes gefeiert: natürlich Musik, aber auch Podcasts und das gesprochene Wort. Die Klangbibliothek (Eintritt frei) bietet eine Dauerausstellung und wechselnde Orchesterkonzerte, Lyriklesungen, Vorträge oder Festivals. Die Gärten eignen sich wunderbar für eine Verschnaufpause. *Francisco Sosa 383; www.fonotecanacional.gob.mx; Mo–Fr 10–19 Uhr, Sa 10–18 Uhr.*

### La Bipo

Ein Laden mit multipler Persönlichkeit: Im ruhigen Erdgeschoss

kann man einen Kaffee schlürfen und die Tour durch Coyoacán planen, oben wartet eine lebhafte Bar, deren Spezialität Cocktails aus mexikanischen Zutaten sind. Das Essen ist traditionell, aber modern interpretiert, und am Wochenende sorgt Livemusik für ein volles Haus. *Malintzin 155; www.labipo.com.mx; Mi–Sa 12–2 Uhr, So–Di 12–24 Uhr*

**Centro Cultural Elena Garro**
Literaturfreunde sollten dieses modernistische Kulturzentrum, das nach der preisgekrönten Autorin Elena Garro benannt wurde, nicht verpassen. An den Wänden reihen sich Bücher über mexikanische Geschichte, Architektur und Kunst, und das Kulturprogramm, das von Akustikgitarrenkonzerten bis zu Angeboten für Kinder (vor allem am Wochenende) reicht, lockt viele Einheimische an. *Fernández Leal 43; www.educal.com.mx/elenagarro; 10–21 Uhr.*

**Cineteca Nacional**
Wer davon träumt, unter dem Sternenhimmel mit einer Portion Eiscreme oder einem kalten Bier in der Hand einen Film zu gucken, ist im Nationalen Filmarchiv genau richtig. Im architektonisch beeindruckenden Bau finden auch Konzerte und Vorträge statt, und das Café ist hervorragend. *México Coyoacán 389; www.cineteca-nacional.net.*

**Cantina La Coyoacana**
Her mit den Mariachi-Musikern und den Tortillachips – La Coyoacana ist genau das, was man sich vorstellt, wenn man an Mexiko denkt. Die fröhliche *cantina* verfügt über einen grünen Innenhof, eine gut bestückte Bar und viele Tische, an denen Musiker ihre Stücke vortragen und Kellner Taco- und Tequila-Bestellungen aufnehmen. Sehr zu empfehlen ist der *tlacoyo*, ein Maisfladen belegt mit Käse und Bohnen. *Higuera 14; www.lacoyoacana.com; Di–Sa 13–1 Uhr, So 12–22 Uhr, Mo 12–24 Uhr.*

## FRIDA KAHLOS BLAUES HAUS

**In Coyoacán steht die Casa Azul („blaues Haus"), das frühere Wohnhaus und Studio der Künstlerin Frida Kahlo. Heute ist es ein Museum voller persönlicher Gegenstände – Erinnerungen an Kahlos lange, oft turbulente Ehe mit Diego Rivera und den linksintellektuellen Zirkel, der sich hier traf. Das Museum ist ein Touristenmagnet – am besten früh auftauchen.**

**Oben: Casa Azul, das Haus der Malerin Frida Kahlo**
**Unten: das Café Negro**

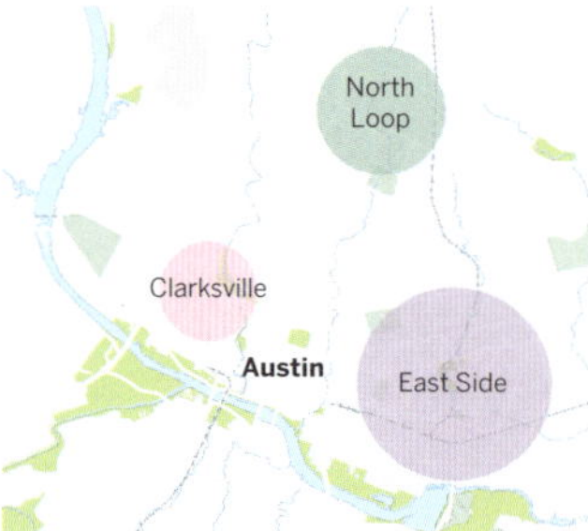


# AUSTIN

**Sonnige Tage, milde, musikgefüllte Nächte und eine Stimmung, die entspannter nicht sein könnte – die Hauptstadt von Texas ist ein absolutes Muss und der Hype völlig berechtigt.**

Legendäre Konzertstätten, unprätentiöse Bars, auf deren Terrassen man stundenlang unter dem Sternenhimmel sitzen kann, Foodtrucks, die köstliche Speisen für wenige Dollar verkaufen, berühmte hochkarätige Kulturfestivals wie das Austin City Limits oder das South by Southwest (SXSW) und eine Lässigkeit, wie es sie sonst nirgends gibt – all das macht Austin zu Austin.

Vergnügungssüchtige werden im und rund um das Zentrum, von der Innenstadt bis zur UT (University of Texas), garantiert auf ihre Kosten kommen. Auf der berühmten 6th Street und der nahen Red River Street tobt Tag und Nacht das Leben. Doch in dieser bekannten und beliebten Gegend trifft man oft mehr Touristen als Einheimische.

Einen Ausflug ins Alltagsleben bieten die umliegenden Viertel. Dort entdeckt man, was Austin so unbeschwert und hip macht und welche verschiedenen Kulturen ihren Anteil an dieser berauschenden Mischung haben.

# CLARKSVILLE

**Der grüne Stadtteil Clarksville gleich westlich der Innenstadt ist gut zu Fuß erreichbar. Der Weg führt am Shoal Creek entlang durch Straßen mit wunderschönen alten Häusern, durchsetzt von Geschäften und Restaurants, wie sie jeder gern in seinem Viertel hätte. In dieser Idylle wirkt das Gedränge des Zentrums weit weg, auch wenn es gleich um die Ecke ist.**

### Jeffrey's

Texaner lieben ihr Rindfleisch, und die Dry-Aged-Steaks in diesem Kiez-Bistro zählen zu den besten der Stadt. Doch neben den Cowboystiefeln ist auch die Baskenmütze nicht fehl am Platz, denn die Speisekarte zeigt einen starken französischen Einfluss, etwa beim T-Bone-Steak mit Gänsestopfleberbutter. Dazu gibt es exzellente Martinis und ähnliche Drinks. *1204 W Lynn St; www.jeffreysofaustin.com; 512-477-5584; 17.30–22 Uhr.*

### Pease Park

Von einem Camp des Sezessionskriegsgenerals George Armstrong Custer bis zu geplatzten Goldrauschträumen – die Geschichte dieses naturbelassenen Parks ist so vielseitig wie Austin selbst. Eine große Attraktion ist die jährliche Geburtstagsfeier für I-Aah, den langgesichtigen Esel aus *Pu der Bär*. *1100 Kingsbury St.*

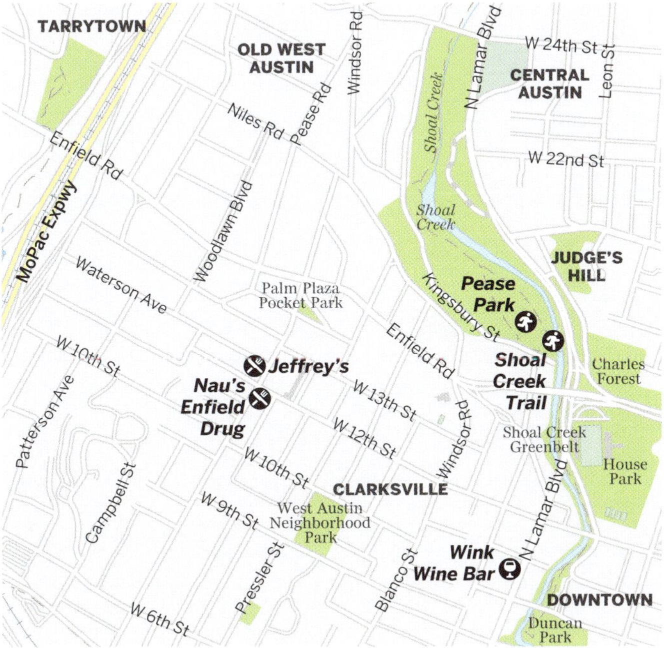


### Shoal Creek Trail

Dieser gewundene Weg erstreckt sich über 6 landschaftlich wunderschöne Kilometer mitten durch das Herz der Stadt, vom Lady Bird Lake im Süden bis zur 38th Street im Norden. Hier kann man am namensgebenden Fluss entlang zwischen Kalksteinfelsen und schattenspendenden Bäumen wandern oder radeln. *Pease Park; shoalcreekconservancy.org.*

### Wink Wine Bar

In dieser winzigen Weinbar gönnt man sich ein gutes Glas Wein mit einem kreativen Happen dazu. Hier trifft sich das ganze Viertel, man kennt sich, und es mangelt nicht an herzlichen Begrüßungen und Schulterklopfern. *1014 N Lamar Blvd; www.winkrestaurant.com; 512-482-8868; 17–23 Uhr.*

### Nau's Enfield Drug

Wer braucht Retro, wenn es auch authentisch geht? Wären die Fenster noch orangegelb, sähe diese alte Apotheke mit Grillimbiss endgültig aus wie ein in Bernstein eingelassenes Überbleibsel alter Zeiten. Nur hier kann man nach einem Burger und einem Shake sein Rezept einlösen. *1115 W Lynn St; nausdrug.com; 512-476-3663; Mo–Sa 7.30–16 Uhr, So 10.30–15.30 Uhr.*

# EAST SIDE

**Nicht klar umrissen, aber auf dem Kompass leicht zu finden: East Austin erstreckt sich östlich der Interstate 35 und umfasst eine Reihe von Vierteln, darunter das trendige East Cesar Chavez nahe dem Zentrum. Auch jenseits davon finden sich unkonventionelle Kneipen und Bars, wie sie typisch für Austin sind. Gute Busverbindung gibt es über die Rosewood Avenue sowie die E 7th und die E 12th Street.**

### Saigon Le Vendeur

Dieser Foodtruck ist eigentlich ein Container, was gut ist, weil er ohne Räder nicht wegfahren kann. Hier steht man Schlange für vietnamesische Klassiker wie großzügig belegtes *banh mi* (Baguette-Sandwich) mit Brathähnchen oder Nudeln mit scharfem Schweinefleisch. *2404 E 7th St; 512-351-6916; Mo–Fr 11–21 Uhr, Sa bis 17 Uhr.*

### Marcelino's

Am Ostrand des hispanischen Zentrums von East Austin beweist das Marcelino's, dass es nie zu früh ist, um einen Taco zu bestellen. Dieser Mini-Imbiss bereitet sie so lecker zu, dass man glaubt, sie ließen die Sonne aufgehen. Die gut gelaunten Mitarbeiter belegen die Tacos auch nach deinen individuellen Wünschen. *901 Tillery St; www.marcelinosfoods.com; 512-926-1709; Mo–Sa 6–13 Uhr.*

### Zilker Brewing Co.

Die Zilker-Brauerei verbindet Stil mit Geschmack – oder besser gesagt verschiedene Stile mit verschiedenen Geschmäckern. Neben Tischen und einer Theke aus Holz ragen Braukessel aus glänzendem Edelstahl auf – näher kann man Bier nur kommen, wenn man es trinkt. Und das sollte man hier auch, denn es schmeckt einfach göttlich! Unsere Empfehlung ist das orange schimmernde Marco IPA. *1701 E 6th St; www.zilkerbeer.com; Di & Mi 16–22 Uhr, Do–Sa 12–24 Uhr, So bis 20 Uhr.*

### King Bee Lounge

Auf den ersten Blick sieht das King Bee aus wie eine gewöhnliche Kiez-Kneipe. Bei genauerem Hinsehen wird man dann doch positiv überrascht. Es gibt kreative Cocktails, darunter die Spezialität des Hauses – der Bee's Knees mit Honig und viel Alkohol. Drinnen herrscht geheimnisvolles Dunkel, und die Außenterrasse lädt zum Entspannen an der frischen Luft ein. *1906 E 12th St; 512-600-6956; 17–2 Uhr.*

© VSCO / 2020, Marcelino's

**The Lost Well**
Ein wunderbar düsterer Hard-Rock- und Metal-Tempel. Wenn es möglich wäre, würde man Hipster und Frohnaturen am liebsten durch einen Zaun fernhalten. So versucht man das durch finstere Blicke zu erreichen, dabei ist das Lost Well eigentlich ganz lieb und tut niemandem etwas. Es treten regional bekannte Bands auf, und am Wochenende wird es voll. *2421 Webberville Rd; www.thelostwell.com; Mo–Fr 16–2 Uhr, Sa & So 14–2 Uhr.*

**Canopy**
Eine ehemalige Lagerhalle einer Wohltätigkeitsorganisation wurde stilvoll umgewandelt in vier Dutzend Ateliers und Galerien. Die Kunst kommt in allen möglichen Formen daher. Viele der Künstler sind schon international bekannt, andere auf dem Weg dorthin. *916 Springdale Rd; www.canopyaustin.com; Öffnungszeiten variieren.*

### PROMI-FRIEDHOF VON TEXAS

**Trotz einzelner Sanierungsvorhaben wirkt East Austin alt, aber belebt. Der mit Abstand lebloseste Ort ist der Texas State Cemetery, auf dem fast jeder liegt, der es im Staat zu etwas brachte, darunter Stephen F. Austin, ein Gründervater von Texas. Neben weiteren Größen der Geschichte findet man hier Hunderte Gefallene aus dem Bürgerkrieg.**

**Treasure City Thrift**
Ganz Austin ist immer auf der Suche nach der besten Secondhandware, und da ist dieser kleine Laden keine schlechte Adresse. Er könnte auch „Schatztruhe" statt „Schatzstadt" heißen – mit ein bisschen Wühlen findet man überraschend edle Schnäppchen. Die Preise sind niedrig, weil hinter dem Laden eine Non-Profit-Organisation steht, die sich für die Umwelt und soziale Gerechtigkeit einsetzt. *2142 E 7th St; treasurecitythrift.org; Mo–Fr 10–19 Uhr, Sa & So 12–18 Uhr.*

© 2020, Zilker Brewing Co.

© 2020, Zilker Brewing Co.

**Im Uhrzeigersinn von oben: Taco-Tempel Marcelino's; Bier und Schild der Zilker Brewing Co.**

# NORTH LOOP

**North Loop ist schattig dank der vielen Bäume, farbenfroh dank einer Vorliebe für bunte Fassaden und extrem entspannt dank der günstigen Mieten. Die Hauptschlagader des Viertels bildet der North Loop Boulevard (später E 53th Street). In den Läden und an den Wänden vieler Bars finden sich Austiner Kuriositäten. Gute Busanbindung über den N Lamar Boulevard.**

### Elisabet Ney Museum

In einer Stadt, in der sich jeder von der Menge abheben will, schafft das Museum genau das: Es befindet sich in einem zinnenbesetzten Schloss und ist nach einer vielseitig begabten deutschen Bildhauerin benannt. Ney fertigte schon in ihrer alten Heimat Büsten von Leuten wie Bismarck an und nahm sich in den 1880er-Jahren in Texas Männer wie Sam Houston und Stephen F. Austin vor. *304 E 44th St; www.austintexas.gov/Elisabetney; Mi–So 12–17 Uhr.*

### Bistro Vonish

Dieder vegane Star der Foodtruck-Flotte ist eine Entdeckung selbst für Fleischesser, während er ohnehin schon Überzeugten ein selbstzufriedenes Lächeln ins Gesicht zaubert. Die Auswahl ist international, zum Beispiel Süßkartoffel-*arepas* (gefüllte Maisfladen) und Bruschetta mit schwarzem Knoblauch, verfeinerbar mit Würzsaucen wie Chilimarmelade. *701 E 53rd St; www.bistrovonish.com; 512-579-9854; Di–Fr 12–21 Uhr, Sa & So 10–21 Uhr.*

### Tigress Pub

Aufgeschlossen, kreativ, alternativ: Diese winzige Bar, bekannt für ihre originellen Cocktails, ist ein Abbild der Stadt. Empfehlenswert ist der Native Tongue, ein berauschendes Gemisch aus Safrangin, Ananassirup, Wermut und Kardamombitter, das man an der Bar oder auf der begrünten Terrasse genießen kann. Die Stammgäste heißen Neulinge herzlich willkommen. *100 W N Loop Blvd; thetigresspub.com; Di–So 16–23 Uhr.*

### Guzu Gallery

In einer Gegend, die sich ganz der Popkultur verschrieben hat, bietet das Guzu eine Mischung aus Pop-Art-Galerie und Shop für alte Platten, Fanzeitschriften, ausgefallenes Spielzeug und allerhand Kuriositäten aus aller Welt. Der Goth-Cartoon, den sonst keiner kennt? Hier gibt es bestimmt Fan-

© 2020, Hyde Park Theatre

artikel dazu. *5000 N Lamar Blvd; guzugallery.storenvy.com; Mo–Sa 11–19 Uhr, So 12–18 Uhr.*

### Monkeywrench Books

Diese von Freiwilligen betriebene anarchistische Buchhandlung zielt direkt auf das Herz des Kapitalismus. Zwischen den langen Reihen von Büchern zu progressiven und abseitigen Themen verbergen sich echte Fundstücke wie etwa Malbücher für Anarchisten. Die Stimmung ist abhängig von den diensthabenden Freiwilligen, und manche Lesung gerät zu einer wahren Tirade. *110 North Loop Blvd E; www.monkeywrench-books.org; Mo–Do 12–18 Uhr, Fr–So bis 20 Uhr.*

### Room Service Vintage

Das geblümte Sofa, das letzte Woche an der Straße stand, hat eine Zukunft! In diesem bis obenhin vollgestopften Laden stehen lauter Möbel aus den 50ern bis zu den 70ern zum Verkauf und dazwischen auch das ein oder andere Kleidungsstück. *107 E North Loop Blvd; www.roomservicevintage.com; 11–19 Uhr.*

### Hyde Park Theatre

Ein einfaches Theater, das mit einfachen Mitteln Stücke auf die Bühne bringt (nein, das ist kein Donner, das ist die Klimaanlage), meist neue, eindrückliche Werke aber auch preisgekrönte, die gerade noch am Broadway liefen. Im Winter findet das fünfwöchige FronteraFest statt, bei dem über 800 lokale und nationale Künstler auftreten. *511 W 43rd St; www.hydeparktheatre.org.*

**Oben: im Hyde Park Theatre**
**Unten und links: am veganen Foodtruck Bistro Vonish**

© 2020, Bistro Vonish

© 2020, Bistro Vonish

KUNST & KULTUR   MUSIK & FILM   SPORT & FREIZEIT   ESSEN   TRINKEN   SHOPPEN

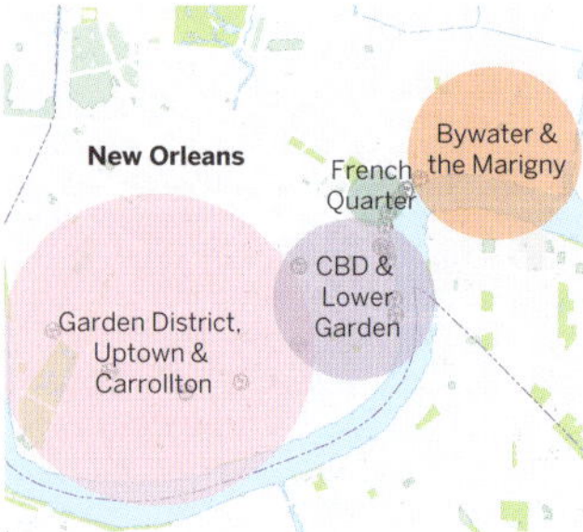


# NEW ORLEANS

**Die feierlustige Grande Dame New Orleans bietet heiße Jazzschuppen und eine grandiose Restaurantszene. Und die Bewohner gehen zusammen durch Dick und Dünn.**

Die sehr unterschiedlichen Viertel der Stadt am Mississippi zeichnen sich durch abwechslungsreiche Architektur und viel Originalität aus. Der älteste Teil von New Orleans ist das French Quarter, in dessen Gassen sich Toprestaurants, kleine Theater und eine kreative Kunstszene verbergen. Östlich davon lockt das kreolisch geprägte Indie-Flair von Marigny und Bywater, mit Plattenläden, Hinterhof-Weinbars und einer Vielzahl von Musik-Locations. Der Central Business und der Lower Garden District ziehen die Kunstfans an, denn dort gibt es neben vielen kulinarischen Versuchungen auch die besten Galerien. Mit der Straßenbahn geht es über die St Charles Avenue nach Uptown und ins dahinter liegende Carrollton. Das Villenviertel birgt viele Schätze, darunter Blechbläsermusik, eine grüne Oase und das älteste Kino der Stadt.
New Orleans lässt sich gut mit Leihfahrrädern (Blue Bikes) oder mit Bus und Straßenbahn erkunden.

# FRENCH QUARTER

**Das „Quarter" mit seinen Kopfsteinpflasterstraßen, der kolonialen Architektur und den legendären Kneipen ist sowohl der älteste als auch der berühmteste Teil der Stadt. Viele Geschäfte und Bars sind auf Touristen ausgerichtet (etwa in der Bourbon Street), aber es gibt auch eine Menge Läden, Restaurants und Kulturangebote, die von Einheimischen frequentiert werden. Aus Uptown und Mid-City kommt man mit der Straßenbahn und geht dann zu Fuß.**

### Longway Tavern

Im Hinterhof dieser reizenden Bar – nicht weit von der St. Louis Cathedral entfernt – kann man sich bei gekonnt zubereiteten Cocktails große Portionen weiße Sardellen, frittierten Tintenfisch oder Pommes mit Schweinebauch teilen. In der Happy Hour (16–19 Uhr) gibt es Moscow Mule für 5 $ und die Flasche Wein für 20 $. *719 Toulouse St; www.longwaytavern.com; 504-962-9696; Mo–Do 16–24 Uhr, Fr–So ab 11.30 Uhr.*

### Le Petit Théâtre du Vieux Carré

Dieses Gemeindetheater, eines der ältesten der USA, ist in einem Gebäude aus dem Jahr 1790 untergebracht. Auf dem Programm stehen moderne Dramen, Musicals und klassische Produktionen (etwa Shakespeare), aber auch Burlesque-Shows oder Jazzkonzerte. *616 St Peter St; www.lepetittheatre.com.*

### Queork

Was die Nachhaltigkeit angeht, kann kaum ein Material mit Kork mithalten, denn er wird aus Rinde gewonnen, ohne dass der Baum gefällt wird. Außerdem ist er beständig, fleckenresistent, wasserfest, wirkt antimikrobiotisch und ergibt – zumindest hier – schicke Handtaschen, Portemonnaies, Sandalen, Schmuck, Handyhüllen oder Yogamatten. *838 Chartres St; www.queork.com; 10–18 Uhr.*

### Jewel of the South

Diese ansprechende Bar in einem kreolischen Haus am Nordrand des Quarters bringt mit Cocktails, einer verlockenden Terrasse und galanten Bartendern einen Hauch Eleganz in eine Gegend, die sonst eher für Spelunken bekannt ist. *1026 St Louis St; www.jewelnola.com; 16–24 Uhr.*

### The Starlight

Im Starlight fühlt man sich, als wäre man von einem bisher unbekannten, Jazz liebenden Onkel zu einer privaten Soirée eingeladen worden. Die Kronleuchter und die alten Spiegel sorgen für ein stilvolles Ambiente, und an den meisten Abenden gibt es Livemusik. *817 Louis St; www.starlightloungenola.com; 14–2 Uhr.*

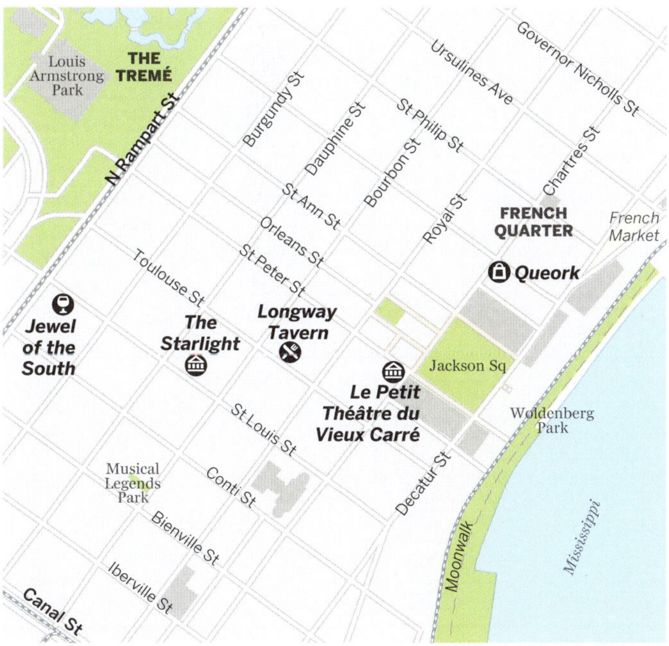

# BYWATER & THE MARIGNY

**Östlich vom Quarter liegen Marigny und Bywater mit ihren Bars, Freiluftkonzerten, Hippie-Cafés und Plattenläden. Zwischen Bahnschienen und Mississippi lockt ein Park mit ungewöhnlichen Ausblicken auf den Fluss. Aus dem Quarter kommt man per Rad her, oder man nimmt die Bahn.**

### Elysian Bar

Im ehemaligen Pfarrhaus eines alten Klosters aus dem Jahr 1875 wurde diese Bar mit einem kunstvoll gestalteten Innenraum und einer fotogenen Theke eingerichtet, auf die Gaudí stolz gewesen wäre. Serviert werden kunstvolle Cocktails und kreative kleine Speisen. Die einstige Kirche nebenan beherbergt das preisgekrönte Hotel Peter & Paul, wo gelegentlich Konzerte und andere Veranstaltungen stattfinden. *2317 Burgundy St; www.theelysianbar.com; 10.30–24 Uhr.*

### Siberia Lounge

Die Siberia Lounge ist ein echtes Urgestein von Marigny. Hier treten Comedians und Drag Queens, Indie-Bands und sogar avantgardistische Blaskapellen auf. Donnerstags findet die Eastern Bloc Party statt, mit bulgarischem Gypsy-Jazz, Klezmer-Jams, Balkan-Hip-Hop und anderen erstaunlichen Kombinationen. *2227 St Claude Ave; www.siberialounge.com; 16–2 Uhr.*

### Euclid Records

Dieser zweigeschossige Plattenladen in Bywater ist eine Schatztruhe für alle Vinylfans. Die unzähligen Kästen mit neuen und gebrauchten Platten laden zum Stöbern ein, und hin und wieder werden auch Konzerte oder Freiluft-Filmvorführungen veranstaltet. *3301 Chartres St; euclidnola.com; 11–19 Uhr.*

### Bacchanal

Zu den ganz speziellen Erlebnissen in Bywater zählt es, bei Mondschein in einem maroden Hinterhof Livemusik zu lauschen. Vorn im Laden gibt es Wein und Käse, und wenn man sich einen Tisch geschnappt hat (was nur klappt, wenn man früh da ist), kann die Nacht beginnen. Zu essen gibt es große Teller zum Teilen, und bei schlechtem Wetter zieht man in einen winzigen Raum im Obergeschoss um. *600 Poland Ave; www.bacchanalwine.com; 11–24 Uhr.*

### N7

Das N7 ist kaum beschildert und versteckt sich hinter einem Holzzaun. Mit der dicht begrünten Terrasse und dem altmodischen Speisesaal wirkt es wie eine Filmkulisse. Die sorgfältige Auswahl an französischen und italienischen Weinen passt zur fantasievollen Deko – und zur kreativen französisch-japanischen Küche. *1117 Montegut St; www.n7nola.com; Mo–Do 18–22 Uhr, Fr & Sa bis 23 Uhr.*

### Crescent Park

Auf der 2,3 Kilometer langen Grünfläche am Fluss kann man sich vom Trubel auf den Straßen von New Orleans erholen. Die vielen Blumenbeete, Radwege und verlassenen Stege mit Blick auf das schlammige Wasser des Mississippi laden zum Joggen oder zum Schlendern ein. Man kann auch an einem der kostenlosen Fitnesstanzkurse teilnehmen, etwa am Move Ya Brass, der immer samstags von 10–11 Uhr stattfindet. *Über N Peters St; www.crescentparknola.org; 6–19.30 Uhr.*

## MUSIC BOX VILLAGE

**Das Music Box Village mit seinen riesigen Installationen ist eine Mischung aus Skulpturengarten und Klangspielplatz. Durch Hebel und Flaschenzüge aktiviert man geschwungene Hörner und gespenstische Windspiele, während Marimba-ähnliche Keyboards zum Klimpern einladen. Abends treten hier lokale und internationale Künstler auf.**

### The Franklin

Dieser zur Gastrobar umgestaltete einstige Lebensmittelladen hat einige der kreativsten Speisen des Viertels im Angebot. Die fantasievollen Cocktails und die großen Portionen (zum Beispiel gegrillter Oktopus, Beef Tatar mit geräuchertem Eigelb und vieles mehr) sorgen für einen perfekten Start in den Abend. In der Happy Hour (17–19 Uhr) gibt es Margaritas für 6 $ und Pommes frites für 5 $. *2600 Dauphine St; www.thefranklinnola.com; 504-267-0640; So–Do 17–22 Uhr, Fr & Sa bis 23 Uhr.*

**Oben: Flussspaziergang in Marigny**
**Links: klassischer Drink im edlen Franklin**

# CBD & LOWER GARDEN

**Nur eine kurze Wanderung oder Bahnfahrt vom Quarter entfernt liegt der Central Business District (CBD), das Zentrum der Kunstszene mit der größten Galeriendichte von New Orleans sowie einem Markt mit Spezialitäten aus der Region, obskuren Läden und einem noblen Dinnerclub. Direkt dahinter liegt der Lower Garden District mit seinen Cocktailbars und einer der besten Mikrobrauereien der Stadt.**

### Barrel Proof

Diese Bar mit ihren Wellblechwänden, der Bretterdecke und der langen dunklen Holztheke wirkt kunstvoll-rustikal, und die Tische draußen laden dazu ein, Passanten

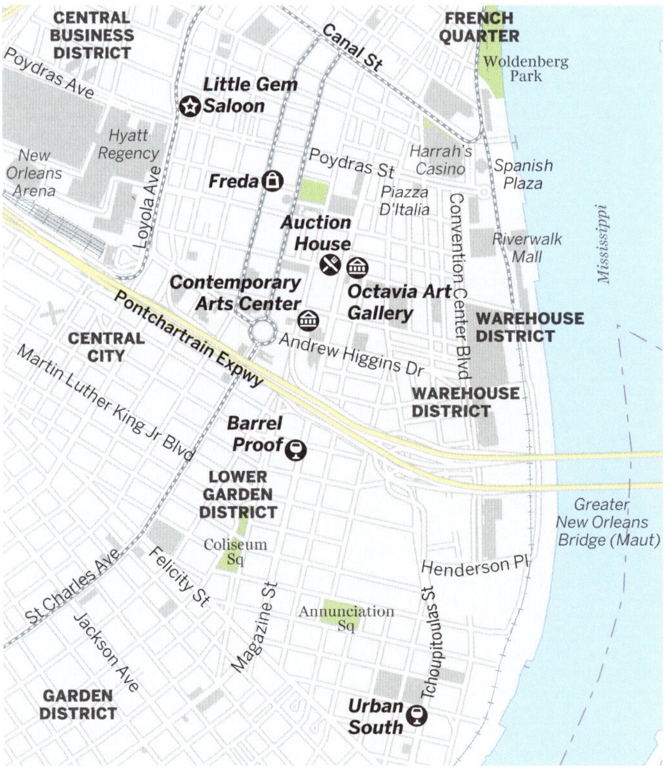


zu beobachten. Auf der Karte findet sich eine erstaunliche Auswahl an Bourbon, Whiskey und Scotch, aber auch an Cocktails, die edle Schnäpse auf kreative Weise kombinieren: Der On My Level etwa ist eine vollmundige Mischung aus Whiskey, Kräuterlikör und „Tabak"-Bitter. *1201 Magazine St; www.barrelproofnola.com; So–Do 16–1 Uhr, Fr & Sa bis 2 Uhr.*

### Auction House

Das Auction House ist einer der vielen Food Markets, die sich in den letzten Jahren in New Orleans ausgebreitet haben. Es lockt mit einer Auswahl an kleinen Delikatessen: argentinische Empanadas, knusprige indische Dosas, Austern und vieles mehr. Ergänzt wird das Ganze von einer gut bestückten Bar – der perfekte Zwischenstopp auf dem Weg zu den nahen Galerien. *801 Magazine St; www.auctionhousemarket.com; 504-372-4321; So–Do 7–22 Uhr, Fr & Sa bis 23 Uhr.*

### Contemporary Arts Center

Ein Eckpfeiler der lokalen Kunstszene! Hier werden großartige zeitgenössische Ausstellungen mit Schwerpunkten auf sozialer Gerechtigkeit, Ökologie und Menschenrechten gezeigt. Auf der kleinen Bühne treten Tänzer, Musikgruppen und andere Künstler auf. *900 Camp St; www.cacno.org; Mo–Fr 9–17 Uhr, Sa 11–17 Uhr; 10 $.*

### Freda

Das Freda ist ein kleiner Laden im Ace-Hotel, in dem modische Unikate (aufsehenerregende Kleider, zweifarbige Jeans, verspielte Röcke) sowie bunte Vasen, Duftöle und handgefertigter Schmuck verkauft werden. Die Besitzerin Susannah Lipsey führt auch einen Laden im texanischen Marfa. Es ist ihr gelungen, einen Hauch der dortigen kunstvollen Wüstenatmosphäre nach New Orleans zu übertragen. *600 Carondelet St; www.shop-freda.com; Mo–Sa 10–20 Uhr, So 11–19 Uhr.*

### Little Gem Saloon

In dieser eleganten Jazzbar kann man zum Essen erstklassigen Musikern lauschen – kein Vergleich zur heruntergekommenen Frenchmen Street! Die kreolisch geprägten Speisen sind hochklassig: Bouillabaisse mit Meerestieren aus dem Golf von Mexiko, Bohnenragout mit Röstkartoffeln, Lauch und Cheddarkeksen. Eine Online-Reservierung wird empfohlen. *445 S Rampart St; www.littlegemsaloon.com; Di–Fr 17–22 Uhr, Sa 18–23 Uhr, So 11.30–14.30 & 17–22 Uhr; Eintritt 20–30 $.*

### ERSTER SAMSTAG!

**Am ersten Samstag des Monats präsentieren die Galerien, Museen und Ateliers im Künstlerviertel (rund um die Julia Street) von 18 bis 21 Uhr ihre neuen Ausstellungen. Beim Gallery Hopping gibt es Snacks und Wein umsonst, und auch die Cafés, Bars und Restaurants in der Gegend haben Sonderveranstaltungen auf dem Programm. Alle Infos findest du unter: www.artsdistrictneworleans.com.**

### Urban South

Mikrobrauereien sind in New Orleans nicht gerade selten, aber das Urban South wird von Bierkennern zu Recht für seine IPAs, Ales und die kreativen Saisonbiere (etwa CàPhê, ein vietnamesisches Kaffee-Stout) gepriesen. Im geräumigen Innenraum geht es fröhlich und familienfreundlich zu, vor allem bei Footballspielen der Saints. *1645 Tchoupitoulas St; www.urbansouthbrewery.com; So–Do 12–21 Uhr, Fr & Sa bis 22 Uhr.*

### Octavia Art Gallery

Die Galerieszene ist über ganz New Orleans verstreut, doch ein guter Anlaufpunkt ist die Julia Street. Als erster Stopp auf der Kunsterkundungstour bietet sich die Octavia-Galerie an, mit beeindruckenden Ausstellungen von aufstrebenden Künstlern aus den USA und dem Ausland. Ein Schwerpunkt liegt auf kubanischer und kubanisch-amerikanischer Kunst. *440 Julia St; www.octaviaartgallery.com; Di–Sa 10–18 Uhr.*

**Oben: Auction House**
**Links: Octavia Art Gallery**

# GARDEN DISTRICT, UPTOWN & CARROLLTON

**Eichengesäumte Alleen, grüne Parks und Villen aus dem 19. Jahrhundert prägen eines der fotogensten Viertel der Stadt. Außerdem gibt es hier hervorragende Restaurants, einzigartige Geschäfte und erstaunliche Bars. Uptown und Carrollton sind aus dem CBD und dem French Quarter per Straßenbahn über die St Charles Ave zu erreichen, der Garden District am besten per Rad und Bus.**

### Pascal's Manale

Dieses 1913 eröffnete Lokal ist eine Institution von New Orleans. Der Barraum wirkt, als hätte sich seit den Zeiten von US-Präsident Woodrow Wilson nicht viel verändert.

Ebenso ein Urgestein ist Thomas „the Uptown T" Stewart, der am winzigen Austerntresen für die stehenden Gäste gekonnt Austern öffnet. Wer es komfortabler mag, setzt sich an einen der Tische und bestellt Pascal's legendäre gegrillte Riesen-Shrimps (mit der richtigen Menge kreolischer Gewürze verfeinert und in Butter gebraten). *1838 Napoleon Ave; pascalsmanale.com; 504-895-4877; Mo–Fr 11.30–21 Uhr, Sa 17–22 Uhr.*

### Maple Leaf Bar

Konzerte in der Maple Leaf Bar sind so gut wie nie eine Enttäuschung, doch wenn am Dienstagabend die Rebirth Brass Band auftritt, strömt die halbe Stadt hierher. Dann drängen sich die Musiker auf die kleine Bühne und erzeugen einen Soundteppich, der sich durch den ganzen Raum zieht – von der abgenutzten Bar links der Bühne bis zur Terrasse ganz hinten. Die 1983 im Stadtteil Tremé gegründete Band ist mittlerweile sehr berühmt geworden und gewann 2012 sogar einen Grammy. *8316 Oak St; www.mapleleafbar.com; 15–5 Uhr.*

### Prytania Theatre

Das seit 1914 bestehende Prytania ist das älteste durchgehend be-

spielte Kino in den Südstaaten der USA. Im einzigen Saal läuft eine Mischung aus neuen Hollywoodfilmen und Klassikern wie Monty Python oder Alfred Hitchcock. Ab und zu wird um Mitternacht *The Rocky Horror Picture Show* gezeigt. *5339 Prytania St; www.theprytania.com.*

**Octavia Books**

Das Octavia ist eine der beliebtesten unabhängigen Buchhandlungen von New Orleans. Das ausgewählte Sortiment lädt zum Stöbern ein, und die belesenen Mitarbeiter sind immer für einen Tipp gut. Es gibt eine eigene Abteilung für einheimische Autoren, und gelegentlich werden auch Lesungen organisiert. *513 Octavia St; www.octaviabooks.com; Mo–Sa 10–18 Uhr, So bis 17 Uhr.*

**Audubon Park**

Diese grüne Parkanlage mit ihren Ententeichen und den hohen Virginia-Eichen eignet sich gut für ein Picknick, einen Spaziergang oder eine Joggingtour auf dem 2,9 Kilometer langen Rundweg. Es gibt einen Golfplatz, zwei Spielplätze und ein kleines, wenig bekanntes Café, das am Wochenende Brunch anbietet. Die Straßenbahn hält direkt an der Nordseite des Parks. *St Charles Ave (nahe Calhoun St); audubonnatureinstitute.org/audubon-park.*

**Saba**

Das preisgekrönte Saba serviert herausragende mediterrane Küche, etwa gerösteten Spargel, Blaukrabbe auf cremigem Hummus, geschmorte Aubergine oder marokkanischen Möhrensalat. Das dampfende Pitabrot kommt direkt aus dem Holzofen auf den Tisch, und zwar so viel, wie man essen möchte (oder kann). Die Cocktails sollten auch nicht übersehen werden! *5757 Magazine St; www.eatwithsaba.com; 504-324-7770; Mi–Fr 11–22 Uhr, Sa & So 10–22 Uhr.*

**Zèle**

Den Höhepunkt eines Einkaufsbummels durch die Magazine Street bildet ohne Zweifel das Zèle. Das farbenfrohe Warenhaus verkauft die Produkte von hundert verschiedenen Herstellern, von lokal gefertigtem Schmuck über Handarbeiten und Kosmetika bis zu Kunst. Perfekt für außergewöhnliche Geschenke oder Souvenirs. *2841 Magazine St; www.facebook.com/ZeleNOLA; Di–Sa 10.30–18 Uhr, So 12–17 Uhr.*

**Oben: Octavia Books**
**Unten: gegrillte Riesen-Shrimps bei Pascal's Manale**

# CHICAGO

**Wolkenkratzer-Architektur und Museen von Weltrang sind das Rückgrat der Stadt, Kellerbars, Kulturzentren und kulinarische Genüsse ihr Herz.**

Wer Chicago besucht, könnte seine Zeit nur im stählernen Stadtzentrum verbringen und würde immer Neues entdecken – von den hoch aufragenden Wolkenkratzern über die weltberühmten Kunstsammlungen bis zur Spitzengastronomie.

Doch die weiter entfernten Ecken bieten einen Einblick ins wirkliche Leben der Chicagoer. Im Norden liegt Edgewater, ein beliebtes Ziel für Café-Hopper und Kunstfreunde. Das rührige Logan Square im Nordwesten, wo praktisch an jeder Ecke eine Kneipe steht, ist ein Tummelplatz der Schlemmer. Das südwestlich gelegene Pilsen lockt mit mexikanischer Kultur und einem wilden Nachtleben, und auch im benachbarten, etwas raueren Bridgeport finden sich so einige Bars und Galerien.

Trotz der Größe Chicagos kommt man mit öffentlichen Verkehrsmitteln gut ans Ziel – für lange Strecken gibt es die klapprigen L Trains, für den Rest Busse.

# EDGEWATER

**Edgewater ist fast eine Stadt in der Stadt. Hier mischen sich alte Bars mit modernen Gourmetrestaurants, schicken Läden, alternativen Theatern und entspannten LGBT+-Locations. Die Innenstadt ist weit weg, doch die Red Line und der Bus 22 fahren direkt hierher. Im Kern rund um die Clark Street kann man zu Fuß schlendern.**

### Leather Archives & Museum

Das Ledermuseum liegt verborgen in einer Wohngegend und lockt mit Bondage-Equipment, Keuschheitskäfigen oder erotischen Kunstwerken. Hier dreht sich alles um S&M und die Fetischkultur. *6418 N Greenview Ave; www.leatherarchives.org; 773-761-9200; Do & Fr 11–19 Uhr, Sa & So bis 17 Uhr; 10 $.*

### Woolly Mammoth Antiques & Oddities

Ein Antiquitätenladen, der selbst die makabersten Wünsche befriedigt. Hier findet man zum Beispiel schaurige Puppenköpfe, ausgestopfte Tiere und vieles Morbide mehr. *1513 W Foster Ave; www.woollymammothchicago.com; Mi–So 12–19 Uhr, Mo ab 13 Uhr, Di ab 15 Uhr.*

### Alleycat Comics

Das Alleycat versteckt sich in einer engen Gasse, die zwischen zwei Geschäften von der Clark Street abzweigt. Der einzige Hinweis ist ein kleines Schild. Wer den Laden findet, wird mit coolen Comics, Mangas und Magazinen belohnt. *5304 N Clark St; www.alleycatcomics.com; 773-907-3404; Mo–Sa 11–20 Uhr, So bis 18 Uhr.*

### Simon's Tavern

Das Simon's ist seit fast einem Jahrhundert eine lokale Institution. Rock'n'Roller hängen im schummrigen Licht vor der Jukebox und zischen Bierchen. Nur Barzahlung. *5210 N Clark St; 773-878-0894; So–Fr 11–2 Uhr, Sa bis 3 Uhr.*

### Lost Larson

In dieser Designer-Bäckerei gibt es skandinavische Kardamom-Brötchen, Brote aus selbst gemahlenem Weizen oder Schokoladencroissants, die einen von den Socken hauen. *5318 N Clark St; www.lostlarson.com; 773-944-0587; Mi–So 7–19 Uhr.*

### Neo-Futurist Theater

Diese unkonventionelle Theatertruppe spielt 30 Werke in 60 Minuten. Die Mini-Stücke werden von den Darstellern selbst geschrieben und reichen von kühn über traurig bis zu unflätig-lustig. Sobald die Uhr läuft, hetzen die Schauspieler durch das Repertoire, mit zunehmendem Tempo gegen Ende. Der Eintrittspreis wird ausgewürfelt. *5153 N Ashland Ave; www.neofuturists.org; Fr & Sa 23.30 Uhr, So 19 Uhr.*

# LOGAN SQUARE

**Der Stadtteil Logan Square ist reich an Street-Art und hat sich trotz der Gentrifizierung seinen alten Charme bewahrt. Hier tummeln sich viele unauffällige, aber gute Restaurants, günstige Cocktailbars, bei Kreativen beliebte Clubs und ein einzigartiges Button-Museum. Die Blue Line fährt mitten durch das Viertel, das relativ nah an der Innenstadt liegt.**

### Busy Beaver Button Museum

Wer hätte gedacht, dass diese Ansteckerfirma ein Museum beherbergt? Hier kann man Tausende kuriose Buttons anschauen, mit Motiven von Duran Duran über „Betty Ford for First Lady" und Batwoman bis hin zu George Washingtons Wahlkampfkampagne. *3407 W Armitage Ave; www.buttonmuseum.org; Mo–Fr 10–16 Uhr, Eintritt frei.*

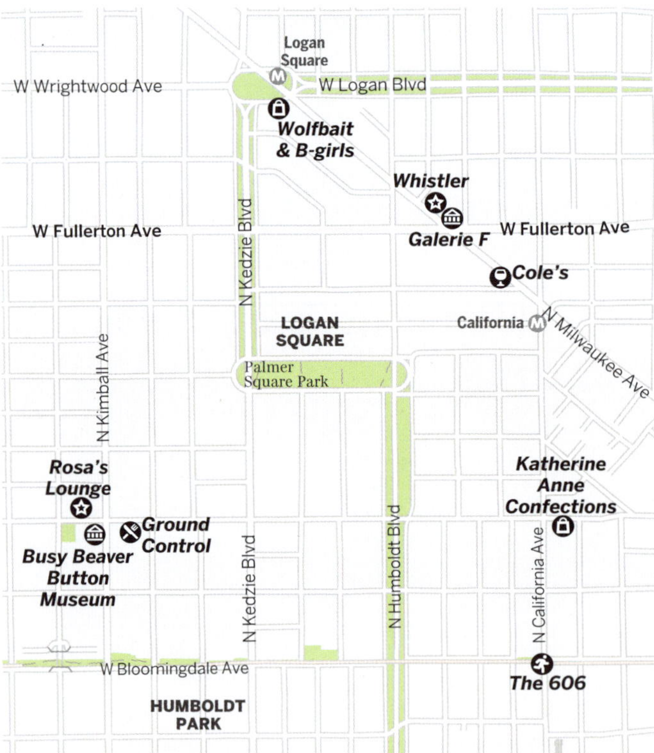


### Katherine Anne Confections

Ein Paradies für Schokoladenfans, mit Pralinen in über 170 Geschmacksrichtungen, darunter Caramel-Latte, Mokka-Walnuss oder Manhattan-Cocktail. Im Café gibt es 10 verschiedene Sorten heiße Schokolade mit großen Marshmallows darauf – wer sich nicht entscheiden kann, bestellt einfach das Probiermenü. *2745 W Armitage Ave; www.katherine-anne.com; Di & Mi 11–19 Uhr, Do & Fr bis 21 Uhr, Sa 10–21 Uhr, So 11–17 Uhr.*

### Cole's

Diese neonbeleuchtete Kneipe mit kostenlosem Programm ist ein Magnet für junge Leute mit wenig Geld. Nach einem Craftbier im vorderen Raum geht man nach hinten durch zur Bühne, wo Comedians und Bands auftreten. *2338 N Milwaukee Ave; www.coleschicago.com; Mo–Fr 17–2 Uhr, Sa 16–3 Uhr, So 16–2 Uhr.*

### The 606

Die erhöhte Bahnstrecke, die in eine 4,3 Kilometer lange Parkanlage umgewandelt wurde, zieht sich nicht nur durch Logan Square, sondern auch durch die benachbarten Viertel Wicker Park und Humboldt Park. Durch die vielen Zugangspunkte (beliebt ist der an der California Avenue) liegt auch ein Abstecher in eine Bar oder ein Restaurant drin. *www.the606.org; 6–23 Uhr.*

### Wolfbait & B-girls

Hier findet man trendige Kleidung und Accessoires, gestaltet von lokalen Designern – etwa ein handgefärbtes Minikleid aus einer alten Boxershorts, essbare Schoko-Kerzen und vieles mehr. *3131 W Logan Blvd; www.wolfbaitchicago.com; Mo–Sa 10–19 Uhr, So bis 16 Uhr.*

### Whistler

Das Schild ist unauffällig, die Kunst im Schaufenster nicht. Dieser Laden ist teils Galerie, teils Cocktailbar, teils Konzertraum für Indie-Bands, Jazzcombos und DJs. Der Eintritt ist frei, daher müssen die Besucher die Künstler durch den Kauf der raffinierten Drinks finanzieren. *2421 N Milwaukee Ave; www.whistlerchicago.com; Mo–Do 18–2 Uhr, Fr–So 17–2 Uhr.*

### Ground Control

Das Ground Control fügt sich dezent in seine Umgebung ein, aber die vegetarische Südstaatenküche wie der Tofubraten oder das in Bier geschmorte Gemüse sind aufsehenerregend. *3315 W Armitage Ave; www.groundcontrolchicago.com; 773-772-9446; Di–Do 17–22 Uhr, Fr 17–23 Uhr, Sa 11–23 Uhr, So 11–21 Uhr.*

### Galerie F

Diese schlichte Galerie ist Teil der lokalen Street-Art-Szene, mit interessanten Ausstellungen und einem Angebot an coolen Drucken, Stickern und Bandpostern. Der Kellerraum lädt zum Entspannen oder zu einer Runde Schach ein. *2415 N Milwaukee Ave; www.galeriefchicago.com; Mo & Do–So 11–18 Uhr.*

### Rosa's Lounge

Chicago ist berühmt für Electric Blues, und das Rosa's ist genau der richtige Ort dafür. Der bescheidene Laden wird kaum von Touristen besucht, und auf der zum Anfassen nahen Bühne spielen die besten Musiker der Stadt. *3420 W Armitage Ave; www.rosaslounge.com; Di–Sa 20–2 Uhr.*

**Im Uhrzeigersinn von oben: das Busy Beaver Button Museum; ein Haus in Logan Square; Süßes von Katherine Anne Confections**

# BRIDGEPORT

**Alte Fabriken zeugen von der industriellen Vergangenheit des einstigen Arbeiterviertels. Bridgeport ist die vielleicht unterschätzteste Ecke von Chicago. Es verwandelt sich gerade in eine ziemlich coole Gegend voller Ateliers, Bistros, Kneipen und Restaurants. Leider gibt es keinen L Train hierher. Auch wenn die Buslinie 8 an der Halsted Street hält, kommt man am besten mit dem Auto.**

**A Place by Damao**
Bisher scheinen nur Feinschmecker bemerkt zu haben, dass Chinatown jetzt bis nach Bridgeport reicht. Damaos Hühnermägen, Schweinefleisch-Teigtaschen und andere würzige Speisen aus der Provinz Chengdu lohnen auf jeden Fall einen Besuch. *2621 S Halsted St; www.bydamao.com; 312-929-2088; Mo–Do 12–22 Uhr, Fr–So 11–22 Uhr.*

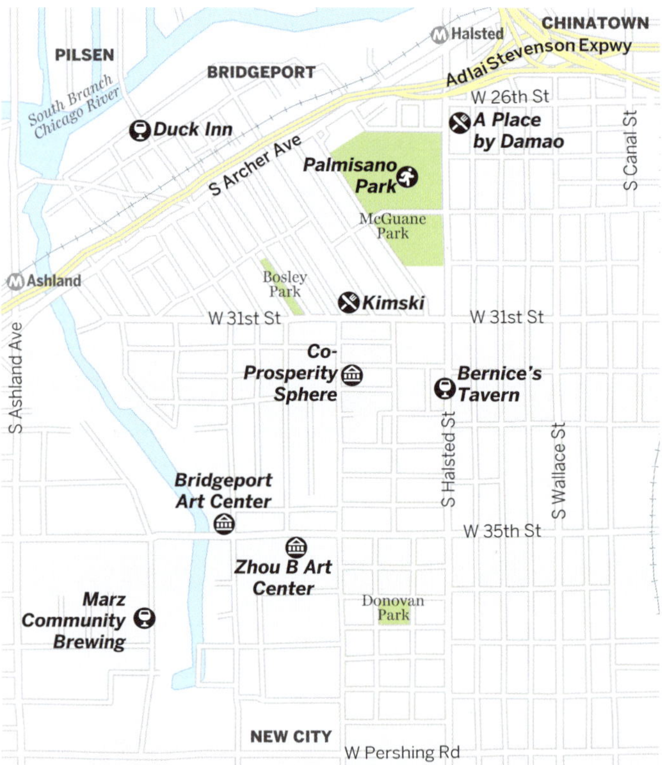


**Marz Community Brewing**
Inmitten eines großen Industriegebiets mit vielen Fabriken und Backsteingebäuden liegt das Marz – der ideale Treffpunkt, wenn man zwischen Künstlern und Heimbierbrauern ein Churro-Stout oder ein Ingwer-Saison schlürfen will. *3630 S Iron St; marz.beer; Di–Do 12–23 Uhr, Fr & Sa bis 24 Uhr, So bis 22 Uhr.*

**Bernice's Tavern**
Diese üppig dekorierte Bar ist seit über fünfzig Jahren im Familienbesitz, der heutige Besitzer Steve erbte sie von seiner Mutter Bernice. Die Location ist bekannt für das wilde Mittwochsbingo und den litauischen Schnaps. Nur Barzahlung. *3238 S Halsted St; 312-961-5516; Mo 15–24 Uhr, Mi–Fr 15–2 Uhr, Sa 11–3 Uhr, So 12–24 Uhr.*

**Co-Prosperity Sphere**
Das Motto dieses experimentellen Kulturzentrums lautet „anything goes" – hier gibt es 90er-No-Wave-Konzerte, Dungeons & Dragons-Game-Abende oder DJ-Dance-Partys. *3219 S Morgan St; www.coprosperity.org.*

**Palmisano Park**
Von diesem wunderschönen Park aus (der ursprünglich mal ein Steinbruch war) eröffnen sich herrliche Blicke auf die Skyline der Stadt. Die Wege führen an einem Fischteich vorbei kreuz und quer durch das Grün. Und die Chancen stehen gut, dass man alles ganz für sich allein hat. *2700 S Halsted St; 6–23 Uhr.*

### Duck Inn

Dieses gemütliche Bistro versteckt sich am Rand von Bridgeport zwischen Industrieanlagen und Wohnhäusern. Die Spezialität des Hauses ist am Spieß gegrillte Ente, die mit Bratkartoffeln auf einem Holzbrett serviert wird. Die lokale Verwurzelung reicht tief: Der Koch lebt mit seiner Familie ein paar Häuser weiter. *2701 S Eleanor St; www.theduckinnchicago.com; 312-724-8811; Di–Do 17–23 Uhr, Fr & Sa 17–24 Uhr, So 10–24 Uhr.*

### Zhou B Art Center

Als die Brüder Zhou das alte Lagerhaus vor Jahren kauften, öffneten sie es für Künstler. Heute befinden sich dort Galerien und Ateliers für mehr als fünfzig Maler und Bildhauer, die man jeden dritten Freitag im Monat von 19 bis 22 Uhr besuchen kann. Auf den unteren beiden Etagen finden Ausstellungen statt. *1029 W 35th St; www.zhoubartcenter.com; Mo–Sa 10–17 Uhr.*

### Kimski

Es gibt nicht viele Läden wie das Kimski – die Besitzer dieses koreanisch-polnischen Restaurants haben sich die Küche, die sie servieren, im Grunde selbst ausgedacht. Zu ihren Kreationen zählen polnische Würstchen mit Soju-Senf oder Piroggen mit Tamari-Sauerrahm. Angeschlossen ist eine hippe Craftbier-Bar. *954 W 31st St; www.kimskichicago.com; 773-823-7336; Di–Sa 17–23 Uhr, So 12–21 Uhr.*

### SPRUDELWASSER

**Der Spitzname des Gewässers am Südwestrand von Bridgeport lautet Bubbly Creek („Blubbernder Bach"). Das geht auf den Anfang des 20. Jahrhunderts zurück, als Chicago die Hauptstadt der Metzgereien war. Die kippten ihre Abfälle einfach ins Wasser, dort verrotteten sie dann und ließen Gasblasen aufsteigen. Die Einheimischen gehen aufgrund des Geruchs lieber schnell weiter, die Reinigungsarbeiten dauern immer noch an.**

### Bridgeport Art Center

Das ehemalige Gebäude eines großen amerikanischen Katalogversandhauses beherbergt heute Dutzende Künstlerateliers, in denen unter anderem Schnitz- und Mosaikkurse angeboten werden. Außerdem ist darin das obskure Maritime Museum untergebracht mit seiner Sammlung aus Birkenrindenkanus, alten Sextanten oder Modellen früher Schoner, die vor Chicago segelten. *1200 W 35th St; www.bridgeportart.com; Mo–Sa 8–18 Uhr, So bis 12 Uhr.*

**Oben: Chengdu-Küche im A Place by Damao**
**Links: das beliebte Marz Community Brewing**

# PILSEN

**Pilsen ist das Zentrum der mexikanischen Gemeinde von Chicago, mitsamt den dazugehörigen Taco-Läden, Wandmalereien und einem beeindruckenden Kunstmuseum. Dazu kommt ein gewisses Hipster-Flair durch die vielen angesagten Bars und Restaurants. Pilsen ist von der Innenstadt her gut erreichbar, am besten per Pink Line bis zur 18th Street und von da aus zu Fuß.**

**Don Pedro Carnitas**
Der übliche Ablauf im besten Taco-Laden der Stadt: Ein Typ mit einem riesigen Messer säbelt saftige Fleischstücke ab, sein Kollege fügt gehackte Zwiebeln, Koriander, Jalapeños und warme Tortillas hinzu, und dann schlingt man das Ganze am nackten Tisch in sich hinein. Auch auf der Karte sind Rinderhirn-Tacos odr würziger Ziegeneintopf. Nur Barzahlung. *1113 W 18th St; 312-829-4757; Mo–Do 6–18 Uhr, Fr–So 5–17 Uhr.*

**National Museum of Mexican Art**
Eine ganz spezielle Kultureinrichtung. Hier trifft man auf Dozenten, die sich bereitwillig über Samen-Acryl-Malerei auslassen (ja, wirklich: Körperflüssigkeiten gemixt mit Farbe). An den Wänden findet man gleichermaßen bunte Volkskunst wie politische Werke. *1852 W 19th St; www.nationalmuseumofmexicanart.org; Di–So 10–17 Uhr; Eintritt frei.*

**Skylark**
In dieser zurückhaltend beschilderten Kneipe kommen die Freigeister Pilsens bei Kroketten und Craftbier zusammen. Im dämmrigen Neonlicht locken ein alter Fotoautomat und ein Flipper. *2149 S Halsted St; www.skylarkchicago.com; So–Fr 16–2 Uhr, Sa bis 3 Uhr.*

**Thalia Hall**
Das Konzerthaus, das 1892 im Stil der Prager Oper erbaut wurde, bringt heute angesagte Rockbands und gelegentlich auch mexikanische Tanz-Combos, Comedians oder mitreißende Saxofonisten auf die Bühne. Ebenfalls im Gebäude: ein Bistro und eine Pianobar. *1807 S Allport St; www.thaliahallchicago.com.*

**Alulu Brewery & Pub**
Der diskrete Eingang zum Alulu ist leicht zu übersehen, doch hat man ihn endlich gefunden, erwartet einen diese einladende

© 2020, Alulu Brewery

Bar, wo es unter anderem Imperial Stout, Farmhouse Ale oder ein Wassermelonen-Sour gibt. Zum Aufsaugen eignen sich die kreativen Pub-Snacks, etwa die mit Bier zubereiteten Cheese Curds. *2011 S Laflin St; www.alulubrew.com; Mo–Do 17–2 Uhr, Fr & So 15–2 Uhr, Sa 15–3 Uhr.*

### Pilsen Outpost

Diese Galerie mit angeschlossenem Shop verkauft lauter Unikate – T-Shirts, Magazine, Bilder oder Poster. Die abgedrehten Ausstellungen wechseln monatlich. *1637 W 18th St; www.pilsenoutpost.com; Mi–Fr 12–20 Uhr, Sa 11–19 Uhr, So 11–17 Uhr.*

### La Michoacana Premium

Diese Eisdiele kann man nicht übersehen – das neonpinke Äußere ist wahrscheinlich sogar aus dem All zu erkennen. Die Leckerei des Hauses sind die fruchtigen *paletas* (Eis am Stiel), doch die Riesenkugeln Rum-Rosine und Kokos-Ananas sind auch nicht zu verachten. *1855 S Blue Island Ave; www.lamichoacanapremiumpilsen.com; 312-226-9600; Mo–Do 7–23 Uhr, Fr–So bis 24 Uhr.*

## MURALS IN DER 16th STREET

**Pilsen ist bekannt für seine Wandmalereien. Besonders reich verziert ist der Bahndamm an der 16th Street, mit 50 Werken zwischen Wood und Halsted Street. Die Haltestelle 18th St (Pink Line) befindet sich im Westen des Abschnitts. Man kann ihn zu Fuß erkunden oder sich vor dem Bahnhof auf ein Leihfahrrad schwingen (www.divvybikes.com).**

### La Catrina Cafe

Ein knallbunt bemalter, im Viertel sehr beliebter Familienbetrieb, in dem sich Künstler und Aktivisten über Kaffeegetränken wie zum Beispiel dem Dirty Abuelita (mexikanische heiße Schokolade mit Espresso) austauschen. *1011 W 18th St; www.facebook.com/lacatrinacafeon18; Mo-Do 7-21, Fr 7-18, Sa & So 8-18 Uhr.*

### Pilsen Community Books

Wer diesen Community-Buchladen betritt, wird von Bücherwänden begrüßt, die vom Boden bis zur Decke reichen. Nimm eine Leiter, dann kommst du auch an jenen blutigen skandinavischen Krimi oder vielleicht den Bildband über Farne im obersten Regal. *1102 W 18th St; www.pilsencommunitybooks.org; So & Mo 11–18 Uhr, Di–Sa bis 21 Uhr.*

**Oben und links: Snacks und Bier in der Alulu Brewery**
**Unten: Ladenzeile in Pilsen**

© Conchi Martinez / Shutterstock

# ATLANTA

**Wäre Atlanta ein Mensch, hätte es ein ansteckendes Lachen, stets einen leckeren Kuchen im Ofen, eine Million Ideen und würde jeden herzlich umarmen.**



Im riesigen, boomenden Atlanta schlägt das Herz des Neuen Südens. Die freundliche und multikulturelle Bevölkerung trägt nur zu gern dazu bei – ständig entstehen Schulen und Unternehmen, Galerien, Spitzenrestaurants, innovative Musikszenen und nachhaltige Kulturprojekte. Wer urige Südstaatenidylle erwartet, wird überrascht – in Atlanta dominieren Hochhäuser statt Villen, denn die sind während des Sezessionskriegs abgebrannt.

Durch die gewaltige Größe der Metropole fühlen sich die einzelnen Viertel wie eigenständige Städte an. Deshalb fährt man am besten mit dem Auto, auch wenn die Bus- und Bahnverbindungen aufholen.

Das 15 Autominuten südöstlich der Innenstadt gelegene East Atlanta zieht durch seine Kneipen, Cafés und Tattoo-Studios ein junges, kreatives Publikum an. Weiter östlich ist das einst öde Decatur zu einem der beliebtesten Viertel mit hervorragenden Restaurants aufgeblüht.

# DECATUR

**Östlich der Innenstadt liegt das progressive Decatur. Durch das geschichtsträchtige Zentrum, viel Grün und unabhängige Läden steht es bei jungen Berufstätigen und Familien hoch im Kurs. Vor allem die Gastronomie boomt, mit hippen New-Southern-Restaurants, internationaler Küche und Mikrobrauereien. Dank der MARTA-Haltestelle bietet sich Decatur für einen autofreien Tagesausflug an.**

### Leon's Full Service

In einer alten Tankstelle erhält man kreative international inspirierte Gerichte, zum Beispiel vegetarische *Banh-mi*-Sandwiches, Strip-Steak mit Sesam-Nori-Butter oder marokkanisch gewürzte frittierte Kichererbsen. *131 E Ponce de Leon Ave; 404-687-0500; www.leonsfullservice.com; Mo 5–24 Uhr, Di–Do & So 11.30–24 Uhr, Fr & Sa bis 2 Uhr.*

### Dekalb Farmers Market

Vor den Toren der Stadt liegt dieser gigantische Supermarkt mit Lebensmitteln aus aller Welt. Pyramiden aus Papayas! Türme mit Gewürzen! Aquarien voller Seewolf! In der Cafeteria gibt es alles von Samosas bis Ochsenschwanzsuppe. *3000 E Ponce de Leon Ave; www.dekalbfarmersmarket.com; 9–21 Uhr.*

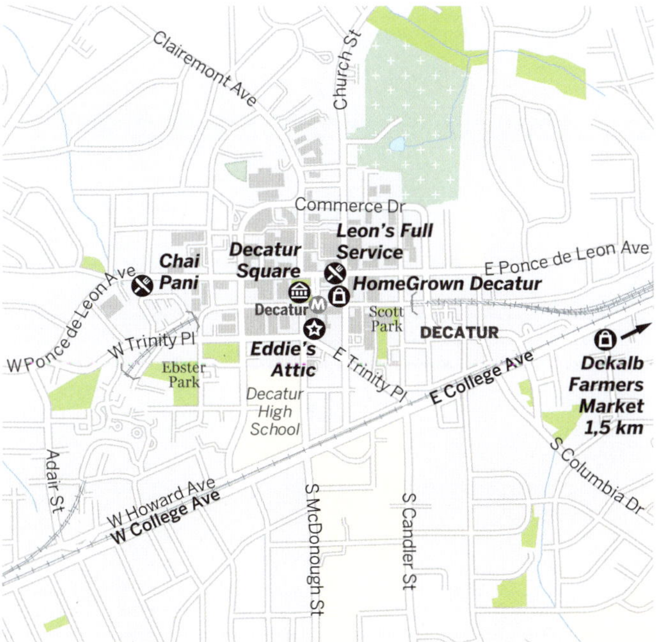




### Decatur Square

Der Platz vor dem alten Gericht, gesäumt von Restaurants, Läden und Galerien, ist das Herz des Stadtteils. Bei gutem Wetter finden hier samstags kostenlose Konzerte statt. *101 E Court Sq.*

### Eddie's Attic

In intimer Atmosphäre kann man hier der besten Livemusik in Atlanta lauschen, von Rockabilly bis zum Cello-Ensemble. Das Publikum tut sich an Wein und Tacos gütlich. *515-B N McDonough St; eddiesattic.com.*

### HomeGrown Decatur

Dieser stylische Laden ist auf Waren und Kunst von lokalen Herstellern spezialisiert: Es gibt Bienen-Ohrstecker, „Smash the Patriarchy"-Aufkleber oder Dolly-Parton-Poster. Vorne steht ein alter Kühlschrank (signieren erwünscht!), hinten ein Schrein für die 80er-Ikone Mr. T. *412 Church St; www.homegrowndecatur.com; Mo–Sa 10–21 Uhr, So 12–20 Uhr.*

### Chai Pani

Dieses Trendlokal lockt seine Kundschaft mit neu interpretierten indischen Spezialitäten von Kohl-Pakoras bis zu Salaten mit gegrilltem Panir-Käse. *406 W Ponce de Leon Ave; 404-378-4030; www.chaipanidecatur.com; So–Do 11.30–15 & 17.30–21.30 Uhr, Fr & Sa bis 22 Uhr.*

# EAST ATLANTA

**East Atlanta, südlich der Interstate 20 gelegen, ist der günstige Gegensatz zu den noblen Wolkenkratzervierteln weiter nördlich. Hier trifft man auf tätowierte Grafikdesigner mit Dreadlocks, die tagsüber mit Laptop im Café sitzen und abends Punkkonzerte besuchen. Die meisten der Vintageläden, Shisha-Bars und Indie-Clubs sind zu Fuß zu erreichen.**

### Starlight Drive-In
Dieses 1949 eröffnete Autokino – eines der letzten im ganzen Land – verzaubert mit purer Nostalgie. Es laufen je zwei Filme nacheinander, und bei einem Preis von 9 $ (Erwachsene) beziehungsweise 1 $ (Kind) bleibt genügend Kleingeld übrig für Popcorn und Coca-Cola (das aus Atlanta stammt). *2000 Moreland Ave SE; www.starlight-drivein.com.*

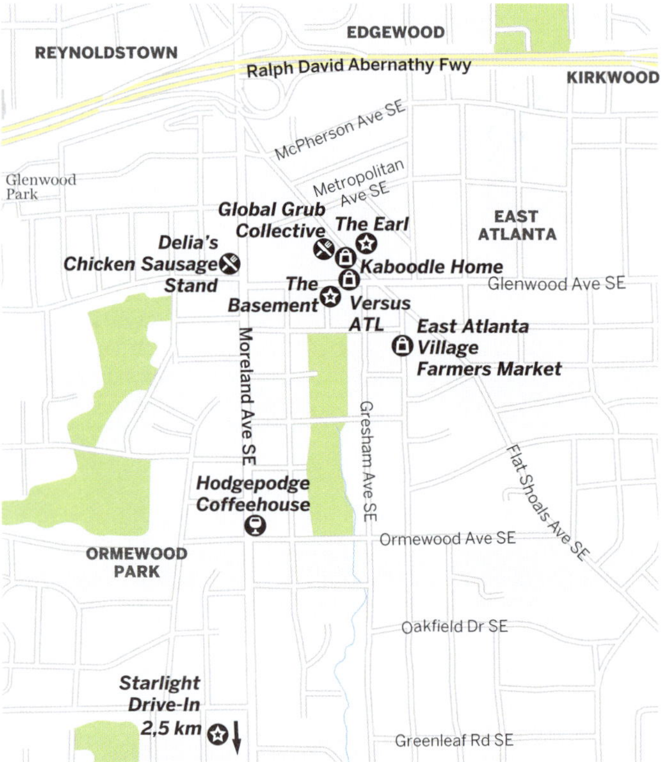


### The Earl
Diese legendäre Rock'n'Roll-Bar bringt seit zwanzig Jahren Indie-Musiker auf die Bühne. Wände voller alter Plakate, günstiges Dosenbier und ein wunderbar fettiger Burger sorgen für das perfekte Spelunken-Feeling. *488 Flat Shoals Ave SE; www.badearl.com; Mo–Fr 11.30–3 Uhr, Sa & So bis 24 Uhr.*

### Global Grub Collective
Zur Mittagszeit sind alle Picknicktische voll, denn dann verschlingen hier die Einheimischen die Produkte der verschiedenen Verkäufer, zum Beispiel *banh mi*, Ramen, Poke-Bowls, heruntergespült mit kleinen Bechern eiskaltem Bubble-Tea. Die Öffnungszeiten variieren, aber dienstags bis samstags zwischen 11.30 und 21 Uhr hat immer etwas offen. *479-B Flat Shoals Ave; wesukisuki.com.*

### Hodgepodge Coffeehouse
Dieses Café mit nicht zueinander passenden Stühlen, Werken lokaler Künstler, genderneutraler Toilette und veganem Milchersatz ist bei der kreativen Laptopgemeinde äußerst beliebt. Man kann sogar in handgemachten Magazinen von ortsansässigen Autoren und Grafikern blättern. *720 Moreland Ave SE; hodgepodgecoffee.com; Mo–Sa 7–19 Uhr, So ab 8 Uhr.*

### Kaboodle Home
Wer nach einer alten Schreibmaschine, einem Klubsessel aus den 50ern oder einem Tablett mit eingraviertem Elvis-Porträt sucht, ist in dieser Schatztruhe voller

Retro-Stücke, Antiquitäten und Upcycling-Möbeln an der richtigen Adresse. *485 Flat Shoals Ave SE; www.kaboodleatlanta.com; Mi–Fr 12–20 Uhr, Sa 11–21 Uhr, So 12–18 Uhr.*

**The Basement**

Die verschwitzten Partys in dieser schnörkellosen Kellerbar zählen zum Unterhaltsamsten, was die Gegend zu bieten hat. Am vollsten ist es zur „Disco, 80er und 90er"-Nacht. *1245 Glenwood Ave SE; basementatl.com; Mo–Do 17–2 Uhr, Fr & Sa 22–3 Uhr.*

**East Atlanta Village Farmers Market**

Im Sommerhalbjahr schlägt das künstlerische Herz des Viertels auf diesem Markt, wo Biogemüse, Kunsthandwerksstände, Stinkekäse, selbst gemachtes Kombucha und vieles mehr verkauft wird. Zudem ist es ein guter Ort, um lokale Veranstaltungstipps aufzuschnappen. *572 Stokeswood Ave; Apr–Nov Do 16–20 Uhr.*

## EAST ATLANTA STRUT

**An einem Samstag im September trifft sich ganz East Atlanta auf der Straße, isst, trinkt und lässt es sich gut gehen. Es gibt einen Umzug, Rummelspiele, einen Bartwettbewerb, Kinderschminken, Hüpfburgen, Auftritte lokaler Bands und einen kleinen Kunsthandwerksmarkt. Die Einnahmen gehen an örtliche Wohltätigkeitsorganisationen. www.eastatlantastrut.com.**

**Versus ATL**

Street-Fashion-Fans sind verrückt nach den erlesenen 80er- und 90er-Stücken aus dieser Boutique. Eine alte Trainingsjacke der Chicago Bulls? Ein T-Shirt von den Olympischen Spielen 1996? Original-Air-Jordans? Eine Simpsons-„Don't Have a Cow, Man"-Cap? Ja, ja, ja und ja. Die Raritäten haben allerdings ihren Preis. *493 Flat Shoals Ave SE; www.vsatl.com; 13–18 Uhr.*

**Delia's Chicken Sausage Stand**

In diesem Imbiss gibt es Geflügelwürstchen in den verschiedensten Formen und Ausführungen. Aber Vorsicht, sie machen süchtig! Wer sich traut, probiert zum Beispiel Da Bomb mit Ei und Käse auf einem Donut. Unbedingt probieren sollte man den Cake Shake. Am Wochenende hat das Delia's durchgehend geöffnet. *489 Moreland Ave SE; www.thesausagestand.com; 404-474-9651; Mo–Do 7–22 Uhr, durchgängig von Fr 7 bis So 22 Uhr.*

**Oben: Atlantas Skyline**
**Links: Delia's Chicken Sausage Stand**

# TORONTO

**Toronto ist bekannt für seine Gastroszene. Aber die Stadt, die sich so rasant entwickelt wie ein Teenager, ist immer für eine Überraschung gut.**

Im Westen der Altstadt liegt Little Portugal, ein ethnische Enklave, die lange Zeit für gepflegte Blumenbeete, Magnolien und die portugiesische Küche bekannt war. Dann fielen die Hipster ein, was zu einer rasanten Zunahme kleiner Cafés, Bars und Restaurants führte – vor allem am „West Queen West" und rund um den Trinity Bellwoods Park – und diesen ein internationales Publikum verschaffte.

Als die ersten Babys zur Welt kamen und die Mieten in die Höhe schossen, radelten die Ü30-Bewohner über den Don Valley Parkway ins damals etwas heruntergekommene Leslieville, wo sie alte Häuser renovierten und seitdem den unverstellten Blick auf die Skyline, den Zugang zum See, die Brunchlokale und Mikrobrauereien genießen. Die interessantesten Locations finden sich rund um die Gerrard Street, wo Abenteuerlustige immer auf der Suche nach dem nächsten großen Ding sind. Beide Viertel lassen sich gut zu Fuß oder per Rad erkunden, und die Straßenbahn entlang der West-Ost-Achse fährt direkt in die Innenstadt.

# LESLIEVILLE

**Zwischen weiß getünchten Wänden, gekachelten Böden und der skandinavischen Inneneinrichtung gibt es auch weniger polierte Schmuckstücke, die sich hinter unauffälligen Ladenfassaden, in Seitenstraßen oder ehemaligen Fabriken verbergen. Am Wochenende drängen sich auf der Queen East die Fußgänger, und die neuesten Entdeckungen findet man an der Grenze zu Little India. Die Innenstadt ist über die Queen- oder die Carlton-Linie angebunden.**

**Eulalie's Corner Store**
Eine kitschig-bunt dekorierte Bar (Stilrichtung: Flamingos und Porträts von Unbekannten) mit kleinstädtischem Charme. Die Einheimischen lieben die herben Cocktails, die Burger und die einmaligen Rosenkohl-Käse-Nudeln. *1438 Gerrard St E; www.eulaliescornerstore.com; 647-350-6263; 16–2 Uhr.*

**Vatican Gift Shop**
In diese versteckte Bar, deren Stil an eine romanische Kirche erinnert, gelangt man durch eine Ladenattrappe. Können denn Cocktails, Pizzen und Livemusik Sünde sein? *1047 Gerrard St E; Mi–Sa 19 Uhr bis spät.*

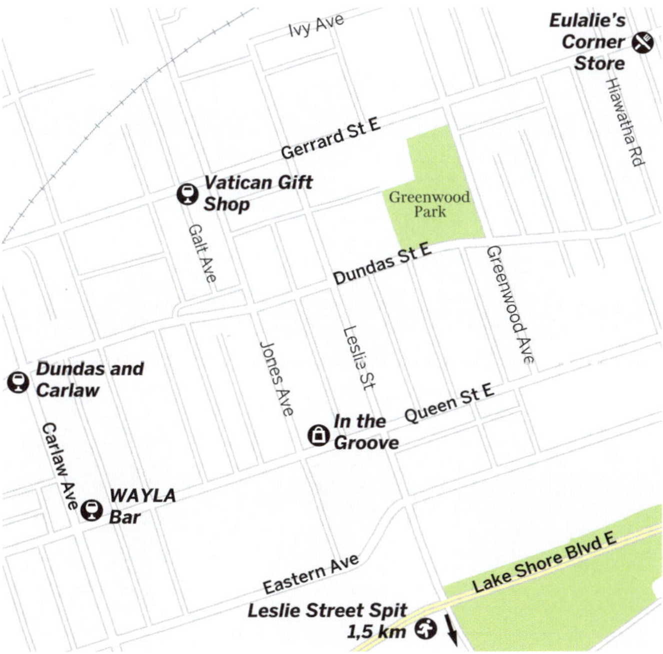


© Songquan Deng / Shutterstock

**WAYLA Bar**
Der Name (What Are You Looking At?) ist ironisch zu verstehen, denn der Laden ist leicht zu übersehen. Er ist für Party-, Comedy- und Karaoke-Abende sowie für seine Offenheit und die „Null Toleranz für Intoleranz"-Haltung bekannt. *996 Queen Street E; www.waylabar.ca; Mo–So 20–2 Uhr.*

**In the Groove**
Sammler alter Platten fühlen sich in diesem minzgrünen Laden wie Kinder im Süßwarengeschäft. Die Katalogisierung der 50 000 Titel verdient einen Doktortitel. Nicht verpassen sollte man den angebauten „Soul Shack". *1174 Queen St E, www.inthegrooverecords.com; Di & Do–So 12–18 Uhr.*

**Dundas and Carlaw**
In einer unscheinbaren früheren Textilfabrik lockt dieses Bistro mit Kaffee und Craftbier, Fleisch- und Käse-Spezialitäten und Musik an warmen Sommerabenden. *1173 Dundas St E; www.dundasandcarlaw.com; Mo–Fr 7–24 Uhr, Sa 9–2 Uhr, So 9–12 Uhr.*

**Leslie Street Spit**
Wer auf der Leslie Street weiter Richtung Süden fährt, gelangt in ein Naturreservat voller Zugvögel. Hier lassen sich Hitchcock-Momente mit hinreißenden Sonnenuntergängen und einem tollen Blick auf die Skyline verbinden. *www.tommythompsonpark.ca; Eintritt frei.*

# LITTLE PORTUGAL

**Perfekt für betuchte oder faule Reisende: Little Portugal ist wunderschön und sehr übersichtlich. In den Hauptstraßen tummeln sich Bars, Restaurants und Galerien, die man am besten zu Fuß besucht. Da Queen West langsam voll ist, drängen die Ladenbesitzer in die Dundas Street, wo winzige Cafés, Geschäfte für tropische Pflanzen oder Vintageläden entstanden sind.**

**Wallflower**
In dieser herrlich überladenen, französisch inspirierten Bistro-Bar findet man überall Blumen – an den Wänden, auf den Tischen und in den Stoffmustern. Das Publikum kommt lässig gekleidet (oder zum Date), und auf der Karte stehen neben den bei den Kunden beliebten gefüllten Eiern auch Steaks und herzhafte vegetarische Gerichte. *1665 Dundas St W; www.facebook.com/WallflowerTO; 647-352-5605; 17–2 Uhr.*

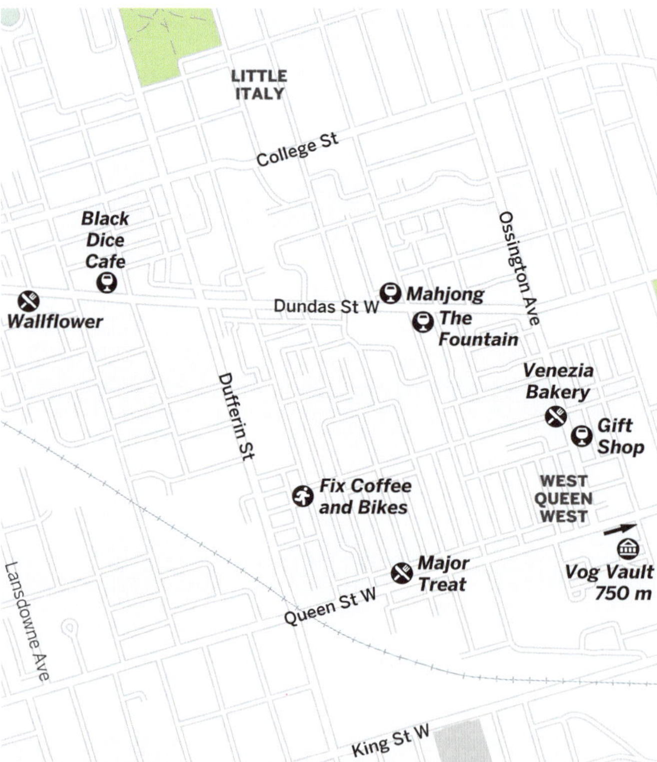


**The Fountain**
Eine unscheinbare kleine Bar/Galerie mit geselligem, etwas gruseligem Ambiente (Skelette und ausgestopfte Tiere), die für klassische Cocktails und kreative Zaubertränke bekannt ist. *1261 Dundas St W; 416-262-4986; 19–2 Uhr.*

**Major Treat**
Coffee to go aus dem Friseursalon: Hier gibt es eine kleine Auswahl an erstklassigen Kaffeegetränken – am besten kombiniert mit einem der fabelhaften Gebäckstücke. Dafür lassen die Einheimischen sogar die Bäckerei nebenan links liegen. *1158 Queen St W; 416-507-9920; 7–18 Uhr.*

**Fix Coffee and Bikes**
Dieser lokale Treffpunkt, der sich zwischen Wohnhäusern in einem ehemaligen portugiesischen Eckladen verbirgt, verbindet ein Brunchcafé mit einer Fahrradwerkstatt, samt Radausstellung mit wechselnden Exponaten und Veranstaltungen. *80 Gladstone Ave; www.fixcb.ca; Café Mo–Fr 7.30–17.30 Uhr, Laden Mo–Fr 8–18 Uhr, Sa & So 9–17 Uhr.*

**Mahjong**
Wer angelockt vom pinken Licht am Security-Personal vorbei durch den schweren Vorhang in diesen Laden tritt, hat die beste Party der Stadt gefunden. Die tropischen Wandgemälde und das Singapore-Sling-Farbkonzept passen perfekt zu den verspielten

Cocktails. Abgerundet wird das Erlebnis von pulsierenden Klängen und chinesischen Appetithäppchen. *1276 Dundas St W; www.mahjongbar.com; 18–2 Uhr.*

© Brilynn Ferguson / 2020, Mahjong

### Vog Vault

Die Schuhe des kanadischen Designers John Fluevog sind international bekannt, doch so mancher Passant ahnt nicht, dass im Inneren des Geschäfts (im ehemaligen Banksafe) ein Fotomotiv lockt, das die Schwerkraft auszuhebeln scheint. *686 Queen St W; www.fluevog.com; Mo–Mi 11–19 Uhr, Do–Sa 10–20 Uhr, So 11–18 Uhr.*

### Gift Shop

Diese Cocktaillounge in einem früheren Atelier, die man über einen Friseursalon (Barber & Co) erreicht, gleicht einem coolen Chemielabor, wo „Bartender H" pure Alchemie betreibt. *89B Ossington Ave; www.donnellygroup.ca/giftshop; Di–So 20–2 Uhr.*

### Black Dice Cafe

Wenn Bartender frei haben, sitzen sie in dieser „japanischen Rockabilly-Bar", dekoriert mit Gegenständen aus den 1950ern und Elementen einer alten Bowlingbahn. Große Auswahl an Sake-Cocktails und Whiskeys. *1574 Dundas St W; blackdicecafe.com; 19.30–2 Uhr.*

## PORTUGIESISCHE KÖSTLICHKEITEN

**Radfahren (oder Ausgehen) macht irgendwann hungrig. Die Einheimischen kurieren ihren Kater gern traditionsbewusst in den alten portugiesischen Bäckereien in der Dundas und der Ossington Street aus, wo es leckeres Brot und hausgemachte portugiesische Köstlichkeiten gibt. Allein das *pastel de nata* (Puddinggebäck) lockt Gäste aus ganz Toronto an. Es ist zum Beispiel in der Bäckerei Venezia erhältlich.**

**Oben: Häppchen im Mahjong**
**Unten und links: Fix Coffee and Bikes**

© Scott Norsworthy / 2020, Fix Cofee and Bikes

© Scott Norsworthy / 2020, Fix Cofee and Bikes

# WASHINGTON, DC

**Die Hauptstadt der USA ist berühmt für ihre Architektur und die marmornen Korridore der Macht. Doch es gibt auch idyllische, grüne Viertel, die vor Energie knistern.**

Das moderne Herz von Washington schlägt etwa zwei Kilometer nördlich der National Mall. Dupont Circle wimmelt vor kreativen Restaurants und Kulturräumen, während das nahe Adams Morgan die Feierlustigen mit seiner blühenden Barszene anlockt. Östlich davon liegt die afroamerikanisch geprägte U Street mit im Kerzenlicht schimmernden Pubs, Alleen voller Street-Art und pulsierenden Clubs. Etwa zwei Kilometer südwestlich vom Dupont Circle reihen sich die Backsteinbauten von Georgetown aneinander, durchsetzt von eleganten Läden und Restaurants. Die Lage am Potomac ermöglicht Dinner mit Blick aufs Wasser und Ausflüge zum Fluss.
Nördlich von Georgetown säumen die ruhigen Viertel von Upper Northwest DC, die trotz Indie-Theatern, kleinen Läden, Kulturzentren und Cafés oft übersehen werden, den Rand des Rock Creek Park. Zwischen den Stadtteilen nimmt man am besten die Metro oder nutzt Bikesharing (von Capital BikeShare).

# GEORGETOWN

**Georgetown ist älter als Washington selbst und von „Federal Style"-Architektur, Kopfsteinpflaster und der Lage am Wasser geprägt. In den grünen Straßen gibt es zum Beispiel ein bezauberndes Teehaus, eine Seitenstraße voller Geschäfte oder einen der schönsten Parks der Stadt. Georgetown ist nicht an die Metro angebunden, doch von der Mall aus kann man gut am Potomac entlangradeln.**

### Dumbarton Oaks Garden

In den wärmeren Monaten bietet der Park ein wunderbares Farbenspiel, mit blumengesäumten Pfaden, plätschernden Brunnen, Rosengärten und glyzinienbewachsenen Lauben. Im Frühjahr lockt die überwältigende Kirschblüte, im Herbst das flammende Laub der Ulmen, Eichen und Buchen. *Ecke R & 31st Sts NW; www.doaks.org/visit/garden; Mitte März–Okt Di–So 14–18 Uhr; 10 $.*

### Ching Ching Cha

In diesem Teesalon fühlt man sich, als sei man aus dem geschäftigen Treiben der Stadt in eine andere Welt eingetreten. Im schlichten Raum kann man sich bei einer von Dutzenden Teesorten entspannen. Außerdem gibt es Teigtaschen, meist vegetarische Mittagsgerichte und süße Kleinigkeiten wie *mochi* (Reiskuchen). *1063 Wisconsin Ave NW; www.chingchingcha.com; Do–Mo 11–20 Uhr.*

### Thompson Boat Center

Der Anblick der Hauptstadt lässt sich auch vom ruhigen Wasser des Potomac aus genießen. Das Thompson Boat Center verleiht Kajaks, Kanus und SUP-Boards und gibt Unterrichtsstunden für Neulinge und Wiedereinsteiger. *2900 Virginia Ave NW; www.boatingindc.com; 8–19 Uhr.*

### Fiola Mare

Hier gibt es bestes Seafood mit Blick auf den Potomac, zum Beispiel köstliche Austern aus Ost und West, Hummer aus Maine und zarte Seeigel. Das Sagen hat der hochgelobte italienische Chefkoch Fabio Trabocchi, und im stilvoll eingerichteten Speisesaal fühlt man sich ein bisschen wie an Bord einer Luxusjacht. *3050 K St NW; www.fiolamaredc.com; 202-525-1402; Di–So 11.30–14 & 17–22 Uhr.*

### Cady's Alley

Eine kopfsteingepflasterte Gasse gesäumt von glitzernden Boutiquen direkt an der M Street. Hier findet man laufstegreife Mode, stylische Accessoires und Einrichtungsgegenstände sowie ein einladendes österreichisches Café (Kafe Leopold). *Nahe 3rd St NW; www.cadysalley.com; Mo–Sa ca. 10–18 Uhr, So 12–17 Uhr.*

# UPPER NORTHWEST DC

**In den grünen Straßen und gewundenen Boulevards von Upper Northwest findet man ein Café im Schatten einer großen Kathedrale und die beste Buchhandlung von Washington. Außerdem gelangt man von hier aus in den ausladenden Rock Creek Park. Ein Auto ist praktisch – oder man nutzt einen der Mitfahrdienste.**

### Rock Creek Park

Trotz der Nähe zur Innenstadt kann man hier in die Natur entfliehen. Die grüne Oase des Rock Creek Park erstreckt sich auf über 800 Hektar und hat ein Wegenetz von 52 Kilometern Länge, waldgesäumte Bäche, Blumenwiesen und die moosbedeckten Überreste alter Getreidemühlen und Festungen aus dem Bürgerkrieg. Die hilfsbereiten Ranger im Nature Centre an der Glover Road halten Karten und Infomaterial bereit. *5200 Glover Rd NW; www.nps.gov/rocr.*

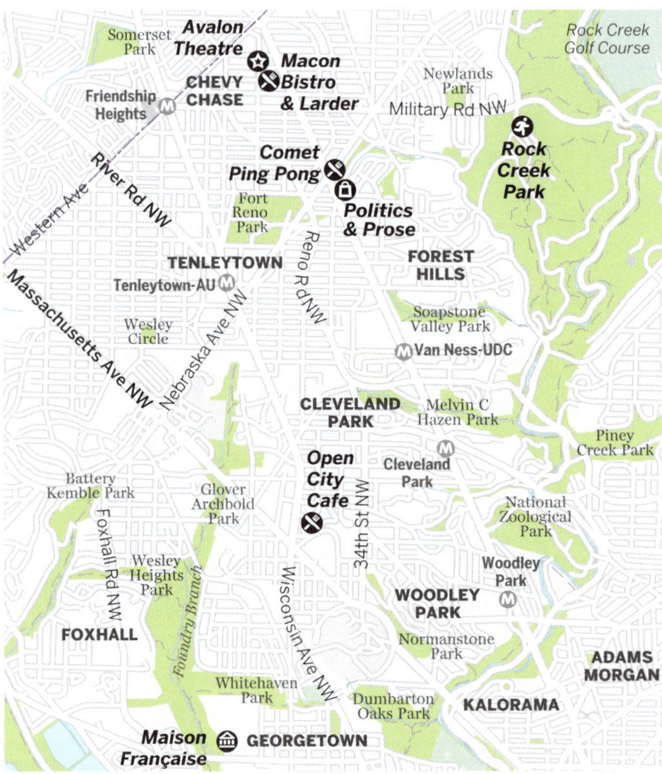


### Open City Cafe

Das gemütliche Café, nur wenige Schritte von der National Cathedral entfernt, gehört zu den bestgehüteten Geheimnissen von DC. Das achteckige Gebäude diente einst als Taufkapelle. Unter hohen Decken und Buntglasfenstern lassen sich Kaffeespezialitäten, buttriges Gebäck, Avocado-Toast oder Portobello-Sandwiches genießen. Danach bietet sich ein Spaziergang durch den duftenden Bishops Garden an. *3101 Wisconsin Ave NW; www.opencitycathedraldc.com; 202-965-7670; 7–18 Uhr.*

### Politics & Prose

Wer aus erster Hand Einblicke in die großen Ereignisse der heutigen Zeit erlangen will, dem sei diese unabhängige Traditionsbuchhandlung empfohlen. Das Lesungsangebot gehört zu den besten auf Erden, jeden Abend kann man Romanautoren, Biografen, Historikern, Lyrikern oder Politikern lauschen. Im Untergeschoss wartet ein Café mit Weinbar (und Speisen). *5015 Connecticut Ave NW; www.politics-prose.com; Mo–Sa 9–22 Uhr, So 10–20 Uhr.*

### Maison Française

Das Maison Française wartet mit

einem vollgepackten Programm für Kunstliebhaber auf, darunter Filmvorführungen, klassische Konzerte, Gourmetfestivals und mehr. Es überrascht nicht, dass viele Veranstaltungen einen französischen Einschlag haben – immerhin befinden wir uns in der französischen Botschaft. Teilweise gratis, aber meist nur mit Online-Reservierung. ***4101 Reservoir Rd NW; www.franceintheus.org.***

### Avalon Theatre
Dieses Kino mit zwei Sälen ist der Stolz des Viertels. Es ist das älteste von ganz DC (1922 eröffnet) und wird von einem Verein betrieben. Auf dem Programm stehen ausländische und Indie-Filme, die sonst nirgendwo laufen. Im Café gibt es Wein, Bier, Gebäck und Snacks zum Film. ***5612 Connecticut Ave NW; www.theavalon.org.***

© Orhan Cam / Shutterstock

### Macon Bistro & Larder
Die fantasievolle Küche des Macon verbindet Südstaatengerichte mit französischer Raffinesse. Auf der wechselnden Karte finden sich Kombinationen wie Hummer mit *grits* (Maisgrütze) oder Felsenbarsch mit Lauch und Marmelade aus roten Zwiebeln – vielleicht mit einem Stück mehlfreiem Schokoladenkuchen zum Nachtisch? Der beste Ort im Gebäude aus den 1920ern ist der Hauptraum, wo es hoch her gehen kann. ***5520 Connecticut Ave NW; www.maconbistro.com; 202-248-7807; 11–14 & 16–22 Uhr.***

### Comet Ping Pong
Das Comet zieht Gäste aller Altersstufen an, die sich am Craftbier und der besten Holzofenpizza des Viertels laben. Die Wartezeit kann man sich an der Tischtennisplatte vertreiben. An den meisten Abenden gibt es Livemusik von Indie bis Elektropop. ***5037 Connecticut Ave NW; www.cometpingpong.com; 202-364-0404; Mo–Do 17–21.30 Uhr, Fr & Sa 11.30–23 Uhr, So 11.30–21.30 Uhr.***

**Oben: Herbst im Rock Creek Park**
**Links: Politics & Prose**

# ADAMS MORGAN, DUPONT & U STREET

**In diesem lebhaften Stadtteil-Trio kann man wunderbar essen, trinken und großen Kulturideen lauschen. Es locken klassische Cocktailbars, afrikanische Shops und Restaurants sowie ein Kunstraum im Untergrund. Dupont Circle und U Street sind über getrennte Metro-Linien mit dem Rest der Stadt verbunden, Adams Morgan ist zu Fuß oder per Fahrrad vom Dupont Circle aus zu erreichen.**

### Roofers Union

Inmitten der betriebsamen Restaurants und Kneipen an der 18th Street ragen die drei künstlerisch gestalteten Stockwerke der Roofers Union auf. In der gemütlichen Bar im Erdgeschoss gibt es Wein und leichte Speisen, im luftigen ersten Stock mit den hohen Fenstern Craftbier, und vom Dachgeschoss aus hat man einen wunderbaren Blick auf das Viertel. Auf der Karte stehen amerikanische Klassiker mit internationalem Einschlag. Am Wochenende vorab reservieren, vor allem zum Brunch. *2446 18th St NW; www.roofersuniondc.com; 202-232-7663; Mo–Fr 17–2 Uhr, Sa & So ab 11 Uhr.*

### Dupont Underground

Nur wenige Schritte von einem der meistbefahrenen Kreisverkehre DCs entfernt geht es hinab in eine alte U-Bahn-Station, die in eine Kunststätte verwandelt wurde. Jetzt kann man neben den alten Schienen Theaterstücke, Avantgarde-Installationen oder Multimediashows bestaunen. Was gerade zu sehen ist, steht auf der Homepage, dort bekommt man auch Tickets. Der Eingang (in der Nähe eines Starbucks) ist durch ein rotes „Dupont Underground"-Schild markiert. *19 Dupont Circle NW; www.dupontunderground.org.*

### Eighteenth Street Lounge

In einer Villa nahe der überfüllten Connecticut Avenue lockt ein Labyrinth von Zimmern voller alter Sofas, funkelnder Kronleuchter und flackernder Kerzen. Das Ganze wirkt eher wie eine exklusive Privatfeier als wie ein Club, doch in der beeindruckenden Umgebung spielen die ganze Woche über Latin-Jazz-, Reggae-, Funk- und andere Bands. Unter der Woche herrscht weniger Gedränge. *1212 18th St; www.18thstlounge.com; So & Di–Fr 17–2 Uhr, Sa 21–3 Uhr.*

### Busboys and Poets

Das Busboys and Poets ist Buchhandlung, Café, Restaurant und Veranstaltungsraum in einem – hier finden Lesungen, Filmvorführungen, Lyrikabende und hitzige Gesellschaftsdebatten statt. Die bunt gemischte Speisekarte bietet Klassiker mit veganen Optionen. Es gibt mehrere Ableger von B&P in Washington, aber im Original in der 14th Street sind das Programm und die Stimmung am besten. *2021 14th St NW; www.busboysandpoets.com; Mo–Fr 7–24 Uhr, Sa & So ab 8 Uhr.*

### Green Zone

Das Green Zone gewann durch die Kombination aus tollen Cocktails, seltenen Biersorten und köstlichem Nahost-Streetfood schnell eine treue Stammkundschaft in Adams Morgan. Der deutsch-irakische Gründer Chris Hassaan Francke verfeinerte seine Rezepte jahrelang, und seine kreative Ader zeigt sich in Getränken wie dem Saz'iraq aus Whiskey, Datteln sowie exquisitem Arabian und Peychaud's Bitters. *2226 18th St NW; www.facebook.com/thegreenzonedc; Di–So 17–2 Uhr.*

## PASSPORT DC: WIR FEIERN DIE WELT

**Im Mai finden in Washington mehr als 100 Kulturveranstaltungen aus aller Welt statt, darunter Straßenfeste, Kunstausstellungen und Live-Performances von Gruppen aus allen Ländern der Erde. Auch viele Botschaften öffnen ihre Türen – eine tolle Gelegenheit, um die architektonischen Schätze rund um den Dupont Circle zu erkunden! Infos, Karten und Programm von Passport DC auf der Website: www.passportdc.oncell.com.**

### Zawadi

Das Zawadi bietet eine außergewöhnliche Auswahl an Kunst und anderen Waren aus Afrika zum Kauf an. Hier findet man erlesenen Schmuck, Stoffe, Körbe, bunt eingebundene Schreibhefte, Holzschnitzereien, Masken, Kleidung, Bilder und andere tolle Geschenkideen (*zawadi* ist übrigens Suaheli für „Geschenk"). *1524 U Street NW; www.zawadiarts.com; Mo & Do–Sa 12–19 Uhr, So 13–18 Uhr.*

### Songbyrd Record Cafe & Music House

Im Keller dieses Cafés und Plattenladens im Retrostil treten an den meisten Abenden der Woche Livebands und DJs auf. Tagsüber ist das Songbyrd ein guter Ort zum Entspannen, mit fair gehandeltem Kaffee und leckeren Sandwiches. Es gibt neue und gebrauchte Alben zu kaufen und unter der Woche von 17 bis 19 Uhr Happy Hour. *2477 18th St NW; www.songbyrddc.com; 8–22 Uhr.*

**Oben: Busboys and Poets**
**Unten: Reihenhäuser am Dupont Circle**

KUNST & KULTUR · MUSIK & FILM · SPORT & FREIZEIT · ESSEN · TRINKEN · SHOPPEN

# PHILADELPHIA

**Wer die Liberty Bell und die Rocky-Statue gesehen hat, sollte einen Ausflug zu den besten Destillerien und Indie-Buchhandlungen von Philadelphia machen.**

Die meisten Touristen kommen nach „Philly", um ein Cheesesteak zu essen, einen Blick in die Independence Hall zu werfen und wie Rocky die Stufen zum Philadelphia Art Museum zu erklimmen. Doch in den aufblühenden Vierteln der Stadt warten auch weniger bekannte Attraktionen.

Ein paar Kilometer nördlich der geschichtsträchtigen Old City befindet sich ein Stadtteil-Trio: das stilvolle Fishtown voller Cocktailbars, Boutiquen und Cafés, das bodenständige Kensington, bekannt für Destillerien und Lagerhäuser, die in moderne Lofts und Cafés umgewandelt wurden, und Northern Liberties am Wasser mit seinen altmodischen Diners und Theatern. Alle Viertel sind mit der U-Bahn, der Straßenbahn oder mit Uber zu erreichen.

Am anderen Ende der Stadt (vom Zentrum zu Fuß, per Bus oder Auto) lockt das multikulturelle South Philly. Hier gibt es fantastisches kambodschanisches Baguette oder libanesisch-italienische Sandwiches.

# SOUTH PHILLY

**Südlich der Altstadt erstreckt sich das ausgedehnte South Philly, wo man aber trotzdem gut zu Fuß herumspazieren kann. Der Italian Market, der zehn Blocks einnimmt, zählt zu den ältesten Freiluftmärkten der USA und ist der perfekte Ausgangspunkt für einen Bummel durch das multikulturelle Viertel.**

### History of Italian Immigration Museum

Die italienischen Einwanderer haben viel zur Identität der Stadt beigetragen. In diesem wenig bekannten Museum erfährt man etwas über italienische Entdecker in Amerika, über die Massen von italienischen Verkäufern, Schustern, Schneidern und Arbeitern, die hier eine neue Heimat fanden, und die Spuren, die italienische Einwanderer in Sport, Politik und Kunst hinterlassen haben. *1834 E Passyunk Ave; www.filitaliainternational.com; Mo–Fr 9.30–14.30 Uhr, Sa 11–19 Uhr, So 11–17 Uhr.*

### Bitar's

South Philly wird vor allem mit italienischen Immigranten in Verbindung gebracht. Doch historisch gesehen ist die Gegend um die 10th und die Federal Street auch ein Zentrum der libanesischen Kultur, und das Bitar's bietet eine Kostprobe davon. Typisch Philly ist das Angelo-Cataladi-Sandwich, eine libanesisch-italienische Kombination aus Paprikaaufstrich und Käse. *947 Federal St; www.bitars.com; Mo–Sa 10–20 Uhr.*

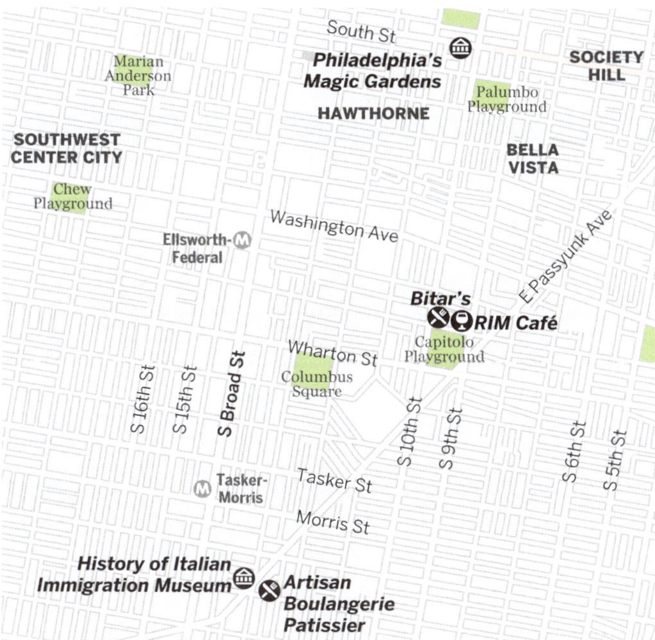


### RIM Café

In diesem Café im Italian Market zaubert der exzentrische französische Chocolatier René mithilfe seiner Frau Belle köstliche Kaffee- und Kakaospezialitäten wie den Volcano mit frisch geraspelter Schokolade obendrauf. *1172 S 9th St; www.rimcafe.net; Mi–Fr 18–23 Uhr, Sa 12–24 Uhr, So 12–22 Uhr.*

### Philadelphia's Magic Gardens

Wer nicht aufpasst, läuft einfach am Eingang zu den Magic Gardens vorbei, ohne zu ahnen, was für ein verrücktes Wunderland sich dahinter verbirgt. Das Herzensprojekt des kauzigen Künstlers Isaiah Zagar umfasst einzigartige Galerien und ein Labyrinth voller farbenfroher Mosaike und verborgener Schätze. *1020 South St; www.phillymagicgardens.org; Mi–Mo 11–18 Uhr; 10 $.*

### Artisan Boulangerie Patissier

In dieser von kambodschanischen Einwanderern betriebenen Bäckerei gibt es köstliche Baguettes, vietnamesischen Kaffee und französisch inspirierte Sandwiches. *1218 Mifflin St; www.facebook.com/artisanboulangeriephl; Di–Sa 7–17 Uhr, So 8–16 Uhr.*

# FISHTOWN

**Die Einheimischen behaupten, dass Fishtown eines der angesagtesten Viertel zum Leben ist … und zum Kaffeetrinken, Drinksschlürfen, Essen und Shoppen. Da vor den eleganten Reihenhäusern, Cocktailbars und Boutiquen kaum ein Parkplatz zu ergattern ist, kommt man am besten mit dem Rad (oder lässt sich absetzen). Zum Glück braucht man in Fishtown keinen fahrbaren Untersatz.**

### Jinxed

In diesem kleinen Kuriositätenladen könnte man Jahre verbringen. Ob man sich für handgezeichnete Landkarten, alte Polaroidkameras, Art-déco-Teeservices oder französische Comics interessiert (oder einfach etwas Zeit zwischen dem Latte und den Cocktails auf der Frankford Avenue totzuschlagen hat) – hier ist man richtig. *1331 Frankford Ave; www.jinxedphiladelphia.com; Mo–Sa 11–19 Uhr, So 11–20 Uhr.*

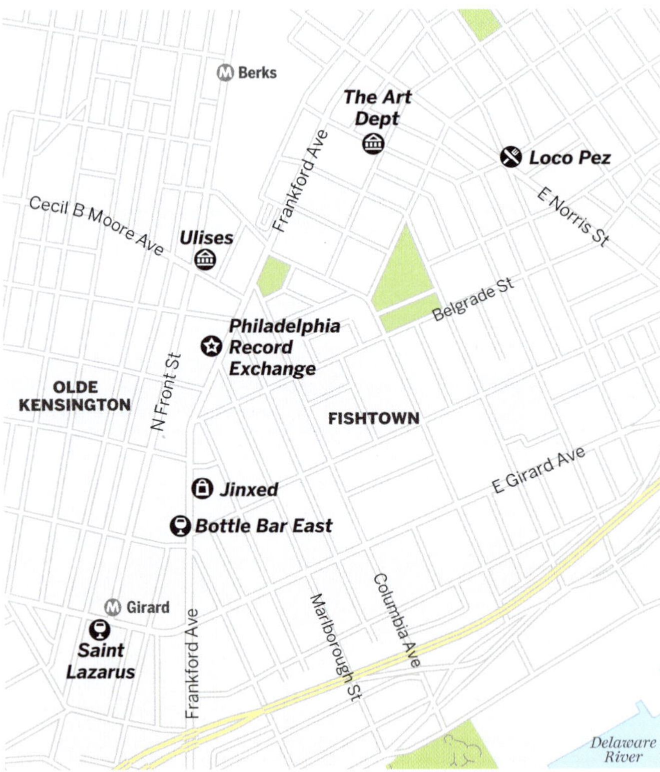


### Bottle Bar East

Von außen sieht es aus wie ein normaler Getränkehandel, doch wer die Treppe erklimmt, findet oben eine relaxte Bar mit Galerie. Im Gegensatz zu den vielen neu entstandenen schicken Cocktailbars in Fishtown eignet sich die Bottle Bar East dazu, ganz entspannt ein Craftbier oder zwei zu trinken: Es gibt 16 Sorten vom Fass, eine kleine Karte mit Speisen, und die Weine werden auch offen ausgeschenkt. *1308 Frankford Ave; www.bottlebareast.com; 11.30–2 Uhr.*

### The Art Dept

The Art Dept ist eine gemeinnützige Künstlerorganisation im Herzen der Kreativszene von Fishtown. Hier kann man erst im Vintageladen zwischen Strandkleidern aus den 60ern und handgemachten Designerstücken stöbern und sich dann in der angeschlossenen Galerie Installationen einheimischer Künstler anschauen. Oder man entscheidet sich für einen der vielen Workshops. *1638 E Berks St; www.artdeptphilly.com; Di–Sa 12–20 Uhr.*

### Ulises

Diese relativ neue unabhängige Buchhandlung mit Galerie verfolgt ein ganz besonderes Konzept: Alle paar Monate wählen die Besitzer ein Thema aus und bitten Künstler und Autoren um ihre Beiträge dazu. Am Wochenende kann man hier hervorragend durch Kunstbände blättern oder eine Lesung zu Themen von Bildung über Migration bis zu körperlicher Nähe

besuchen – oft kostenlos. *31 E Columbia Ave; www.ulises.us; Sa & So 12–18 Uhr.*

### Loco Pez

Loco Pez ist spanisch und bedeutet „verrückter Fisch" – und das passt genau zu einem Viertel namens Fishtown. Die *taquería/cervecería* ist bekannt für ihre köstlichen Tacos. Hier ist man auf Los-Angeles-artiges Streetfood von Quesadillas bis Burritos spezialisiert, und es gibt neben Cocktails (täglich Happy Hour) auch eine große Auswahl an Craftbier und Tequila. Kleiner Tipp: Nach der geheimen Karte fragen. Nur Barzahlung. *2401 E Norris St; www.locopez.com; 11–1 Uhr.*

### Saint Lazarus

Obwohl Fishtown in den letzten Jahren stark gentrifiziert wurde, bleibt diese bodenständige Bar mit Club den Indie-Wurzeln des Viertels treu. Hier treten lokale DJs und Comedians auf, es gibt Getränke für 5 $ und den beliebten „Hangout" am Dienstag. Einen Großteil des fortwährenden Charmes von Saint Lazarus (Spitzname „the Saint") macht das heitere und tolerante Ambiente aus. *102 W Girard Ave; www.facebook.com/saintlazarusbar; 13–2 Uhr.*

### ÜBERALL FISCHE

**Der Name des Viertels geht auf seine Geschichte zurück. Durch die Lage am Delaware River war es im 18. und Anfang des 19. Jahrhunderts das Zentrum der deutsch-amerikanischen Fischereiindustrie. Auch heute findet man noch überall Fischmotive, sowohl in Street-Art-Bildern und -Mosaiken als auch auf den Mülleimern.**

### Philadelphia Record Exchange

Analog ist in, heißt es auch in diesem Old-School-Plattenladen, der eigentlich viel mehr ein kulturelles Zentrum für die ganze Nachbarschaft ist. Hier verkaufen die Einheimischen gebrauchte Vinyl-Platten und Kassetten, und die Musikliebhaber der Umgebung treffen sich und tauschen sich über anstehende Konzerte und Veranstaltungen in Fishtown aus. Wer noch auf der Suche nach dem ultimativen Geheimtipp zum Ausgehen ist, fragt am besten die gut informierten Mitarbeiter. *1524 Frankford Ave; philarecx.com; 11–20 Uhr.*

**Oben: Skyline von der Ben-Franklin-Brücke aus**
**Links: The Art Dept lädt zum Stöbern ein**

# KENSINGTON

**Das rasant aufstrebende Kensington, Fishtowns ehemals rauer Nachbar, birgt eine Reihe verborgener Schätze, von der Minigolfanlage bis zur renovierten Destillerie. Obwohl die Gegend heute deutlich sicherer ist als früher, ist vor allem nachts immer noch Vorsicht geboten. Gerade wenn man aus dem Zentrum kommt, ist es ratsam, sich fahren zu lassen.**

### Evil Genius Beer Company

Schon die ungewöhnlichen Namen der Biersorten – etwa „Das Bild war ein Geschenk, Todd" oder „Hilfe! Ich habe aus Versehen ein Regal gekauft!" – deuten darauf hin, dass dies keine gewöhnliche Bar ist. Das unkonventionelle Pub mit hundefreundlichem Biergarten ist ein Juwel. *1727 N Front St; www.evilgeniusbeer.com; Mi 16–22 Uhr, Do 16–24 Uhr, Fr 14–24 Uhr, Sa 12–24 Uhr, So 12–21 Uhr.*

### Keystone Mini Golf

Die erste 18-Loch-Indoor-Minigolfanlage der Stadt, in der eigene Getränke erlaubt sind, ist eine gute und budgetschonende Alternative zu den Cafés und Bars. Es gibt eine Spielhalle und eine Snackbar, und bis 21 Uhr sind auch Kinder willkommen. *161 Cecil B Moore Ave; www.keystoneminigolf.com; Do & Fr 17–23 Uhr, Sa 13–24 Uhr, So 13–20 Uhr; Erwachsene 12 $, Kinder 7 $.*

### Gryphon Coffee Co.

In diesem kleinen, unabhängigen Café herrscht oft ein bisschen weniger Gedränge als in den überfüllten anderen Läden (etwa im La Colombe). Hier findet man einen exzellenten Flat White, leckere Ei-Sandwiches, Pop-up-Kunstausstellungen und ein bisschen Ruhe und Frieden. *100 W Oxford Street; www.gryphoncoffee.com; Mo–Fr 7–15 Uhr, Sa 8–15 Uhr.*

### Que Chula Es Puebla

Selbst gemachte Tortillas, Snacks während der Wartezeit, enorme Portionen – dieser schlichte Laden hat das Zeug zum Stammlokal. Wir empfehlen die Chorizo-Tacos (oder das Ceviche für Freunde leichterer Kost). Bei gutem Wetter kann man das Essen mitnehmen und im Park zwei Blocks weiter verzehren. *1356 N 2nd St; www.chulaespuebla.com; So–Do 10–21 Uhr, Fr & Sa 10–22 Uhr.*

### Stateside Distillery

Wer sich für kalt filtrierten und gentechnikfreien Wodka interessiert, wird sich im Industriechic der Stateside Distillery wohlfühlen. Tipp: Die geführte Tour, sonst 10 $, ist donnerstags umsonst. *1700 N Hancock Street; www.statesidevodka.com; Do 17–22 Uhr, Fr 17–24 Uhr, Sa 12–24 Uhr, So 12–19 Uhr.*

# NORTHERN LIBERTIES

**Gleich nördlich der Old City befindet sich der Stadtteil Northern Liberties, der in den 90ern eine beliebte Künstlerenklave war und dessen Straßen Teegeschäfte und alte Theater säumen. Northern Liberties liegt direkt an den Ufern des Delaware River, wer es also besonders idyllisch mag, kommt zu Fuß oder mit dem Rad am Fluss entlang hierher.**

### The Random Tea Room & Curiosity Shop

Der Name sagt alles. Hier gibt es zum einen viel Tee, von chinesischem grünem Tee bis zu südamerikanischem Mate, aber darüber hinaus auch Antiquitäten, Fotoausstellungen, Konzerte, Kartenlegen und sogar einen kleinen Wellnessbereich, in dem man schwedische Massagen oder eine Akupunktursitzung buchen kann. *713 N 4th St; www.therandomtearoom.com; 10–20 Uhr.*

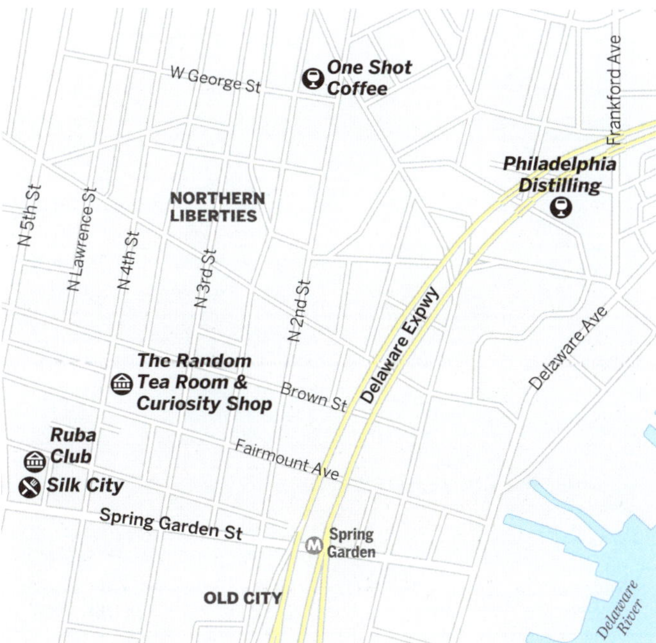


### One Shot Coffee

Kein Buch dabei? Kein Problem: Über dem One Shot Coffee gibt es eine traumhafte Buchhandlung. Perfekt, um bei einer Tasse Kaffee zu schmökern. *217 W George St; www.1shotcoffee.com; 7–17 Uhr.*

### Ruba Club

Dieser Retro-Glam-Club besteht schon seit über 100 Jahren. Heute finden hier anstatt Varietéshows Konzerte und Partys statt, und in der an Prohibitionszeiten erinnernden Cocktailbar unten kann man stilvoll einen Drink genießen. *416 Green St; www.rubaclub.org; Do & Fr 22–3 Uhr, Sa & So 23–3 Uhr.*

### Philadelphia Distilling

Ein Hoch auf die erste Craft-Destillerie Pennsylvanias seit der Prohibition! Philadelphia Distilling ist mehr als nur ein Ort, an dem man perfekt gemixte Drinks wie Vesper oder Bee's Knees schlürfen kann – es ist ein lebendes Museum mit handgefertigten Kupferbrennblasen und hölzernen Gärbottichen. *25 E Allen St; www.philadelphiadistilling.com; Do & Fr 16–23 Uhr, Sa & So 13–23 Uhr.*

### Silk City

In diesem Hipster-freundlichen Diner verzehrt man das Rührei und den Kaffee in einem alten Speisewagen, der 1952 in Paterson, New Jersey gebaut und zwei Jahre später nach Philly gebracht wurde. Der Name „Silk City" ist eine Anspielung darauf, dass Paterson für die Seidenproduktion bekannt war. *435 Spring Garden St; www.silkcityphilly.com; 10–2 Uhr.*

KUNST & KULTUR · MUSIK & FILM · SPORT & FREIZEIT · ESSEN · TRINKEN · SHOPPEN

# NEW YORK CITY

**Natürlich gibt es in dieser Megacity kaum je menschenleere Orte. Doch die weniger besuchten Ecken sind unerwartet atmosphärisch.**

In New York bleibt nichts geheim. Wo so viele Leute ständig nach „Geheimtipps" suchen, wurde alles schon mal gefunden. Doch das heißt nicht, dass alles gleich überlaufen ist. Generell gilt: Je weiter eine Adresse (oder ein ganzes Viertel) von den Zentren entfernt ist, desto mehr Alltagsleben findet man. Und das gleicht dann einem verborgenen Schatz.

Immer mehr Touristen meiden die Massen in den Straßen von Manhattan und erkunden andere Teile der Stadt, oft mit der Fähre. Denn es gibt lohnenswerte Ziele, die nur eine kurze Wasserstrecke entfernt sind – oder im Fall von Harlem einen Schritt abseits der üblichen Touristenrouten. In Queens lockt Astoria mit kulinarischer Vielfalt, in Staten Island trifft man auf unerwarteten Heimatstolz, und in den Brooklyner Vierteln Williamsburg, Bushwick, Sunset Park und Red Hook stolpert man selbst an unerwarteten Ecken über Unternehmergeist.

# SUNSET PARK & RED HOOK

**Sunset Park war einst europäisch geprägt, doch heute haben die meisten Bewohner chinesische, mexikanische oder dominikanische Wurzeln. In den ehemaligen Industriegebieten am Wasser herrscht ein reger Unternehmergeist, vor allem in Industry City. Auch Red Hook verändert sich, die Handwerker weichen den Gourmets und Künstlern. Beide Viertel sind per Fähre von Manhattan aus erreichbar.**

### Ricos Tacos
Schlicht, aber einladend: Die mexikanischen Spezialitäten bei Ricos (Taquitos, Tostadas, Tacos etc.) zählen zu den besten von Sunset Park. *505 51st St; 718-633-4816; 11–2 Uhr.*

### Barrow's Intense Tasting Room
Der Ingwerlikör wird vor Ort produziert, doch auch der Rest der 150 Spirituosen stammt aus dem Staat New York. Der Verkostungsraum befindet sich in Industry City, einem umgewandelten Lagerkomplex, in dem heute rund 400 Kleinbetriebe von Essen bis Mode alles herstellen und anbieten. *86 34th St; barrowsintense.com; 12 Uhr bis abends.*

### Fei Long Market Food Court
Im authentisch asiatischen Fei Long Market in Brooklyns Chinatown gibt es Teigtaschen, Hot Pots, Pfannengerichte und mehr, aber nicht unbedingt mit englischer Beschriftung. Abenteurer vor! *6301 8th Ave; 718-680-0118; 7.30–20 Uhr.*

### Waterfront Museum
Am Pier 44 ist der hölzerne Frachtkahn *Lehigh Valley 79* vertäut, auf dem ein Museum über das Leben und die Geschichte an den Flüssen von NYC informiert. *290 Conover St; waterfrontmuseum.org; Do 16–20 Uhr, Sa 13–17 Uhr; Einritt frei.*

### Sunny's Bar
Diese Kneipe wirkt, als könnten jederzeit Hafenarbeiter von den Docks in Red Hook auftauchen. Doch die Kundschaft ist von heute, ebenso wie die Livemusik und die Kunst. *253 Conover St; sunnysredhook.com; Mo–Fr 17 Uhr bis spät, Sa & So 11 Uhr bis spät.*

### Red Hook Winery
Mit Trauben aus dem Staat New York werden hier eigene Weine hergestellt. Das Weingut ist erstaunlicherweise ziemlich unbekannt, trotz hochwertiger Produkte, Weinproben, Führungen und Hafenblick. *175 Van Dyke St; redhookwinery.com; 12–18 Uhr.*

# WILLIAMSBURG & BUSHWICK

**Da dies heute die wohl bekanntesten Viertel von Brooklyn sind, kann es mittlerweile ziemlich voll werden, gerade im westlichen Williamsburg. Verborgene Winkel finden sich vor allem in den sanierten Industrieanlagen und den Wohngegenden. Hier kann man den einen oder anderen Schatz entdecken, seien es Cafés, Bars, Restaurants oder kleine Kulturzentren.**

### Freehold

Das selbst betitelte „Hotel ohne Hotelzimmer" ist ein ausladender Komplex mit viel Platz für Bars und Bistros, Livemusik und Comedy, Kunstinstallationen und reichlich Party. *45 S 3rd St; freeholdbrooklyn.com; 7 Uhr bis spät.*

### City Reliquary

Die Ausstellung dieses gemeinnützigen Museums passt in einen Raum und umfasst lauter Kitsch aus der Vergangenheit der Stadt, zum Beispiel Fotos, Andenken, Souvenirs alter Wahrzeichen und vieles mehr *370 Metropolitan Ave; cityreliquary.org; Do–So 12–18 Uhr; Erwachsene 7 $, Kinder frei.*

### Spuyten Duyvil

Hinter der unauffälligen Fassade versteckt sich eine klassische Kneipe. Das Besondere sind die auf der Tafel aufgelisteten über 100 Biersorten (vor allem belgische), die Fleisch- und Käsespezialitäten und der große Außenbereich. *359 Metropolitan Ave; spuytenduyvilnyc.com; Mo–Fr 17 Uhr bis spät, Sa & So 12 Uhr bis spät.*

### The Meat Hook

Mehr als nur ein Fleischer! Hier stehen nachhaltige Landwirtschaft und das Tierwohl im Mittelpunkt. Wer will, kann in Kursen lernen, wie man Wurst herstellt oder mit Fleichermessern umgeht. *397 Graham Ave; the-meathook.com; Mo–Sa 10–20 Uhr, So 11–19 Uhr.*

### Carthage Must Be Destroyed

Beschilderung? Fehlanzeige. Man geht einfach die Straße hinab bis zum Backsteingebäude ganz hinten. Hier tischt das vegetarierfreundliche australische Restaurant, das ganz in Rosa gehalten ist, aber keine Fotos erlaubt, hervor-

ragende, gesunde Biokost auf. *222 Bogart St; carthagemustbedestroyed.com; 9–16 Uhr.*

### Ichiran NY Brooklyn

Dieses in einem Hinterhof gelegene Restaurant serviert ausschließlich Tonkotsu-Ramen – frisch zubereitete Nudeln in Schweinebrühe mit scharfer roter Sauce. Es sind die wahrscheinlich besten der Stadt, und am intimsten genießt man sie in einer der Einzelkabinen. *374 Johnson Ave; ichiranusa.com; So–Do 11–23 Uhr, Fr & Sa 11–24 Uhr.*

### Queen of Falafel

Zwar ein Hipster-Imbiss in einem Hipster-Viertel, aber einfach köstlich. Die Rezepte der marokkanischen und nahöstlichen Gerichte in diesem Falafelladen sind seit Generationen im Besitz der Familie. *2 Wyckoff Ave; queenfalafel.com; Mo–Sa 11–23 Uhr, So 11–22 Uhr.*

### House of Yes

Auf der Suche nach Shows, Tanz und Kunst der etwas anderen Art? Sag „yes" zum Yes, einer kreativen Mischung aus Zirkus und Varieté mit anschließendem DJ-Set. *2 Wyckoff Ave; houseofyes.org.*

## STREET-ART IN BROOKLYN

**„Besuche das Bushwick Collective, das der in Bushwick lebende Joe Ficalora 2011 gegründet hat", sagt Jessica Festa von NYC Photo Journeys. „Rund um die Station Jefferson Street ziehen sich über mehr als 15 Blocks Werke von Künstlern aus der ganzen Welt. Ganz in der Nähe, östlich der Station Montrose Avenue in Ost-Williamsburg gibt es ebenfalls große Wandmalereien, neben Paste-ups und Guerrilla Knitting."**

### Molasses Books

Eine erfrischend lokal orientierte Buchhandlung, die den Verkauf gebrauchter Bücher mit einem Café und einer Bar kombiniert. Man kann sogar Bücher gegen Essen oder Getränke eintauschen. Außerdem gibt es ein umfangreiches Veranstaltungsprogramm mit Lesungen, Karaoke-Abenden oder Schachturnieren. *770 Hart St; Mo–Fr 11–24 Uhr, Sa–So 10–24 Uhr.*

### Variety Coffee

Brooklyns Kaffeeszene ist eine der umkämpftesten der Welt, aber diese unterschätzte Rösterei serviert exzellenten Espresso in hellen und gemütlichen Läden, hier und in vier anderen Ablegern in New York. *146 Wyckoff Ave; varietycoffeeroasters.com; 7–21 Uhr.*

**Oben: Silhouette der Williamsburg Bridge**
**Links: Open-Air-Kunst des Bushwick Collective**

# NORDKÜSTE STATEN ISLAND

**Staten Island steckt voller Überraschungen. Leider kommen die meisten Besucher kaum weiter als bis nach St George, wo die kostenlose Fähre aus Manhattan nach 25-minütiger Fahrt anlegt. Dabei hat die Insel deutlich mehr zu bieten, darunter Kultur- und Gastronomiegenüsse, die nur einen halbstündigen Spaziergang oder eine 15-minütige Busfahrt entfernt sind.**

### Snug Harbor Cultural Center & Botanical Garden

Ein riesiges Gelände mit dem Staten Island Museum, dem Staten Island Children's Museum, 14 botanischen Gärten, einem Bauernhof und vielem mehr. *1000 Richmond Tce; snug-harbor.org; Sonnenaufgang bis Sonnenuntergang; Eintritt frei.*

### New Asha

Zwischen mehreren sri-lankischen Restaurants liegt das kleine, schlichte und günstige New Asha. Die Fans lieben die authentisch gewürzten Speisen. *322 Victory Blvd; places.singleplatform.com/new-asha; Mi–Mo 9–21.30 Uhr.*

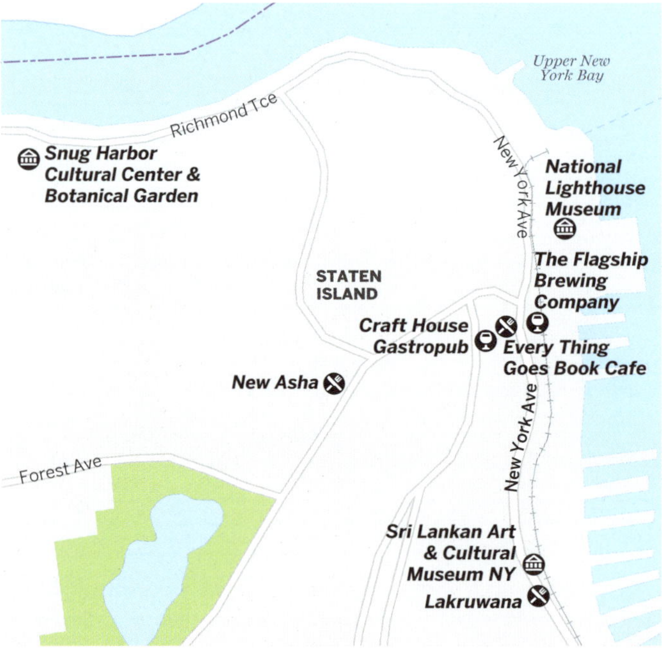


### Sri Lankan Art & Cultural Museum NY

Das erste sri-lankische Museum außerhalb Sri Lankas entstand im nahen Restaurant Lakruwana, ist aber mittlerweile in ein eigenes Gebäude gezogen. Zu sehen sind Gemälde, Kunstgegenstände, Buddha-Statuen oder Festgewänder. *61 Canal St; srilankanmuseny.org; Fr–So 11–17 Uhr; Erwachsene 8 $, Studenten 7 $.*

### Craft House Gastropub

Obwohl es viele Bierliebhaber in die nahe Flagship Brewery zieht, bevorzugen die Einheimischen die größere lokale Auswahl (etwa das vor Ort gebraute Kills Boro) und das Essen hier. *60 Van Duzer St; crafthousesi.com; Mo & Mi–Fr 17 Uhr bis spät, Sa & So 12 Uhr bis spät.*

### Every Thing Goes Book Cafe

Anlaufpunkt der Staten Islander für gebrauchte Bücher, Kunst, Workshops, lokale Theateraufführungen und Konzerte. *208 Bay St; etgstores.com/bookcafe; Di–Sa 12 Uhr bis spät.*

### National Lighthouse Museum

Die kleine Ausstellung erzählt die fesselnde Geschichte von Leuchttürmen auf der ganzen Welt. *200 The Promenade at Lighthouse Point; lighthousemuseum.org; Di–So 11–17 Uhr; Erwachsene 7 $, Studenten 4 $, Kinder frei.*

# ASTORIA

**Queens behauptet, eines der kulturell diversesten Viertel der USA zu sein, und das gilt ganz besonders für Astoria am East River, 15 Subway-Minuten von Midtown-Manhattan entfernt und gut zu Fuß zu entdecken. Die Betreiber der multikulturellen Restaurants haben Wurzeln in Griechenland, im Nahen Osten, in Osteuropa, Südamerika und anderswo.**

### Gregory's Corner Taverna

Souflaki bekommt man in Astoria an jeder Ecke, aber das rustikale und etwas abgelegene Gregory's ist dank seiner frischen, schmackhaften und echt griechischen Gerichte der Favorit der Einheimischen. *26-02 23rd Ave; gregoryscornertaverna.net; Mo–Fr 12–22 Uhr, Sa & So bis 18 Uhr.*

### Kebab Cafe

Wer sich nicht vom wenig einladenden Äußeren abschrecken lässt, betritt ein altmodisch-ägyptisches Wunderland. Am besten bestellt man das, was empfohlen wird, auch wenn es für Überraschungen sorgen kann. *25-12 Steinway St; kebabcafe.food74.com; Di–So 13–17 und 18–22 Uhr.*

### AbuQir Seafood

Auf dem Eis liegt eine tagesaktuelle Auswahl an ganzen Fischen, Weich- und Schalentieren, die gebraten, gegrillt oder gebacken und mit Beilagen erhältlich sind. Ein Gedicht! *24-19 Steinway St; abuqirseafoodqueens.com; 13–22 Uhr.*

### Istria Sport Club

Um in den Genuss der exzellenten kroatischen Küche in diesem quasi-privaten Club für Expats zu kommen, muss man klingeln und höflich um Einlass bitten. *28-09 Astoria Blvd; istriasportclub.com; Mi–So nachmittags bis 22 Uhr.*

### ICONYC Brewing Company

Das Bier in dieser hellen, kleinen Kneipe zeichnet sich durch einzigartigen Geschmack aus. Wer will, bringt eigenes Essen mit, und es gibt Plattenteller für DJs. *45-13 34th Ave; iconycbrewing.com; Mi–Fr 16 Uhr bis spät, Sa & So 12 Uhr bis spät.*

### Arepas Cafe

Hier steht alles im Zeichen der venezolanischen Küche: Es gibt *pabellóns* (Gericht aus zerschnittenem Fleisch), *parrillas* (gegrilltes Fleisch) und *arepas* (gefüllte Maisküchlein). *33-07 36th Ave; 718-937-3835; 11–22 Uhr.*

### Socrates Sculpture Park

Dieser Park am Wasser war bis 1986 eine verlassene Müllkippe, dient jetzt aber als öffentlicher Kunstraum. Schräg gegenüber vom Noguchi Museum. *32-01 Vernon Blvd; socratessculpturepark.org; 9 Uhr bis Sonnenuntergang; Eintritt frei.*

# HARLEM

**Greater Harlem, der obere Teil von Manhattan, ist unterteilt in das hispanisch geprägte West Harlem mit Blick auf den Fluss, das Zentrum, in dem das Herz der afroamerikanischen Kultur schlägt, und die geschäftigen Straßen von East Harlem, das als El Barrio (oder Spanish Harlem) bekannt ist. Diese Vielfalt spiegelt sich auch in der Gastronomie, in Kunst, Musik und den öffentlichen Einrichtungen wider.**

### Amy Ruth's

Es gibt nur noch wenige echte Soulfood-Läden in Harlem. Zu ihnen zählt Amy Ruth's. Wir empfehlen das Hähnchen mit Waffeln (ein Klassiker!) oder andere Südstaatengerichte wie glasierten Schinken, frittierten Wels, gegrillte Rippchen oder Shrimp 'n' grits. *113 W 116th St; amyruths.com; Mo 11–23 Uhr, Di–Do 9–23 Uhr, Fr 9–5.30 Uhr, Sa 8.30–5.30 Uhr, So 7.30–23 Uhr.*

### Hamilton Grange

Ursprünglich stand das Haus des amerikanischen Gründervaters Alexander Hamilton gar nicht hier. Doch es ist das Original-Gebäude samt Besucherzentrum und historisch möblierten Zimmern. *428 W 141st St; nps.gov/hagr; Mi–So 9–17 Uhr; Eintritt frei.*

### Chez Maty et Sokhna

Die Spezialität dieses senegalesischen Restaurants ist die westafrikanische Küche. Hier bekommt man große Portionen fleischreiches *dibi* und würziges *yassa*, aber auch amerikanische Gerichte. *2249 Adam Clayton Powell Jr Blvd; 212-368-5005; 9–2 Uhr.*

### Silvana

Das Silvana ist ein beliebter Treffpunkt, mit einem (nahöstlich geprägten) Café-Restaurant voller Kunst im Erdgeschoss und einer engen Bar im Keller, wo es Livemusik unterschiedlicher Richtungen und gute Cocktails gibt. *330 W 116th St; silvana-nyc.com; Café 8–22 Uhr; Bar 16–4 Uhr.*

### NiLu

Touristen auf der Suche nach westafrikanischen Waren besuchen den Malcolm Shabazz Harlem Market (52th W 116 St), doch für zeitgenössische Kunst und Souvenirs aus Harlem ist das kleine NiLu die beste Adresse. *191 Lenox Ave; shopnilu.com; Di–Fr 11–20 Uhr, Sa & So 9–20 Uhr.*

### WhiteBox Harlem

Das früher in Downtown ansässige gemeinnützige Kunstprojekt ist in

© age fotostock / Alamy Stock Photo

eine alte Feuerwache umgezogen und hat es sich zur Aufgabe gemacht, Kunst, Kulturausstellungen und andere Veranstaltungen nach East Harlem zu bringen. *213 E 121st St; whiteboxny.org; Öffnungszeiten variieren; Eintritt frei.*

**Caribbean Cultural Center African Diaspora Institute**
Auf dem Programm des CCCADI, das in einer anderen umgebauten Feuerwache untergebracht ist, stehen interessante Ausstellungen, Workshops, Performances und Bildungsangebote zum Thema „afrikanische Diaspora". *120 E 125th St; cccadi.org; Di–Fr 13–18 Uhr; Erwachsene 5 $, Kinder frei.*

**El Kallejon**
In einer ruhigen Seitengasse (das bedeutet der spanische Name) bringt dieses mexikanische Schmuckstück die Spezialitäten des südlichen Nachbarlandes nach Spanish Harlem. Es gibt Wein und Sangria, auf dem Hof wird gegrillt und manchmal musiziert. *209 E 117th St; elkallejonlounge.com; Di–Sa 15 Uhr bis spät, So 14–21.30 Uhr.*

## HARLEM IM WANDEL

**„Das Gemeinschaftsgefühl, für das Harlem schon lange bekannt ist, hat trotz der Gentrifizierung Bestand", meint Teri Johnson von Harlem Candle Co. „Doch wir erleben eine neue Renaissance. Und die alten und neuen Bewohner (aller Ethnien) tragen zum multikulturellen Ambiente des Stadtteils, der für seine künstlerische und kulturelle Bedeutung bekannt ist, bei."**

**Cuchifritos**
Die frittierten *cuchifritos* sind aus der puerto-ricanischen Küche nicht wegzudenken. Sie kommen in ganz verschiedenen Formen, Größen und Zusammensetzungen daher, und dieser betriebsame Imbiss hat sie alle. Einfach um Hilfe bitten oder auf etwas zeigen und *por favor* sagen. *168 E 116th St; 212-876-4846; 10–1 Uhr.*

© Guillaume Gaudet / Lonely Planet

**Ganz oben: Street-Art**
**Oben: Entspannen in Harlem**
**Links: Brownstone-Häuser**

KUNST & KULTUR · MUSIK & FILM · SPORT & FREIZEIT · ESSEN · TRINKEN · SHOPPEN

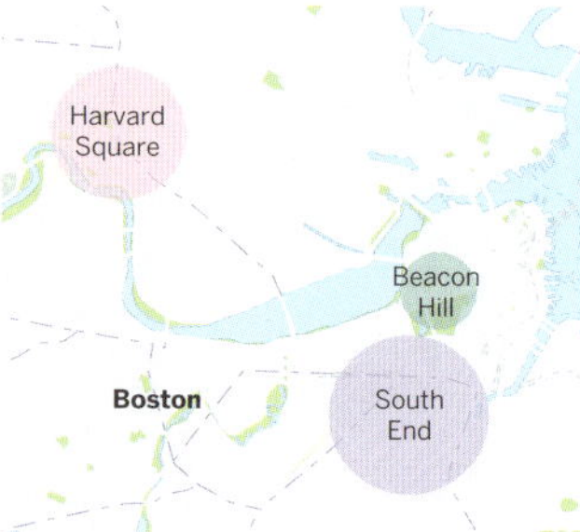


# BOSTON

**Boston ist berühmt für seine Geschichte und die kulturellen Institutionen, doch ebenso verlockend sind die pulsierenden Viertel und die lokalen Besonderheiten.**

Historische Ereignisse, kulturelle Institutionen, Einwanderung und eine gute Stadtplanung prägen das Stadtbild des dynamischen Boston. Das gilt auch für die einzelnen Viertel, ihre bekannten Sehenswürdigkeiten und die lokalen Treffpunkte. Im Zentrum liegt Beacon Hill, einer der elegantesten und geschichtsträchtigsten Stadtteile, wo die betuchten Bewohner zwischen roten Backsteinbauten aus dem 19. Jahrhundert shoppen gehen und Cappuccino schlürfen. Das South End hingegen ist dank der ethnischen Diversität und der blühenden LGBT+- und Künstlerszene ein Hotspot für Trend-Gastronomie und zeitgenössische Kunst. Im Westen (auf der anderen Seite des Flusses) liegt der quirlige Harvard Square mit der berühmten Universität und Straßen voller Cafés, Theater, Buchhandlungen und Straßenmusikern.

# BEACON HILL

**Beacon Hill, bekannt für enge Kopfsteinpflastergassen und imposante Backsteinhäuser, beschwört die Pracht des 19. Jahrhunderts herauf. Zwischen geschichtsträchtigen Institutionen und Grünflächen finden sich versteckte Restaurants, Bars und Geschäfte. Man kann hier gut zu Fuß gehen, auch wenn die rechtwinklig angeordneten Straßen Überraschungen bergen – also besser eine Karte dabeihaben.**

### Boston Athenæum

Führungen durch diese noble Privatbibliothek von 1807 sollte man vorab buchen. Neben dem stattlichen Gebäude und einer halben Million Bücher nennt das Athenæum auch eine beeindruckende Kunstsammlung mit Schwerpunkt auf neuenglischen Werken sein Eigen. In der Calderwood Gallery gibt es wechselnde Ausstellungen und aus dem Long Room stimmungsvolle Ausblicke auf den Friedhof. *10½ Beacon St; www.bostonathenaeum.org; Di 12–20 Uhr, Mi–Sa 10–16 Uhr; Eintritt 10 $, Führung 2 $.*

### Charles River Esplanade

Das jährliche Feuerwerk am 4. Juli ist kein Geheimtipp. Doch nur wenige Besucher erkennen, wie schön es hier an Sonnentagen ist, wenn man eine Paddeltor auf dem Charles River Basin oder eine Radtour am Fluss entlang macht. Die schattige Esplanade erstreckt sich über fast 5 Kilometer am Südufer des Charles River. *www.esplanadeassociation.org.*

### Grotto

Ein romantischer Schlupfwinkel unter der Erde, mit schummriger Beleuchtung, intimer Atmosphäre und köstlichem italienischem Essen. Bestellung à la carte ist möglich, doch das Drei-Gänge-Menü zum Fixpreis ist schwer zu übertreffen. *37 Bowdoin St; www.grottorestaurant.com; 617-227-3434; Mo–Fr 11.30–22 Uhr, Sa & So 17–22 Uhr.*

### Beacon Hill Hotel & Bistro

Das lichtdurchflutete französische Bistro ist bei den Einheimischen sehr beliebt. Zum Brunch bieten sich die Vanille-Pfannkuchen an, und auch die Eggs Benedict auf einem Muffin sind ein Genuss. *25 Charles St; beaconhillhotel.com; 800-640-3935; Mo–Fr 11.30–21 Uhr, Sa 9–22 Uhr, So 9–21 Uhr.*

### Eugene Galleries

Auf der charmanten Charles Street mit ihren gusseisernen Straßenlampen sollte man zwischen den vielen Cafés und Antiquitätenläden diese Galerie voller alter Drucke und Landkarten, vor allem von Boston und Neuengland, nicht verpassen. *76 Charles St; Di–Sa 11–18 Uhr, So 12–18 Uhr.*

# HARVARD SQUARE

**Die Gegend rund um den Harvard Square war einst für ihre unkonventionelle und freigeistige Art bekannt. Heute fühlt man sich dort wie in einer Freiluft-Shoppingmall mit schicken Restaurants und landesweiten Ketten. Doch der alte Charme ist noch nicht ganz verloren. Am besten kommt man mit der U-Bahn (T-Linie) und geht dann zu Fuß.**

### Mt Auburn Cemetery

Zwei Kilometer westlich vom Harvard Square liegt diese ruhige Oase mit kunstvollen Skulpturen und bemerkenswerten Gräbern. Im April und im Mai kann man hier wunderbar Zugvögel beobachten. *580 Mt Auburn St; www.mount-auburn.org; 8–19 Uhr.*

### Collection of Historical Scientific Instruments

Im Erdgeschoss des Harvard Science Center stellt die Universität eine Auswahl ihrer 20 000 Teile umfassenden Sammlung wissenschaftlicher Instrumente aus. Manche sind Hunderte Jahre alt und regen zum Philosophieren über die Geschichte der Astronomie, Geografie, Medizin und Zeitmessung an. Ebenfalls beeindruckend sind die Apparate aus dem Cyclotron Laboratory von 1984. *Science Center 136, 1 Oxford St; So–Fr 11–16 Uhr.*

### Club Passim

Der Club Passim ist kein Geheimtipp – er ist eine Legende. Da er sich in einer Seitengasse im Keller versteckt, herrscht hier immer noch das intime Ambiente eines Underground-Clubs. Und auch nach sechzig Jahren ist er weiterhin Bostons erste Adresse für Folk, Blues und Bluegrass. *47 Palmer St; www.passim.org.*

### Brattle Theatre

Das Brattle Theatre von 1890 ist ein altmodisches Kino (samt Galerie), in dem neben aktuellen ausländischen und Indie-Filmen auch Klassiker laufen. Beliebte Veranstaltungen sind *Casablanca* am Valentinstag, Cartoons an einigen Samstagvormittagen, viele Doppelvorführungen und schräge Filmfestivals. *40 Brattle St; www.brattlefilm.org.*

### Harvard Labyrinth

Dieses kleine Labyrinth in einer ruhigen Ecke des Harvard-Divinity-School-Campus basiert auf einer Vorlage, die seit dem 13. Jahrhundert die Kathedrale von Chartres schmückt. Es führt nur ein Weg hindurch, was zu einer spirituellen Suche einlädt – oder einfach dazu, dem Trubel am Harvard Square zu entfliehen. *2-86 Museum St.*

### Café Pamplona

Erkennungszeichen dieses winzigen europäischen Cafés – eine Institution seit 1958 – sind die niedrigen Decken und die gelben Wände. Hier treffen sich bis heute Dichter, Dramatiker und Philosophen, um zu diskutieren, zu streiten und Espresso zu trinken. Bei schönem Wetter lockt der schöne Außenbereich. *12 Bow St; www.cafepamplona.weebly.com; 11–21 Uhr.*

### Shays Pub & Wine Bar

Auch wenn der Harvard Square ziemlich schick geworden ist, bleibt das Shays entspannt und gesellig. Hier ist jeder willkommen, und an der Bar und auf der Terrasse trifft man viele Studenten und Mitarbeiter der Universität an. Auch wenn es sich Pub und Weinbar nennt, ist es definitiv eher Ersteres. *58 John F Kennedy St; www.shayspubwinebar.com; 11–1 Uhr.*

### Harvard Book Store

In einer Welt, in der unabhängige Buchhandlungen immer seltener werden, ist der Harvard Book Store (der aber nichts mit der Universität zu tun hat) eine wohltuende Ausnahme. Neben den üblichen Neuerscheinungen gibt es auch überraschende und hervorragende Empfehlungen der Mitarbeiter, einen Keller voller Schnäppchen und viele Lesungen. *1256 Massachusetts Ave; www.harvard.com; Mo–Sa 9–23 Uhr, So 10–22 Uhr.*

### Taza Chocolate

In die Taza Chocolate Factory (2 km vom Harvard Square entfernt) kommt man auch ohne goldene Eintrittskarte. Das Unternehmen, ein Pionier des Direktvertriebs und Verfechter traditioneller Herstellung, produziert köstliche, pure, steingemahlene Schokolade – und zeigt stolz, wie man das macht. Wer an der 45-minütigen Führung teilnehmen will, sollte vorher reservieren. *www.tazachocolate.com; 8 $.*

**Im Uhrzeigersinn von oben: Mt Auburn Cemetery; Süßes von Taza Chocolate; Schaufenster des Harvard Book Store**

# SOUTH END

**South End, ein ehemaliges Industriegebiet, hat ein ganz neues Gesicht bekommen. Wo einst Lagerhäuser standen, befinden sich jetzt Ateliers; was aussieht wie ein Parkplatz, ist in Wahrheit ein Spielplatz. Dadurch ist dieses Viertel zu einem der begehrtesten der Stadt geworden und bietet sich an für einen Spaziergang auf der Suche nach dem kreativen Geist, der sich unter der Oberfläche verbirgt.**

### Underground at Ink Block

Weil oben auf der Interstate die Autos dahinrasen, war es schwer vorstellbar, wie am trostlosen Ende der Traveler Street etwas Gutes entstehen sollte. Dennoch befindet sich hier jetzt ein urbaner Spielplatz mit Freiluftgalerie, samt Radstrecken, Fitnesskursen, Foodtrucks und viel kühner und beeindruckender Street-Art. *Traveler St; www.undergroundinkblock.com.*

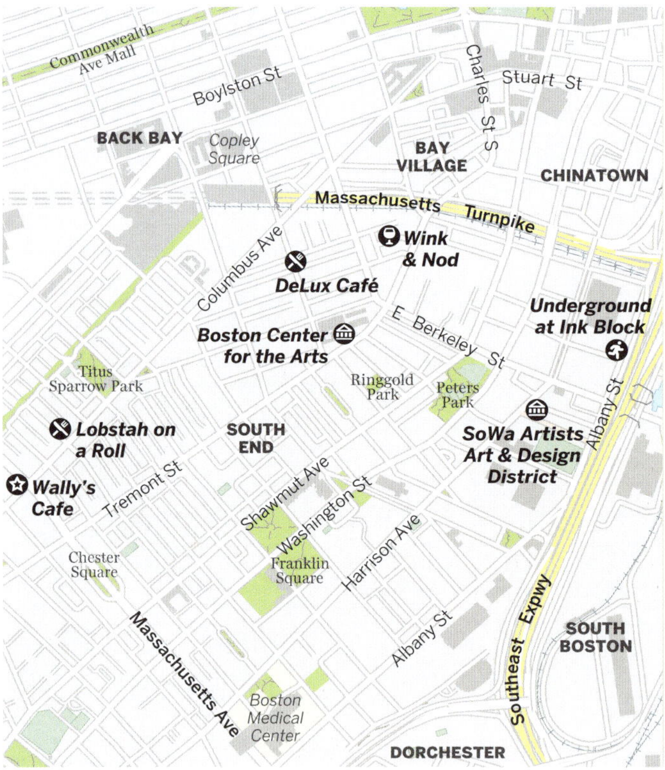


### Boston Center for the Arts

Die großen Musicals, die überall im Land gespielt werden, laufen im Theatre District. Doch wer innovative zeitgenössische Produktionen von unabhängigen Künstlern sehen will, kommt ins BCA. Hier residieren ein Dutzend ortsansässige Theater- und Tanztruppen, deren Stücke sich oft um kulturelle Diversität, Gender-Nonkonformität oder soziale Gerechtigkeit drehen. *539 Tremont St; www.bcaonline.org.*

### Wally's Cafe

Im Wally's dreht sich alles um Musik – Jazz, Blues und Funk, jeden Abend, oft von Studierenden des nahe gelegenen Berklee College of Music. Der Eintritt ist frei, die Cocktails sind erschwinglich, es gibt einfach nur Groove und gute Stimmung. *427 Massachusetts Ave; www.wallyscafe.com; 18–2 Uhr.*

### Wink & Nod

Nur ein kleines Messingschild markiert den Eingang zu dieser Kneipe, die inmitten von Schicki-Micki-Einrichtung teure, aber hervorragende Cocktails serviert. Die „rotierende Küche" wechselt zwei Mal jährlich das Personal und ermöglicht so verschiedenen Köchen, ihr Können zu zeigen. *3 Appleton St; www.winkandnod.com; Mo–Sa 17–2 Uhr.*

### Lobstah on a Roll

Auch wenn ein Dutzend Sandwiches auf der Karte stehen, gibt der Name des Ladens vor, was man zu bestellen hat. Das wohl beste Hummerbrötchen der Stadt besteht aus 185 Gramm Hummer auf einem frischen Challa-Brötchen mit Majo oder Butter. Es gibt ein paar Sitzplätze am Tresen und eine Handvoll Tische, ansonsten zum Mitnehmen ordern! *537 Columbus Ave; www.lobstahonaroll.com; 617-903-4005; 10.30–20 Uhr.*

© Joe Schmelzer / Alamy Stock Photo

© Jorge Salcedo / Shutterstock

**DeLux Café**

Das DeLux widersetzt sich der Gentrifizierung von South End und bleibt, wie es immer war. An den Wänden hängen Albumcover, über der Bar Lichterketten, und auf der Karte stehen Wohlfühl-Klassiker wie Burger, Grilled Cheese oder Brathähnchen. Wer will, bestellt ein Schlitz Tall Boy (ein knapper halber Liter Bier in einer altmodischen Dose) für 4 $ – aber keine Sorge, es gibt auch Craftbier vom Fass. *100 Chandler St; 617-338-5258; 17–1 Uhr.*

## FIRST FRIDAYS

**Der SoWa Artists Art & Design District (www.sowaboston.com) ist das Epizentrum der Künstlerszene von South End, mit Galerien, Märkten im Sommer und Veranstaltungen. Am ersten Freitag des Monats kann man einen Blick in die Ateliers werfen, mit den Künstlern ins Gespräch kommen – und vielleicht ein Kunstwerk für zu Hause finden.**

**Im Uhrzeigersinn von oben: Hummerbrötchen; Straße in South End; Boston Center for the Arts**

© Melissa Blackall / 2020, Boston Center for the Arts

# OZEANIEN

KUNST & KULTUR · MUSIK & FILM · SPORT & FREIZEIT · ESSEN · TRINKEN · SHOPPEN

# PERTH

**Perth ist eine der abgeschiedensten Städte der Welt, ein Patchwork pulsierender Viertel mit weltoffenem und kreativem Geist.**

Das Leben im westaustralischen Perth spielt sich meist unter blauem Himmel ab. In der progressiven Stadt gibt es viele internationale Lokale und eine boomende Barszene. Perth ist zwar die abgeschiedenste Großstadt unseres Planeten, aber gerade das fördert die Weltoffenheit ihrer Bewohner. Im Urlaub fliegen sie nach Bali, auf die Malediven, nach Singapur oder Sri Lanka. Und durch Direktflüge nach London (17 Stunden) kommt europäischer Lebensstil hierher.

Das Stadtzentrum und das angrenzende Northbridge sind leicht zu Fuß zu bewältigen, alle anderen Ziele erreicht man mit dem Zug, etwa den trendigen Hafen Fremantle im Süden oder im Nordwesten Leederville mit seiner Kunst- und Restaurantszene. Auch im geschäftigen Zentrum gibt es ein paar verschwiegene Bars und internationale Lokale. Northbridge ist nicht nur ein Ausgehviertel, hier findet man auch die besten Museen und Galerien der Stadt.

Von wegen Abgeschiedenheit: Perth hat alles, was man braucht.

# STADTZENTRUM

**Auf den ersten Blick mag der CBD (Central Business District) ein wenig seelenlos wirken: Glastürme und umherhastende Geschäftsleute mit ernstem Gesicht. Aber die Barszene ist äußerst lebendig, und ein Bauernmarkt belebt das Stadtzentrum. Wenn man dann noch an die guten Liveclubs denkt, erscheint es eigentlich recht einladend.**

### Halford

Man muss das im Souterrain versteckte Halford nur finden, dann steht man in einer der besten Cocktailbars der Stadt. Mit einem Whiskey Sour in der Hand kann man in Ruhe die geschniegelten Businessleute mustern. Die stimmungsvolle Beleuchtung trägt ihren Teil zum umwerfenden Retrocharme bei. Achtung: Legere Kleidung kommt hier nicht gut an! *State Bldgs, Ecke Hay St & Cathedral Ave; www.halfordbar.com.au; Sa–Mi 16–2 Uhr.*

### Perth City Farm

Die Gegend rund um Perth ist ausgesprochen fruchtbar. Von dort kommen jeden Samstag die besten Bioerzeugnisse auf diesen Markt. Im Café kann man seinen Kater vertreiben und danach durch den Gemüsegarten schlendern. *1 City Farm Pl; www.perthcityfarm.org.au; Sa 8–12 Uhr.*

### Le Vietnam

Hungrig? Im Stadtzentrum gibt es eine überwältigende Palette internationaler Lokale. Dazu gehört das leicht zu übersehende vietnamesische Café mit den besten *banh mi* (vietnamesische Baguettes) Westaustraliens. Mit einem Pulled-Pork-Sandwich und einem starken vietnamesischen Kaffee ist man für den Nachmittag gerüstet. *1/80 Barrack St; www.facebook.com/levietnamcafe; 08-6114 8038; Mo–Fr 7.30–15 Uhr.*

### Amplifier

Perth hat großartige Bands hervorgebracht: Jebediah, The Triffids, The Sleepy Jackson, Tame Impala ... Und die meisten haben früher oder später im harmlos aussehenden Amplifier gespielt (eher früher: der Saal ist nicht groß). Im selben Gebäude wartet das Capitol auf Freunde elektronischer Musik. *Rear 383 Murray St; www.amplifiercapitol.com.au.*

### Whipper Snapper Distillery

Kaum zu glauben, aber am Rand der City von Perth versteckt sich eine Whiskeybrennerei. Bei einer Besichtigung der etwas abgelegenen graffitigeschmückten Destillerie sollte man den Whiskey Upshot aus rein westaustralischen Zutaten probieren. *139 Kensington St; www.whippersnapperdistillery.com; Mo–Fr 7–17 Uhr, Sa 8–16 Uhr, So ab 11 Uhr.*

# FREMANTLE

**30 Bahnminuten vom Zentrum entfernt liegt Fremantle, eine Schatzkiste viktorianischer Architektur. Wie in jeder Hafenstadt werden auch hier die neuesten Entwicklungen aus aller Welt hereingespült, und die Bewohner erhalten einen Geschmack des globalen Zeitgeists. Livekonzerte, Craftbier-Kneipen, Buchläden und Fischimbisse sorgen für Leben in „Freo".**

### Norfolk Hotel

Fremantle und Craftbier, das gehört zusammen. Obwohl in den Medien immer nur die Brauerei Little Creatures auftaucht, werden insbesondere im traditionsreichen Norfolk jede Menge unterschiedlicher Ales gezapft. Die Pizzen und an warmen Abenden der Hof runden das Angebot ab. *47 South Tce; www.norfolkhotel.com.au; Mo–Sa 11–24 Uhr, So bis 22 Uhr.*

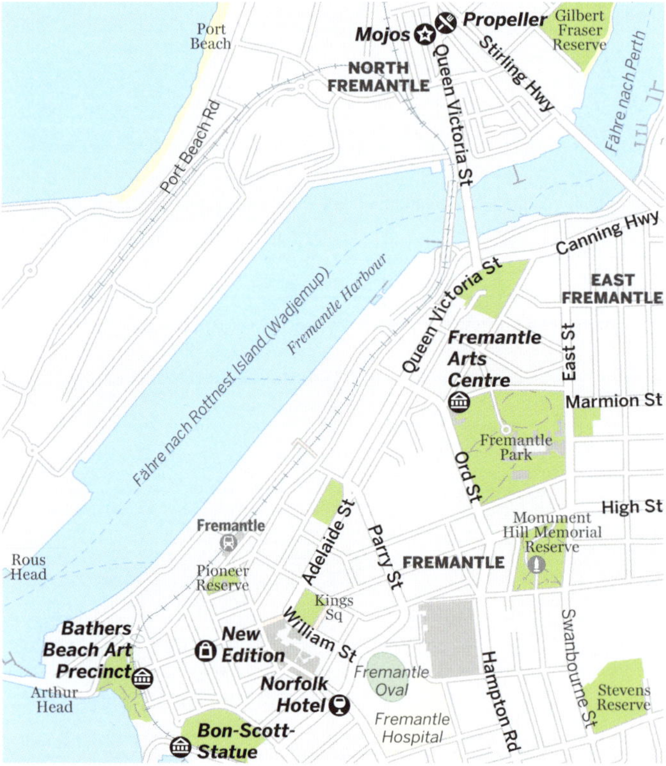


### Fremantle Arts Centre

Das grandiose alte Kalksteingebäude wurde von Sträflingen erbaut und beherbergte früher eine Irrenanstalt. Das Café gehört zu den besten Freos, und die Ausstellungen, die Sommerkonzerte im Hof und das Kinderprogramm sind einfach fantastisch! *1 Finnerty St; www.fac.org.au; 10–17 Uhr.*

### Mojos

Das Musikleben in Fremantle spielt sich sowohl in aller Öffentlichkeit ab (es gibt jede Menge Straßenmusiker) als auch versteckt im Untergrund (ranzige linke Clubs). Zu Letzteren gehört das Mojos, eine Institution mit wöchentlichen Open-Mic-Abenden, örtlichen Bands und Gastspielen von Indierock-Vertretern. *237 Queen Victoria St; www.mojosbar.com.au; Mo & Di 17.30–24 Uhr, Mi ab 17 Uhr, Do–Sa bis 1 Uhr, So 16–22 Uhr.*

### Propeller

Das sonnige Café/Bistro ist mit seinem Bar-Kubus aus einem blauen Schiffscontainer ein typischer Vertreter der Fremantler Originalität. Zum orientalischen Frühstück empfehlen wir eine Bloody Mary. *222 Queen Victoria St; www.propellernorthfreo.com.au; 08-9335 9366; 8 Uhr bis spät.*

### Bon-Scott-Statue

Der legendäre Trunkenbold und Frontmann der australischen Hardrockband AC/DC Ronald Belford „Bon" Scott (1946–1980) kam 1956 mit seiner Familie aus Schottland nach Fremantle. Die

Verehrung für ihn ist in der Stadt ungebrochen. Im Fishing Boat Harbour wurde ihm ein Denkmal gewidmet, und auf dem Fremantler Friedhof kann man ihm seinen Rock'n'Roll-Tribut erweisen. Vom Eingang bei der Kreuzung von High und Carrington Street sind es linker Hand rund 15 Meter bis zu Bons Grab. *2026 Mews Rd; www.gregjamessculpture.com.*

### Bathers Beach Art Precinct

Die lange vernachlässigte Bathers-Beach-Gegend ist als vitales Kunstviertel wiederauferstanden. Aus den alten Häusern und Lagern beim Strand wurden Galerien und Ateliers (übrigens ist es der einzige Strand in Westaustralien, an dem Alkohol ausgeschenkt werden darf). Hier befindet sich auch das Walyalup Aboriginal Cultural Centre mit Ausstellungen zur Sprache und Kultur der Aboriginal. *Captains Ln; www.facebook.com/bathersbeachartsprecinct.*

### New Edition

Die beste Buchhandlung von Perth lockt die lokalen Leseratten seit drei Jahrzehnten an eine sonnige Straßenecke. In den Regalen stehen vor allem australische Romane und Sachbücher, etwa Tim Wintons lesenswertes *Eyrie*, eine raue Liebeserklärung an Fremantle. Erfreulich regelmäßig finden Lesungen, Poetryslams und Buchvorstellungen statt. *Ecke High & Henry Sts; www.newedition.com.au; 9–21 Uhr.*

## FREMANTLES DOKTOR

**Um die Gesundheit der Perther kümmert sich die berühmte sommerliche Meeresbrise. Sie erfrischt die Stadt und ihre hitzegeplagten Einwohner. Ihren Höhepunkt mit Geschwindigkeiten um 37 km/h erreicht sie zwischen 12 und 15 Uhr. Heißer Tipp: Am besten morgens an den Strand gehen, bevor der Doktor die Wellen kräuselt und einem den Sand ins Gesicht weht.**

**Oben: Speisen und Drinks im Propeller**
**Unten: Leighton Beach**

# LEEDERVILLE

**Leederville ist voller Cafés, Restaurants, Bars und Geschäfte mit alternativem Touch. Die Atmosphäre von Perth tendiert gelegentlich gegen den Mainstream, in Leederville dagegen können die Kreativen, Subversiven und alle, die ein bisschen anders sind, durchatmen. Am besten erlebt man das dort, wo sich auch die Einheimischen treffen.**

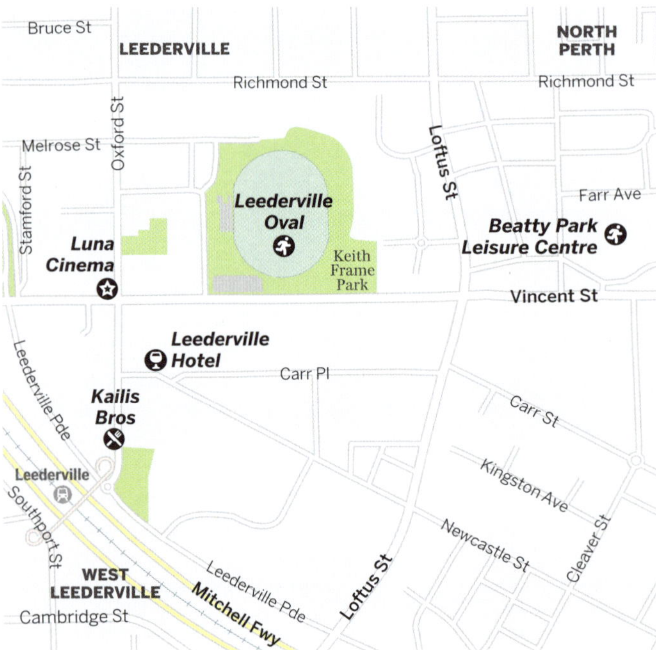


### Kailis Bros

„Ich habe meine Ernährung auf Obst umgestellt: Ich esse nur noch Meeresfrüchte." Spaß beiseite: Kailis Bros ist eine der ersten Adressen für Meeresfrüchte in Westaustralien. In dem 1926 eröffneten (und seit 2000 hier ansässigen) Geschäft kriegt man Kaiserschnapper, Flammenschnapper oder Blaue Schwimmkrabben. *101 Oxford St; Laden 8–18 Uhr, Bistro 7 Uhr bis spät.*

### Luna Cinema

Wie fast überall konnten sich auch in Perth die charmanten alten Kinos nicht der Flut der Multiplexkinos erwehren. Abgesehen vom Luna. Das Art-déco-Programmkino existiert seit 1927, als die Filme noch stumm waren. An der Vincent Street schmückt ein herrliches Wandgemälde das Gebäude. *155 Oxford St; www.lunapalace.com.au.*

### Leederville Hotel

Wer denkt: „Cafés schön und gut, aber mir wäre ein Pub lieber", der sollte nach dem Backsteingebäude des Leederville Hotel Ausschau halten. Hier wird seit 1897 Bier gezapft. Das Hotel beherbergt mehrere Lokale unter einem Dach, von denen die Bar des Bill's besonders zu empfehlen ist. *www.leederville-hotel.com; 742 Newcastle St; 08-9202 8282; 11 Uhr bis spät.*

### Leederville Oval

Auf dem satten Grün des Ovals tragen die Fußballer der East Perth Royals im Winter ihre Heimspiele in der West Australian Football League (WAFL) aus. Die Royals haben sich in letzter Zeit nicht gerade mit Ruhm bekleckert, aber sie genießen immer noch die leidenschaftliche Unterstützung ihrer Fans aus Leederville. *244 Vincent St; www.wafl.com.au.*

### Beatty Park Leisure Centre

Das Schwimmzentrum wurde für die Commonwealth-Spiele 1962 gebaut. Es ist mit Außen- und Hallenschwimmbecken, Rutschen und einem großen Fitnesszentrum ausgestattet. Wer sich nach einer langen Nacht in Leederville matt fühlt, wird hier wieder munter. *220 Vincent St; www.beattypark.com.au; Mo–Fr 5.30–21 Uhr, Sa & So 6.30–19 Uhr; Schwimmbad Erwachsene 7 $, Kinder 5 $.*

Barkeeper sind wahre Künstler und machen das Tony's zu einer der besten Bars von Perth. *Nicks Ln; www.facebook.com/sneakytonys; 16–24 Uhr.*

# NORTHBRIDGE

**Lust auf einen Drink? Nichts leichter als das! In Northbridge kann man seinen Durst hervorragend löschen. Viele der Kneipen an der William Street sind 08/15-Bierhallen ohne Charme, aber neuerdings gibt es auch einige schräge Geheimtipps. Daneben beherbergt Northbridge das Perth Cultural Centre mit Museen und Theatern.**

### Alabama Song

Eine der besten Hinterhofbars der Stadt mit einer kräftigen Dosis Südstaatenatmosphäre. Die versteckte, ausgefallene und liebevoll gestaltete Bar ist mit jeder Menge Americana dekoriert, und die Barkeeper schenken eine beeindruckende Palette an Whiskeys und Bourbons aus. *Lvl 1, 232 William St (Hinterhof); www.facebook.com/alabamasongbar; Mi–Sa 18–2 Uhr, So ab 20 Uhr.*

### Sneaky Tony's

Ins Sneaky Tony's kommt man nur mit der richtigen Losung (Facebook hilft). Kerzenschein und Holz bestimmen die Atmosphäre in der versteckten Bar in Chinatown. Die

### The Standard

Im Standard kann man sich verwegene Gerichte der Mod Oz (moderne australische Küche) wie karamellisiertes Känguru mit Sesam-Sojasauce, Ananas und Limette teilen. Oder man kehrt spätabends auf einen Negroni oder ein Eagle Bay Black IPA ein. *28 Roe St; www.thestandardperth.com.au; 08-9228 1331; Mo–Do 16–24 Uhr, Fr & Sa ab 12 Uhr, So bis 22 Uhr.*

### Rooftop Movies

Im fünften Stockwerk eines Parkhauses laufen Arthousefilme, Klassiker und Independent-Produktionen. Gemütliche Sitzsäcke, Holzofenpizzen und Craftbier warten – und der Blick auf die Skyline ist auch nicht schlecht. *68 Roe St; www.rooftopmovies.com.au; Di–So (Ende Okt–Ende März); ab 16 $.*

### Perth Institute of Contemporary Arts

Das New Museum for WA und die Art Gallery of Western Australia sind bekannte Highlights der Stadt. Das eher unauffällige PICA ist etwas experimentierfreudiger, mit ungewöhnlichen Installationen, Performances, Skulpturen und Videokunst. In der PICA Bar gibt es Kaffee, Drinks und hin und wieder Konzerte. *Perth Cultural Centre; www.pica.org.au; Di–So 10–17 Uhr.*

# MELBOURNE

**Wer sich auf den Zauber Melbournes einlässt, wird mit einer Mischung aus Rauheit und Glamour belohnt. Jedes der unterschiedlichen Viertel erzählt seine eigene Geschichte.**

Melbourne ist ein Mosaik kleinstädtischer Viertel, aber gerade dadurch so kosmopolitisch und besonders. Die kulturelle Vielfalt blüht in der Stadt. Die innerstädtischen nördlichen Vororte Brunswick und Fitzroy sind eher rau und trendig, das benachbarte Northcote dagegen ist entspannt und gesittet. Im Osten pflegt das aufstrebende Collingwood ein hartes Industrie-Image, im Süden ist Windsor, eingeklemmt zwischen der Yuppie-Gegend am Yarra und den Strand-Vororten, ein Geheimtipp der Einheimischen. In allen Vierteln gibt es eine geschäftige Hauptstraße mit Bars, Läden, Restaurants, Cafés und Clubs.
Mit dem Tramnetz sind die Vororte vom CBD (Central Business District) aus schnell zu erreichen. Windsor, Northcote und Brunswick sind außerdem durch eine Bahnlinie angebunden. Um die Street-Art zu entdecken, sollte man allerdings zu Fuß gehen und Abstecher in die Seitenstraßen machen.

# COLLINGWOOD

**Die Hallen des ehemaligen Industrieviertels Collingwood dienen heute als Brauereien oder riesige Street-Art-Leinwände. Aber die geschäftige Smith Street wartet auch mit Cafés, Clubs und Outlet-Läden auf. Überraschende Entdeckungen lassen sich in den Seitenstraßen machen. Das trendige und dennoch raue Collingwood ist genau das Richtige für neugierige Flaneure.**

### Backwoods Gallery

Über die unauffällige kleine Galerie, die seit einem Jahrzehnt besteht, läuft ein Großteil der Street-Art-Aufträge in der Stadt. Neben dem Backwoods-Ausstellungsraum befindet sich in dem Fabrikgebäude auch die Bar Paradise Alley. *25 Easey St; www.backwoods.gallery; Di–So 12–18 Uhr.*

### The Mill Brewery

In einer ruhigen Seitenstraße öffnet sich das Rolltor zu einer relaxten kreativen Brauerei. Die beiden Braumeister experimentieren abhängig von der Jahreszeit und der eigenen Stimmung mit ausgefallenen Geschmacksrichtungen und produzieren zum Beispiel Kleinabfüllungen mit Habanero-Chili oder Grapefruit-Zesten. *40 Sackville St; www.themillbrewery.com.au; Mi & Do 16–22 Uhr, Fr bis 23 Uhr, Sa 13–23 Uhr, So bis 21 Uhr.*

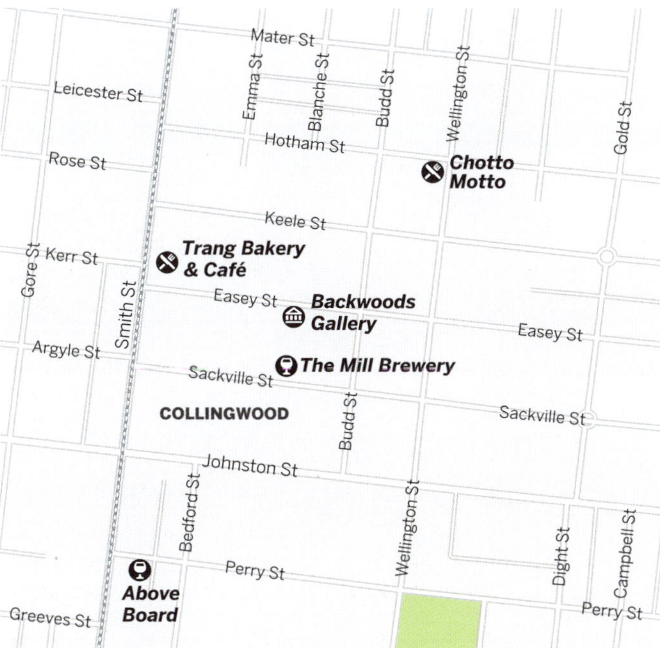


### Trang Bakery & Café

Der absolute Favorit in diesem schnörkellosen Café ist das *banh mì* mit Schweinefleisch. Das knusprige Fleisch verschwindet mit Coleslaw, Erdnusssauce und grünen Chiliringen in einem superfrischen Baguette. Da es nur wenige Sitzplätze gibt, sollte man sich zu Unbekannten an einen der Gehwegtische gesellen. *382 Smith St; 8.30–17 Uhr.*

### Chotto Motto

Der japanische Diner hat bonbonrosa Neonleuchten, einen Koi-Drachen unter der Decke und einen Bierautomaten an der Tür. Die knusprig angebratenen *gyoza* (Teigtaschen) kommen als Rad aus 10 oder 20 Stück auf den Tisch. Die frittierten *karaage* werden mit Huhn, Fisch oder Blumenkohl zubereitet. In das hauseigene Chiliöl getunkt, schmecken sie noch besser. *287 Wellington St; www.chottomotto.com.au; Mo–Do 17–22.30 Uhr, Fr bis 23 Uhr, So 15–23 Uhr.*

### Above Board

Das Above Board ist nicht ausgeschildert und ein Geheimtipp unter Cocktail-Kennern. Die Bar hat lediglich 12 Sitzplätze, deren Anordnung den Austausch zwischen Gästen und Barkeeper fördert. Die klassische Cocktailkarte entspricht der schlichten Eleganz. *Chopper Ln; www.aboveboardbar.com; 17–1 Uhr.*

# FITZROY

**Fitzroy ist offen für alles Exzentrische. Hier kreuzen sich graffitigeschmückte Straßen mit viktorianischen Häuserreihen, und die Ladenbesitzer und Gastronomen bekennen sich stolz zu ihrem sozialen Bewusstsein. In Fitzroy trifft man vom Kulturmenschen bis zum Hippie alles, und genau das wollen die Anwohner auch. Das Nachtleben blüht, und die Party nimmt nie ein Ende.**

### Smith & Daughters

Goldfarbenes Hühnerschnitzel, Rinderragout, Prosciutto-Panzanella … so weit, so normal. Nur dass die Gerichte nichts vom Tier enthalten, sondern Sojaprotein, Pilze und Reispapier. Das Restaurant ist nicht nur für überzeugte Veganer und aufgeschlossene Omnivore erste Wahl, sondern auch für Gäste, die allein kommen: Alle Gerichte sind als kleine Portion zu haben. *175 Brunswick St; www.smithanddaughters.com; Mo–Fr 18 Uhr bis spät, Sa 10 Uhr bis spät, So 10–15 Uhr.*

### Elysian Whisky Bar

Das Elysian lockt mit einer einzigartigen Auswahl von mehr als 350 Whiskys unabhängiger Produzenten aus aller Welt, aufgereiht hinter einem langen Holztresen. Eingefleischte Whiskyfans gönnen sich einen kostbaren Tropfen, und neugierige Gelegenheitskonsumenten probieren einen Einsteigerwhisky. Und für wen Whisky nichts ist, der bestellt einen Wein oder einen Cocktail. *113 Brunswick St; www.theelysianwhiskybar.com.au; Di–Sa 16.30–1 Uhr.*

### The Rochester Hotel

Mit einer raffinierten südindischen Karte verleiht man im „Rochey" dem Begriff Pub Food eine ganz neue Bedeutung. Es werden ausschließlich regionale, ethisch einwandfreie Zutaten verwendet. Die Spezialität des Hauses, ein feuriges Fischcurry, wird an den Fang des Tages angepasst. Das Hotel ist schon wegen der Küche einen Besuch wert, aber auch Nachtschwärmer wissen einen Gin Tonic oder eines der Craftbiere zu schätzen. *202 Johnston St; www.rochey.com.au; Mo–Mi 14–23 Uhr, Do bis 1 Uhr, Fr & Sa 12–3 Uhr, So bis 23 Uhr.*

### Rose Street Market

Jedes Wochenende präsentieren die Melbourner Kreativen in einer graffitigeschmückten Seitenstraße ihre handgefertigten Kostbarkeiten. An den Ständen mit Schmuck, Keramik, Kunst oder Kleidung kommt man unkompliziert mit den Schöpfern ins Gespräch. Und bei Hunger hilft das Young Blood Diners gleich nebenan. *60 Rose St; www.rosestmarket.com.au; Sa & So 10–16 Uhr.*

**Vegan Style**

Dass Mode und Tiere nicht zwangsläufig zusammengehören, beweist Vegan Style. Mit seinen rein veganen Produkten passt das Geschäft perfekt nach Fitzroy. Im Mittelpunkt stehen Sneaker, Stiefel und elegante Schuhe, aber auch Handtaschen, Gürtel und Portemonnaies sind im Angebot. Durch die nachhaltig produzierten Materialien lässt sich hier mit reinem Gewissen shoppen. *345 Brunswick St; www.veganstyle.com.au; Mo–Mi 11–18 Uhr, Do & Fr bis 19 Uhr, Sa 10–19 Uhr, So 11–17 Uhr.*

**Cutler & Co.**

Der Fitzroyer Inbegriff der Raffinesse ist in einer ehemaligen Metallfabrik untergebracht.

© 2020, Rose Street Artists' Market

© Elize Strydom / 2020, Rose Street Artists' Market

**EINE ANWOHNERIN:**

**„Dieser Ort ist speziell, hier kann dich nichts überraschen. Und es gibt hier einige der besten Restaurants und Bars des Landes – das alles in einem Umkreis von 500 Metern. Weiter muss man in Fitzroy nicht laufen. Alles, was man braucht, findet man in dem Rechteck Brunswick, Gertrude, Smith und Johnston Street." Yao Wang, Mitbesitzerin der Elysian Whisky Bar**

Das Restaurant prunkt mit Ledernischen und noblen grünen Granitwänden. Highlight ist der sonntägliche Lunch, und das jahreszeitengemäße Degustationsmenü bringt die regionalen Produkte voll zur Geltung. Die Weinkarte ist buchdick. *55-57 Gertrude St; www.cutlerandco.com.au; 03-9419 4888; Di–Sa ab 18 Uhr, So ab 12 Uhr.*

**The Workers Club**

Im Urlaub gibt es keinen Unterschied zwischen Montag und Freitag, und entsprechend setzt der Workers Club einfach jeden Abend ein Konzert aufs Programm. Für Musikliebhaber mit begrenztem Budget empfiehlt sich der Montag. Dann gibt es die Getränke zum Studententarif, und der DJ legt bis spätnachts auf. Kostenlose Musik und das Pint für 4 $? Noch Fragen? *51 Brunswick St; www.theworkersclub.com.au; Di–So 12 Uhr bis spät, Mo ab 16 Uhr.*

© Jo McGann / 2020, Cutler & Co

**Oben: auf dem Rose Street Market**
**Links: Cocktails im Cutler & Co.**

# NORTHCOTE

**Northcote gehört zu den ehemals verschlafenen Vierteln im Norden, die sich zur hippen Gegend gemausert haben. Ein Zeichen dieser Entwicklung sind die vielen Kreativen, die sich großer Unterstützung von Geschäften und Cafés erfreuen. Die hügelige Landschaft lädt zu Spaziergängen mit Aussicht auf die Stadt ein.**

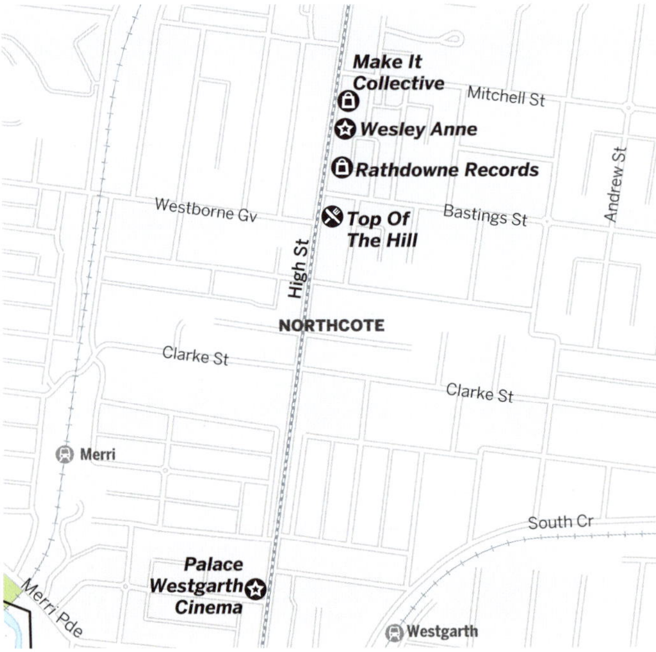


### Wesley Anne

Das „Wes" ist eine Northcote-Institution und überlässt beinahe jeden Abend lokalen und auswärtigen Musikern die Bühne. Die Atmosphäre in der ehemaligen Kirche aus dem 19. Jahrhundert ist mit Kerzenschein vor Backsteinwänden fast schon spirituell. Der Eintritt ist oft frei oder weniger als 20 $. *250 High St; www.wesleyanne.com.au; So–Di 12–23 Uhr, Mi bis 24 Uhr, Do–Sa bis 1 Uhr.*

### Rathdowne Records

Bei Rathdowne finden Musikliebhaber knapp 15 000 Secondhand-Vinylplatten. Schwerpunkte sind Jazz, Hip-Hop und House-Musik, aber auch Nischengenres wie Anime-Soundtracks sind vertreten. *230 High St; www.facebook.com/rathdownerecords; So–Do 11–18 Uhr, Fr & Sa bis 19 Uhr.*

### Palace Westgarth Cinema

Das Westgarth wurde im Oktober 1921 mit *Anne of Green Gables* eröffnet und gehört damit zu den ältesten Kinos Melbournes. Bei einer Renovierung in der Art-déco-Zeit wurde es mit extravaganten geometrischen Details ausgeschmückt. Zusätzlich zu den fünf Kinosälen befindet sich hinter der Bar eine Open-Air-Leinwand. *89 High St; www.palacecinemas.com.au/cinemas/westgarth.*

### Make It Collective

In einer Straße voller Geschäfte, die nachhaltige Produzenten unterstützen, zelebriert das Make It Collective Produkte aus Melbourne wie klirrende Ohrringe, Knopfbroschen und bedruckte Geldbörsen. Im retrolastigen Hinterraum hängen Klamotten im 70er-Jahre-Stil. *264 High St; www.themakeitcollective.com.au; Mi–Fr 11–17 Uhr, Sa ab 10 Uhr, So 10.30–17 Uhr.*

### Top Of The Hill

Guter Kaffee und Reuben-Sandwiches sind die Renner in diesem winzigen Café. Hinter der schmalen Fassade wartet ein großer Hof mit Cocktails auf Gäste, und eine Kasse, die bestimmt schon 100 Jahre auf dem Buckel hat, macht das Bezahlen zum Vergnügen. *208 High St; www.facebook.com/208topofthehill; Mo–Fr 7–15 Uhr, Sa & So ab 8 Uhr.*

# WINDSOR

**Windsor steht ein wenig im Schatten seines offenherzigen Nachbarn St Kilda. Dabei ist es mit seinen Geschäften, Bars und Restaurants alles andere als fade. Die Gentrifizierung sorgt für ständige Erneuerung, während die Trödelläden, Clubs und Kneipen Kontinuität versprechen. Von der südlichen Grenze sind es 2 Kilometer bis zum Strand.**

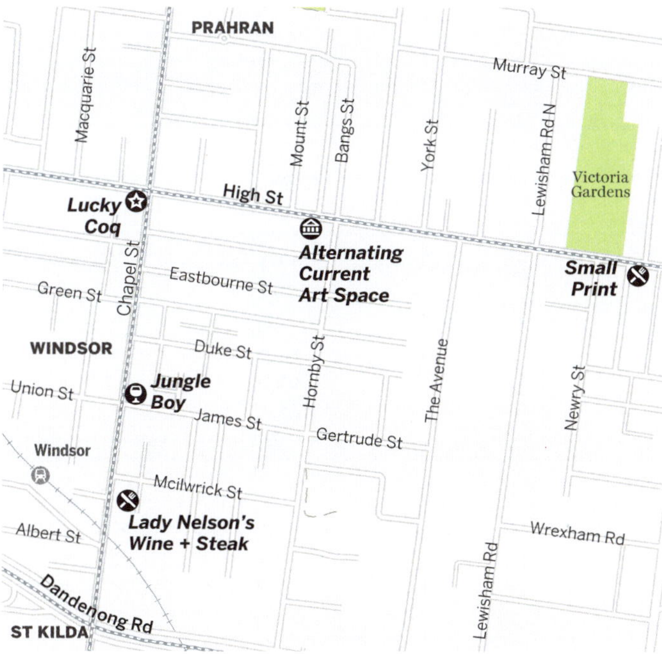


### Lady Nelson's Wine + Steak
Diese Lady würde niemals nur einen einzigen Hauswein offerieren. Vielmehr kann man zwischen 20 offenen australischen und internationalen Weinen wählen, die alle paar Monate wechseln. Die Steaks kommen aus der Gegend und werden schnörkellos angerichtet. Das Personal kennt sich aus, also ruhig nach Empfehlungen fragen. *44 Chapel St; www.ladynelsons.com.au; Di–Sa 17–23 Uhr.*

### Jungle Boy
In einem Sandwichladen verschwinden plötzlich lauter schicke Menschen durch eine Kühlschranktür. Dahinter wartet eine von Melbournes Flüsterkneipen – eine tropische Tikibar, in der die Drinks zwischen Palmen ausgeschenkt werden. *Boston Sub, 96 Chapel St; www.facebook.com/pg/jungleboybar; 17–1 Uhr.*

### Small Print
Umweltbewusste werden von der abfallfreien Pizzeria begeistert sein. Die dünnen, knusprigen Pizzen werden vegetarisch oder mit Fleischbelag zubereitet. Man kann sie sich auch (kostenlos) in den wunderschönen Park Victoria Gardens gegenüber liefern lassen. *388 High St; www.smallprintpizza.com.au; Mo 17–21 Uhr, Di–Do 16–21.30 Uhr, Fr bis 22 Uhr, Sa 16–21.30 Uhr, So bis 21 Uhr.*

### Alternating Current Art Space
Die kleine Galerie wird von Absolventen der Kunstakademie als Plattform für aufstrebende Künstler betrieben. Es gibt vier einzeln bespielte Ausstellungsräume plus den treffend benannten „Cupboard" (Schrank). Die Ausstellungen wechseln alle paar Wochen. *248 High St; www.alternatingcurrentartspace.com; Do & Fr 11–18 Uhr, Sa & So 12–17 Uhr; Eintritt frei.*

### Lucky Coq
Weit und breit der skurrilste Club. Von der Decke und an den Wänden hängt jede Menge Gerümpel: Maschinenteile, Schaufensterpuppenbeine oder Plastikhühner. Die DJs legen in einer LKW-Fahrerkabine auf, und die 4-Dollar-Pizzen sind legendär. *179 Chapel St; www.luckycoq.com.au; Mo–Fr 11.30 Uhr bis spät, Sa & So 12 Uhr bis spät; Eintritt frei.*

# BRUNSWICK

**Melbourne gilt als Australiens Hauptstadt der Livemusik – und das Herz der Szene schlägt in den nördlichen Innenstadtvierteln. Brunswick ist schon seit Langem ein Magnet für Musiker und andere Kreative. Das schlägt sich in einer hohen Dichte an Clubs, jeder Menge Street-Art und einem herrlich versponnenen Modegeschmack der Bewohner nieder.**

### Spotted Mallard

Der weit über Brunswick hinaus bekannte Club bewegt sich auf der Grenze zwischen schrammelig und cool. Örtliche Newcomer können hier ihre ersten Schritte versuchen, und die Musik ist so vielfältig wie das Publikum selbst. Einmal im Monat steht statt der Musik die Kunst im Mittelpunkt, wenn der Brunswick Artist Market stattfindet. *314 Sydney Rd; www.spottedmallard.com; Di–Fr 16 Uhr bis spät, Sa & So ab 14 Uhr.*

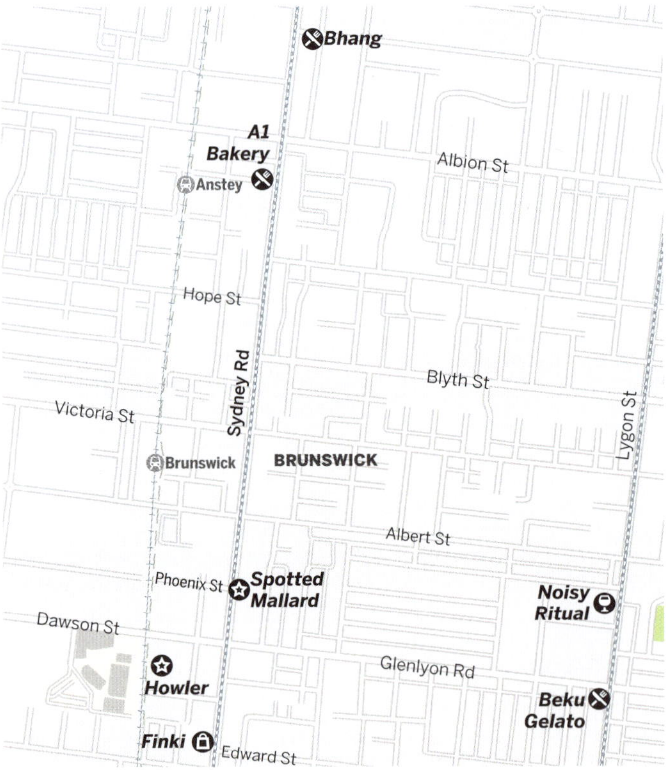


### Howler

Normalerweise wirkt ein Parkplatz in einer Nebenstraße an den Bahngleisen nicht gerade anziehend. Anders ist es, wenn dahinter das Howler ein altes Lagerhaus fast zum Einstürzen bringt. Die Bar im Vorderraum erinnert mit ihren Topfpflanzen an eine Gartenkneipe, im hinteren Saal werden einige von Melbournes besten Konzerten gegeben. Sie sind oft ausverkauft, also sichert man sich besser schon online ein Ticket! *7-11 Dawson St; www.h-w-l-r.com; Mo 16–23 Uhr, Di & Mi 16–24 Uhr, Do 16–1 Uhr, Fr–So ab 12 Uhr.*

### A1 Bakery

Je weiter man in Brunswick nach Norden kommt, desto deutlicher werden orientalische Einflüsse spürbar. Und so sollte man auch in dieser Bäckerei keine Kuchen und Brötchen erwarten, sondern Leckereien wie Falafel, mit *labneh* (konzentriertem Joghurt) beschmierte Pizza und *zatar* (eine kräftige Gewürzmischung). Das große kantinenartige Café macht nicht viel her, also muss es am Essen liegen, dass der Laden ständig voll ist. *643-645 Sydney Rd; www.a1bakery.com.au; So–Mi 7–19 Uhr; Do–Sa bis 21 Uhr.*

### Beku Gelato

Schon der indonesische Name *beku* („gefroren") deutet an, dass es sich hier nicht um eine gewöhnliche Eisdiele handelt. Bei den asiatisch inspirierten Sorten kennen die Macher kein Tabu. Sie verarbeiten zum Beispiel Stinkfrucht, Jackfrucht, Feijoa, Wasabi oder Kaffir-Limette. Aber auch die üblichen Favoriten wie Schokolade oder Turkish Delight sind im Angebot. Es werden ausschließlich natürliche Zutaten verwendet, und alles ist selbstverständlich hausgemacht. *171 Lygon St, Brunswick East; Mo 14–21 Uhr, Di–Fr ab 16 Uhr, Sa & So 12–22 Uhr.*

### Bhang

Von außen weist nur ein schwacher Lichtschein in einer dunklen Straße auf das Bhang hin. Drinnen herrscht eine schummerige Stimmung, aber der verführerische Curryduft aus der orientalischen Küche verspricht einen schmackhaften Abend. Die Karte enthält vor allem indische Klassiker, die im Holzkohleofen zubereitet werden. *1/2A Mitchell St; www.eatdrinkbhang.com; Di–So 17 Uhr bis spät.*

### Noisy Ritual

Das Noisy Ritual beweist, dass Wein nicht nur inmitten sich endlos hinziehender Weinstöcke produziert werden kann, sondern auch im Herzen einer Stadt. Trauben aus dem ganzen Bundesstaat Victoria werden vor Ort gekeltert und dann in eines der Fässer gefüllt, die sich an den Wänden der entspannten und großzügigen Weinbar auftürmen. Livemusik und regionale Häppchen verleihen dem Kellerverkauf eine besondere Note. *249 Lygon St, Brunswick East; www.noisyritual.com.au; Öffnungszeiten variieren.*

## SYDNEY ROAD STREET PARTY

**Jedes Jahr an einem Märzsonntag wird die Sydney Road für den Verkehr gesperrt. Dann findet hier eines der größten Straßenfeste Melbournes statt. Die Restaurants verlegen ihre Küchen auf den Gehweg, auf den Open-Air-Bühnen spielen Bands, und Brunswicks Clubs öffnen die Türen für Konzerte. Informationen auf der Website des Moreland City Council (www.moreland.vic.gov.au).**

### Finki

Die farbenprächtigen Kleidungsstücke und Accessoires machen das Shoppen im Finki zu einem Regenbogen-Trip. Lokaler kann man nicht einkaufen: In einem offenen Atelier hinten im Laden produziert die Besitzerin selbst Kleidung und Schmuck. Zusätzlich führt sie die Kreationen anderer unabhängiger Designer. *159 Sydney Rd; www.finki.com.au; Mo–Do 11–16 Uhr, Fr & Sa bis 17 Uhr.*

**Oben: farbenprächtige Speisen im Bhang**
**Links: fassweise Vergnügen in der Weinkellerei Noisy Ritual**

KUNST & KULTUR · MUSIK & FILM · SPORT & FREIZEIT · ESSEN · TRINKEN · SHOPPEN

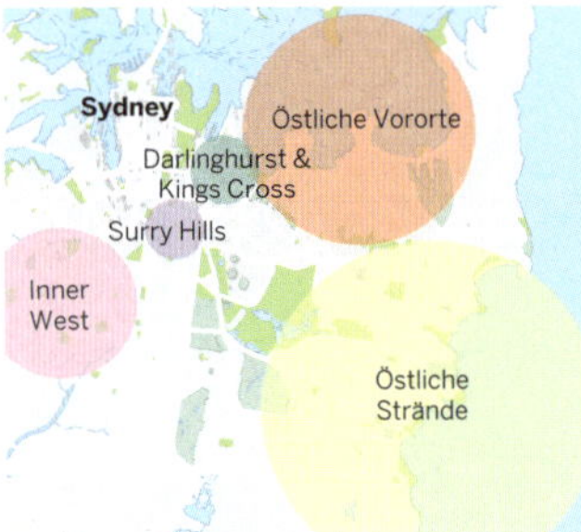


# SYDNEY

**Sydneys berühmte Highlights überwältigen die Besucher auf den ersten Blick. Aber ihre Herzen erobert die Stadt mit der Lebensart der charaktervollen innerstädtischen Viertel.**



Die interessantesten Viertel Sydneys liegen östlich, westlich und südlich der lang gestreckten City. Mit den öffentlichen Verkehrsmitteln kommt man überall gut hin und kann dann aufs Fahrrad umsteigen oder zu Fuß losgehen.
Vom Hauptbahnhof in östlicher Richtung geht es nach Surry Hills hinauf. Wie in vielen Gegenden wurden auch hier aus früheren Arbeiterhäuschen begehrte Eigenheime. Das Viertel ist eines der Epizentren der Restaurantszene. Weiter im Norden liegen Darlinghurst und Kings Cross. Hier ballt sich die beachtliche städtische LGBT+-Community (und noch ein bisschen Rotlichtmilieu). Weiter draußen locken die östlichen Vororte mit vielen Boutiquen und Restaurants. Am Meer ziehen sich die herrlichen östlichen Strände wie eine Perlenkette vom Bondi Beach in den Süden. Südwestlich der City schließlich liegen die innerstädtischen westlichen Vororte („Inner West"), mehrere Szeneviertel mit tollen Cafés, Geschäften, Restaurants und Bars.

# DARLINGHURST & KINGS CROSS

**In diesem Zentrum der LGBT+-Community hat die zunehmende Aufwertung das Nachtleben ein wenig verdrängt. Die Mischung aus jungen fitnessgestählten Anwälten und flippigen Altbewohnern schafft eine dörfliche Atmosphäre, die man sonst in Sydneys Innenstadt nicht findet. Die Bahn nach Kings Cross nehmen und dann zu Fuß gehen.**

### Artspace

Zum dynamischen Artspace gelangt man am Bahnhof Kings Cross über die Treppe Richtung Woolloomooloo und Hafen. Die Ausstellungen präsentieren zeitgenössische australische und internationale Künstler. *43-51 Cowper Wharf Rdwy; www.artspace.org.au; Mo–Fr 11–17 Uhr, Sa & So 11–18 Uhr, Eintritt frei.*

### Sydney Jewish Museum

Die bedeutende jüdische Tradition Sydneys reicht bis in die Kolonisierung zurück. Das vorzügliche Museum widmet sich sowohl der Vergangenheit als auch der Gegenwart, den Schwerpunkt bildet jedoch eine bewegende Ausstellung zum Holocaust. *148 Darlinghurst Rd; www.sydneyjewishmuseum.com.au; Mo–Do 10–16.30 Uhr, Fr 10–15.30 Uhr, So 10–16 Uhr; Erwachsene 15 $, Kinder frei.*

### Artery

Die sympathische Galerie hat sich auf den fairen Handel mit Aborigines-Kunst spezialisiert. Die Einstiegspreise sind ausgesprochen moderat (rund 35 $ für eine kleine Leinwand). Zudem gibt es eine gute Auswahl an Mitbringseln, von Taschen über Becher bis zu Mousepads. *221 Darlinghurst Rd; www.artery.com.au; 10–17 Uhr.*

### Yellow

Mit seinen Degustationsmenüs hat das Yellow Sydneys vegetarisch-vegane Küche zu neuen Höhen geführt. Die exzellente Weinkarte verdankt sich dem Schwestergeschäft Monopole. *57 Macleay St; www.yellowsydney.com.au; 02-9332 2344; Mo–Fr 17–23 Uhr, Sa & So 11–14.30 & 17–23 Uhr.*

### Old Fitzroy Hotel

Die zauberhafte Bar ist Welten entfernt vom sonstigen geschäftigen Treiben. Im zugehörigen Theatersaal führt eine unabhängige Theatergruppe neue australische Stücke auf. *129 Dowling St; www.oldfitzroy.com.au; Mo–Sa 11–24 Uhr, So 11–22 Uhr.*

# SURRY HILLS

**Einst wohnten in den Reihenhäusern des grünen Surry Hills Arbeiter, heute sind sie unter den Besserverdienern Sydneys heißbegehrt. Vom Hauptbahnhof führt der Weg hinauf in eine Oase, wo Baristas Kaffeekultur zelebrieren und fantastische Brunchcafés und kreative Restaurants warten. Vintageläden und kulturelle Perlen vervollständigen das spannende Viertel.**

### Dead Ringer

Das innovative Lokal hat sich dem hochklassigen Essen und Trinken verschrieben. Es gibt leckere Barsnacks und Gerichte zum Teilen, außerdem spannende Weine und großartige Cocktails. Besonders lohnend sind der fleischlose Montag und am Wochenende die feuchtfröhlichen Brunches mit im Preis inbegriffenen Getränken. *413 Bourke St; www.deadringer.wtf; 02-9331 3560; Mo–Mi 17–23 Uhr, Do & Fr 17–24 Uhr, Sa 10–24 Uhr, So 11–23 Uhr.*

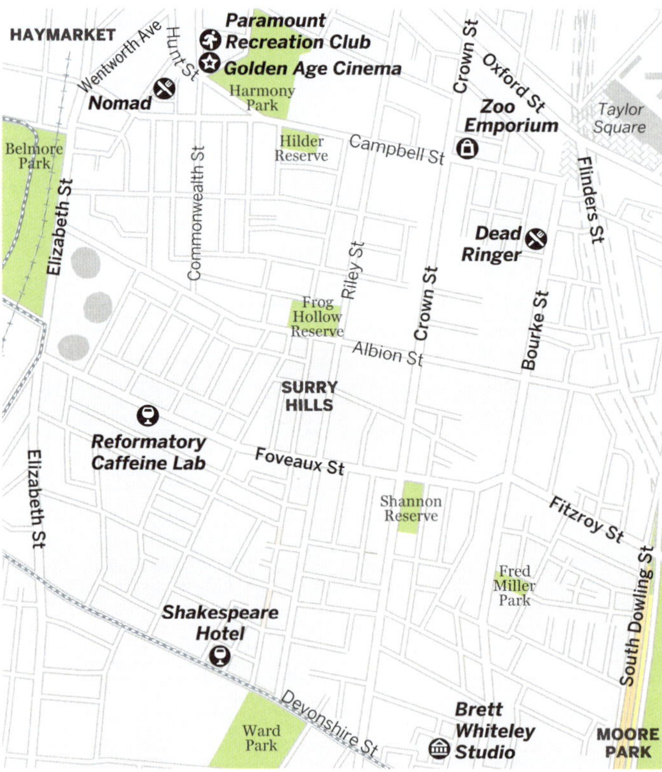


### Brett Whiteley Studio

Der Außenseiter mit dem wilden Leben war einer der hellsten Sterne der Sydneyer Kunstszene. In einer kleinen Seitenstraße kann man die eigentümliche Brillanz des Malers bewundern und sich ein Bild des Menschen machen. *2 Raper St; www.artgallery.nsw.gov.au/brett-whiteley-studio; Fr–So 10–16 Uhr; Eintritt frei.*

### Golden Age Cinema

In einem entzückenden Souterrain feiert die goldene Ära des Kinos Wiederauferstehung. Independentfilme und Arthouseklassiker laufen in einem kleinen Saal, zuvor kann man zu einem Drink in die Bar einkehren. *80 Commonwealth St; www.ourgoldenage.com.au; Di–Fr 16–24 Uhr, Sa 14.30–24 Uhr, So 14.30–23 Uhr; Erwachsene 22 $, ermäßigt 17 $.*

### Nomad

Die mediterran beeinflusste Küche bietet im modernen Industrieambiente erstklassige traditionelle Gerichte. Wenig bekannte, aber bestechende australische Weine begleiten Gerichte wie den herrlichen Karpfen in Weinblättern. *16 Foster St; www.nomadwine.com.au; 02-9280 3395; Mo–Sa 12–14.30 & 18–22 Uhr.*

### Reformatory Caffeine Lab

Einrichtung und Atmosphäre des Cafés könnten aus einer Sci-Fi-Dystopie stammen. Diese

Typen nehmen Kaffee verdammt ernst und kredenzen exquisite sortenreine Kaffees, Cold Drips und mehr. *51 Foveaux St; www.facebook.com/thereformatory; Mo–Fr 6.30–16 Uhr, Sa 8–14 Uhr.*

© Terence Chin / 2020, Paramount Recreation Club

**Shakespeare Hotel**

Ein Mangel an Bars herrscht in Surry Hills wirklich nicht, aber dieses traditionsreiche Pub ist ein wahrer Klassiker. In der schlichten Schönheit aus dem 19. Jahrhundert herrscht ein demokratischer Geist, und die Wirtshausküche ist preiswert und lecker. *200 Devonshire St; www.shakespearehotel.com.au; Mo–Sa 10–24 Uhr, So 10–22 Uhr.*

**Paramount Recreation Club**

In einem Penthouse bietet der Fitnessclub Kurse von Boxen bis Yoga an. Im Stockwerk darunter gibt es außerdem ein hervorragendes Café. Kurse können über die hauseigene App gebucht werden. *80 Commonwealth St; www.paramountrecreation.club; Mo–Fr 6–20.30 Uhr, Sa 6–16 Uhr, So 7–16 Uhr; Kursgebühr 35 $.*

## MÄRKTE IN SYDNEY

**Die Bewohner von Sydney lieben ihre Wochenendmärkte, von denen jeder seine ganz eigene Atmosphäre hat. Am vollsten ist es auf den Paddington Markets (www.paddingtonmarkets.com.au). Der Glebe ist etwas rustikaler (www.glebemarkets.com.au), auf dem Bondi (www.bondimarkets.com.au) geht es entspannt zu, und auch der wenig touristische Balmain (www.balmainmarket.com.au) ist einen Besuch wert.**

**Zoo Emporium**

An der Ecke Crown und Campbell Street ballen sich mehrere Secondhandgeschäfte. Das Zoo ist eines der besten und verbreitet auf zwei Etagen den Glamour der 70er und 80er. *180 Campbell St; Mo–Mi, Fr & Sa 11–18 Uhr, Do 11–20 Uhr, So 12–17 Uhr.*

**Im Uhrzeigersinn von oben: Paramount Recreation Club; Dead Ringer; Nomad**

© 2020, Dead Ringer

© 2020, Nomad

# ÖSTLICHE STRÄNDE

**Der Bondi Beach ist nur der erste einer ganzen Reihe von herrlichen Stränden südöstlich der City. Abseits des berühmten Sandstreifens warten beliebte Meerespools, Cafés und Surfspots. Hier führen die Bewohner von Sydney ein Leben wie im Traum, springen vor oder nach der Arbeit ins Meer und genießen am Wochenende ihren ausgedehnten Brunch.**

### Bronte Beach

Der wunderschöne Strand ist ein Highlight von Sydney, eine malerische Mondsichel aus Sand zwischen den bekannteren Bondi und Coogee Beaches. Die Brandung ist meist mäßig und lädt zum Schwimmen ein. Daneben gibt es auch einen Meerespool. Der weitläufige Park ist ein beliebtes Picknickziel für Familien. Abseits des Strandes wartet eine Reihe unaufgeregter Cafés mit nachbarschaftlicher Atmosphäre. *Bronte Rd, Bronte.*

### Mahon Pool

Entlang der Küste findet man mehrere großartige Felsbecken und Meerespools, insbesondere an dem malerischen Abschnitt zwischen Coogee und Maroubra. Zu den beliebtesten zählt der Mahon Pool in einer dramatischen Felslandschaft, wo bei Flut die Gischt über die Ränder spritzt. *Marine Pde, Maroubra; www.randwick.nsw.gov.au; rund um die Uhr, Eintritt frei.*

### Little Kitchen

Das charmante Nachbarschaftscafé liegt direkt oberhalb des Coogee Beach und scheint doch unendlich weit entfernt. Das Betreiberpaar serviert modernes und liebevoll angerichtetes australisches Frühstück und täglich wechselnde Mittagsgerichte. Die Tischchen auf dem Gehweg laden zum Niederlassen ein, sofern man mit der Hanglage zurechtkommt. *275 Arden St, Coogee; www.thelittlekitchen.com.au; 02-8021 3424; 7–16 Uhr.*

### Funky Pies

Meat Pies sind ein australisches Heiligtum. Hier jedoch gibt es nur rein vegane – leckere – Varianten. Den Pie mit einem Smoothie hinunterspülen, und dann ab zum Strand! *144 Glenayr Ave, Bondi Beach; www.funkypies.com.au; 0451 944 404; Mo–Fr 8.30–20 Uhr, Sa & So 9–20 Uhr.*

### Gertrude & Alice

Das gemütliche kleine Antiquariat mit Cafébar lädt zum Stöbern ein und versorgt die Leseratten mit leckerem Kaffee und leichten Speisen. *46 Hall St, Bondi Beach; www.gertrudeandalice.com.au; 6.45–21 Uhr.*

# ÖSTLICHE VORORTE

**Die östlichen Vororte erstrecken sich vom Hafen Richtung Süden. Hier zeigt man, was man hat, und es kümmert niemanden, wie jemand zu Geld gekommen ist oder es ausgibt. Man genießt einfach das Leben, sei es in den schicken Boutiquen von Double Bay und Paddington oder in den belebten Biergärten und vornehmen Fischrestaurants. Einige der mondänsten Anwesen der Stadt stehen hier.**

### Centennial Parklands Equestrian Centre

Fünf Reitschulen, die Reitausflüge durch den Centennial Park anbieten. Im Voraus buchen, Reitstunden möglich. *114 Lang Rd, Centennial Park; www.cpequestrian.com.au; Reiten 90–100 $.*

### Parsley Bay

Über die wundervolle Bucht mit Strand und Park führt eine bezaubernde Brücke. Die familienfreundliche Anlage liegt etwas versteckt und ist einer der schönsten Flecken des Hafens. *Horler Ave, Vaucluse; www.woollahra.nsw.gov.au.*

### Paddington Alimentari

Das Café und Feinkostgeschäft im Herzen von Paddington ist ein Nabel der östlichen Vororte. Hier gibt es Kaffee, italienische Produkte und das Gefühl, ganz nah am Puls der Gemeinde zu sein. *2 Hopetoun St, Paddington; www.facebook.com/paddington.alimentari; Mo–Fr 7–17 Uhr, Sa 7.30–16 Uhr.*

### Vaucluse House

Die Villa aus dem 19. Jahrhundert eröffnet einen faszinierenden Blick in das Leben der Oberschicht im kolonialen Sydney. Sie ist von einem weitläufigen Park mit Teestube umgeben. *Wentworth Rd, Vaucluse; www.sydneylivingmuseums.com.au; Mi–So 10–16 Uhr; Erwachsene 12 $, Kinder 8 $.*

### Mud

Die lokale Keramikmarke hat mit reinen Linien und warmen Farbtönen die Designwelt im Sturm erobert. *1 Kiaora La, Double Bay; www.mudaustralia.com; Mo–Fr 10–18 Uhr, Sa 10–17 Uhr, So 11–16 Uhr.*

### The Sheaf

Dieser Hofgarten ist einfach wundervoll: gehobene Wirtshausküche, leckere Weine und eine gesellige Atmosphäre. *429 New S Head Rd, Double Bay; www.thesheaf.com.au; Mo–Mi 10–1 Uhr, Do–Sa 10–2 Uhr, So 10–24 Uhr.*

# INNER WEST

**In einigen Gegenden Sydneys dreht sich alles um den richtigen Stil, im entspannten Stadtgebiet Inner West zählen dagegen vor allem die inneren Werte. Urbane Subkulturen, eine lebendige Kunstszene und jede Menge zwangloser Restaurants, Cafés, Bars und Pubs machen es zur vielfältigsten, familienfreundlichsten und faszinierendsten Gegend Sydneys.**

### White Rabbit

Im Schatten der beeindruckenden Bauten des Central-Park-Komplexes am Hauptbahnhof liegt dieser Ausstellungsraum mit Schwerpunkt auf zeitgenössischer chinesischer Kunst. Die von Experten kuratierten Ausstellungen sind sehenswert und kostenlos, und das Foyercafé verwöhnt mit Tee und chinesischen Teigtaschen. *30 Balfour St, Chippendale; www.whiterabbitcollection.org; Mi–So 10–17 Uhr; Eintritt frei.*

### Mitchell Road Antique & Design Centre

In Inner West, vor allem in Newtown, haben sich zahlreiche Vintage- und Antikläden angesiedelt. Aber die ausgefallene Sammlung alter Kuriositäten im Mitchell ist schwer zu schlagen. Plötzlich kommt man sich ganz alt vor, nostalgische Gefühle sind garantiert! *17 Bourke Rd, Alexandria; mitchellroad.wordpress.com; 10–18 Uhr.*

### The Lansdowne

Im internationalen Vergleich mag Sydneys Livemusikszene einem Todgeweihten gleichen. Aber einige neue Clubs versuchen, ihr neues Leben einzuhauchen. Im wiedereröffneten Lansdowne finden im Obergeschoss fast jeden Abend Konzerte statt, während im Pub unten eine altmodische Inner-West-Atmosphäre herrscht. *2 City Rd, Chippendale; www.facebook.com/thelansdowne; Mo–Sa 12–3 Uhr, So 12–24 Uhr; um 20 $.*

### Carriageworks

Die denkmalgeschützten ehemaligen Bahnwerkstätten beherbergen heute einen vielseitigen und innovativen Performance- und Ausstellungsort. Unbedingt vorher das Programm studieren! Samstags strömen die Anwohner zum Bauernmarkt mit regionalen Produkten an sympathischen Ständen. *245 Wilson St, Eveleigh; www.carriageworks.com.au; Sa 8–13 Uhr.*

**Lazybones Lounge**
In diesem herrlich dekadenten Club werden die Nächte zum Tag. Der frühe Vogel vergnügt sich bei Essen und Livemusik, nach Mitternacht genießt man dann einen Cocktail und tanzt zu Funk und Jazzfusion. *294 Marrickville Rd, Marrickville; www.lazyboneslounge.com.au; Mo–Mi 19–24 Uhr, Do–Sa 17–3 Uhr, So 17–22 Uhr.*

**Holey Moley**
Skurril, aber wahr: Mitten auf der geschäftigen King Street wartet mit dem Holey Moley eine überdimensionierte 18-Loch-Minigolfanlage. Viele der verrückten Löcher erweisen der früheren Bestimmung des Ladens als Rockkneipe Tribut. *387 King St, Newtown, www.holeymoley.com.au, Mo–Fr 12–24 Uhr, Sa & So 11–24 Uhr; 9 Löcher 18 $.*

**Gigi Pizzeria**
Die Pizzeria liegt in Nachbarschaft zu einer breiten Palette veganer Lokale, aber sie ist eines der besten davon. Zur authentischen neapolitanischen Kruste kommen leckere Beläge ohne Fleisch und Milchprodukte. Danach eines der fabelhaften Desserts probieren! *379 King St, Newtown; www.gigipizzeria.com.au; 02-9557 2224; 18–22.30 Uhr.*

## BYO: BRING YOUR OWN

**Die Restaurants von Inner West sind wie eine Reise von der Türkei bis Thailand und von Japan bis zum Libanon. Mehr kriegt man in ganz Sydney nicht für sein Geld! Viele Restaurants bieten BYO (Bring Your Own) an: Die Gäste bringen ihren eigenen Wein mit (manchmal auch Bier) und zahlen pro Kopf ein geringes Korkgeld. Bei den oftmaligen Wucherpreisen auf den Weinkarten eine gute Idee.**

**Im Uhrzeigersinn von oben: erst ein Cocktail, dann Golf im Holey Moley; Ausstellungssäle im White Rabbit; Mitchell Road Antique & Design Centre**

KUNST & KULTUR MUSIK & FILM SPORT & FREIZEIT ESSEN TRINKEN SHOPPEN

# WELLINGTON

**Neuseelands ziemlich kleine, aber lässige Hauptstadt ist berühmt für ihre Kaffeekultur, die Boutique-Bars, die Filmszene und die gefürchteten Killerstürme.**

Das Wetter in Wellington ist oft alles andere als perfekt, aber an einem schönen Tag ist die Stadt unschlagbar. Die Innenstadt liegt in einer dramatischen Bucht, umgeben von einem zerklüfteten Bergkamm. Die kompakte City ist leicht zu Fuß zu bewältigen, und die meisten Besucher bleiben aus gutem Grund hier. Wer allerdings Lust auf etwas anderes – in Gehdistanz – hat, sollte die Vororte anpeilen. Jeder von ihnen hat seinen ganz eigenen Charakter.

Im Norden liegt Thorndon, eines der ältesten Wellingtoner Wohngebiete mit vielen viktorianischen Häusern und kulturellen Sehenswürdigkeiten. Im Südosten glänzt Mount Victoria mit Restaurants, Theatern, Kinos und herrlichen Panoramablicken. Im angrenzenden Oriental Bay wartet der heißgeliebte städtische Sandstrand mit seiner malerischen Promenade. Im Westen schließlich sind das trendige Aro Valley und das studentische Kelburn einen Abstecher wert. Alles liegt nur eine kurze Busfahrt entfernt.

# THORNDON

**Von der City gelangt man zu Fuß rasch in das historische Thorndon mit zwei der beliebtesten Sehenswürdigkeiten der Stadt: dem neuseeländischen Parlamentsgebäude und dem Botanischen Garten. Aber das Viertel hat noch sehr viel mehr zu bieten. Sein Herz schlägt oberhalb der Stadtautobahn in der Tinakori Road, wo sich Pubs, Cafés und Restaurants aneinanderreihen.**

### Old St Paul's

In Thorndon stehen zwei imposante Kathedralen, aber die können es nicht mit dieser entzückenden Kirche aus warmen einheimischen Hölzern aufnehmen. Bis in die 1960er-Jahre diente der 1866 im neugotischen Stil errichtete Bau als anglikanische Kathedrale. Anschließend entging er nur knapp der Zerstörung. *34 Mulgrave St; www.oldstpauls.co.nz; 10–17 Uhr; Eintritt frei.*

### Neuseeländische Nationalbibliothek

In der renommierten Forschungsbibliothek kann man *he tohu* (die Zeichen) besichtigen, den faszinierenden Raum für drei von Neuseelands Gründungsdokumenten: die Unabhängigkeitserklärung der Vereinten Stämme (1835), den Vertrag von Waitangi (1840) und die Petition für das Frauenwahlrecht (1893). Eine fesselnde Lektion in neuseeländischer Geschichte. *70 Molesworth St; www.natlib.govt.nz; Mo–Fr 9–17 Uhr, Sa bis 13 Uhr; Eintritt frei.*

### Katherine Mansfield House & Garden

Neuseelands bedeutendste Schriftstellerin verbrachte ihre Kindheit in diesem zweistöckigen Holzhaus. Heute ist es ein Museum zu ihrem Leben und Werk. *25 Tinakori Rd; www.katherine-mansfield.com; Di–So 10–16 Uhr; Erwachsene 8 $, Kinder frei.*

### Hillside Kitchen & Cellar

Erst kann man in diesem fleischlosen Restaurant zum relaxten Brunch einkehren, später folgen äußerst kreative vegetarische und vegane Degustationsmenüs. Eine Zelebration der besten regionalen Produkte. *241 Tinakori Rd; www.hillsidekitchen.co.nz; 04-473 7140; Mo 11.30–14.30 Uhr, Di–Fr 11.30–14.30 & 17.30–21 Uhr, Sa 8.30–14.30 & 17.30–21 Uhr, So 8.30–14.30 Uhr.*

### Bolton Street Cemetery

Gothic-Anhänger werden von Wellingtons ältestem Friedhof begeistert sein. Nicht verpassen: das homoerotische Grabmal von Harry Holland, einem der ersten Vorsitzenden der Labour-Partei. *Bolton St; boltoncemetery.org.nz; 5–22.30 Uhr.*

# MT VICTORIA & ORIENTAL BAY

**Gibt es eine andere Hauptstadt auf der Welt mit einem derart zentralen Sandstrand? Von der Uferpromenade der Oriental Bay erstreckt sich die Wohngegend Mount Victoria ins Landesinnere den gleichnamigen Hügel hinauf. Die schmalen, geometrisch angelegten Straßen sind gesäumt von bezaubernden alten Holzhäusern.**

**Mt Victoria Lookout**
Mit dem Auto oder der Buslinie 20 gelangt man fast bis zum Gipfel des 196 Meter hohen Mount Victoria. Aber am besten wandert man über Nebenstraßen hinauf, um die verborgenen Ecken des Viertels zu entdecken. Oben wartet mit dem Blick über die Stadt eine angemessene Entschädigung. *Lookout Rd.*

**Ortega Fish Shack**
Der Name (Fischbude) entspricht weder der Qualität noch dem Ruf des hervorragenden Fischrestaurants – und auch nicht den Preisen. Auf der saisonalen Karte stehen bestes Fleisch und fantastische Desserts. *16 Majoribanks St; www.ortega.co.nz; 04-382 9559; 17.30 Uhr bis spät.*

**Mt Vic Chippery**
Während sich das Ortega eher für besondere Gelegenheiten eignet, ist dieser einfache Fish-and-Chips-Laden etwas für den Alltag. Er steht direkt gegenüber. *5 Marjoribanks St; www.thechippery.co.nz; 04-382 8713; 12–20.30 Uhr.*

**Embassy Theatre**
Wellington weiß Sir Peter Jackson und den Weta Workshop in der Stadt und ist zu Recht stolz auf seine Filmszene. Eines der elegantesten Kinos „Wellywoods" ist dieses restaurierte Art-déco-Filmtheater, das außerdem über eine hervorragende Cocktailbar verfügt. *10 Kent Tce; www.embassy-theatre.co.nz; Mo–Fr 15 Uhr bis spät, Sa & So 10 Uhr bis spät.*

**Capitol**
Dieser Italiener befindet sich im selben Gebäude wie das Embassy Theatre und ist der örtliche Favorit für den Wochenendbrunch. Am Abend kann man in dem exzellen-

© 2020, Capitol

ten saisonalen Restaurant mit dem manchmal beträchtlichen Lärmpegel sein Kino-Date ausklingen lassen. *10 Kent Tce; www.capitol-restaurant.co.nz; 04-384 2855; Mo–Fr 12–15 & 17.30–21.30 Uhr, Sa & So ab 9.30 Uhr.*

**BATS**

Das nichtkommerzielle BATS produziert einige von Wellingtons unkonventionellsten Theaterstücken. Die Bar Lumen ist immer einen Drink wert, auch wenn man sich keine Inszenierung angeschaut hat. *1 Kent Tce; www.bats.co.nz; 17–23 Uhr.*

## „RUNTER VON DER STRASSE!"

**Dass die Schöpfer von *Herr der Ringe* und *Der Hobbit* in Wellington sitzen, ist allgemein bekannt. Aber viele denken, dass die Dreharbeiten woanders stattfanden. Dabei wurden wesentliche Passagen auf dem Mount Victoria gedreht, etwa die berühmte Szene „Los, runter von der Straße", in der sich die Hobbits vor den Nazgûl verstecken.**

**Freyberg Pool & Fitness Centre**

Dieser Komplex am Meer ist ein grandioses Beispiel der Architektur der 1960er-Jahre. Darin befinden sich ein 33,5 Meter langes und geheiztes Schwimmbecken und ein umfassend ausgestattetes Fitnessstudio. *139 Oriental Pde; www.wellington.govt.nz; 6–21 Uhr.*

**Im Uhrzeigersinn von oben: Essen im Capitol; Ortega Fish Shack; Panoramablick vom Mt Victoria Lookout**

© 2020, Ortega Fish Shack

© mrcmos / Shutterstock

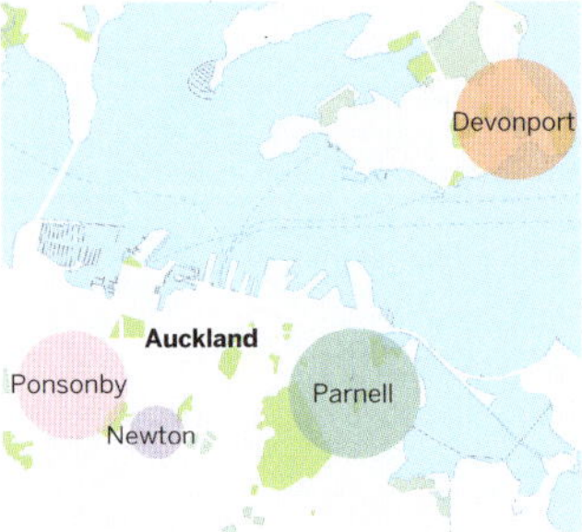


# AUCKLAND

**Auckland ist die größte und weltoffenste Stadt Neuseelands. Mit zwei Häfen, 50 Vulkanen und mehr als 50 Inseln ist sie reich beschenkt.**

Aucklands Central Business District (CBD) hat einiges zu bieten, dennoch wird jeder Einheimische schwören, dass die innerstädtischen Vororte reizvoller sind. Ein Spaziergang Richtung Westen führt nach Ponsonby mit einer Hauptstraße voller Restaurants, Bars und Boutiquen. Durch den Myers Park Richtung Süden gelangt man ins raue Newton und zur berühmten lebenslustigen Gegend um die K' Road. Im Osten schließlich liegt das vornehme Parnell.

Der Weg in die citynahen Vororte führt bergauf, da die Verkehrsadern alten Lavaströmen folgen. Glücklicherweise sind alle Viertel durch den InnerLink-Bus verbunden, der alle 10 bis 15 Minuten im Zentrum abfährt.

Nördlich der City liegt Aucklands Hafen, der sich zum herrlichen Golf von Hauraki mit vielen Inseln öffnet. Alle 15 bis 30 Minuten brechen die Fähren zur zwölfminütigen Überfahrt nach Devonport auf dem Stadtgebiet North Shore auf. Zwei Vulkane rahmen den hübschen Strandort ein.

# PONSONBY

**Im ehemaligen Arbeiterviertel mit seinen dicht gedrängten viktorianischen Holzhäusern findet man heute die angesagteste Restaurant- und Barszene der Stadt. Schicke Einrichtungsgeschäfte und Designerboutiquen – darunter die großen lokalen Marken Karen Walker und Zambesi – schieben sich auf der langen Ponsonby Road zwischen Bars, Restaurants und Kirchen.**

### Ponsonby Central

Eine ehemalige Kalenderfabrik beherbergt da, wo die Ponsonby Road einen Knick macht, einen Markt, Einrichtungsgeschäfte, Cafés, Cocktailbars und großartige Restaurants (besonders zu empfehlen ist das Blue Breeze Inn). *6 Brown St; www.ponsonbycentral.co.nz; 09-376 8300; So–Mi 8.30–22.30 Uhr, Fr & Sa bis 24 Uhr.*

### Ponsonby Village International Food Court

Auckland liebt seine asiatischen Food Halls, und zu den besten gehört diese hell beleuchtete im ersten Stock des Gebäudes. Die Currys, Nudelgerichte und Kebabs sind gut und preiswert. *106 Ponsonby Rd; www.ponsonbyfoodcourt.co.nz; 11–22 Uhr.*

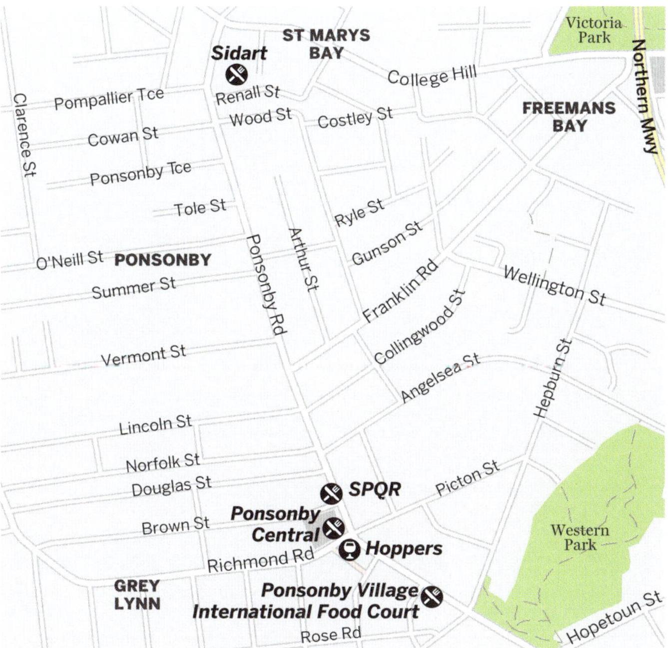




### Hoppers

Craftbier und Gin sind die Hauptzutaten dieser hippen Gartenbar, die sich hinter einem viktorianischen Laden in einem Hof mit ehemaligen Ställen versteckt. Lichterketten, Lampenschirme mit Quasten sowie Palmen sorgen für einen gemütlichen Charme. Ein mobiles Dach macht den Garten wetterfest. *134 Ponsonby Rd; www.hoppersgardenbar.co.nz; Mo & Di 16 Uhr bis spät, Mi–So 12 Uhr bis spät.*

### SPQR

An den begehrten Außentischen schlürfen Gäste mit Designersonnenbrillen Austern und Champagner. Drinnen residiert in dem Ambiente aus polierter Kupferbar und rauen Betonwänden eines der besten italienischen Restaurants der Stadt. Zu empfehlen ist die dünne römische Pizza. *150 Ponsonby Rd; www.spqrnz.co.nz; 09-360 1710; 12 Uhr bis spät.*

### Sidart

Aucklands experimentellstes Restaurant kreiert kleine kulinarische Meisterwerke. Durch die großen Fenster des ehemaligen Kinos fällt der Blick auf die Skyline der Stadt. Feinschmecker aufgepasst: Auf der Website nach dem Angebot „Chef's Table" Ausschau halten. *Three Lamps Plaza, 283 Ponsonby Rd; www.sidart.co.nz; 09-360 2122; Fr 12–14.30 Uhr, Di–So 18–23 Uhr.*

# NEWTON

**Newton wird seit den 1960ern durch eine Autobahn durchschnitten. Das Leben konzentriert sich auf zwei Hauptstraßen: die trendige Karangahape Road (K' Road genannt) und die oft verstopfte Symonds Street. In der K' Road war früher das Rotlichtviertel, heute ist sie tagsüber ein Shoppingparadies, nachts eine Ausgehmeile. Außerdem ist sie das Zentrum der städtischen LGBT+-Szene.**

### St Kevin's Arcade

Das Einkaufszentrum aus den 1920ern ist der Nabel der K' Road. Hier findet sich alles, wofür man in die Gegend kommt: Vintagemode, Secondhandbücher und -schallplatten, gutes Essen, Kaffee, Drinks und Livemusik. Am hinteren Ende eröffnen Bleiglasfenster einen herrlichen Blick auf die Stadt, und eine Treppe führt zum hübschen Myers Park hinab. *183 Karangahape Rd; www.stkevinsarcade.co.nz; So–Di 7.30–24 Uhr, Mi–Sa 7.30–4 Uhr.*

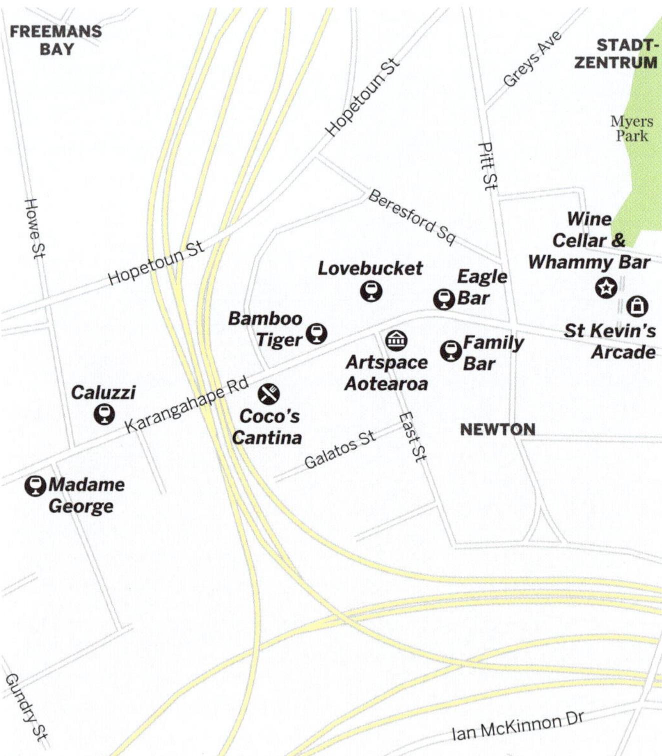


### Wine Cellar & Whammy Bar

Im Untergeschoss der St Kevin's Arcade schwelgen diese Zwillingslokale in düsterer Schäbigkeit, ganz wie es sich für die hipsten Liveclubs der Stadt gehört. Konzerte und DJ-Sets gehen am Wochenende schon mal bis 4 Uhr. *183 Karangahape Rd; www.facebook.com/WineCellarStKevins; 17–24 Uhr.*

### Lovebucket

Craftbier und ausgefallene Cocktails sind die Markenzeichen der stylishen Bar, die sich im Restaurantbereich des Food Workshops verbirgt. Freitags und samstags sorgen DJs und Livemusik für beschwingte Stimmung. *309 Karangahape Rd; www.lovebucket.co.nz; Di–Sa 16 Uhr bis spät.*

### Bamboo Tiger

Die dekadente Bar ist ein Füllhorn der Chinoiserien: Daybeds mit Vorhängen, geschnitzte Sofas und imposante Vasen im Ming-Stil. Die Musik bewegt sich zwischen Jazzsessions und Gay-Pophits. *335 Karangahape Rd; www.facebook.com/bambootigerakl; Mi & Do 17–1 Uhr, Fr & Sa bis 3 Uhr.*

### Madame George

Am zwielichtigen Ende der K' Road serviert das unaufgeregte Madame George raffinierte Cocktails und moderne Gerichte. Die saisonalen Produkte werden kreativ verarbeitet. *490 Karangahape*

*Rd; www.madamegeorge.co.nz; Di–Sa 17 Uhr bis spät.*

**Coco's Cantina**
An den Tischen vor dem Coco's genießen Stammgäste in der Nachmittagssonne ihren Wein. Andere erfreuen sich drinnen an einfachen saisonalen italienischen Leckereien. Hierher kommt man, um zu sehen und gesehen zu werden. Bei aller Ungezwungenheit ist es eines der schicksten Lokale der Straße. *376 Karangahape Rd; www.cocoscantina.co.nz; 09-300 7582, Mo–Do & Sa 16 Uhr bis spät, Fr ab 12 Uhr.*

## DIE K' ROAD

**Die K' Road ist so etwas wie Aucklands Gay-Hotspot, wenn auch von eher bescheidenen Dimensionen. Zu den Szenelokalen gehören das Bamboo Tiger, die schlichte Eagle Bar (259 K' Rd) und die schrille Family Bar (270 K' Rd) direkt gegenüber – und nicht zu vergessen das Caluzzi (461 K' Rd), ein Cabaret-Restaurant mit umwerfenden Drag-queen-Kellnerinnen.**

**Artspace Aotearoa**
Seit mehr als dreißig Jahren ist diese umtriebige Galerie eine Bastion anspruchsvoller zeitgenössischer Kunst der eher konzeptuellen Art. Die Qualität schwankt, aber die Ausstellungen regen stets zum Nachdenken an, und der Eintritt ist frei. *L1, 300 Karangahape Rd; www.artspace-aotearoa.nz; Di–Fr 10–18 Uhr, Sa 11–16 Uhr, Eintritt frei.*

**Oben und oben links: Artspace Aotearoa**
**Unten: Ausblick im St Kevin's Arcade**

# PARNELL

**Das vornehme Parnell genießt eher einen Ruf als pseudohip. Nichtsdestotrotz findet man hier das Auckland Museum und zahlreiche gute Unterkünfte. Die steilen kleinen Straßen sind gesäumt von charmanten viktorianischen Häusern. Wem es zu bergig wird, der kann auf die hervorragenden Bus- und Bahnverbindungen umsteigen.**

## Auckland Domain

Das klassizistische Auckland Museum ist das Highlight. Aber auch der große Park ist sehenswert, mit einheimischen Sträuchern, Skulpturen, einem Musikpavillon, Ententeichen und den Überresten des Pukekaroa, der etwas im Schatten der übrigen Vulkane steht. Unbedingt den Wintergarten mit edwardianischen Gewächshäusern, Wasserbecken und dem Bush Walk besuchen. *Domain Dr.*

## Holy Trinity Cathedral

Die mächtige anglikanische Kathedrale ist ein befremdlicher Mischmasch gegensätzlicher Stile. Dennoch gibt es einige sehenswerte Elemente, vor allem die 2016 fertig gestellte elegante Bishop Selwyn Chapel. Besondere Beachtung verdient die Rosette des englischen Künstlers Carl Edwards. Noch reizvoller ist allerdings die St Mary's Church nebenan mit ihren wunderschönen Bleiglasfenstern, die 1886 im Stil der sogenannten Carpenter Gothic errichtet wurde. *446 Parnell Rd; www.holy-trinity.org.nz; 10–15 Uhr.*

## La Cigale

Unter der Woche ist der Laden ein Café mit angeschlossenem Geschäft für französische Küchengeräte, Käse und Wein. Aber wenn am Wochenende der Markt stattfindet, brummt das Cigale (Zikade) so richtig. An den Ständen werden alle denkbaren sinnlichen Genüsse angeboten, von Obst oder Käse bis zu Schnittblumen und Schokolade. Drinnen türmen sich auf den Theken die Backwaren. *69 St Georges Bay Rd; www.lacigale.co.nz; Sa & So 9–13.30 Uhr.*

## Parnell Rose Garden

Der bezaubernde geometrische Garten ist von November bis März besonders wohlriechend und farbenprächtig. Zwischen den alten Bäumen gelangt man zur Judges Bay mit einem beliebten Schwimmponton. *85-87 Gladstone Rd; Eintritt frei.*

## Parnell Baths

Das Freiluft-Salzwasserschwimmbad wird von einem prächtigen Mosaik aus den 1950ern geschmückt. *Judges Bay Rd; www.parnellbaths.co.nz; Mo–Fr 6–20 Uhr, Sa & So 8–20 Uhr (Dez–Apr); Erwachsene 6,40 $, Kinder frei.*

# DEVONPORT

**Von Aucklands Zentrum gelangt man per Fähre nach Devonport. Großzügig über den wohlhabenden Vorort verstreut stehen prächtige edwardianische Holzhäuser, über denen zwei Vulkankegel thronen. Trotz der südpazifischen Landschaft erinnert Devonport an ein englisches Dorf. An der Victoria Street findet man Pubs, Cafés und Restaurants, in den Nebenstraßen hübsche Parks und Kirchen.**

© patjo / Shutterstock

**Oben: Aussicht von Devonport**

### Torpedo Bay

An diesem kleinen Sandstrand im Hafen ziehen die Einheimischen ihre Bahnen. Bei Ebbe lässt sich hier besser schwimmen als im offenen Meer. *King Edward Pde.*

### Torpedo Bay Naval Museum

Seit 1841 ist Devonport ein Marinestützpunkt. Diese Geschichte bereitet das kleine Museum auf und widmet sich insbesondere dem Leben einzelner Seeleute. *64 King Edward Pde; www.navymuseum.co.nz; 10–17 Uhr; Eintritt frei.*

### Maungauika/North Head Historic Reserve

Der 50 Meter hohe Vulkan bildet die nördliche Spitze von Aucklands Hafens und wurde in den 1880ern befestigt. Durch Tunnel gelangt man zu einer gut erhaltenen Geschützbatterie. Am nördlichen Ende verbirgt sich ein entzückender Strand. *Takarunga Rd; www.doc.govt.nz; 6–22 Uhr.*

### Cheltenham Beach

Der malerische Cheltenham Beach bildet den Auftakt der Sandstrände von North Shore. Direkt an den Maungauika anschließend, wird er landeinwärts von mächtigen, im Sommer rot blühenden Pōhutakawa-Bäumen abgeschlossen. Der Ausblick auf die Vulkaninsel Rangitoto ist ein Highlight. *Cheltenham Rd.*

### Takarunga/Mount Victoria

Der zweite von Devonports Vulkanen ist 87 Meter hoch. Auch er ist von einem militärischen Tunnelnetz durchzogen. Einer der Bunker wird vom Devonport Folk Club als Konzertort genutzt. Der Kegel war früher eine bedeutende *pā* (befestigte Siedlung) der Māori. Auf dem 10-minütigen Weg hinauf sieht man die Reste der Terrassen. *Kerr St.*

# SÜDAMERIKA & KARIBIK

Nardos
P.105 506

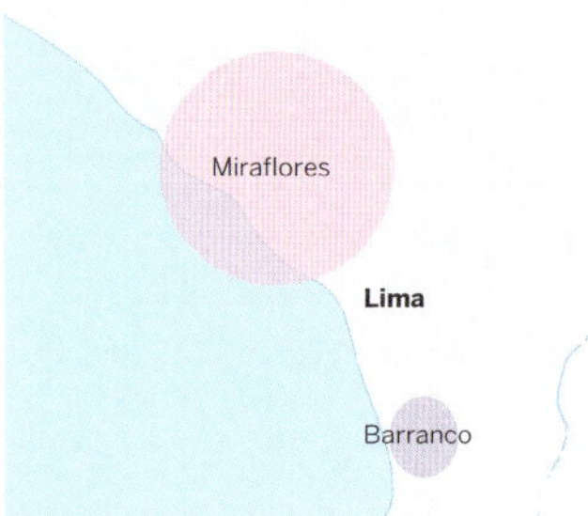


# LIMA

**Zwischen Limas präkolumbischen Ruinen, spanischen Kolonialhäusern und glänzenden Bürotürmen lassen sich wahre kulinarische und kulturelle Weltklasse-Wunder entdecken.**



Früher ließen Touristen Perus Hauptstadt auf ihrem Weg nach Cusco in den Anden, dem Ausgangspunkt zum Weltwunder Machu Picchu, links liegen. Das änderte sich in den 2010er-Jahren. Durch ein kulinarisches Revival im wohlhabenden Miraflores und die blühende Künstlerszene in Barranco rückte Lima wieder ins Blickfeld. Während Miraflores mit gehobener Weltklasseküche aufwartet, reihen sich in Barranco ausgezeichnete Lokale an schicke moderne Galerien und bunte Pisco-Bars.

Die beiden benachbarten Viertel bilden den Touristenschwerpunkt der Stadt. Miraflores zieht eher Familien an, Barranco sowohl vermögende Millennials als auch modebewusste Poshpacker.

Das Verkehrschaos in dieser staubtrockenen 10-Millionen-Metropole ist ein Dauerproblem. Dank guter Radwege und küstennaher Spazierpfade ist es jedoch vergleichsweise einfach, vom zentralen Miraflores am Pazifik entlang bis nach Barranco zu gelangen.

# MIRAFLORES

**Miraflores ist das moderne, selbstbewusste und schicke Gesicht, das Lima der Welt zeigen möchte. Die meisten Urlauber quartieren sich in einem der hippen Hotels inmitten der lebendigen Gastroszene und grüner Parklandschaften ein. Hier gibt es die meisten Radwege von ganz Lima, und Touren entlang der Küste mit ihrer atemberaubend üppigen Vegetation sind ein Muss für jeden Besucher.**

### Ceviche-Meile

Wenn etwas weltweit für die peruanische Küche steht, dann ist es Ceviche, ein scharfes Gericht aus rohem, in Limettensaft mariniertem Fisch. Die besten erhält man auf der Avenida La Mar, Limas Ceviche-Straße. Das Spektrum reicht von ausgezeichneten Restaurants (zum Beispiel das La Mar) bis zur Kneipe um die Ecke (wie das Barra Mar). *Avenida La Mar.*

### Neira Café Lab

Fragt man die Limeños (die Bewohner von Lima) nach dem stärksten peruanischen Kaffee, wird man in dieses kleine Café mit vier Tischen geschickt. Hier bereiten Baristas klassischen Espresso, von Hand aufgebrühten Filterkaffe oder einen Cold Brew mit Passionsfrucht und *muña*, der peruanischen Andenminze, zu. *Enrique Palacios 1074; www.facebook.com/neiracafelab; 8–21 Uhr.*

### Playa Mahaka

Ein winziger Strand mit ganzjährig gleichmäßigem Wellengang – perfekt für Surfanfänger. Mehrere Surfschulen verleihen auch Bretter und Surfanzüge. *Espigón Miraflores; www.pukana-surf.com.*

### El Malecón

Die 3 Kilometer lange Parkanlage El Malecón auf den Klippen über dem Pazifik ist sehr beliebt für Morgenspaziergänge und abendliche Radtouren. Sehenswürdigkeiten sind der Parapuerto-Kiosk, Startpunkt für Gleitschirmflüge über der Stadt, und der Parque del Amor mit der überlebensgroßen Statue El Beso (der Kuss) des Bildhauers Víctor Delfín. *Küste von Miraflores.*

### Mercado No 1 de Surquillo

Der Markt, der eigentlich schon zum angrenzenden Viertel Surquillo gehört, ist in der ganzen Gegend der interessanteste für peruanische Produkte. Unter Einheimischen haben Imbissstände wie die Cevichería El Rey Luchin Kultstatus. Jeden Sonntag findet die Bioferia statt, ein Markt, auf dem biologische Produkte angeboten werden. Hier decken sich Touristen mit ökologischem Getreide, Kaffee und Anden-Schokolade ein. *Paseo de la Republica, Block 53; 8–16 Uhr.*

# BARRANCO

**Barranco war im 19. Jahrhundert ein Küstenort für die Adligen von Lima, ist mittlerweile aber mit der restlichen Stadt verschmolzen. Im Gegensatz zum schickeren Miraflores verströmen die palmengesäumten Straßen noch einen Hauch von früher. In den meisten der während des Guanobooms errichteten Gebäude mit pastellfarbenen Fassaden und grünen Innenhöfen befinden sich nun Bars, Hotels oder Läden.**

### Amaru Casa Cultural

In diesem alten Herrenhaus werden kulturell interessierte Besucher durch unzählige Angebote stimuliert. An der Kräuterbar kann man Tee bestellen, im Café peruanischen Kaffee probieren, in der Kunstgalerie Bilder kaufen oder im kleinen Laden die sorgfältige Buchauswahl studieren. Wer Spanisch spricht, kann aus einem vielfältigen Unterrichtsangebot auslesen: Kunst, Flamenco, Ballett, Theater, Yoga, Quechua ... *Jr Sucre 317; www.amaru.cc; 10–22 Uhr.*

### La Bodega Verde

An langen Nachmittagen chillen Einheimische in dieser grünen Oase in der Nähe der Puente de los Suspiros im pflanzenüberwucherten Patio bei einem Kaffee aus ökologischem Anbau. Lies ein gutes Buch, schreib ein paar E-Mails oder besuche die kleine Galerie, die Werke junger einheimischer Künstler verkauft. Veggie Ceviches, Acai-Bowls und glutenfreie Backwaren runden die ernährungsbewusste Speisekarte ab. *Jr Sucre 335a; www.facebook.com/labodegaverde; 8–22 Uhr.*

### Dédalo

In diesem Laden erhält man alles: Alpakaschals, Inka-Schmuck oder Kunsthandwerk wie Keramik und Holzschalen. Durch einen kleinen Ausstellungsraum im hinteren Teil gelangt man in ein bewachsenes Innenhofcafé, in dem frisch gepresste Säfte, Milchkaffees und Craftbiere serviert werden. *Paseo Saenz Peña 295; www.dedalo.pe; Mo–Sa 10–20 Uhr.*

### Microteatro Lima

Den künstlerischen Geist von Barranco kann man in dieser Performance-Bar mit wechselndem Programm in sich aufsaugen. Die Shows dauern höchstens 15 Minuten und finden in einem 15 Quadratmeter großen Raum mit Platz für genau 15 Zuschauer statt. Die meisten sind auf Spanisch, aber das Ambiente ist so mitreißend,

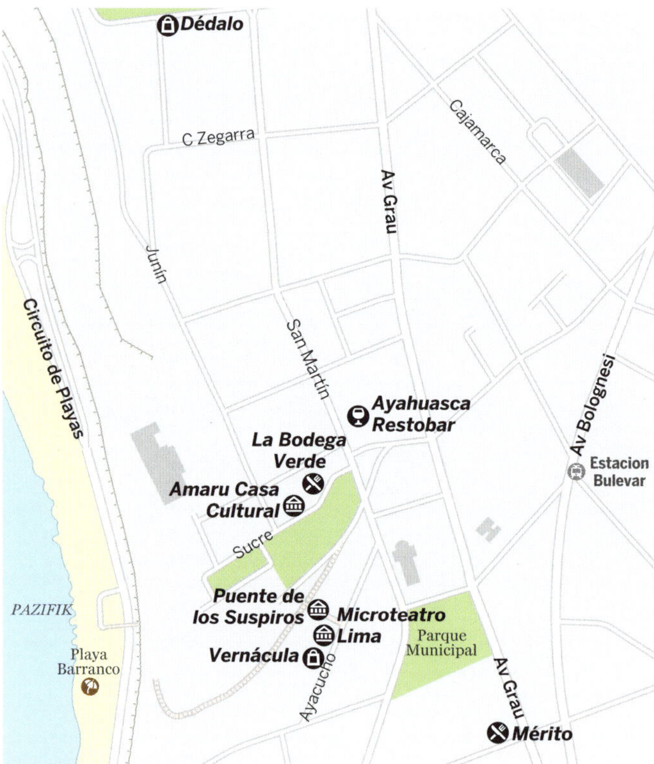


LIMA

dass man halbwegs mitkommt. *Ayacucho 271; www.microteatrolima.com; Di–So ab 19 Uhr.*

### Ayahuasca Restobar

Diese brummende Bar in einem Herrenhaus von 1870 ist der angesagte Ort für Cocktails auf Piscobasis mit Amazonas-Früchten. Dank der flippigen Inneneinrichtung und der märchenhaften Beleuchtung braucht man die namensstiftende Droge gar nicht, um sich vom psychedelischen Ambiente berauscht zu fühlen. *San Martin 130; ayahuascarestobar.com; Mo–Fr 18–3 Uhr & Sa 20–3 Uhr.*

### Mérito

Lima hat eine hohe Dichte an Weltklasserestaurants und Sterneköchen. Das Mérito gehört nicht dazu. Die kunstvoll angerichteten Speisen wirken und schmecken zwar so, als gehörten sie in die feinsten Lokale, sind aber selbst für Backpacker erschwinglich. Das Interieur aus Holz, Stein und Ziegeln verströmt eine ehrliche Natürlichkeit. *Av 28 de Julio 206; meritorestaurante.com; 01-277-1628; Mo–Sa 19.30–23 Uhr.*

© Juan Napuri / Alamy Stock Photo

## DIE SEUFZERBRÜCKE

**Die kleine, Puente de los Suspiros (Seufzerbrücke) genannte Holzbrücke ist das Wahrzeichen von Barranco. Der Legende nach hat jeder, der beim ersten Besuch die 30 Meter ohne zu atmen hinter sich bringt, einen Wunsch frei. Allerdings muss man sich an Straßenkünstlern, knutschenden Pärchen und Leuten beim Selfiemachen vorbeischlängeln, um das zu schaffen!**

### Vernácula

Auf der Suche nach peruanischer Pop-Art oder einem bunten Andenmuster-Kleid? Dieser Concept Store liefert Qualitätsarbeit mit starker lokaler Identifikation. Freitag- und samstagabends gibt es Livemusik in der Souterrain-Bar, wo Lichterketten das schicke Publikum in sanftes Licht tauchen. *Ayacucho 269; www.facebook.com/vernaculaconceptstore; Di–So 11–20 Uhr, Bar Fr & Sa bis 24 Uhr.*

© Efrain Padro / Alamy Stock Photo

**Oben: bunte Straßen und Fenster in Barranco**
**Links: die legendäre Puente de los Suspiros**

# HAVANNA

**Die 500 Jahre alte kubanische Hauptstadt lebt durch ideenreiche Unternehmer wieder auf. Mit kreativen Cocktails, avantgardistischer Kunst und Oldtimern.**

Havanna befindet sich auf dem Höhepunkt einer neuen Revolution. Nach 60 Jahren unter sozialistischem Regime erhielten die Habaneros vor gut 10 Jahren den Schlüssel zu einer unabhängigeren Zukunft, als Ex-Präsident Raúl Castro die Regelungen für die Privatwirtschaft lockerte. Viele eröffneten Restaurants, Cafés, Boutiquen, Galerien und Pensionen oder boten geführte Touren an und veränderten so nach und nach die 500 Jahre alte Stadt. Doch Havanna ist ein städtisches Labyrinth voller Türen zu neuen geheimen Welten geblieben. Entdecke das bunte Habana Vieja zu Fuß; bis auf wenige restaurierte Plätze und Straßen ist es dort laut, heruntergekommen und nach Mitternacht so gut wie ausgestorben. Weiter westlich an der Küste liegt El Vedado mit verspielten Herrenhäusern, Kunstgalerien, Bars und Klubs. Auch hier geht man am besten zu Fuß über die weiten Bürgersteige. Für entferntere Gegenden ruft man sich ein Taxi.

# EL VEDADO

**El Vedado ist eine von Alleen unterteilte Reißbrettstadt aus dem 19. Jahrhundert. Hier stehen die Herrenhäuser im spanischen Kolonialstil von Havannas Zuckerbaronen, mit Gärten, Veranden und verzierten Gittern. Später kamen Mafia-Hotels und Kasinos an der Küste dazu. In einigen von El Vedados Herrenhäusern befinden sich heute moderne Bars und Kulturzentren.**

### Grados

Küchenchef Raulito Bazuko erfindet in seinem Wohnzimmer-Restaurant alte Rezepte neu. Er schuf schon einen avantgardistischen Mix aus Matrix-Menü und Theatererlebnis mit verbogenem Besteck, Filmen und Performances. Jetzt plant er Bierbrauen und ein neues Projekt, das Kubas gastronomischen Maßstab herausfordern soll. *Grados, Calle E 562 e/ 23 y 25; www.facebook.com/restaurantegrados; 7833-7882; Mi–Sa 12.30–15.30 & 19–22.30 Uhr.*

### Jardines de la Tropical

Mitten in Havannas Wald am Rio Almendares kann man im Ballsaal tanzen oder dem Klavierspiel in der kleinen Alhambra lauschen. An der Theke hinten in der Kapelle im Stil eines Hexenhäuschens wird Bier ausgeschenkt. *Calle Rizo y Final, Eingang Avenida 51, 7886-1767.*

### Hotel-Nacional-Tour

Im sagenumwobenen Hotel Nacional fand die „Havanna-Konferenz" der US-Mafia statt, auf der Lucky Luciano und Meyer Lansky ihre kriminellen Pläne für Havanna ausheckten. Auf täglich stattfindenden Hotelführungen erfährt man alles über Mafia-Praktiken, klettert auf einen der Türme und steigt in die Tunnel hinab, die 1962 anlässlich der Kubakrise gebuddelt wurden. *Calle 21 y O; www.hotelnacionaldecuba.com; 7836-3564; 10 Uhr; 5 CUC.*

### Salchipizza

Die unabhängige Bäckerei des zurückgekehrten Kubaners Alberto González Ceballos bietet (glutenfreies, Früchte- oder Mais-)Brot mit Rote-Bete-Butter, weißen Trüffeln oder gebratenen Enten- und Wachteleiern sowie schelmische Unterhaltung. *Calle Infanta 562 e/ Valle y Zanja; www.facebook.com/pg/Salchipizza; 5281-8792; Di–Sa Frühstück 9–11 Uhr.*

### Cementerio Cristóbal Colón

Entdecke Rita Longas Pietà, das Goldmosaik von René Portacarrero in der Gruft von Raúl de Zárraga, die Figur auf dem Grab des Schachweltmeisters von 1920 José Raúl Capablanca und das Art-déco-Mausoleum von René Lalique. *Calle Zapata y 12; 7830 4517; 8–17 Uhr, 5 CUC.*

# HABANA VIEJA

**Alt-Havanna sieht mit seinen Festungen, plätschernden Springbrunnen und barocken Kirchen aus wie ein Klon Andalusiens. Besucher mit handgerollten Zigarren im Mund bewundern aus bunten Oldtimern die von der Seeluft angegriffene Architektur und ziehen dann durch Hemingways Stammbars, immer auf der Suche nach dem kuriosen Schild oder der offenen Tür, hinter der sich etwas Kreatives versteckt.**

### Edificio Bacardí

Der Turm mit dem Fledermausemblem des ehemaligen Bacardi-Firmensitzes überragt Havannas Altstadt. Das zwölfgeschossige Gebäude mit der schwarz-goldenen Art-déco-Fassade ist mit bronzefarbenen Fledermäusen und riesigen schmiedeeisernen Bs verziert. Das glänzende Nymphenfries des amerikanischen Künstlers Maxfield Parrish kann man am besten von der Terrasse im fünften Stock des nahe gelegenen Hotel Plaza fotografieren. Die holzgetäfelte Bar im Mittelgeschoss wurde vor Kurzem wiedereröffnet. Aber Bacardi wird nicht serviert! *Avenida de Bélgica 261 e/ Empedrado y San Juan de Díos; Café Mo–Sa 9–16 Uhr.*

### REX Duplex Theatre + Neon Center

In diesem eigentlich schon außerhalb von Habana Vieja liegenden wiederbelebten Veranstaltungsort wird Havannas Neonlicht-Erbe zelebriert. Zusammen mit dem Kubanoamerikaner Adolfo Nodal, der in Los Angeles Neonlichter restauriert hat, reparierte der Künstler Kadir López über 200 Neonschilder. Es gibt neben der Lichter-Ausstellung auch einen Neon-Friedhof, und Neon-Führungen durch die Umgebung werden angeboten. *Boulevard San Rafael 161 e/ Industria y Amistad; www.smore.com/396zx; Di–Do 12–22 Uhr.*

### San Isidro Distrito de Arte

In den anrüchigen Gassen im südlichen Teil von Habana Vieja wurde 1910 Kubas bekanntester Zuhälter Alberto Yarini niedergestreckt. Heute beleben die Söhne von Kubas berühmtestem Schauspieler Jorge Perugorría diese Gegend nach dem Vorbild von Miamis Stadtteil Wynwood wieder: Wände werden von kubanischen und internationalen Straßenkünstlern bemalt, zwei Galerien zeigen zeitgenössische Kunst, und Nachbarschaftsfeste werden gefeiert. *Calle San Isidro und Umgebung; galeriatallergorria.com.*

### Arte Corte
Zwischen Street-Art-Wandgemälden in einer Kneipengasse im nördlichen Habana Vieja bietet das Nachbarschaftsprojekt Arte Corte kostenlose Kurse für junge, arbeitslose Friseure, Barkeeper oder Nagelpflegerinnen an. In Nr. 11 erhält man einen gratis Haarschnitt (Mo–Fr 9–12 Uhr) und Einblick ins Projekt sowie in das Friseur-Museum. Durch ein Abendessen im El Figaro wird Arte Corte unterstützt. *Calle Aguiar e/ Peña Pobre y Avenida de las Misiones; artecorte.org.*

### Clandestina
Seitdem Idania del Río und Leire Fernández 2015 Kubas erstes Modelabel und etwas später den ersten Onlineshop für Kleidung gegründet haben, sind ihre bunten Taschen und T-Shirts ein Must-Have für Souvenirjäger. Humorvoll setzt sich ihre Mode mit dem Mangel an Internet und Geld sowie den Alltagsproblemen auf Kuba auseinander. *Calle Villegas 403 e/ Teniente Rey y Muralla; clandestina.co; Mo–Sa 10–20 Uhr, So 10–17 Uhr.*

### HOFFNUNGSVOLLE PARTYSZENE

**Das HAPE-Collective entstand in einer Zeit der Hoffnung nach der Wiederaufnahme der diplomatischen Beziehungen durch Barack Obama 2015. Es will durch musikalische Begegnungen Grenzen sprengen. Kubanische DJs und internationale Musiker rocken brach liegende Dachterrassen oder morbide Orte (wie die Jardines de la Tropical). Zu den vibrierenden Partys strömen in Havannas schwülen Nächten die Massen. Die Location wird erst kurz vor der Party bekannt gegeben: www.facebook.com/hapecollective.**

### El Café
Früher war er Küchenchef und Barista in London, heute führt der gelernte Industriedesigner Nelson Rodríguez Tamayo diese entzückende Oase. Das versteckte Café bietet perfekt gebrühten Milchkaffee, Sauerteigbrot oder Eier und Avocado an. Manche Gäste sind so überwältigt von dem Angebot auf der Kreidetafel, dass sie die proteinreiche Platte und die süßen Pfannkuchen schon zum Frühstück bestellen. *Calle Amargura 358 e/ Villegas y Aguacate; www.facebook.com/elcafehavana; 7861 3817; 9–18 Uhr.*

### El del Frente
Der Künstler/Küchenchef Carlos Imperatori hat seine Gin-Bar in einem winzigen Gebäude um diesen Außenbereich direkt gegenüber erweitert. Seine Cocktails sind der Hammer (die Piña Colada ist sehr groß), und am besten bestellt man die köstlichen, mit Ceviche garnierten *tostones* (Kochbananen) dazu. *Calle O'Reilly 303 e/ Habana y Aguiar; www.facebook.com/pg/BarEldelFrente; 7867-4256; 12–24 Uhr.*

**Oben: Hippes von Clandestina**
**Unten: bunte Gebäude in Habana Vieja**

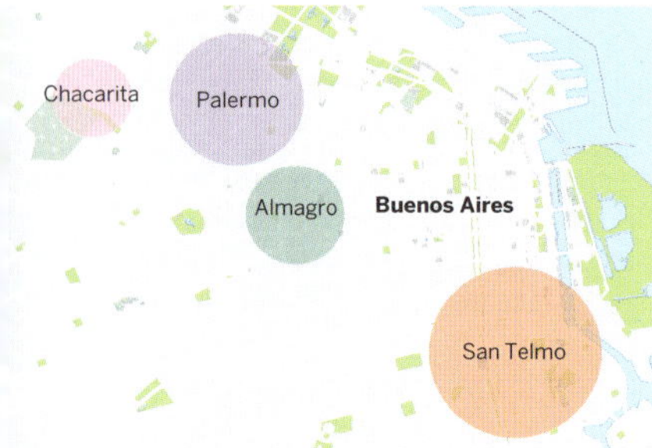


# BUENOS AIRES

**Unter der kultivierten und ehemals prunkvollen Oberfläche von Buenos Aires verbirgt sich eine Leidenschaft, die in den lebhaften Vierteln zum Ausdruck kommt.**

Buenos Aires unterteilt sich in charaktervolle Viertel, die durch Busse, die Subte (U-Bahn) und Radwege miteinander verbunden sind.Die Porteños genannten Einwohner identifizieren sich sehr stark mit ihrem jeweiligen Barrio (Viertel). Schicke Boutiquen, angesagte Restaurants, Cocktailbars und weitläufige Parks findet man in Palermo, einem großen Viertel nördlich des Stadtzentrums. Südlich in San Telmo stehen einige der ältesten Gebäude von Buenos Aires. Die Geschichte als Einwandererviertel – erst wohlhabende Kolonialisten, dann mittellose Neuankömmlinge – spiegelt sich in den alten Geschäften und der düsteren Atmosphäre wider. Im Westen erhält man in Almagro mit seinen eleganten Cafés und einer blühenden Theaterszene einen Einblick in das Leben von Mittelklasse-Porteños. Im aufstrebenden Chacarita westlich von Palermo gibt es viel Straßenkunst, vegetarisches Essen und neue aufregende Restaurants.

# PALERMO

**Mit seinen Boutiquen, exklusiven Restaurants und dem lebendigen Nachtleben ist Palermo ein Magnet für gut ausgebildete und betuchte Hauptstädter, die in modernen Apartmentanlagen wohnen und White Flat schlürfen. Die Parks hier sind ideal zum Joggen, Skaten und Leutegucken, und das Radwegnetz lädt dazu ein, das Viertel auf zwei Rädern zu erkunden.**

### Café Vinilo

In diesem fantastischen Café, das die meisten Touristen nicht auf dem Schirm haben, erhält man einen guten Einblick in die lokale Musikszene. Für Insider ist das Vinilo mit der authentischen Montagsmilonga (Tangonacht) und den Konzerten von Tangoorchestern und anderen Musiktalenten eine bekannte Größe. *Gorriti 3780; cafevinilo.com.ar; Mi–Mo 8–1 Uhr.*

### Verne Club

Hinter einem Samtvorhang versteckt sich ein schummriger Raum im Steampunk-Stil. Hier arbeitet Fede Cuco, der beste Barkeeper der Stadt. Probiere seine Kreationen und melde dich zu einer Cocktail-Meisterklasse an. *Medrano 1475; www.vernecocktailclub.com; So–Do 9–2 Uhr, Fr & Sa bis 4 Uhr.*

### Perón Perón Restobar

In diesem exzellenten, von Peronisten frequentierten Restaurant wird das politische Vermächtnis von Juan und Evita Perón zelebriert. Ein Andenkenschrein und Graffiti zollen dem Paar Tribut, und das Essen ist auch darauf abgestimmt. *Carranza 2225; www.facebook.com/PeronPeronOficial; 011-4777-6194; Mo–Do 19–24 Uhr, Fr & Sa bis 1 Uhr.*

### Hipódromo Argentino de Palermo

Die meisten Touristen übersehen Argentiniens unübersehbare mondäne Pferderennbahn in Palermo. Ein paar Stunden Pferderennen bieten einen Hauch von Luxus – sei es mit Blick auf die Rennbahn oder auf die farbenfrohen Persönlichkeiten auf der Tribüne. *Av del Libertador 4101; www.palermo.com.ar; Eintritt frei.*

### Vuela el Pez

Hinter einer unscheinbaren Tür befindet sich dieses Kultur- und Kunstzentrum, das sich alternativen Ideen und Ausdrucksformen verschrieben hat. Das abwechslungsreiche Programm aus Ausstellungen, Livemusik, Theaterstücken, Lyriklesungen und Diskussionsrunden bietet immer etwas Interessantes. *Av Córdoba 4379; www.facebook.com/vuelaelpez; So & Di–Do 20.30–24 Uhr, Fr & Sa bis 5 Uhr.*

# ALMAGRO

**Almagro ist zentral gelegen und daher von überallher gut per Bus, U-Bahn oder Fahrrad zu erreichen. In diesem Wohnviertel herrscht eine Atmosphäre von zeitloser Tradition, jugendlichem Enthusiasmus und lebhaftem Alltagsleben. In den begrünten Straßen findet man eine blühende Kunstszene, zahlreiche beliebte Cafés und hervorragende einheimische Küche.**

### Las Violetas

Seit 1884 treffen sich die Señoras von Almagro, also Frauen ab einem gewissen Alter, in diesem eleganten Café auf einen Plausch bei Milchkaffee und *medialunas* (Croissants). Die wunderschönen Buntglasfenster und Marmorböden stammen noch aus den 1920er-Jahren. Am besten kommt man zur *merienda*, der argentinischen Version von Kaffee und Kuchen. Sandwiches ohne Rinde und Gebäck werden huldvoll von einem Ober mit Fliege serviert. *Av Rivadavia 3899; www.lasvioletas.com; 011-4958-7387; 6–1 Uhr.*

### Señor Duncan

In diesem von außen unscheinbaren umgebauten Wohnhaus werden Erzählabende, eine Offene Bühne, Salsa-Unterricht, Jazzkonzerte und vieles mehr veranstaltet. Das Ambiente eines Künstlersalons zieht ein freundliches Publikum in die Casa del Señor Duncan. Um eingelassen zu werden, muss man klingeln. *Rivadavia 3832; www.facebook.com/seniorduncan; So & Mo 19–2 Uhr, Di–Do bis 3 Uhr, Fr & Sa bis 4 Uhr.*

### Dumbo

Buenos Aires hat eine große italienische Einwanderer-Community. Ihr Vermächtnis schlechthin ist das Eis. Zwischen den Namen der großen Ketten verbergen sich seltene, wertvollere Juwelen: kleine, unabhängige *heladerías* (Eisdielen) mit langen Schlangen bis um die Ecke. Seit 1942 verkauft Dumbo vor Ort selbst hergestelltes Eis. Die Sorte *dulce de leche* (Karamell) ist laut den Porteños die beste der Stadt. *Av Rivadavia 3929; www.heladosdumbo.com.ar; So–Do 12–1 Uhr, Fr & Sa bis 2 Uhr.*

### El Boliche de Roberto

Frühabends wirkt diese kleine Kneipe voller staubiger Flaschen wie ein normales Lokal von früher. Aber spätestens, wenn die Tangomusiker auftauchen, ihre Gitarren auspacken und mit ihrem Gänse-

© PatagoniaLandscapes / Shutterstock

haut-Gesang loslegen, wird klar, dass man hier einen ganz besonderen Ort entdeckt hat. Ein Geheimtipp von den Leuten aus dem Viertel, den man eigentlich nicht verraten sollte. *Bulnes 331; www.facebook.com/elbolichederobertoOK; 16–3 Uhr.*

### Blumenstände

Zwei Straßenzüge östlich der Plaza Almagro duftet es süßlich nach Dutzenden bunter Rosen, Hyazinthen und Tulpen vor ein paar kleinen Blumenläden und -ständen. Als 2002 der Blumenmarkt von Almagro schließen musste, machten diese *florerías* (Blumenverkäufer) einfach weiter. Man findet sie in den Straßen Acuña de Figueroa und Sarmiento, zwischen der Avenida Medrano und Gascón. *Ecke Sarmiento & Acuña de Figueroa, Öffnungszeiten variieren.*

### El Camarín de las Musas

In Almagro hat sich eine blühende Theaterlandschaft mit sehenswerten Produktionen entwickelt – wenn man sie denn findet. Am meisten lohnt sich ein Blick ins Programm von El Camarín de las Musas, einem kleinen und intimen Veranstaltungsort für zeitgenössische Tanzperformances und Theaterstücke. *Mario Bravo 960; www.elcamarindelasmusas.com; Mo–Do 10–24 Uhr, Fr & Sa bis 2 Uhr, So 17–24 Uhr.*

### PARKLEBEN

**Die Grünfläche im Herzen des Viertels heißt Plaza Almagro. Da die meisten Anwohner in Wohnblocks leben, ist die Plaza Almagro so etwas wie der gemeinsame Hinterhof des Barrio. Hier spielen ältere Männer Schach, Kinder toben sich aus, und Freunde treffen sich. An den Wochenenden vor Karneval wird für den Umzug geübt.**

### Museo Casa Carlos Gardel

In einer Straße mit Wohnhäusern in der Gegend um Abasto steht das ehemalige Wohnhaus der Tango-Legende Carlos Gardel. Heute ist es ein kleines, aber feines Museum, in dem man den Aufnahmen des großen Meisters lauschen kann. In den umliegenden Straßen sind Wandgemälde und Mosaike der lokalen Ikone mit dem typischen Filzhut zu entdecken. *Jean Jaures 735; www.buenosaires.gob.ar/museos/museo-casa-carlos-gardel; Mo & Mi–Fr 11–18 Uhr, Sa & So 10–17 Uhr; 50 ARS.*

**Oben: farbenfrohe Schilder**
**Links: fließende Bewegungen von Tangotänzern**

# CHACARITA

**Man sollte bald herkommen: Chacarita entwickelt sich gerade zum Szeneviertel. In den Alleen verstecken sich sowohl ausgezeichnete Restaurants als auch traditionelle Kneipen. Hier kann man gut zu Fuß gehen. Von Palermo nimmt man den Bus oder ein Taxi, von der Innenstadt fährt man zwanzig Minuten mit der U-Bahn.**

### Cementerio de la Chacarita

Der Friedhof La Recoleta gehört zu den meistbesuchten Sehenswürdigkeiten der Stadt, aber nur wenige Touristen schaffen es bis zum größeren, genauso prachtvollen Friedhof von Chacarita. Hier befindet sich das Mausoleum der Tango-Legende Carlos Gardel; seine Statue ist durch die Zigarette in der Hand kaum zu übersehen, Taxifahrer zünden sie nämlich immer wieder an, wenn sie ihm an seinem Grab ihre Ehre erweisen. *Av Guzmán 680; 7.30–17 Uhr.*

### El Galpón

In einer unscheinbaren Kopfsteinpflastergasse versteckt sich dieser gelbe Schuppen, in dem alle zwei Wochen der Markt einer auf biologische Produktion sowie naturbelassene Kosmetik spezialisierten Bauernkooperative stattfindet. Insider kaufen hier biologischen Wein, Craftbier, vegetarische Pizzen, Gemüse und vieles mehr. *Av Federico Lacroze 4171; elgalpon.org.ar; Mi & Sa 9–18 Uhr.*

### Falena

Man sieht dem Backsteingebäude aus den 1930ern nicht an, dass sich darin ein zauberhaftes Geschäft verbirgt. Man muss an der Tür klingeln und wird drinnen mit kaffeebraunen Sofas, Bücherregalen und einer Weintheke überrascht. Durch einen Innenhof mit Sitzbänken und Pflanzen fällt Licht herein. *Charlone 201; www.falena.com.ar; Di–Sa 14–21 Uhr.*

### El Imperio de la Pizza

Klassische Pizzerien gibt es auf der Avenida Corrientes; lass die bekannteren in Innenstadtnähe links liegen und geh weiter bis zu El Imperio, einem charmant-kitschigen Lokal, das seit 1947 dicke, saftige Pizzen serviert. *Av Corrientes 6899; www.facebook.com/elimperiodelapizza; So–Fr 17–1 Uhr, Sa bis 24 Uhr.*

### Museo Fotográfico Simik

In einem exzentrischen Café zeigt dieses sogenannte Fotografie-Museum die umfangreiche Kamerasammlung sowie verschiedene fotografische Erinnerungsstücke von Alejandro Simik. Donnerstags bis sonntags wird Livemusik gespielt. *Av Federico Lacroze 3901; www.facebook.com/MuseoSimik; Mo–Sa 7–24 Uhr.*

BUENOS AIRES

# SAN TELMO

**Die meisten Immigranten haben in San Telmo, in der Nähe des Hafens La Boca, ein neues Zuhause gefunden. Die Herrenhäuser der Reichen wurden zu einfachen Mietwohnungen für die Armen. Die hübsche gepflasterte Calle Defensa ist ein Touristenmagnet, der Rest des Arbeiterklasse-Barrio ist eher bescheiden. San Telmo ist nah am Zentrum und lässt sich wunderbar zu Fuß erkunden.**

### Russisch-Orthodoxe Kirche
Trotz den auffälligen Zwiebeltürmen und Goldkreuzen ist die einzige Russisch-Orthodoxe Kirche von Buenos Aires erstaunlicherweise leicht zu übersehen. Die hellblauen goldverzierten Glockentürme lassen sich gut von den Bänken des Parque Lezama aus bewundern. Wenige Touristen wagen sich in die Kirche, obwohl sie Besuchern manchmal offensteht. *Av Brasil 135; www.iglesiarusa.org.ar; jeden zweiten Sonntag 15.30 Uhr; 50 ARS.*

### Calle Lanín
In der gepflasterten Calle Lanín im angrenzenden Barrio Barracas haben die Anwohner ihre Häuser mit Wandgemälden und Mosaiken dekoriert und ihre ruhige Straße so in eine öffentliche Kunstgalerie verwandelt. *Zwischen den Calles Brandsen & Suárez.*

### Café San Juan La Vermutería
Ein Muss für Wermut-Liebhaber ist diese kleine, aber außergewöhnlich gut sortierte *vermutería* im Café San Juan. Zu empfehlen sind der Aperitivo de la casa, eine eigene Kreation aus Cinzano, Cynar, Fernet und Sodawasser, sowie die erlesenen Tapas des Küchenchefs Lele Cristóbal. *Chile 474; www.facebook.com/CafeSanJuanOficial; Di–So 18.30–24 Uhr, Sa & So 12–4 Uhr.*

### Mercado de San Telmo
Nicht zu verwechseln mit dem berühmten sonntäglichen Straßenmarkt Feria. Der Mercado de San Telmo ist eine pulsierende Markthalle in einem zauberhaften Gebäude von 1897. Einheimische kaufen hier frisches Obst, Fleisch und Käse, wobei sich zu den traditionellen Verkaufsständen mittlerweile auch Kaffeebars und Bäckereien gesellt haben. *Bolívar 470; mercadosantelmo.com.ar; 8–20.30 Uhr.*

### Cafe Rivas
Idyllisch an einer gepflasterten Straßenecke gelegen ist das elegante Cafe Rivas einer dieser magischen Orte, wo man den ganzen Tag verbringen könnte, vom Morgenkaffee bis zum Feierabendcocktail. *Estados Unidos 302; www.facebook.com/caferivas; Di–Sa 9.30–1.30 Uhr, So 11–20 Uhr.*

KUNST & KULTUR · MUSIK & FILM · SPORT & FREIZEIT · ESSEN · TRINKEN · SHOPPEN

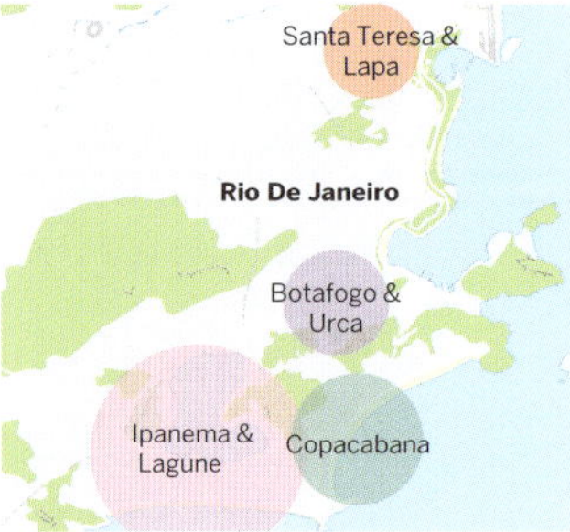


# RIO DE JANEIRO

**Endlose goldene Strände, ein ausuferndes Nachtleben und von Wald umsäumte Wohngebiete – das ist Rios faszinierende Kulisse fürs Großstadtabenteuer.**



Von Rios berühmten Küstenvororten Ipanema und Copacabana landeinwärts findet man außer tollen Boutiquen, vollen Nachtklubs und Cafés auch weniger bekannte Plätze, um die tropische Szenerie zu genießen, zum Beispiel eine Salzwasserlagune oder einen Klippenpark mit Panoramablick.

Botafogo, eine kurze Metrofahrt nördlich von Copacabana, ist ein kreatives Ausgehviertel mit Bäckereien, Craftbier-Brauereien und Livemusik-Lokalen. Wie ein Küstendorf wirkt das nahe gelegene Urca mit winzigen Stränden und Spazierwegen. Weiter nördlich lockt das Party-Epizentrum von Lapa scharenweise Nachtschwärmer in die Samba-Klubs und vibrierenden Kneipen. Lapa liegt am Fuß des Hügels von Santa Teresa, einer Künstlerenklave mit Studios und einer bunten Mischung aus Läden und Lokalen.

Rios Viertel eignen sich prima für Spaziergänge, und mit der effizienten Metro gelangt man gut von einem zum anderen. Bikesharing wird auch angeboten (Bike Rio).

# COPACABANA

**Natürlich ist die Copacabana ein Touristenmagnet. Doch ein paar reizvolle Lieblingsplätze locken auch die Cariocas (Einwohner Rios) hierher – für Yoga auf dem Wasser (auf einem SUP-Board), Samba-Sessions auf dem Bürgersteig oder Drinks am Ufer weit weg von den nervtötenden Massen. Die komplette Strecke des 4 Kilometer langen Strandabschnitts lässt sich gut mit dem Rad oder über eine der vier Metrostationen bewältigen.**

### Café 18 do Forte

Dieses im Fort von Copacabana verborgene Café bietet einen fantastischen Ausblick. An den schattigen Tischen kann man wunderbar Kaffee, Craftbiere von Rios Brauerei Praya oder Snacks genießen. Den Eintritt ist es allemal wert. *Praça Coronel Eugênio Franco, über Av Pasteur 520; cafe18doforte.com.br; Di–So 10–20 Uhr; 6 R$.*

### Bip Bip

Dieses winzige Schaufenster wird sechs Abende die Woche zu einer unvergesslichen Livemusik-Location. Die Formel ist denkbar einfach: ein langer Tisch, an dem die Musiker zur Jamsession eintrudeln, ein Kühlschrank voller Bier (Selbstbedienung; bezahlt wird beim Typen am Tisch gegenüber) und ein Publikum, das mitsingt. *Rua Almirante Gonçalves 50; www.facebook.com/barbipbip; So–Fr 19–24 Uhr.*

### Bairro Peixoto

Meilenweit entfernt scheinen die verstopften Verkehrsadern in diesem ruhigen Miniviertel mit einem baumumsäumten Platz, einem Spielplatz, Parkbänken und Tischen, an denen die Einheimischen tratschen. Mittwochs ist Markt, auf dem es Mangos, Papayas, Zimtäpfel, Passionsfrüchte und vieles mehr gibt. Vorsicht vor den Pinseläffchen in den Bäumen. *Praça Edmundo Bittencourt.*

### Universo Paddle Surf

Die tropische Kulisse lässt sich am besten vom Wasser aus bewundern, zum Beispiel auf einem Stand-up-Board. Universe Paddle Surf verleiht die Ausrüstung dafür (ca. 60 R$ pro Stunde). Sonnenuntergangs-Yoga gehört auch zum Angebot. *Posto 6, Praia de Copacabana; 21-98269-5109.*

### Gilson Martins

Dieser Laden verkauft bunte, mit der brasilianischen Flagge oder der Christusstatue und dem Zuckerhut verzierte Accessoires. Für die Taschen und Portemonnaies werden recycelte, nachhaltige Materialen verwendet. *Av Atlântica 1998; www.gilsonmartins.com.br; Mo–Sa 10–18 Uhr.*

# IPANEMA & LAGUNE

**Zwischen Atlantik und der funkelnden Lagune *(lagoa)* liegen die Boutiquen, Bars und Kulturzentren dieser schicken Gegend aus vier zusammengewachsenen Vierteln: Ipanema, Leblon, Lagoa und Gávea. Die Metro fährt hierher, aber für den Norden braucht man ein Taxi.**

### Chocolate Q

Dieser kleine Laden in Ipanema führt köstliche dunkle Schokolade, die von einem einzelnen Hersteller in Bahia nachhaltig produziert und wunderschön verpackt wird. In einem Schokoladenseminar erfährt man die faszinierende Geschichte einer alten wiederbelebten Kakaoplantage, während man sich von der halb bis zur ganz dunklen Perfektion durchnascht. *Rua Garcia D'Ávila 149, Ipanema; www.chocolateq.com; Mo–Sa 10–20 Uhr.*

### Palaphita Kitch

Am Rand der Lagune thronend ist dieses Freiluft-Café ideal für einen Sundowner. Bambusmöbel, flackernde Gartenfackeln und die Sicht auf die Berge hinter der Lagune bilden eine bezaubernde Kulisse für kreative Drinks und Snacks, einschließlich Amazonas-Gerichten. *Av Epitácio Pessoa, Lagoa; palaphitakitch.com.br; 18–24 Uhr.*

### Maria Oiticica

In einem hypermodernen Einkaufszentrum in Leblon verkauft Maria Oiticica einzigartigen, nachhaltigen Schmuck und Handtaschen aus Samen, Faserpflanzen und Baumrinde aus dem Amazonas-Urwald. Die bunten Ketten, Armreifen und Ohrringe sind perfekte Mitbringsel. *Shopping Leblon, Av Afrânio de Melo Franco 290, Leblon; Mo–Sa 10–22 Uhr, So 13–21 Uhr.*

### Parque da Catacumba

Gleich neben einer geschäftigen Straße am Ostufer der Lagune führt ein kurzer, aber steiler Pfad in diesem wenig bekannten Park durch Regenwald zu einem Aussichtsturm über der Lagune. Von dem 130 Meter hohen Hochsitz (Mirante do Sacopã) hat man einen atemberaubenden Ausblick über die grünen Hügel um die Lagune. *Av Epitácio Pessoa, Lagoa; Di–So 8–17 Uhr, Eintritt frei.*

© Robert Polidori / 2020, Instituto Moreira Salles

### Casa Camolese

Die Casa Camolese auf der Anlage des Jockey Clubs ist zu gleichen Teilen Restaurant, Feinkostladen, Mikrobrauerei und Livemusik-Location. Es gibt kreative Bistro-Küche (besonders lecker ist der Tintenfisch mit Paprika), und die Tische im Außenbereich mit Blick auf die Rennbahn sind in lauen Sommernächten sehr beliebt. In dem intimen Souterrain-Séparée Manouche finden Jazzkonzerte (und gelegentlich eine Burlesque-Show) statt. Reservierung wird empfohlen! *Rua Jardim Botânico 983, Jardim Botânico; www.casa-camolese.com.br; 21-3514-8200; 12–24 Uhr.*

### Canastra Bar

Das Canastra in unmittelbarer Nähe der Praça General Osório lockt mit Sangria, brasilianischem Wein und köstlichen Kleinigkeiten ein breit gefächertes Publikum an. Am beliebtesten sind die Dienstage; dann wird die Gasse davor zu einer riesigen Straßenparty, und es gibt frische Austern aus Santa Catarina. Rückzugsmöglichkeit bietet die winzige, etwas versteckte Speakeasy-Bar im Souterrain. *Rua Jangadeiros, Ipanema, Di–So 18.30–1 Uhr.*

## STRANDKIOSKE

**Eine unverzichtbare Institution an Rios Stränden ist der *quiosque* (Kiosk). Hier werden zwanglos Bier, Caipirinha, *agua de coco* (Kokoswasser) und andere Getränke ausgeschenkt. Meist stehen Tische und Stühle davor. In den letzten Jahren sind ein paar Nobel-Kioske entstanden, etwa das Cafe de la Musique Beach (Av Delfim Moreira; www.facebook.com/cafedelamusiquebeach; 8–22 Uhr) in Leblon mit exquisiten Cocktails, guter brasilianischer Küche und Livemusik am Wochenende.**

### Instituto Moreira Salles

Das Kulturzentrum liegt wunderschön im Tijuca-Wald und ist in einem ehemaligen Wohnhaus aus den 1950ern – einem Juwel der brasilianischen Moderne – untergebracht. Hier gibt es Ausstellungen, Konzerte und Filmvorführungen. *Rua Marquês de São Vicente 476, Gávea; www.ims.com.br; Di–So 11–20 Uhr; Eintritt frei.*

**Im Uhrzeigersinn von oben: Instituto Moreira Salles; grüne Kokosnüsse; der Strand von Ipanema**

© lazyllama / Shutterstock

© Colors Hunter - Chasseur de Couleurs/Getty Images

# BOTAFOGO & URCA

**Botafogo hat in den letzten Jahren eine wahre Renaissance erlebt. Cafés und Bars sprießen entlang der Alleen wie Pilze aus dem Boden. An den unabhängigen Kinos, Freiluft-Musiklocations und Bierlokalen lässt es sich prima zu Fuß entlangbummeln. Nach Urca gelangt man nur per Bus oder Rad. Dort lädt ein kurzer, aber landschaftlich reizvoller Pfad an der Küste zum Spazieren ein.**

**Slow Bakery**
Neue Wege in Rios Bäckereilandschaft beschreitet diese *padaria artesanal* (handwerkliche Bäckerei) mit leckerem Brot, Gebäck, Kuchen und den besten Toasts von ganz Rio. An den groben Holztischen im sonnendurchfluteten Lokal kann man prima bei einer Mahlzeit, einem guten Kaffee oder einem erfrischenden Slow Brew verweilen. *Rua São João Batista 93, Botafogo; www.theslowbakery.com.br; Di–Fr 9–19.30 Uhr, Sa bis 3 Uhr.*

**CoLAB**
Zu jeder Tageszeit chillen hier Botafogos Kreative: morgens bei Espresso und Waffeln, später dann zu Curry-Gerichten und Cocktails. Nach Sonnenuntergang wird dienstags zur Musik von Jazztrios und donnerstags von DJs vorgeglüht. *Rua Fernandes Guimarães 66, Botafogo; colab-rio.com; Di–Sa 10–1 Uhr.*

**Pista Cláudio Coutinho**
Dieser kaum bekannte 1,2 Kilometer lange Pfad entlang des waldigen Hügels Morro da Urca ist bei Spaziergängern und Joggern sehr beliebt. Um die Pinseläffchen in den Bäumen zu entdecken, sollte man frühmorgens oder abends kommen. *Nahe Praia Vermelha, Urca.*

**Estação Net Botafogo**
An Regentagen flüchtet man sich in dieses Kino mit drei Sälen in der Nähe der Metro-Station Botafogo. Gezeigt werden unabhängige und Kultfilme, und im Eingangsbereich befindet sich ein gemütliches Café mit Buchverkauf. Nach oder vor dem Kino empfiehlt sich ein Happen auf der nahen Restaurant-Straße Rua Nelson Mandela. *Rua Voluntários da Pátria 88, Botafogo; www.grupoestacao.com.br.*

**Fuska Bar 2.0**
Eine entspannte Bar an einer Kneipenecke von Humaitá. Hier herrscht immer gute Stimmung, und das schnörkellose Ambiente ist die perfekte Kulisse für Samba und andere Rhythmen. Donnerstags bis sonntags ist abends Livemusik. Die Nacht kann kommen! *Rua Capitão Salomão 52, Humaitá; www.facebook.com/fuskabar2.0; Di–So 8–3 Uhr.*

# SANTA TERESA & LAPA

**Von der Altstadt rattert die Straßenbahn über die Bögen von Lapa bis hoch in die Kopfsteinpflasterstraßen von Santa Teresa. Alte Herrenhäuser wurden zu Studios umgebaut, während Bars und Boutiquen die Kreativen versorgen. Unterhalb liegt Lapa, berühmt für seine Samba-Klubs, einen der besten Jazzklubs der Stadt sowie einmal im Monat einen Antiquitätenmarkt mit anschließender Straßenparty.**

### Explorer Bar
Mach dir einen netten Abend auf der märchenhaft beleuchteten kleinen Terrasse dieser bezaubernden Cocktailbar auf einem Hügel. Bestell mediterrane Köstlichkeiten oder lokale Gerichte wie Fisch mit schwarzem Reis und *farofa* (geröstetes Maniokmehl). *Rua Almirante Alexandrino 399, Santa Teresa; www.explorerbar.com; Di–Fr 17–24 Uhr, Sa & So bis 2 Uhr.*

### Bar do Gomes
Seit 1919 gibt es diese Bar, die offiziell Armazem São Thiago heißt. Einheimische nennen sie (nach einem Vorbesitzer) einfach Bar do Gomes. Jung und Alt kommen hier auf ein eiskaltes *chope* (Fassbier) zusammen. *Rua Áurea 26, Santa Teresa; www.armazemsaothiago.com.br; 12–1 Uhr.*

### Favela Hype
Die Top-Adresse für Straßen- und Strandbekleidung. Im hinteren Teil gibt es ein winziges Restaurant und eine Bar. Samstags (ab 20 Uhr) und sonntags (ab 16 Uhr) wird Livemusik gespielt. *Rua Paschoal Carlos Magno 103, Santa Teresa; www.facebook.com/favelahypeoficial; Di–So 11–22 Uhr.*

### Fundição Progresso
Die ehemalige Gießerei ist ein Fixpunkt von Lapas Kunstszene und weitherum bekannt für ihr vielfältiges Programm von sozialkritischen Ausstellungen bis Tanz-, Trommel- und Capoeira-Unterricht. *Rua dos Arcos 24, Lapa; www.fundicaoprogresso.com.br; Mo–Fr 11–20 Uhr, Sa 12–23 Uhr.*

### TribOz-Rio
Das TribOz liegt in einem wunderschönen umgewandelten Wohnhaus im südlichen Teil von Lapa. Es erinnert an New Yorks intime Jazzkeller und hat sich ausschließlich dem Jazz verpflichtet. Während der Sessions ist Reden verboten! Reservierung wird empfohlen. *Rua Conde de Lages 19, Lapa; www.triboz-rio.com; Do–Sa 18–20 & 21–1 Uhr.*

# IMPRESSUM

**Titel der englischen Ausgabe**
**Secret City**
April 2020
Herausgegeben von Lonely Planet Global Ltd
CRN 554153
www.lonelyplanet.com
ISBN 978 17886 8916 8


**Verlag der deutschen Ausgabe**
**MAIRDUMONT GmbH & Co. KG**
Marco-Polo-Straße 1, D-73760 Ostfildern
www.mairdumont.com, www.lonelyplanet.de
1. Auflage 2020
ISBN 978-3-8297-2698-6
Printed in China

**Managing Director, Publishing** Piers Pickard
**Associate Publisher** Robin Barton
**Commissioning Editors** Dora Ball, Anita Isalska
**Editor** Anita Isalska
**Art Director** Daniel Di Paolo
**Layout** Kerry Rubenstein
**Picture Research** Lauren Marchant
**Proofreading** Lucy Doncaster
**Print Production** Nigel Longuet
**Cartography** James Leversha, Wayne Murphy
**Cover illustration** Big City Collection © Franzi draws, www.youworkforthem.com

**Projektbetreuung** Jana Duran
**Übersetzung** Miriam Auge, Sonja Hagemann, Ina Pfitzner, Sven Scheer, Elisabeth Schmalen
**Produktion** Torat GmbH, Zürich
**Redaktion** Patrick Schär
**Abbildungen** Fotos © wie angegeben

**Autoren** Isabel Albiston, James Bainbridge, Ryan ver Berkmoes, Abigail Blasi, Claire Boobbyer, Celeste Brash, Austin Bush, Lucy Corne, Peter Dragicevich, Ethan Gelber, Bridget Gleeson, Sarah Hedley Hymers, Carolyn Heller, Sandra Henriques Gajjar, Anita Isalska, Mark Johanson, Ria de Jong, Anna Kaminski, Lauren Keith, Thomas O'Malley, Emily Matchar, Emily McAuliffe, Meher Mirza, Rebecca Milner, Catherine Le Nevez, Oda O'Carroll, Lorna Parkes, Veronika Primm, Leonid Ragozin, Charles Rawlings Way, Nora Rawn, Andrea Schulte-Peevers, Helena Smith, Regis St Louis, Andy Symington, Caroline Veldhuis, Mara Vorhees, Jennifer Walker, Hahna Yoon, Karla Zimmerman.